韩丛耀 主编

中国新闻传播技术史

A History of Chinese Journalism and Communication Technology

文字卷

韩雪 王灿 李兰 编著

南京大学出版社

国家社会科学基金重大招标项目"多卷本《中国新闻传播技术史》"（项目号：14ZDB129）结项成果（结项证书号：2020&j015），获得国家社科基金办部分资助。

首席专家：韩丛耀

子课题负责人

朱永明　于德山　韩　雪

韩丛耀　贾登红　金文中

项目组主要成员

朱永明　于德山　韩　雪　王　灿

李　兰　陈　希　谢建国　许媚媚

贾登红　王　慧　金文中　杨志明

总 序
Preface

在人类社会漫长的文明进程中，科学技术起到了至关重要的作用。其中，信息传播技术，尤其是新闻传播技术，更是有如推进人类文明进程的铲道车。

人类的物质技术是支撑人类文明的有形脊梁，它架构起了人类的精神场域，不仅规范了人类的日常行为，更引导着人类文明发展的可能走向。人类的信息保存与思想传播的媒介，也由口语、文字、图像、印刷、摄影、电影、广播、电视逐步演进至现今的数字网络方式。这些信息保存与传播的方式，并非相互取代之关系，而是互相借鉴、累积，成为今日人类文明的共同记忆与文化遗产。

新闻类信息虽说不如政治、经济、军事对社会发展有直观而显著的影响，在持久影响方面，却隐匿而沉着地决定着人类文明的基本走向。欲行大道，必先辟路，传播技术披坚执锐，一马当先。

一

人类的信息储存与传播技术是由一种被称为"媒介"的物质文明承载的，最初主要由口语传播信息，后来由文字与口语共同传播信息。为了解决文字信息的保存和复制问题，人类又发明了印刷技术。

人类的终极梦想是复制世界，而用于复制文字信息的印刷术是一种针对信息传播文本的复制技术，不能满足人们复制现实的强烈愿望。于是人类在进一步完善视觉书写技术时，尤其是对相似性（类比性）图像倾注了大量的心血，产制了许多描写和叙述现实物象的图像。图像在能指和参照物之间应用了一种质的相似性，它模仿甚或重复了事物的某些视觉特征。为了追求图像对现实物象时间与空间的记录性和视觉形象的指涉性效果，人类不断发展完善视觉传播技术，又先后发明了摄影传播技术，以及以摄影为母体的电影、电视传播技术。现在，人们在数字技术的支撑下将口语传播技术、文字传播技术、图（影）像传播技术融合在一起，通过互联网进行多维传播。

人类社会就是在这一次次的复制技术、技术复制中发展起来的。

迄今为止，这种以语文（语言、文字、抽绎性符号等）为主要载体的线性、历时、逻辑的记述和文本复制的传播方式，以及以图像（图形、图绘、影像、结构性符号等）为主要载体的面性、共时、感性的描绘和现实摹写的传播方式，依然是人类社会信息的主要传播手段和技术程式。

信息传播技术的文明形态可视为人类文明形态构建中纲领性、砥柱性的脊梁，尤其是与人们日常生活紧密相关的新闻传播技术，已经内化为人类文化基因，渗透到现代社会每一个人的思想和文化血液之中。随着今日数字化时代信息与网络技术的成熟，信息传播的内容、工具与服务三者之间，不仅产生了前所未有的交融，而且获得了空前的整合发展机会。新闻传播技术决定了新闻传播内容的呈现方式。

纵观古今中外的新闻传播行业，如果以技术形态为中心视点，整个新闻传播行业无外乎文字传播技术、图像传播技术、摄影传播技术、电影传播技术、广播传播技术、电视传播技术和网络传播技术，人们形象地称其为文、图、声、影、网的新闻传播技术。

就具体的新闻技术而言，可分为采集新闻的技术、编辑新闻的技术和传播新闻的技术。就新闻媒介形式而言，可分为文字新闻传播技术、图（影）像新闻传播技术、电影新闻传播技术、广播新闻传播技术、电视新闻传播技术和网络新闻传播技术。而更深入的研究则要剖析新闻文本的生产技术、构成技术和传播技术，并且要诠释新闻的物质生产形态、技术构成形态和传播技术形态。只有这样，才能全面且深刻地阐明新闻传播的技术基础、媒介形式、社会场域和"历史原境"的重构，新闻传播技术史才能真正地反映新闻传播发展的历史轨迹，成为有"源"可溯的"信史"。

就中国的新闻传播技术而言，信息的摹写和复制技术大约经历了四个阶段：一是手工摹写阶段。手工摹写阶段是信息传播的"原始"时期，持续时间非常长，大致到唐宋版刻印刷技术诞生之前。手工摹写阶段的特点是，信息的采集、构成与传播等阶段均依赖手工，与口语相比，信息尤其是造型式信息具有唯一性、难以复制等特点。由此，限制了信息制作的数量与传播的广度，也影响了信息新闻性的发挥。二是手工复制（刻印）阶段。这一阶段也是我国信息传播的"史前史"时期，大致持续到晚清画报诞生之前。手工刻印是在手工摹写的基础上，将传播的信息翻刻于石砖、木质、金属等材料之上，再将其大量翻印到纸质材料之上。唐宋以来，随着佛、道等宗教文化与商业文化的不断发展，手工刻印技术开始大规模应用于文化、经济、宗教等领域，带动形成了中国古代信息传播的一个个高峰期。三是机械复制阶段。从晚清画报开始，通过引入和使用西方石印、铅印、胶印等现代印刷技术，传播的信息被制作成印刷版面，开始通过印刷机大规模复制印刷。正是通过这一传播技术的发展，中国近代诞生了真正意义上的新闻与新闻媒体。四是数字复制阶段。大约从20世纪70年代开始，数字复制与传播技术被大规模地运用到新闻传播活动之中，并逐渐大众化。目前，数字复制技术的核心内涵为语、图、文的音像信息多媒体再现，涉及跨媒体出版技术、印刷色彩管理技术、泛网络化的数字生产技术、印刷数字资产管理技术和计算机集成印刷与管理技术等关键技术，这也预示了新闻传播的智能化、即时化、个性化、按需化和跨媒体化等发展趋势。

在人类文明发展进程中，人们始终面临着信息处理、信息储存与信息传播的问题。许多科学家与发明家不断投入心血，期盼能提出一种与时俱进、功能周到的信息处理技术方式，协助人们进行庞杂的数据处理工作。如同美国传播学者尼尔·波斯曼所言，技术的变迁所带来的不单是工具数量的增减，而是引发了一种生态性的、整体性的变迁。[1]换言之，当我们看到某一种技术被一个社会普遍接受、使用后，我们看到的并不是"多了一个工具"或是"多了一种做事情的方法"，而是人们身处其中并据以行动的社会环境的整体性转变。

需要警惕的是，人们在复制摹写信息时，不仅瓦解了原作的单一性，也建构起新的"形象"。复制摹写技术带给这个时代、这个社会的最大冲击，是带来了作品的非真实化、事物的非真实化以及复制信息对社会和世界的非真实化。

---

[1] ［美］尼尔·波斯曼著：《技术垄断：文化向技术投降》，何道宽译，北京：北京大学出版社，2007年，第134页。

现代复制摹写技术旋涡似的吸引着人们，没有人能抗拒，也没有人能逃脱。由于复制技术发展迅猛，复制摹写对人类社会的影响也越来越广泛，它已渗透到人类生活的每个领域，从天文到地理，从艺术到科学，从考古到工业，从宏观到微观，无所不在，无所不为。复制摹写技术已成为一种不可或缺的社会生产力，成为一种人们创造性活动的助力，成为推动社会变革的重要工具。就目前状况而言，复制摹写技术以不同的方式渗入不同的文化之中，带来了有形和无形的变革。信息的复制摹写技术造就了一个大众的文明。

二

以媒介技术的本质特征为原点，以各项传播技术的原理及技术流变为基础，结合历史"原境重构"的考察方法，我们可以发现，新闻信息主要通过以下几类应用传播技术实现传播。

文字传播技术。"文字是人类岁月的记忆"[①]，在早期口语传播的年代中，历史只能通过人类的大脑记忆被留存；文字产生后，人类的大脑记忆容量被突破，音形语义成为人类岁月的记忆，文字也成为人类文明产生的重要标志。当文字符号转化为信息与新闻的社会性交流工具时，相应的传播技术就成了文字新闻快速、广泛、有效传播的重要保障。

中国的文字技术发展较为复杂，早期随载体而得名者，有甲骨文、金文、陶文等。一方面，作为记忆的延伸，这些记录的使用对象多以官方、贵族或知识分子为主，这些记录类似政府的文书档案，或是在家族中世代相传，在信息传播的功能上并不突显。另一方面，因为庞大的载体体积与重量，信息水平传播的范围也受到了极大限制。

中国古代四大发明之一的印刷术是中华民族贡献给世界的最伟大的技术发明之一，它开创了人类表征社会的基本技术形态，是媒介信息社会现代性的开端。从纸、笔、刀、版、墨、砚、刷，直至活字印刷的发明与使用，无不凝聚着我国古代

---

① Wilbur Schramm. *The Story of Human Communication: Cave Painting to Microchip*. New York: Harper & Row, 1988, 77.

劳动人民的技术智慧和科学理想。从公元前2世纪西汉出现了具备新闻传播功能的机构"邸"，到唐代出现了"敦煌进奏院状"，再到清末现代意义上"新闻报纸"的刊布发行，以文字为主体的中国古代书写、复制传播技术发展同中华文明的发展同步，成为中华文明传播和发展切实可靠的技术保障，甚至可以说，没有中国古代传播技术的发展和进步，就不会有中华文明的辉煌。

本课题对中国近现代新闻传播技术史的考察重点放在清末民初和中华人民共和国成立后两个历史时期，其中又以后者为重。对清末民初阶段的技术史分期，主要以这一时期与新闻传播密切相关的"采、印、发"过程中的几种重要技术（印刷技术、电报技术、交通与新闻等）为核心内容进行概括、梳理和阐述。

图像传播技术。从技术原理上讲，图像与影像（摄影、电影、电视等机械工具生产的图像）的本质区别是，图像对现实物象是"非等比复制"，而影像（机具图像）对现实物象是"等比复制"。图像是一种结构性的视觉传播符码，它是经过作者观念抽绎的选择性物象描写与表征，它的现实指涉性很强。在从古至今的新闻信息传播中，图像传播表现出一种绝对的优势，图像技术的特性决定了信息传播的样态。

图像是人类最古老而又不断绵延更新的文化基因，每一个视觉图式都映现着人类的精神范式。从类人拿起第一根木棒、掷出第一块石头起，它就伴随着人类，表征着人类的情感与其对自然、对世界的认知，记刻着人类走过的所有历程，形成自类人到人类，直至今天的完整的文化基因谱系。人类在地球上已生存了数百万年之久，但人类社会有文字记载的历史只有数千年，并且在这数千年的历程中，人类大部分文明进化形态仍然隐含在视觉书写的图像范式之中未被领悟。

图像形态是一个民族最悠久的文化符码，它不但是一种象征形态，而且是一种相似形态，更是一种迹象形态。它痕迹性地或者说生物性地葆有这个民族的文化基因，它比文字更古老、更直观、更形象。图像天生具有视觉传播的指涉性、象征性、类比性、痕迹性等优势，自然地留存着人类物质文明的和非物质的原生形态，正是其所蕴含的无比丰盈的人类历史文化内核，使人类在面对一场场巨大的自然灾难和历经一次次社会动荡后，仍有复生与崛起的力量。

图像为人类的信息交流提供了基础，也为新闻信息提供了巨大的传播空间，更为我们详尽了解和分析人类在世界中的作用提供了条件。时至今日，图像新闻已渗透到人类社会新闻传播的方方面面，无所不及。世界的"现实"，本质上已不属于物象自身，而是属于人与物之间的关系，属于人们阅读图像新闻后所产生的意义。图像新闻传播已成为现代传播的一种最有效的方式和途径，成为一种不可或缺的社会生产力（如文化建设、新闻宣传、国际传播、信息交流、舆论引导、伦理构建、政治诉求等），成为一种创造性的人类思维活动，成为人类观察自然、社会和自身的有效工具，成为一种文化的力量。

摄影传播技术。摄影术是人类社会近两百年来最伟大的发明之一，它改变了人类的命运，加速了社会现代化的进程，深刻地影响着人们的日常生活和社会的政治地图。它与自然、社会和人的密切程度是任何一种媒介传播技术都无法比拟的，如同水和空气一样融入人类社会的日常生活。

摄影技术可以复制现实时空的神奇功能一旦运用于传播领域，即开辟了新闻信息传播的新天地。摄影融入生活。摄影对信息的传播，改变了千百年来人们认知世界的方式。摄影因为传播而强大，传播因为摄影而改变。人类社会由此开始了真正意义上的从实体社会向信息社会的转变。在传播新闻信息时，新闻影像的现实指涉性很强，表现出一种绝对的传播优势，成为当今媒体传播的最有效的技术手段。新闻摄影的技术特性甚至可以决定新闻传播的实现样态。

我们"从印刷人（Typographic Man）时代走向图像人（Graphic Man）时代的这一步，是由于照相术的发明而迈出的"[1]。维尔纳·卡尔·海森伯认为"技术变革不只是改变生活习惯，而且要改变思维模式和评价模式"[2]。这一点在新的传播环境，尤其在以互联网为主要依托的数字新闻摄影技术中体现得十分明显。数字新闻摄影技术创造了全新的"议程设置"环境，信息的传播者和接收者之间的界限被模糊了，每个人都既是新闻影像信息的传播者，又是新闻影像信息的接收者，并同时具有媒介和内容的双重身份。

电影传播技术。1895年电影技术的发明，就像在天空上点燃了太阳，它的光华

---

① ［加］马歇尔·麦克卢汉著：《理解媒介：论人的延伸》，何道宽译，南京：译林出版社，2011年，第219页。
② ［加］马歇尔·麦克卢汉著：《理解媒介：论人的延伸》，何道宽译，南京：译林出版社，2011年，第83—84页。

使人眩晕，使人迷恋。它使得人类的传播媒介得到一次超时空的提升，人类真正进入视觉传播时代，传播话语的声音显得格外洪亮。

电影从一开始就在信息传播和历史纪实方面显示出它的独特优势。从默片到有声片，从黑白到彩色，每一次技术改革都对人类社会产生了巨大的影响。电影技术的进步历程记录着人类社会的现实和理想，电影技术真实书写了人类历史的视觉档案。电影传播技术对人类文明所起到的作用是非常独特的。

从本质上来说，电影（胶片电影）与摄影没有什么不同，它们都是一种技术性图像。以摄影为母体的电影是利用了人类的视觉暂留。视觉暂留也被称为视觉记忆，时间一般在50~200毫秒。也就是说，如果我们每秒能给出20格画面的话，那么人类的视觉就分辨不出其中的间隔。电影机的放映速度是每秒24格，在人们看来画面是连贯流畅的，并无间隙。简单地说，即摄影以较慢的速度将图像一幅一幅给我们看，于是我们看到"静止的图像"，而电影（胶片电影）则以小于50毫秒的换幅时间将图像一幅一幅给我们看，于是我们看到了"活动的图像"。

广播传播技术。婴儿的第一声啼哭，意味着一个新生命的诞生，声音被比拟为人类在这个世界上的"第一知觉登记簿"。声音对人类具有生物学上的遗传性、物理学上的定义性、心理学上的依赖性和社会学上的文化性特点。声音是人类最古老的传播媒介，也是最大众化的传播媒介，不管社会、科技、文化如何发展，声音将永远伴随着人类社会，伴随着人类的信息传播，伴随着人类生命的全过程。

就字面意义而言，传播即广播，即广为播散，广为播散就是传播。字面的意义也传递出广播这种专门传播技术的本质和目的。作为传播技术的广播是一种运用声音传递信息的技术。到目前为止，它依然是受众最广、速度最快、效率最高的信息传播技术。

美国学者威尔伯·施拉姆曾言，"历史，是被人记住的话"[1]，直到文字出现前，人类的历史只能靠口耳相传，以说故事、唱诗歌的方式来延续。美国学者罗伯特·默顿强调，在文字发明以前，各民族中历史传承的唯一方法，是通过说故

---

① Wilbur Schramm. *The Story of Human Communication*: *Cave Painting to Microchip*. New York: Harper & Row, 1988, 77.

事、唱诗歌一代一代延绵下去，默顿特别以"口语公布"（Oral Publication）来说明口语传播的独特性。①作家伊林也指出，人本身就是一本活生生的书，它有手有脚，它不是放在书架上，它会说话，还会唱歌。口语传播的实例，有荷马的史诗、基督教的《圣经》、佛教的经典与儒家的《论语》等，口语传播技术在人类历史的知识传承中，占有非常重要的地位并且具有极为深远的影响。人类具备面对面以口语传递和接收信息的能力，只是信息的记载仅能依靠大脑，同时囿于时空的阻隔，面对面口语传播信息的范围是相当有限的。

现代广播技术正向着数字化和网络化方向发展，这意味着更快的传播速度、更好的传播覆盖性和渗透性。广播在满足人们信息需求的同时也缩小了城乡信息差，使人们的文化价值观念产生了持续的潜移默化的改变，直接影响到人们的生活方式。

电视传播技术。电视传播技术已经成为今日人类社会文化构成的一部分，也是国家重要的新闻传播手段。电视技术引领着新闻传播界的技术革新和传播技术的革命，电视传播技术是一个国家科学技术水平的综合反映，电视技术样态的变化直接反映出一个国家科学技术的进步。今天的电视传播已经融合了多种媒体技术，开始出现新的传播信息技术形态。

1926年，电视技术的诞生和应用，宣告了综合运用文字、图像、声音的新传播时代的来临。电视技术的不断完善和发展，造就了传播的划时代格局。在电视发明之前，大众传播媒介传递的信息仅仅限于文字和图像的结合，但有了电视技术之后，格局就不同了。声音与图像、文字可以借助电子设备大量而且极迅速地进行共时传播，全世界真正进入信息共享、历时即时共存的传播时代。电视的普及使得视像成为继文字、声音之后又一信息传播的重要手段。

电视的意义，在于它改变了时空的距离、地域的差异，使人们仿佛生活在地球村里，这就是信息时代的显著特征。信息时代之前不能做的事，甚至是很难想象的事，现在都可以做到了。

需要警惕的是，在电视传播时代，图像不断地以极其强悍的态度侵入极私密化

---

① ［美］罗伯特·默顿著：《美国社会学传统》，陈耀祖译，台北：巨流图书公司，1987年，第11—13页。

的家庭，以视觉霸权的手法侵犯人心；电视图像成了一种消费时尚，更重要的是，这种图像会变成一种技术性伪真的手段。

网络传播技术。网络传播技术开启了信息传播技术的新模式。从通信到媒体，从媒体到自媒体，网络传播技术的发展是催生这种信息传播形态变化的内在动力，同时也是这种信息传播形态变化的技术保障。网络传播技术决定了网络信息的形态，网络信息是完全依靠网络传播技术的发展而发展起来的新的媒体。

19世纪初，英国数学家巴贝奇便首次提出了计算机的构想。而在第二次世界大战期间，美国政府投入大量资源进行计算机的研发。第一部能够执行庞杂运算任务的计算机ENIAC（Electronic Numerical Integrator and Computer）于1946年诞生，并在20年内进入商业领域。到了20世纪70年代，随着微处理器工艺的成熟，个人计算机也就逐渐地进入人们的生活。在技术成熟后，计算机以惊人的速度处理着数量惊人的各类信息。互联网至今也历经了约50年的发展。它于20世纪90年代进入人们的日常生活，串联起世界各地不同的人群与思想。

计算机的出现，促成不同于以往的媒体技术的产生，信息载体的发展相当迅速，信息表达的媒介从文字、符号、图像转换到"0"与"1"，载体的容量更是以无法预测的速度持续增加。计算机的发展带来信息载体的发展，包含以纸为介质的媒体，如打孔卡、打孔纸带等；也包含以磁性物质为介质的媒体，如磁带、卡带、匣带、磁鼓、软盘、硬盘等。数字化传播和储存的精神也只能就此时彼刻来诠释其时代意义，未来的信息传播技术能到达哪里，或许也是无人能预测的。

数字技术下的网络信息几乎融合了所有的媒体形式。技术决定样态，新闻传播也不例外，新闻传播技术决定新闻传播业未来的样态。但同时我们也会记住1939年世界科学技术博览会的口号（"你能想到的，科学技术都能实现"）和1999年世界科学技术博览会的口号（"科学技术实现的，你还没有想到"）。到2059年世界科学技术博览会开展时，它的口号会是什么？

以上简要地描述了几类应用传播技术，必须强调的是，这种分类是论述性的而非定义性的。在现实的社会生活中，所有媒介的技术再现都是异质的，所有媒介的再现技术都是混合的。

三

世界上每一种事物都有其固定不变的物理成分，都有凸显其本质特征的技术因子。当我们将研究的视点锚固在信息生成与传播的技术元素上，通过对传播技术的研究和人类文明进程的分析，就可以找到构成人类文明与传播技术的最大公约数。因为任何社会信息都有其共轭的物象，而共轭关系是可以建模讨论的。

我们知道，最严密的科学研究应是任何人都无法对其自身的特征提出异议，而只能考虑其可能性的。对人类文明与传播技术的研究就是确定信息传播的可能性之极限，在定性的前提下取得定量的表征数据，取精用宏，尽微至广。

在人类文明发展进程中，人类如何看待历史与时间，在不同的文化背景下，有着相当多元的看法。古希腊人认为，人类文明是由传说中的黄金时代、白银时代、青铜时代、英雄时代一路衰退到黑铁时代。这是认为人类文明的演变是由高位向低位衰退，最终将面临毁灭的命运史观。罗马人认为，时间就是一种价值观与传统的延续，因此罗马人尊重传统，慎重地保存过去所留下的种种制度与纪念物。19世纪的欧洲，历经资本主义发达与全球扩张，"进步"成了当时欧洲思维的基调。[1]对技术与文明进程的省思以及伴随而生的各种争论，仍将是历史哲学家们所关注的议题。

20世纪对人类文明来说，是一个重要的转折点。在科技上，石油、原子能与计算机，先后成为人类社会运作最重要的动能，给予人类文明在发展上难以衡量的驱动力；在政治上，人类面临两次惨绝人寰的世界大战，死者千万，继而又历经冷战时期。这种科技与政治上的巨变，是19世纪之前人类未曾面对过的。而在社会上，充斥着各种千禧年主义的流言，加上金融危机的推波助澜，似乎人类的命运即将在迈向历史的巅峰之际急转直下，回到石器时代。

然而我们已经看到，20世纪结束了，但是历史并未走向终结，21世纪已安然地来到了第19个年头。以微软窗口操作系统为例，Windows 98、Windows XP、Windows Vista、Windows 7.0、Windows 10.0问世时，大家都认为当时的窗口操作系统已经发展到了最高位。但是事实证明，由于商业趋力与来自市场的实际需求，计

---

① ［英］齐格蒙特·鲍曼著：《流动的现代性》，欧阳景根译，上海：上海三联书店，2002年，第172页。

算机产业仍会不停地推陈出新，提供各项新产品与新服务。人类文明的演变也是一样，目前在进行的数字化工作，只是为了让人类文明更快、更好地传递下去。人类不能自我膨胀，认定此刻正在主宰历史的最高点；也不要轻视自己在漫长人类文明发展中所扮演的角色。人类社会如何发展自有它的规律，我们可以认知，但无法主宰。

如果说，早期对新闻传播的技术需求是为满足社会的信息和知识的传播，那么在数字化之后，人类的需求逐渐多元化、精致化，新闻传播的发展环境日趋复杂，早已超出纸张墨水的限制。在社会强力建构的形塑之下，新闻传播技术不断变革以回应变化和需求，高科技成了最受重视的香饽饽，传统技术只能黯然隐退，以往那种"老师傅式"的工作方式也成为高效率的阻碍。从单一技术角度来看，传播技术的发展似乎带给人更多的自由与选择，但是从整个技术系统来看，技术发展带来的是全盘控制与更少的选择。新闻传播行业竞相投资各类高科技机器设备、竞相争抢访问流量的结果，是无可避免地落入雅克·埃吕尔对现代技术自动化与单一性的批评，各家新闻传播行业的数字化产品产出质量差异不大，失去活版印刷时代各家应有的手工技术特色和人文色彩，人的价值隐没在新技术中，技术价值反而无法彰显。而新闻传播业为提高竞争力，以符合高科技设备的工作能量，必须争取更多业绩，降低投资成本，将数字化所结余的流程效益，全数投入移动产品阅读量的竞赛之中。人在技术滚轮中拉扯的力量愈来愈大，到达某一个极致后，在技术与社会互动之下，或许将再度迎来另一个技术发展的新阶段。相信人类可以看到，借由目前的努力，下一个时代的人类也将有机会，通过不断更新的传播技术认识千万年来祖先所经历的演化与冒险。

作为信息传播尤其是新闻传播的介质和载体，传播技术的发展与变化对于人类文明发展具有重要的影响。从社会发展历程来看，任何一种传播技术的出现都会带来一种新的信息传播模式，而新的传播技术形态必将构建一种新的文明形态。传播技术就如同人类文明道路上的铲道车，总是在人类社会文明发展的前夜提前出发，为人类社会的文明发展道路清除阻碍。

我们深知，中国新闻传播技术史的书写应该以新闻传播技术发展史为主线，外延为中国的科学技术史，内涵为中国新闻传播的思想史。在古为今用、洋为中用的现代中国，新闻传播技术决定着媒介的形态，因此在科学技术史学的视野下构建中国新闻传播技术史学的结构动力学框架是学术自觉的必然选择：一是建立中国传播技术史学独特的叙述性结构；二是厘清新闻传播技术与其他传播技术的边界。

一位以色列学者曾经对笔者说：中国人如此注重思想史的书写令人震惊，也产生了令人震惊的理论科学成果；但中国人如此轻视技术史的书写也同样令人震惊，并产生了同样令人遗憾的技术科学成果。他的话至今令我心痛，因为他说得不错，中国历史上的情况确实如此。而传播技术与文明进程的关系研究一天没有列入中国学术研究的必备清单并让相关问题得到切实解决，中国学术研究的科学性就仍要接受国际学术界的质疑。

虽然中国新闻传播技术史的书写是艰难的，但我们仍然执着地寻找书写新闻传播技术史的文化架构——一个属于新闻传播技术自身历史的文化架构，并试图去确定文化架构的核心。因为每个文化架构都有一个神圣的核心，它是文化、社会和政治的汇聚之所，这个神圣的核心有助于社会和政治的定位，有助于社会成员认清自身及自身所处。

韩丛耀

2019年6月6日

目　录
Contents

导　论
Introduction

我国的新闻事业从民国时期起步，到如今高速发展，新闻信息得以快速、广泛、有效的传播，其重要依凭便是传播技术的进步，使书面的文字符号逐步转化为数字化符码。这种突飞猛进式的变化，深刻地体现在人类及其所生活的社会之中，并深刻地影响着他们。正如著名学者詹明信指出的那样："后现代的技术……不仅在表现形式方面提出了新问题，而且造成了对世界完全不同的看法，造成了客观外部空间和主观心理世界的巨大改变。"[①] 因此，作为一种综合了历史学、传播学、工业技术等多学科的史学性研究——传播技术史也需要从史实上和学理上厘清这一"巨大改变"的本来面目。

一、中国文字新闻传播技术史的分期

本卷内容由于融合进了两个历史时期，但其中又以新中国时期为重，所以在民国阶段的技术史分期，主要是选取概述与民国时期新闻密切相关的"采、印、发"过程中的几种重要技术（如印刷技术、电报技术、交通与新闻等）为核心内容进行论述。

遵循于中国当代史研究的普遍认同，从1949年至今，是我国当代文字新闻传播技术史的开端。对于具体的分期也有例可循：一则是根据当代文字新闻的主要载体——报纸的相关制造出版技术发展进行划分；二则是结合文字新闻编辑出版过程中关键因素（如文字本身）的重要变革来分期研究，观察这些关键因素对文字新闻

---

① ［美］詹明信：《晚期资本主义的文化逻辑》，生活·读书·新知三联书店1997年版，第292—293页。

传播的技术性影响。删繁就简，对于当代文字新闻传播技术史的研究分期也应更关注于技术本身，而非一味遵循当下历史学界对于中国当代史的研究分期。综合目前的研究现状，当代文字新闻传播技术史大致可分为四个阶段：

文字由繁入简。新中国成立初期，制定了汉字简化的重要决策，从印刷技术发展的层面来看，简体字的推广应用能够大幅提高印刷工作的效率，有效地降低成本，节省了人力、物力等方面的开支。在铅字印刷时期，装、拆铅字版是报纸印刷出版过程中最为繁琐的工序。在前一批报纸印完后，就必须为下一批报纸准备铅字，此前排好的铅字必须重新拆下，进行清洗，然后再按照字形、字号分门别类地放回字架，准备之后的排字印刷。[①]由于繁体字的字形结构相对复杂，因此制作繁体铅字耗时较久，也十分影响工作效率。从普及新闻信息的角度来看，推行简体字不仅节约了造字成本，也让更多的人及时看到报纸、看懂报纸，进而获得新知。[②]

走向"光与电"。从1975年起，由北京大学王选教授领衔的科研团队发明汉字激光照排技术项目，历经十年多时间，最终得以"优秀"的成绩通过了国家鉴定；这一技术的成熟，也标志着中国现代文字新闻传播技术体系的初步成熟。后来计算机汉字处理、排版等技术也逐步成熟，我国的文字新闻出版业在二十世纪八十年代末彻底告别"铅与火"，迈入了"光与电"时代。"计算机化工作流程"也逐步开始进入新闻信息领域，远程传版等技术一一实现，逐步将传统文字新闻报刊的印前、印中和印后过程整合成一个具有统一数据格式的、不可分割的系统。[③]

告别"纸和笔"。二十世纪九十年代开始，我国新闻出版业基本上淘汰了熔铅铸字、人工排版的旧传统。但对于编辑、记者们的旧印象，仍然停留在手握钢笔在稿纸上爬格子。计算机技术的快速发展带来了翻天覆地的改变，文字新闻信息采编系统逐步便捷化、自动化。1994年初，《深圳晚报》率先将计算机技术运

---

① 马平，"中国工业文明——新中国是一个崭新的文明，历史只有62年"，http://blog.sina.com.cn/s/blog_b014daf301018owh.html。
② 马平，"中国工业文明——新中国是一个崭新的文明，历史只有62年"，http://blog.sina.com.cn/s/blog_b014daf301018owh.html。
③ 匡导球：《二十世纪中国出版技术变迁研究》，南京农业大学2009年博士学位论文。

用于新闻传播领域，成为全国第一家在内网系统上完成文字新闻录入、编排、检索、稿件传输、发排等工作的机构。计算机采编平台的启用，使我国的新闻发展历史继告别"铅与火"之后，又彻底告别了"纸与笔"的时代，具有划时代的重大意义。

迈入数字化。二十一世纪以来，尤其是近二十年间，网络的发展与信息技术的更迭愈加迅速，已经成为一种无所不在、生机勃勃的变革因素。技术的变革使文字新闻的传播平台更加多元：推动旧媒介的转型，催生新媒介的出现；互联网新闻网站如雨后春笋般涌现，被称为"第四媒体"；移动通信技术的革新更催生手机报、手机短信、手机软件仿若春雨一般广布大地，被认为是"第五媒体"。大数据的背景下，文字新闻的传统载体——纸媒，遭受到了前所未有的冲击。

从历史发展的维度观察，会发现历史的沿革是比单一纵向轴更为多彩、更加蕴广的横向延伸，而不只有单一纵向时间轴的延伸发展，技术史尤甚。若仅仅从纵向研史的角度，必然难以尽述各类技术的完整形态和发展轨迹。尤其要考虑的是，由于技术发展的延续性（一项技术的演化、更新大部分时候都需要较长时间，技术从出现到成熟需要很长一段时间来进行迭代），因此本研究在参考现行的国史分期标准的基础上，侧重分析技术演变过程中的重大变革及其相关事件，并以这些变革和事件的发生作为时间起点来阐述，而非采取类似于"1912—2019年"这一具体日期的形式对当代新闻传播技术史进行时间上的分段。

二、文字新闻传播与传播技术的辩证关系

文字新闻传播技术从具体的实践意义上，指的是传播主体对文本信息进行编辑、复制和"原始"（指文本信息的原始性）传输的操作技能，所反映的是相关人员通过采用实体工具，施展自身技能，进行文字信息传播的实践。但文字新闻传播技术不只是简单的使用工具进行功能工艺操作的过程，它更是一种实际观念与具体操作的统一体。从哲学维度来阐释，文字新闻传播与传播技术关联的根源就在于人类活动的技术特征。人类与动物最本质的区别就在于人类拥有智慧，在开展活动时具有主观能动性，能够在活动之前思考什么可以做、怎么做，而非仅仅依靠本能。

恩格斯曾特别指出 "劳动是从制造工具开始的"①，这也是人与动物相区别的重要标志。从这一层意义上来看，技术性是人类活动的本质特性之一，而作为一种人类创造性活动的文字新闻传播自然也与技术有着密切的关联性。②

从文字新闻生产的具体实践来考量：首先，新闻文字采编活动本身具备一定的技术性。文字稿的编写也需要有一定的表达媒介，否则新闻必然无法成形于传者，也无法传播于受者。技术上就要求记者能够熟练地采集、编写文字新闻。所以技术贯穿了采集新闻信息的全过程，最初是各式的采集设备，从原始的纸笔到后来的电子录音设备等。新技术的发展带来了诸多便利，而能熟练掌握这些技术设备的使用方法，就关系到文字新闻信息的采编，并直接影响着传播效果。其次，新闻采集也会涉及速记等技术，速记技术的使用对提升新闻采集的效率有较大的帮助。这些与新闻相关的外部技术设备和记者本身对采编技术的熟练使用，对于文字新闻采集的发展有着极为重要的作用。

除上述的创作环节外，一套完备的文字新闻生产过程，更应有其固定的流程。从文字新闻的传播实践来考量，新闻传播媒介与传播技术不再停留在采集技术的编写层面，而是促成了文字新闻的广而告之。在文字新闻领域内，印刷术的发明以及相关技术的发展使信息传播的效率飞速提升；电子技术和计算机技术的发展，则让文字新闻信息打破了空间的局限，从电子纸到计算机屏幕再到现今的各式新媒体平台上广泛传播。传播技术与传播媒介的更新换代使人类实现了从信息匮乏到信息爆炸的时代跨越，充分表明了传播史的研究对于文字新闻传播发展的重要意义与不可或缺性。

由此可见，完整的文字新闻生产活动至少与两种技术相关，即采编技术和传播技术。采编技术可细分为新闻采集技术和新闻编辑技术；传播技术亦可细分为"新闻介质制造技术、新闻复制技术和新闻发行技术等方面"③。不过需要厘清的是，尽管信息的传播与传播技术关联密切，但依旧不可等同视之：文字新闻基本上是借助技术进行采集与编写，更多的是记者在相关事件或人物的基础上，对事实进行及

① ［德］卡尔·马克思、恩格斯：《马克思恩格斯选集》（第3卷），人民出版社1972年版，第513页。
② 王汶成：《传播技术的进步与艺术生产的变迁》，《山东大学学报（哲学社会科学版）》2012年第6期。
③ 匡导球：《二十世纪中国出版技术变迁研究》，南京农业大学2009年博士学位论文。

时的"采集"和合理的"创造"，最终形成可读的新闻文稿；而传播技术则涵盖了整个文字新闻运作的过程，从出版、发行到散布，目的在于通过"操作"或者"改进"（甚至是"革新"）传播的工艺程序，使文字新闻能够广为人知。二者之间不尽相同，但相互之间的关系千丝万缕，不可被人为割裂。总而言之，在处理二者的关系问题上，应当将两方面的观点相综合才妥当，二者不可等同，但相互依存：文字新闻的传播中包含着传播技术并深刻地依托着传播技术，而传播技术反过来又影响着传播的广度与深度。

三、人·技术·社会：研究传播技术史的现实关注

技术演变与人的关系。技术的主体是人，其次才是技术方法与技术产品，故而技术的发展是透过技术活动的基本要素进行演变的。技术的起源是基于人类发现自身及其生存环境不满足日常活动的需求，因而学会制造工具并通过各种技术活动对客观条件进行改造，从而实现改造自然的目标。换句话来解释，技术是人类的策略，人类借助技术增强物种竞争的优势，技术也成为人类本身实力的部分显现。在新旧技术的更迭换代过程中，人的价值隐然浮现。譬如文字新闻传播行业，旧的传播技术由人掌控，新的数字化传播技术也通过科技人员才得以完成技术转移。人的价值使得技术突破了传统的封闭性，提高了生产价值。新兴技术在人类社会价值观的形塑中持续转换升级，无法离开主体"人"的参与和掌控：在不断迭代的过程中，技术的更新升级愈趋于复杂高级，与技术掌控者的专业分工联系就愈加密切。个人主观所具备的隐性知识经验与客观存在的高新技术相结合，再通过团队的交流整合发展成群体技术。高新科技似乎已经彻底淘汰了传统的人力技术，但其价值的核心实质上仍然是"以人为本"：没有人，就没有技术，"人"才是技术运作的真正动因。

从另一层意义来说，人的全面发展必须以技术进步为条件。例如文字新闻传播技术的发展提高了信息传播的效率，人类获取信息的通道越来越广、时效性越来越强……这些不仅让人类彼此之间能够交流的信息愈来愈多，也极大地提高了人类从事实践活动的自主程度与意愿（因为有了更多可供交流的话题），并扩大了人与人

之间的交往范围，从而丰富和发展了人类的社会关系及其实践，为人在社会中实现个体与整体的全面发展提供了必要条件。

技术对于社会的重要性。在马克思看来，技术的发展与创新深刻地改变着我们的世界，它是创新主体在一定的创新环境条件下通过恰当的中介而使创新客体转换形态，实现市场价值的一种实践活动，它是人类本质力量累积的变革，是人类改造外部世界的本质力量从量变到质变的突破提升过程。故而不妨换个角度思考，"科学技术是第一生产力"，技术在人类活动中起核心的引领作用。技术的发展基于人类自身的需求，形成于人类的大脑之中，以最终能否有效实现人类的目标为评判标准。就像马克思所思考的那样，技术对于社会的重要性毋庸置疑："各种经济时代的区别，不在于生产什么，而在于怎样生产，用什么劳动资料生产。劳动资料不仅是人类劳动力发展的测量器，而且是劳动借以进行的社会关系的指示器。"[①] 因此我们可以这样认为："作为人类目的性活动的一种方式、序列或机制，技术是人类生存与发展的基础（或支点），也是众多社会问题的交汇点，更是理解社会发展与文明演进的一把钥匙。"[②] 显而易见，各界的前辈研究学者，通过研究人类活动所使用的技术与工具及其发展演变，得出诸多关于社会本质、社会的智力成果、社会组织以及具有支配性的社会关系等方面信息，许多已有的科学技术史论著中都有论述技术（或科学）对于社会以及社会对于技术的影响和意义，例如李约瑟主编的《中国科学技术史》丛书、查尔斯·辛格等编著的《技术史》、罗伯特·金·默顿撰写的《十七世纪英格兰的科学、技术与社会》等。

正如上文所说，技术史的研究不仅要研究技术本身，更为重要的是要分析这个有争议的社会（及其成员），分析它的推动力、它的需要，以及它的变迁。[③] 结果也证明了，人与技术之间、社会与技术之间以及文化与技术之间都不是单纯的谁决定谁的关系，而是一种相对客观的彼此互动关系。因此，对于技术史的研究而言，必须辨析其中的各项关联，而不是一味地分析技术本身如何施展、演变，它所需要的是厘清社会、文化、人类等多方面因素对技术所产生的影响与作用。人类社会发

---

① ［德］卡尔·马克思：《资本论》（第一卷），人民出版社 2004 年版，第 210 页。
② 王伯鲁：《技术史视野中的马克思思想基础解析》，《教学与研究》2013 年第 6 期。
③ ［英］李约瑟：《李约瑟文录》，李约瑟文献中心等译，王钱国忠编，浙江文艺出版社 2004 年版，第 174 页。

展历史上的每一次动态进化过程，都能够通过传播技术的变迁进行侧面印证。从口语传播、书面传播、数字传播到跨媒体传播，传播技术的更迭增强了新闻媒体对于公众的影响力，也深刻地影响了人类的政治、经济、文化和生活等方面的发展革新。以史为证，1978年我国施行改革开放政策后，以往的新闻传播技术逐渐由政府推动转为市场推动，以新华社、光明日报等大型媒体为代表的中国新闻出版业纷纷通过向外引进、自身钻研等渠道发展传播技术，经过三十多年的不懈努力，取得了相当成就：计算机汉字处理技术独步华人圈、激光照排技术世界领先……这些技术的快速提升不仅带来了新闻出版的快速发展，也为民众的现代化信息生活带来了更多的便利。

纵观我国文字新闻传播技术的演进与发展，会发现以技术为驱动是文字新闻传播事业的核心。文字新闻传播技术的形成和发展呈现出社会性、累积性和文化性等特征，最终呈现出的是一个相对复杂的历史过程，具有其独特性的进化规律。实际上，这种规律不仅局限于新闻出版业，在各行各业都是一样。传统技术不会被完全淘汰，新的技术即便是十分成熟了也不可能彻底占据全部的市场。譬如CTP直接制版的出现也不能完全占据汉字激光照排的市场份额。可以说，技术的更迭换代应是包含了社会、文化、人等多方面因素在内的渐性进化、演变，而绝不是一场场激进的革命。事实上，无论传播技术本身，还是它们的社会影响，都不是与过去的彻底的分割；相反，它们只是现存社会形态和力量的一种合理性延续。[①]

综而述之，新闻传播技术不断变革的影响并不局限于文字新闻，其本身也没有内在的、固有的发展逻辑。故而，本研究将在考量这些技术更迭规律、形成原理及其普及应用等内容的基础上，进一步探究当代新闻传播技术对人类日常生活及社会文化等方面产生的结构、方式、组织和惯例的塑造性影响。

---

① 吴廷俊、韦路：《传播技术的演进模式及其与社会的互动关系》，《河南社会科学》2008年第1期。

第一章
民国时期文字印刷传播技术

Chapter 1
Technologies of Text Printing and Communication in the Republic of China

印刷术的发明对于文化的发展与进步的作用，是毋庸置疑的。印刷术是人类公认的"文明之母"，中国印刷术的发明更是世界文明史上的一大贡献，印刷术的发展和宗教信仰、日常民生、社会文化、科技发展又有着息息相关、密不可分的关系。孙中山在其所著的《实业计划》中指出"据近世文明言，生活之物质原件，共有五种，即食、衣、住、行及印刷也"。并且又说明"人类没有印刷技术，文明就无法进步"，真切地说明了"印刷"是促使文明进步的一个重大因素。

与古代简单的工艺改进不同，我国现代的印刷技术实际上是一个需求广泛的巨大产业，有自己的成长规律；和欧美各国出版业也不尽相同，印刷业和出版业起初实际上是同步发展、不分彼此的。[①]

为此，1934年2月5日至14日，中德文化协会、世界文化合作会以及中国国际图书馆三家机构联合在上海举办了"现代德国印刷展览会"。当时的《印刷画报》创刊号还特别为这场展览会编辑了"现代德国印刷展览会特刊"，内容从开幕情况

---

① 陆费逵：《六十年来中国之出版业与印刷业》，《申报月刊》1932 年第 1 卷第 1 号，第 13—18 页。

到参会书籍种类等事无巨细。会上，中央研究院院长蔡元培在致辞中称赞德国兰堡"不仅是德国的书业中心，且是欧洲印刷事业的中心"，他又反观我国印刷事业，"虽则发明极早，惟以不谋改进，沿用旧法，一致迄于今日，犹只刻板及聚珍版见长，他无足述。德国印刷则呈猛进状态，昔为人师教一变而为他人之徒，其情宁堪"。①

回溯历史，中国的雕版印刷技术和活字版印刷技术传入欧洲后，经由欧洲人的改良，并以先进的科学进行现代化的、更加省力的实用主义设计，发明了一套以机器操作为主的印刷技术。当这些印刷技术再次传入中国，中国的印刷工业有了新的面貌，真正现代意义上的印刷技术开始出现了。近代的印刷出版物不仅有图书，还出现了新式的报纸、杂志等印刷品。②除此之外，民国时期文字新闻的版面编排方法也有了较大变化，尤其是伴随着新文化运动的兴起，报道不仅开始使用白话文体，更出现了诸如标点符号等新元素，报纸的可读性也随之加强。

第一节　民国时期的凸版印刷技术

"我国之转仿西人新印刷术……溯其源，则远在十九世纪之初叶。凸版印刷术输入最早，平版印刷术次之，最迟者为凹版印刷术。"③

这些西方的印刷术涌入中国的时候正是清末民初，这里分别论述其中有代表性的四种。由于图像出版技术不可能不伴随着文字出现，所以，有些看似专以文字为主的印刷出版技术实际上也是图文印刷的最基本范式：1. 凸版印刷术主要是指用铅活字排版印刷和以铅活字版为母版的技术，采用纸型、泥版翻铸成复制版的印刷术，以及照相术进入印刷制版后产生的照相铜锌版技术；2. 平版印刷术是指用石版、珂罗版和照相平版、间接印刷的一种技术；3. 凹版印刷术是指用雕刻凹版和照相凹版（又称影写版）进行印刷的一种技术；4. 孔版印刷术主要是指以誊写版为主的技术。这些印刷术在清末民初先后传入中国，但在此前，外国其实已经研究出用

---

① 转引自于翠玲：《印刷文化的传播轨迹》，中国传媒大学出版社 2015 年版，第 124—125 页。
② 正轮：《期望于印刷业同仁》，《益友汇报》1940 年第 13 卷第 2 期。
③ 张静庐辑注：《中国近代出版史料·初编》（卷四），上杂出版社 1953 年版，第 257 页。

铅活字制作技术印刷汉字的方法了，[①]更出现了为某种目的而采用凹版印刷技术的"印刷中国地图的图画"[②]。这些都比在中国本土上采用近代印刷技术要早一些。

民国时期主要是以从西方传入的泥版（脱胎于铅活字母版）、纸型翻铸铅版以及照相铜锌凸版印刷为主的印刷工艺。这些印刷工艺主要由字模铸字、拣字排版、印刷装订等一系列工序组成。这也可以说是印刷技术里最经典而又最具传统意义的印刷工艺。

一、铅活字制作技术

十九世纪初期，西方的铅活字印刷术传入中国，铜模制作技术随之更新，铅活字铸造技术也随之改进，操作由手工化向机械化转变，发展可谓日新月异。手摇铸字炉是最早传入的铅活字印刷制版设备，每小时仅有数十枚的铸字速度，后来由于铜模制造技术的改进，脚踏铸字炉和手摇铸字炉逐渐普及，铸字效率明显提升，增至每小时七八百枚的数量，但对于活字制作的速度和品质需求，仍然难以满足。这样的情况直到民国初年，汤姆森自动铸字机在中国普及才开始有所改善。新型的汤姆森自动铸字机，铸字效率高达每小时一万五千个，并且活字一经铸出便可使用。再往后，铅活字的制作技术和铸造设备不断发展更新。活字铸造机因使用动力的不同分手摇、自动二种。前者由打孔机和铸排机两部分组成，排铸前先用打孔机依照原稿在打孔带上打上相对应的小孔，再将这个打过孔的纸带装入自动单字排铸机，最后成一个完整版面。每分钟能排铸140—150个字。

---

① 这个时间可以追溯至十七世纪末西方印刷书籍中出现的汉字。现知最早含有汉字的西文书籍是1585年的《中华大帝国志》，因为含有汉字数量不多未引起广泛注意；1696年德国柏林出版了 Ch.Mentzel 所著德文版 *ChTonologia Oder Zei t–Register Chinesischen Kayser* 一书，书中收入了中国清朝康熙大帝以前所有皇帝的中文名称；1804年英国伦敦出版社出版巴罗（Sir John Barrow）著《中国游记》（*Travels in China*）一书中穿插了汉字，并附有英文意译。参见张树栋、庞多益、郑如斯：《简明中华印刷通史》广西师范大学出版社2004年版，第192页。

② 张树栋、庞多益、郑如斯：《简明中华印刷通史》，广西师范大学出版社2004年版，第191页。

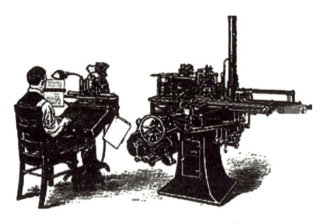

图 1-1　摩诺活版自动排铸机①

后者排铸则类似于西文打字的方式，排铸机上有字键，操作者需要按照原稿文字按动相应的字键，直到铜模排成一行即可铸出一行铅字，故又称"条形排铸机"。

图 1-2　立诺排铸机②

---

① 图片来源：张树栋、庞多益、郑如斯：《中华印刷通史》，第 543 页，财团法人印刷传播与才文教基金会。该书由武汉大学新闻传播学院提供网络下载。网址链接 http://www.cgan.net/book/books/print/g-history/gb_12/13_1.htm。

② 图片来源：中国科普博览网站印刷博物馆栏目，"近代印刷技术的传入及应用"，网址链接 http://www.kepu.net.cn/gb/civilization/printing/evolve/evl751.html。

摩诺排铸机和立诺排铸机的出现，推进着近代印刷行业的崛起，铅活字制作技术领域内也开始由机械铸字向自动检排铸字演变。

二、排字架的多次改良

中国传统的活字印刷，针对汉字种类繁多的情况，在印刷时采用转轮排字架和武英殿字柜等设施拣字、排版，以提高印刷效率。但是这些排字架都不能满足现代机械印刷的工艺要求，亟需一种新型排字架。姜别利以美华书馆印刷的《新旧约全书》和其他27册书籍共4166页、110万字的印刷品为统计样本，统计出根字字模5150枚；又依其出现频次划分，从出现一万次以上的13字、一千次以上的224字到出现25次及以下的3715字，共得出15类。根据这个结果，将中文铅字分为常用、备用、罕用三类。"因造'元宝式'字架（俗称三角架或升斗架），其架以木为之，正面置二十四盘，中八盘装常用铅字，上八盘及下八盘均装备用字，两旁六十四盘皆装罕用铅字。"[①]排版时，工人站立于排字架中间，就架取字，颇为便利，大大提高了活字排版速度。

然而，"元宝式"排字架仅适用于基督教书籍印刷，不能满足报刊及科学书籍的印刷需求，因而其后排字架又经过几次改良。比如，上海印书馆修正了姜别利排字架中的铅活字排放顺序、类别；上海申报馆仿照日本字架改为"统长架"，以节省空间，使其光线充足，又可供二人同时使用……这些在近代报刊出版事业发展的进程中不断得到改进，以满足生产需求，同时也提高了报刊印刷工艺的生产水平。

民国时期报刊出版较为发达，很多报社为了节省工时，加快出版速度，纷纷开始对排字机、排字架等设备和方法进行进一步的改造，以期能够提升工作效率，加速报刊新闻传播。民国十二年（1923），商务印书馆创始人张元济表示"排字工人终日站立，屈伸俯仰，亦复甚劳，且字架占地太多，不可不设法改良"[②]。其方法是将全副铅字分为常用及冷门两类，常用字制作成塔形轮转圆盘进行储存；冷门字

① 张静庐辑注：《中国近代出版史料·初编》（卷四），上杂出版社1953年版，第261页。
② 据《商务印书馆董事会会议记录簿》，稿本，商务印书馆藏。转引自柳和城：《张元济指导改进排字架的几件史料》，《出版史料》2010年第1期。

则设成手推方盘的形式以储存。常用字的塔形轮转圆盘放置于木柜之上，两个柜子之间设置转椅以供排字工进行排字工作。而冷门字的手推方盘铁架上下各有铁板一片，板面上有六道凹槽，可以将直盘斜插入主方盘，并能够左右移动。这一冷门字版则置于排字工背后，进行排字时只需利用转椅向后一转即可。张元济对于排字机的改造极大地节省了找字、排字的时间，并减轻了排字工的负荷。[①]

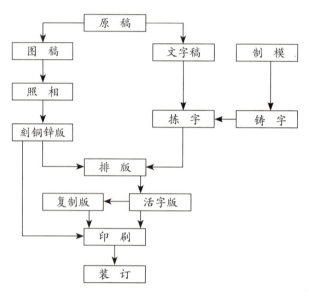

图 1-3　凸版印刷工艺流程

三、制版工艺的发展

铅活字凸版印刷工艺采用边排版、边印刷的工作流程，印刷浩瀚卷帙时字模不免捉襟见肘。印刷完成后，立即拆版，重版难免复工。针对上述两个弊端，人们用不同材质制成铅活字版的"复制版"。制作"复制版"的工艺，第一步是制作活字版：要将铅活字按顺序排成与铅活字版直接印刷完全相同；第二步是压制阴文型版：用泥或专用厚纸以活字版为母版压制成形；第三步也是最后一步，是制成阳文铅版：在这个泥版或纸型版上浇铸铅等混合金属，即做成装机印刷的印版。

---

① 贺圣鼐、赖彦于编：《近代印刷术》，台湾商务印书馆 1975 年版，第 15—16 页。

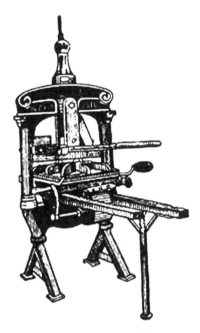

图 1-4 手扳架①

纸型版经过改良②，可重复浇铅十余次，并以纸型留存待用。而泥版一经浇铸便散碎。但纸型版印刷时必须经过覆纸、涂浆、刷击、热压等手续，因而其后改进的新式纸型机，采用强力高压纸型原纸，多为日报出版印刷采用。③

民国时期，除了铅活字版外，印刷界还进行了替代尝试，如电镀铜版、石膏版和黄杨版等。电镀铜版，顾名思义，即通电镀铜而成。使用这种方法印刷出来的文字图画与原版丝毫不差，但因为成本高昂，限用于精美印品。石膏版则以石膏代替木刻，为上海大南门清心堂教士范约翰所创，然而因不够精细的缺陷，未能推广。黄杨版则源于商务印书馆的一次尝试，使用药水将原图移到木头上，技艺高超的刻工依木头上的图形轮廓雕刻，精美程度堪比铜版；印刷时，还可以在单色外再添加颜色。这种方法类似于中国传统的雕版印刷，对雕刻工艺要求严苛，造价又高，非

---

① 图片来源：张树栋、庞多益、郑如斯等《中华印刷通史》，财团法人印刷传播与才文教基金会，第544页。该书由武汉大学新闻传播学院提供网络下载。网址链接 http: //www.cgan.net/book/books/print/g-history/gb_12/13_1.htm。

② 1829年，法国人谢罗发明纸版（纸型）；1871年，美国人拔力克惠尔（B.B.Blackwell）使用木材填底改薄铅版。参见张静庐辑注：《中国近代出版史料·初编》（卷四），上杂出版社1953年版，第265页。

③ 张静庐辑注：《中国近代出版史料·初编》（卷四），上杂出版社1953年版，第266页。

长久之策。

二十世纪具有社会变革性的发明之一，便是摄影技术的诞生。这一技术最广为人知的是作为一种瞬间复制的图像记录手段，以至于人们往往忽略了它对印刷技术的贡献。应用照相术摄制印版，乃是法国人稽禄脱（M. Cillot）的发明，是一种照相锌版。其后德国人縻生白克（Meisendach）创制出照相网目铜版。在此基础上，美国人孔士（William Kurtz）借鉴彩色摄影和彩色照片技术，发明出红黄蓝三原色照相网目铜版。

照相锌版与照相铜版的制作工艺原理相同，第一步是将原稿拍摄成阴像底片，第二步是将底片贴敷在涂有感光层膜的锌版或铜版上曝光，最后一步是经化学药液腐蚀处理制成金属凸版。不同的是，锌版一般用于单色线条图画的印刷，而铜版则用来制作彩色图画版。根据三原色原理，在拍摄时利用滤镜，并改变网目角度，拍摄出三种颜色的底片，分别制成三块分色铜版，然后再用这分色印版，逐版套色印刷。[①]

照相锌铜版技术于十九世纪末传入中国，当时的上海江南制造局、上海徐家汇土山湾印刷所、商务印刷馆都曾先后使用这一技术印刷书籍。

四、凸版印刷机械

民国时期报刊社的印刷设备多靠引进，大体经历了从手扳式进入动力带动，以铁代替木头制成，加压装置也由平版平压改为平版圆压，再进而为圆版圆压的演变过程。而一般凸版印刷机的结构，也不外乎平版平压机（Plate Press）、平版圆压机（Flatbed Cylinder Press）及圆版圆压机（Rotary Press）这三种型式。

1912年，上海申报馆从亚尔化公司购进双轮转印刷机，每小时可印2000张。1919年，上海申报馆买进日本仿制的法式滚筒印刷机用于日报的印刷，每小时可印8000张。同年，商务印书馆从美国购买"米利印刷机"（简称"米利机"），这一机器开动后滚筒轮转不停，因而又得名"双回轮转机"。除了单色米利机外，还

---

① 张树栋、庞多益、郑如斯：《简明中华印刷通史》，广西师范大学出版社2004年版，第201—202页。

有双色米利机、两面米利机，以满足彩色印刷、书籍印刷的不同需求。1922年，商务印书馆又从德国爱尔白脱公司购买了滚筒印刷机，滚筒两边可同时印刷，并附有折叠机，每小时能印出双面8000张。1925年，上海时报馆添置了德国冯曼格（Vomag）彩色滚筒印刷机，能同时印几种颜色，在远东印刷界可谓独领风骚。这些先进设备的传入和发展，为当时中国印刷出版事业的开天辟地提供了物质保障。

第二节　民国时期的平版印刷技术

1796年，澳大利亚人塞纳菲尔德（Alois Senefelder）发明了石版印刷，与凸出的铅字不同，它以表面平滑的石板制版，故而又被称为平版印刷。平版印刷术的主要工艺原理是"在石头上书写"，即利用图文与空白部分处在同一个平面上的印版（主要是平版）进行印刷。平版印刷的方式主要包括石版印刷、铅版印刷、珂罗版印刷和橡皮版印刷四种。其主要的印刷工具是平版印刷机，比较常见的是印刷机械和制版机械。平版印刷术在十九世纪传入中国并逐渐发展和成熟，对当时的印刷行业和出版行业都产生过影响，许多出版物开始尝试用新的印刷技术来印发刊物，并取得了不俗的出版和传播效果。平版印刷术也为现代文字新闻传播技术的发展和进步做了铺垫，并留下宝贵的经验。

表1-1　平版印刷引入中国的基本情况表

	版名	中国引入时期	中国最初的引入者
平版印刷	石版印刷	光绪二年（1876）	上海土山湾印刷所
	珂罗版印刷	光绪初年（1875）	上海土山湾印刷所
	彩色印刷	光绪三十年（1904）	上海文明书局
	马口铁印刷	民国七年（1918）	上海商务印书馆
	照相石印	民国九年（1920）	上海商务印书馆
	橡皮版石印	民国十年（1921）	上海商务印书馆

工具和设备是一项新技术的基础和成果的体现。近代印刷技术区别于之前印刷技术的一大特点便是印刷工具的改进以及印刷领域的机械化。中国的印刷术在古代一直处于领先地位，到近代却落后于西方。在民国时期开始仿效西方，并大量引进西方设备，旧式印刷即"人工印刷"也开始逐渐被新式印刷的"机械印刷"取代。

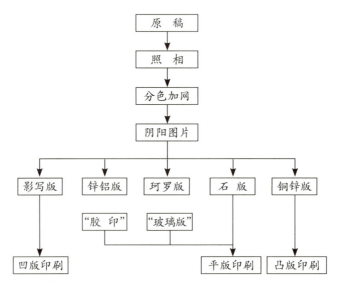

图 1-5　照相制版在凹版、平版和凸版中的应用

传统印刷机器主要是由制版机和印刷机构成，平版印刷机也不例外。平版印刷的制版机包括制版照相机和晒版机，印刷机包括印刷平台和转轮印刷机。其中印刷平台主要采用以平压平、以圆压平和以圆压圆三种转印方式制成。

手摇石印机（Hand Press）的长条型压版，为硬木或铁制成，外挂皮革，可由螺棒升降以调整压力。压版之下，有游动版台，用以承放石质印版，上盖面版。印刷时，先在版上抹水，然后滚以油墨，放印纸，盖下衬纸、面板，推进游动台至压版下，以压杆抬升游动台，使印版受压版紧压，并用手柄摇转使版台在滑轮上通过压版下来回游动，使版面印纹移转于纸上。因这一切操作均依靠手工，采用多人合作，每小时仅印百来张左右。

圆压式印刷机（Cylinder Press），为电力带动游动版台，在圆形压印滚筒下通过而完成印刷，速度较手摇机快速。压印滚筒为定位来回旋转，版台则来回运动与墨台、水台同在游动台上的水平位置，另有墨辊、水辊、给纸台及收纸台等装置，每小时可印千张左右。

　　橡皮印刷机（Offset Press）的印刷单位，由三大辊筒组成，分为印版辊筒（Plate Cylinder）、橡皮辊筒（Blanket Cylinder）及压力辊筒（Impression Cylinder）。三大辊筒之排列，有水平式、垂直式、直角式及其他角度等形式，其中以直角排列式较普遍，用于单张印刷机。垂直排列印刷式用于平版轮转机，该机由印版、橡皮、橡皮印版构成，并省下压力滚筒，卷筒纸由两个橡皮滚筒间通过，正反两面一次印制完成。

　　平版印刷技术已经开始采用机械印刷，此时的机械印刷虽然没有摆脱人力的支援，但主力是机械，人只是起辅助机器运行的作用，较之先前的完全手工化运作已是巨大的进步。世界上最早的石印机是1798年法国所制的一台木制石印机。其后，1886年英国出现了平版轮转印刷机，1905年美国人成功研制出橡皮滚筒平版印刷机，胶印印刷开始在世界范围内广为采用。

　　1915年，商务印书馆购进海立斯胶版机，并聘请专门的美国技师魏博指导技术。这一胶版印刷机由美国人罗培尔于1900年发明，因为是由橡皮版传印的，所以又称为橡皮印刷机。其印刷过程要经过几道程序：先是由亚铅版印成橡皮版，然后再由橡皮版转印成纸。橡皮版印刷机要比铅版机先进，间接印刷较之金属版直接印刷，无论是印版耐印率、印刷速度，还是印刷品质都有明显的提高。到1922年，商务印书馆又引进了英国乔治门双色胶版印刷机，可以同时印两种颜色，印刷速度因此大为提高。1932年6月27日，《时报》发行了一万号，在纪念刊上有一幅三色套印的"威尼斯图"，这是亚洲报纸中第一次采用三色套印。

第三节　民国时期的凹版印刷技术

　　近代西方传入中国的雕刻凹版印刷术，大致可分为两大派：一为意大利派，一为美国派。意大利派雕刻凹版印刷术主要通过手工雕刻再经由化学腐蚀，即先在金属版材，一般为铜版材质上手工雕刻出原稿图文，其后再使用化学药液进行腐蚀，从而制成凹版进行印刷的工艺技术。此项技术通过日本间接传入我国。中国首位学习到这门技术的人物是清代的王肇鋐。他在日本攻习地绘，后成书十二卷，其中有关口岸形势、沿海各岛险要的纤细图幅，难以付梓，且不便交付外人，遂在日本某印刷局潜心学习雕刻铜版印刷工艺，并著有详细介绍该法的著作《铜刻小记》。后来他供职于上海江海关印务处，采用雕刻铜版方法印刷印花，但这种方法并未得到推广。1905年，商务印书馆聘请日本雕刻铜版技师传授技法，手工雕刻凹版印刷技术才在中国得以发展。根据《铜刻小记》等书记载，手工雕刻的工艺流程为：制作印刷版材→涂蜡→描图→上版→雕刻→腐蚀→修版→印刷，其中雕刻的方法大致有直接凹刻法、针刻法、镂刻法，而腐蚀的途径有蚀刻凹版和蚀镂法两种。

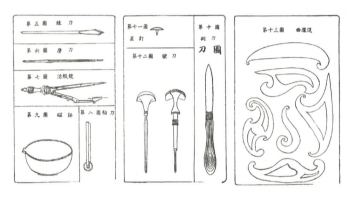

图 1-6 　《铜刻小记》附图

在手工雕刻之外，还充分利用机械进行机械雕刻凹版的工艺，这是美国派的雕刻铜版印刷术。清朝末年，内忧外患，财政混乱。针对当时的社会经济局面，清廷决定采取革新图存的措施。1906年，清政府派遣官员赴日考察纸币印刷。不久，清王朝为"统一圜法，挽回利权"，改变当时流通钞票假冒伪劣、信誉低下的现状，准备统一印制和发行钞票，并于1907年成立了北京度支部印刷局，同时派遣官员赴美考察印刷生产。1909年，北京财政部印刷局聘请海趣（Loienzo James Hatch）等一批美国雕刻技师来华主持钞票印刷并传授雕刻技术，包括雕刻邮票、印花等有价证券的凹印品。在工艺流程上，机械雕刻也需要经过从雕刻到腐蚀的流程。

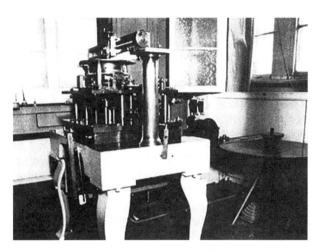

图 1-7　万能雕刻机 [1]

雕刻凹版印刷工艺中，雕刻精密、线条清晰、层次分明、色调鲜艳醒目，因而可以印制得非常精美。但是，一旦印刷达到一定数量，必然对铜版造成损伤，所以印刷时常使用复制版代替原版。日本的雕刻铜版使用锡版翻制成复制版，但是由于电镀过程繁琐，这个方法并非长久之计。1923年，商务印书馆聘请美国技师福劳司特（Frost）来华。他使用新式雕刻版复制技术，采用钢制圆辊，节省了工艺流程，制成的印版结实耐用，同时印刷速度也提升了5倍。

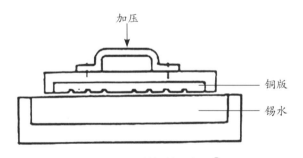

图 1-8　翻制锡版示意图 [2]

① 图片来源：张树栋、庞多益、郑如斯等《中华印刷通史》，财团法人印刷传播与才文教基金会，第561页。该书由武汉大学新闻传播学院提供网络下载。网址链接 http://www.cgan.net/book/books/print/g-history/gb_12/13_1.htm。
② 图片来源：张树栋、庞多益、郑如斯等《中华印刷通史》，财团法人印刷传播与才文教基金会，第563页。该书由武汉大学新闻传播学院提供网络下载。网址链接 http://www.cgan.net/book/books/print/g-history/gb_12/13_1.htm。

凹版印刷术中，发明最新、印刷最精致的，则是照相凹版，又称影写版。这是照相制版技术在凹版制作工艺中的应用。1894年，嘉立许（Karl Kleitsch）发明了照相腐蚀凹版制版技术。这种工艺诞生后，用于名画印刷，一时蔚然成风。1902年，德国人梅登（Doctor Mertens）在此基础上对照相凹版印刷技术进行改良，使其日臻完善。1910年，经梅氏改良后的照相凹版印刷技术用于印刷德国弗兰堡的《图画日报》，这是照相凹版印刷画报之嚆矢。1930年，美国拔脱立克图书公司试验彩色照相凹版，成效显著。后来欧美各国竭力提倡这种方法，使得彩色照相凹版印制产品颇为流行。

照相凹版技术传入中国始于照相凹版印刷物。当时适逢第一次世界大战的第四年，彼时中国已对奥地利宣战，成为协约国之一。1917年，英国人在上海发行专门用于协约国宣传的刊物——《诚报》，并附有战事照相凹版画报。这份画报在国外制作、印刷，十分精美，引起国人相继仿效，引进照相凹版技术和机械的想法自此萌生。1923年日本大地震中，东京某照相凹版印刷公司遭罹火灾，该公司聘请的德国技师海尼格（F. Heinicker）打算返回德国。上海商务印书馆趁机邀请海尼格来华主持杂志插画、风景名画的照相凹版印刷，成品精美绝伦。《东方杂志》的卷首插画，就由照相凹版印刷而成。这是中国最早引进照相凹版印刷术，而此时，正是中国民族印刷业的崛起时期。

中国民族印刷业的发展离不开西方资本主义国家的技术和设备支持，尤其是照相凹板机器的引进。比如，中国照相出版公司就是由海尼格与中国民族企业家合资开设的。该公司承印报刊书画等方面的业务，《申报图画周刊》就是由这家公司印制。商务印刷馆曾使用一批彩色照相凹版机器来试制彩色印刷品，成绩斐然，而这批机器则来自上海英美烟公司。1924年，上海英美烟公司印刷厂派遣三名照相师去荷兰莱顿的印刷公司学习彩色照相凹版印刷术，第二年又采购了一批印刷机器。时逢上海发生"五卅"惨案，英美烟公司营业骤跌，于是将这些印刷机器让渡给了商务印书馆。

对于民国时期较为常用的几款凹印机械，现简要介绍如下：

平压式印刷机（Stamping press）：有手扳式平压机 （Hand Stamping press）及电动平压机（Power Stamping press）二种，前者类似轧钢印的压印机，是先给印版上印墨，揩去版平面墨膜，便可装入印机，用手转动旋柄，使印版向下压印于干纸上即成，操作慢，效率低；后者印版的上墨、揩墨和压印均为自动，每小时可印2000多张，但压力不易全面均匀，精细印纹难以印出，且印纹面积亦受限制，仅宜于线条文字凹印之用。

圆压式印刷机（Cylinder press）：有凹印手操机（Hand plate press）、凹印小电机（Power plate press）、凹印大电机（Automatic plate press）三种，凹印手操机类似打样机，加压是用圆筒。印刷时，先滚墨于印版，接着用布将版面墨膜揩去，把版面抹净，随即铺放印纸，盖上衬垫后手扳轮盘，使印版受压通过包有衬垫之压印圆辊，然后揭起印纸，用粗纸隔衬以防未干油墨受压复印于纸背，为促使湿纸与油墨速干，可送入高温之封闭室。此法印压均匀，效果较佳，每小时可印200张以上。凹印小电机形式与手摇机相似，只是不用手摇而改为电动，每小时可印400张左右。凹印大电机亦称四角平台凹印机，由电力带动连续做90°变角度轮回运转，以供轮流上墨、揩墨、铺纸、压印及取纸的顺序连续工作。如此连续操作，川流不息，每小时可印600张左右。

圆版圆压式凹印机（Rotary plate press）：有张页凹印机（Copper-plate Cyinder）、轮转照相凹版印刷机（Gravure）二种，轮转照相凹版印刷机使用自动飞达代替了手工摆纸，印版辊筒直径可同时装入两块或四块经电镀为弧形的金属印版，压印辊筒亦有相应大小，以橡皮布为包衬，其他如上墨、揩墨、收纸等工作亦为自动，每小时可印对开纸2000至4000张。如增加上墨装置，亦可作多色凹版印刷，其品质之精美，远胜于单色凹版；后者可用较粗廉之卷筒白报纸印刷，每小时可达三万张，油墨稀薄而干燥性极快，油墨可借刮刀刮除平面之墨膜，宜于印刷塑胶（布）、金属箔膜、软管等工业印刷用。多色凹印机亦与凸版或平版多色印刷机类似，由数组单色印刷机连接组成。

抗日战争结束后，各省会城市逐渐引进胶印设备，然而印刷机械长期依赖进口，只有商务印书馆所办的华东机器制造厂能修造部分印刷机械。到1949年，上海、北京两地共有印刷机械制造厂和维修厂30余家。中华人民共和国成立前，在印刷业比较集中的上海，有近3000家印刷厂店，近30000从业人员，这些印刷厂店中，150家有较新式设备，980多家是铅印零件厂（只有圆盘机、方箱机等简陋机械设备），其余多是规模很小的印刷装订业、手工作坊和不雇工人的家庭作坊。

第四节　民国时期的孔版印刷技术

孔版印刷是使用图文部位透墨的印版，将印墨（或色浆）透印到承印物上进行的印刷，又被称为过滤版印刷，是常用的印刷方式之一，包括誊写版印刷（俗称油印）、网版印刷以及镂空版印刷（即型版印刷）。孔版印刷从出现迄今已有两千多年的历史，是应用最早的印刷术之一。中国是世界上最早使用镂空版印刷的国家，但是由于中国的孔版印刷长期主要用于织物印花，隶属织物染印范畴，孔版印刷作为一门文字印刷技术在中国没有得到发展。本研究关注的重点是近代中国的孔版印刷，即从西方传入并逐步发展和本土化的孔版印刷，主要是誊写版印刷。誊写版印刷的工艺程序主要是制版工艺和印刷工艺。誊写版制版工艺，按照其制版方法的不同，可以分为毛笔誊写版制版工艺、铁笔手刻蜡版制版工艺和打字蜡版制版工艺。

一、毛笔誊写版制版工艺

毛笔誊写发明在金属笔誊写之后，毛笔誊写版制版工艺，是用毛笔蘸稀酸，在涂有明胶膜的多孔性纸上书写字画、描绘图形，使书写部分的稀酸将纸表面上的胶膜蚀去，露出纸基纤维所形成的孔版的制版工艺。毛笔誊写版制版工艺在光绪末年传入我国，一经传入，就立即被各学校用来印刷讲义，一些书社、商号和无力出资刻印自己著作的人，也相继用它来印刷文稿和制作漫画、传单等宣传品以及招贴广告。

毛笔誊写版制版工艺的特点是成本低廉，简单易操作，需要的材料都相当常见，包括钢针笔、钢板、墨辊、油印架、油印墨、纸张等，无需机器即可刻版印刷，在发明之初使用较频繁。但是这种制版工艺也有一些缺陷，用来制作毛笔誊写版的版材是比较粗松的纸，不仅耐印力差，印刷质量欠佳；而且该工艺的图形边缘容易被酸所腐蚀，印刷的精确度较差，此种制版被后来逐渐发展起来的铁笔手刻蜡版工艺所取代。

二、铁笔手刻蜡版制版工艺

铁笔手刻蜡版制版工艺，是用特制的蜡纸，以铁笔、钢板为工具，用铁笔在有网纹的钢版上刻写蜡纸，因铁笔在蜡纸上划过受压，棉纸的蜡层被轻微划穿，形成微孔，蜡纸被划的部分印刷时可透过油墨形成图文，未划过的蜡纸因阻隔油墨不被透印的工艺技术。铁笔手刻蜡版是由美国人爱迪生在1886年发明，当时的工艺方法为：用带电的金属笔在涂有蜡层的纸上书写字画，金属笔在电的作用下不断震动，使蜡纸上书写处的蜡层被划破，形成无数微孔，能漏过油墨，形成印刷。1894年，日本人掘井新治郎在爱迪生的发明基础上作改良性研究，他使用的工艺程序为：先把蜡质放在有细网纹的钢板上，再用尖锥状的铁笔在蜡纸上书写或绘画，由于接触网纹高凸部分的蜡质被铁笔尖划破，露出纸张纤维间的细孔，制成孔版，然后施墨印刷。掘井新治郎正式将此法命名为"誊写版"，并开设专门的誊写堂，生产和制造誊写设备和材料，中国早期所需的誊写器材都是从日本进口的。

掘井誊写堂曾设上海支店蜡质部于上海乍浦路蟠龙街，开业年代不详。民国前期，各文具店出售的皆为掘井蜡纸。商务印刷馆生产的誊写版纸曾于1915年送南洋新加坡华人制造品展览会陈列展出，1916年在上海农商部国货展览会中展出，还获得了奖项。

铁笔手刻蜡版制版工艺技术一经推广，迅即传入中国。在四川史料中有记载，一位名傅樵村的知识分子在1903年从大阪购回一套铁笔五色版工具。而在同时期，成都二酉山房也从日本购置了铁笔誊写版工具。之后，各地也开始陆续引进此工具。王汉章在《中国近三十年来之出版界·刊刻总述》中说："……誊写版以缮写省工，盛行于各通讯社。……民国初元，有叶某在京创办通信社时，即采用此器。同时以之印刷小品书册，用以代写工钞胥之劳。如风行一时之北京著涒吟社、寒山诗社、稊园钟社，均恃以为印行诗词课卷之用。"[1]

---

[1] 转引自范慕韩主编：《中国印刷近代史（初稿）》，印刷工业出版社1995年版，第178—184页。

三、打字蜡版制版工艺

打字蜡版制版的工艺过程是在普通打字机上，卷装上专用的打字蜡纸，利用打字机钢活字的冲击力，将文字打印到蜡纸上，使蜡纸表层的蜡转印到带有格线的书写纸上而形成微孔，制成蜡版。打字机用蜡纸的纸基及规格与铁笔蜡纸相同，原纸不印格线，蜡层多呈蓝色，较铁笔蜡纸为薄，并加有其他油质物，使成品较柔软，字键锤击时能将蜡层击破，露出纤维，但不致伤碎原纸基。每张蜡纸皆粘附纸质较疏松的印有格线的白书写纸一张，原纸的蜡层朝下，与书写纸相接触，打字锤击时，原纸蜡层字迹转移到书写纸上，原纸有字迹的蜡层消失，露出纤维微孔，使能油印。打字蜡板所打出的文字、花边等文字质量远比手刻蜡纸整齐、美观、规范，并在打印蜡纸时还可以打出一张校对用的蓝色样张。铁笔蜡纸或打字蜡纸刻写打字校对后，需要改正处可用蜡液封涂微孔，或者以火柴微烘使蜡层熔融封闭字迹微孔，重新刻写。

图 1-9　使用蜡纸刻版

华人周厚坤受英文打字机的启发，在美国研制中文打字机，商务印书馆得知后，特聘其回国研制，于1912年成功发明中文打字机。到了1919年，舒震东在周厚坤发明的基础上，又研制成舒式华文打字机。

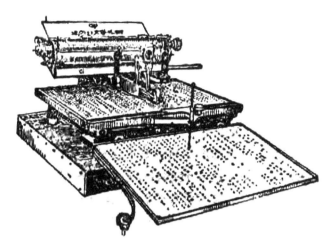

图 1-10　舒式华文打印机

这种打字机的敷纸滚筒比较细小，接近英文打字机。在机身前方装有一个与活字盘同等大小的盘，盘的玻璃板下刻有字表，与活字盘内的活字相对应。在打字时，将活字盘的指针移向字表中所需要的文字的位置，然后放下打字操作杆，就可以打出所需要的文字。日本人杉本京太在1915年成功研制出邦文打字机，与舒式打字机不同的是，该机没有前置的玻璃棉子表盘。1931年，中国人俞斌琪仿制日本技术，研制出俞式打字机。同时期，还有上海的三用复印机、华文打字机等相继问世。然而，几十年来，誊写版印刷虽然普及率非常高，但技术并没有取得突破性的进步，原因是多方面的：中文打字机的字盘容量受到限制、蜡纸的耐印力太低（一般500—1000印左右）、印刷成品品质较差等，各种因素限制了这一技术的发展。

民国时期供毛笔版、铁笔蜡纸、打字蜡纸用的印刷工具称为油印机或誊写机、誊写器，主要有平面油印机和转轮油印机两种。

1. 平面油印机印刷工艺。平面油印机是由放置承印纸张的印刷平台和绷有丝网的网版框架组成。其印刷工艺大致如下：先把蜡纸敷在一个绷有绢网的框架上，在框架的一端以铰链连接在下部的平台上，使其能够掀起和揿下；然后在平台上准备好待印的纸张，把网框压下附着纸张；再用着墨的橡胶辊推过，即完成一次印刷。甚至也可以不用网框，只要将蜡纸的两端夹持，一端固定在一个平面上，也不需用橡胶辊，只用一块平直的橡胶刮板，沾墨刮送一次，即可完成一个印刷动作。这样反复操作，便可连续印刷，掌握技巧用力均匀者，一张蜡纸能印500张以上。

2. 转轮油印机印刷工艺。转轮油印机的主要部件是蜡纸版滚筒，滚筒的外缘包有一圈绢网或尼龙网，蜡纸紧贴在绢网内，并装有叼衔承印纸张的咬口。墨鼓装在滚筒内部。工作时，先把字刻在蜡纸上，使蜡纸版贴附在滚筒外缘的丝网之上；然后装上转轮，转动手摇柄使滚筒转动，承印的纸张被滚筒咬口叼住随滚筒旋转移动，油墨透过网孔转移到之上，形成字迹。早期的转轮油印机多用手摇，后来逐渐有马达带动的机型，称速印机。

民国时期，孔版印刷在新闻传播上的运用多是在出版资源相对缺乏的区域性报刊的发行上，如土地革命时期湘鄂赣根据地、鄂豫皖根据地等地所出版的系列报纸，大多是通过孔版印刷的方式完成。

第五节　民国时期的报纸版面编排

民国时期的版面编排最大的特点突出在两方面：一是报型以及内容设计的近代化；二是标点符号技术的运用。

一、民国时期报纸版面设计的发展

中文报纸最开始分为册页型和散页型。册页型报纸有线装书式和洋装书式两种类型，这种形式主要承自京报，采用雕版或活字单面印刷的方式，使用连史纸之类土纸，纸张的大小不确定，每册的页数也不相等，装订十分简陋。册页报在早期十分流行，1896年问世的《时务报》就采用了册页报的形式。甚至于1902年天津创刊的《大公报》，最开始也采用了折叠成册的设计。然而1827年中文报刊《天下新闻》在马六甲问世时，采用的则是散页形式。从1912年始，册页型报就渐渐消失，并开启了对于散页型报纸长期的探索与实践，各家的开本形状各异，大小不等，方的、直的、横的，形态繁多。历经约半个世纪，散页型版面设计才最终显现出现代报型的雏形。

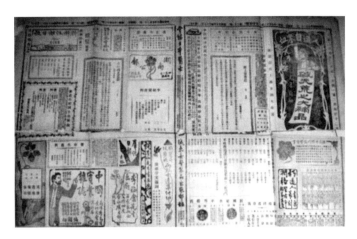

图 1-11　民国元年《太平洋报》版式

从1912年开始，《神州日报》的版式开始被其他大报纷纷仿效，另一典型则是已改用白报纸双面印刷的《申报》，这种新的设计也逐渐成为迄今对开大报的基本样式。小报版面为直长式，纸张大小一般为4开，每版高38厘米、宽27厘米。至此，大报小报的版式基本定型，并沿革至今，总体上没有大的改变。

而中文报纸的排版在早期发展阶段时，题目和正文使用相同字号。题目空一格冠在正文之上，而非另列一行。新闻不设标题，和广告信息一同排成若干个大小不等的方块构成完整的版面。譬如《申报》，在1872年创刊时使用了老四号字直排的版面设计，新闻及评论占前三版，不分栏，广告以老五号字排成若干个大小不等的方块，归在第四版。从1905年起，《申报》把要闻改用二号字，其他如奏议、章程及社会新闻等均用五号字。这种排法在当时及至民国初年的报界都甚为风行。[1]

1912年，《申报》改版，文字全部采用新五号字刊载，最重要的新闻放在最显著的位置，设通栏标题并配边框。在《申报》的影响之下，采用复式标题登载新闻报的版式开始在各大报纸间流行起来。黄远生的著名通讯《外交部之厨子》，总题之左同时排出4个副题"△奇怪之北京社会；△厨子与前清西太后及恭亲二王及李鸿章之关系；△狗窝子之外务部；△陆子欣君之大功绩"。重要新闻用两栏题甚至三栏题以后，标题的制作更显重要，肩题、副题、引题、插题纷纷出现。加上题花

---

① "中文报纸版面编排流变述略"，http://news.xinhuanet.com/newmedia/2009-02/23/content_10876227.htm

插图、变栏加框，创造了迥异于书刊的报纸编排模式，并且渐趋成熟。[①]

而后报纸的版式一直发展到民国初年，出现了8开、4开、对开的2至10版几种大印张式设计，市面上几乎只能见到单张或二三张的版式，版面改成了分版分栏分类编排；报纸名目直排于右上角，或是居中横排在正上方，在报纸名称的下方或者两侧一般刊有"告白刊例"和"定报价目"。各种报纸大致的版面划分为4版：第一版刊登广告或言论、要件；第二版刊登国内外新闻；第三版刊登地方和本埠新闻；第四版刊登副刊、商情或广告。例如《民极报》对开8版，从第一版到第八版，依次排列"社论一"、"社论二"；"要件"；"专电"、"通电"、"命令"、"时评一"；"紧要新闻"、"各省新闻"、"时评二"；广告；"本省新闻"和"本城纪事"、"时评三"；"文苑"、"小说"；广告。此外，排版只用四号与二号宋体字，两种字号区别题与文，字体字号单一。不过有少数报纸在较为常见的木刻漫画外，还设计了栏目题花作为装饰。

1919年"五四"运动后，报纸进行了较大程度的改版，各报风格不同，版面划分也有新变化。分栏编排方法改为多栏短行，且分隔8栏、10栏、12栏不等。部分报纸第一版改成新闻、言论版，将重要新闻设置为头条，一篇评论、一组新闻常常需要辟栏围线分立出来；广告则分散排于其他版中。有的小报还独树一帜，在版面划分上精心设计，如4开幅《安庆晚报》，正反两面两版采用横向通排，新闻采用"混合编辑法"，不分版分类编排。这一时期，字体字号呈现逐渐增多的趋势，除一到六号楷体字外，也会使用宋体字。正文一般为五号字，言论为四号字，部分长新闻会选择重要句段排四号，全文则用四号五号字混排的版式。除此之外，新闻漫画在这一时期的报纸上已较为普遍，新闻照片也已出现。1922年，安徽黟县在上海编印的《黟山青年》，每期封面刊出一幅地方风光照片。

一直发展到二十世纪三十年代，大部分报纸字号使用趋向统一：标题用初号至四号字，正文通用五号字或新五号字（仅《时报》以四号字为通用字体），重要新闻和普通新闻的占版面积也区分开来，比如《申报》、《新闻报》最重要新闻标题占3栏，普通新闻标题占1栏。《时事新报》最重要新闻标题占4—6栏，普通新闻

---

① 贾树枚主编：《上海新闻志》，上海社会科学院出版社2000年版，第404页。

标题占1—2栏。《时事新报》和《大晚报》最早统一字号，使用四五号黑体字刊印重要新闻全文。而《大晚报》的第一版则被誉为"招牌报"，并迅速为众多报纸仿效，将重要新闻全部编辑排版在首版，如果有剩余的部分则留头转尾；较长的新闻稿会在第一版刊登大标题和小部分正文，其余大部分转登在内页。

图 1-12　民国时期的字体设计

二、民国时期报刊的文图并排

关于印刷技术的改进，必须提到照相制版术对报纸、画报、大众杂志的影响。1912年商务印书馆曾刊文介绍："近年照相术与印刷术俱有进步，应用照相于印刷之制版甚多。"[1]贺圣鼐《中国印刷术沿革史略》[2]一文介绍："绘画石印，呆滞而不生动，未能酷肖原状，人意犹以为未足。自照像制版术出，图画印刷，乃得一大革新"；这种技术包括从"单色印版"到"彩色照相版"的发展。中国的印刷专家则在技术改进方面做出了贡献，上海《申报》（1935年9月29日）以"留学生柳溥

---

① 商务印书馆：《印刷法大意》，《实业杂志》1912年第2期，第14页。
② 贺圣鼐：《中国印刷术沿革史略》，《东方杂志》1928年第25卷第18号，第59—70页。

庆发明照相排字机"的大字标题，报道"近国人美术照相制造专家柳溥庆君，费数年之心血，应用照相原理设计制造排字机，其构造极为精巧，所占地位仅一小间，即能排制各种书报杂志，闻该机现已制成，正向实业部请求专利"。《科学画报》曾刊发《如何印刷大量杂志》[①]一文，详细介绍"像欧美的通俗科学和文艺杂志，印数常达数百万册，且此数百万册或是月刊，或是周刊，均有定期，不但须准期出版，且须与印数千册之印件同样精美，那么非有非常的印刷方法，即难成功。欲达到此种大量生产，其最要条件之一为特别高速度，那是显见的"；"印刷新闻报纸和杂志的机械是现代的一件奇器"，还绘制了"印刷和装订的庞大机器"图示。而中国的画报在30年代得到较大发展，应该和印刷技术改进、提高了彩图的质量、减少了印制成本有必然联系。在当时的媒介环境中，摄影术也逐渐为人所知，拍照留影不仅成为各种公务活动必备的纪念仪式，也进入了普通人的日常生活。广播、电影、美术、无线电等媒介也得到快速发展。因此，与这些媒介相关的各种画报、杂志纷纷出现，丰富多彩的图片、美术品、照片等通过照相制版术呈现在人们眼前，建构了一个前所未有的景观世界。

图1-13 图文并排的民国报刊

---

① 杨应雏：《如何印刷大量的杂志》，《科学画报》1937年第4卷第22期，第888—889页。图片说明"二色印刷机，能同时印出二色，附有自动喂纸器"。

图 1-14　民国时期画刊中的照相图文

　　一些地方报纸也随之改变。1934年初，安徽的《徽州日报》开始刊出新闻照片，最开始的一个月，报纸二三版一般都会刊载两幅照片。但是由于当时摄影、制版的条件有所限制，能做到图文并茂的报纸九牛一毛。抗战胜利后，各种报纸每逢重大节日或纪念日，都会出特刊、专页、特辑，套红印刷，特大新闻都增出《号外》。比如，解放战争时期的《黄山报》，一年多时间刊出40多期《号外》。虽然新闻照片是一大进步，但是报纸对于新闻标题的编排渐渐过于讲究。最开始是两行题，将主题和副题（或引题）搭配应用，但后来一度发展成叠床架屋的滥作标题现象，一般消息都动辄三五行题。如1933年《国事快闻》发表的怀宁县拨款预防虎列拉（即霍乱）的百字新闻，做了四行题："防虎疫以维万全，县府设置防疫院，开办费为九百元，药品疫苗分署拨付。"还有一种标题集中排文的方式，是先罗列七八条消息标题在前，具体内容则按照标题次序排列在后。二十世纪四十年代后，新闻标题又开始以二三行题为主流，标题有占一栏、二栏、三栏等不同位置，字号有大有小，出现了四粗、五粗、六粗的大号字标题，以突出重要新闻和美化版面。在标题类型方面，大部分标题为实题，也有虚实结合型的，其中有概括性的，也有解释性、提高性、夸张性、比喻性的，等等。

三、民国时期标点符号的运用

我国现在通用的标点符号，是在我国古代的"句读"、"圈点"等标点和符号的基础上，再引进西方国家的一些标点符号，经过百余年的使用改造融合而成的。1840年的鸦片战争打开了中国的大门，也打开了中国人的眼界。"开眼看世界"的中国人提出"师夷之长技以制夷"的主张，学习外国的技术，以对付外国的侵略。要学习，先得了解。西洋标点便在这个时候传入中国。[①]

我国第一个介绍西方标点符号的人是清末外交官张德彝，他祖籍福建，是汉军镶黄旗人，也是同文馆英文班学生（同文馆是清政府为培养洋务人才而设置的一所近代外语学校）。张德彝有先后八次出国游历的经验，每次都会编写一部以"述奇"为名的日记体裁的闻见录。此外，张德彝随蒲安臣使团出使欧美，1868—1869年写出《再述奇》（今名《欧美环游记》）记述了他在美、英、法三国的社会和文化方面的见闻。其中有一段对西洋标点符号的叙述，是我们见到的最早介绍西洋标点的文字。[②]而继张德彝之后，资产阶级启蒙思想家严复成为我国第一个使用新式标点符号著书立说的人。严复受西方文化影响较深，深知中西文化之间的诸多差异，他于1904年第一次将新式标点符号应用于著述方面，是在《英文汉诂》一书中，这一实践也对中国语言文学的发展有着十分重大的意义。

[①] "标点符号的历史及起源"，http://xh.5156edu.com/page/z1880m3791j20119.html。

[②] 该书其中有一段介绍西洋标点的，云："泰西各国书籍，其句读勾勒，讲解甚烦。如某句意义足，则记'。'；意未足，则记'，'；意虽未足，而义与上句粘合，则记'；'又意未足，外补充一句，则记'：'；语之诧异叹赏者，则记'！'；问句则记'？'；引证典据，于句之前后记'""'；另加注解，于句之前后记'（）'；又于两段相连之处，则加一横如'——'。"

图 1-15 张德彝

而1919年的"五四"新文化运动则真正推动了标点符号的推广。《新青年》倡导书面语革新运动，反对文言、提倡白话。当时的杂志中也有不少文章、书信提到了使用标点的问题，由此在社会上展开了关于新式标点使用的讨论，这些对于中国近代社会，尤其是文化层面产生了深远的影响。1915年1月，新创刊的《科学》杂志第一个吃螃蟹，采用从左往右的横排方式。其创刊词是这样说的，"本杂志印法，旁行上左，并用西文句读点之，以便插写算术及物理化学诸程式，非故好新奇，读者谅之"[①]。1916年8月，胡适应《科学》杂志的邀请，在自己日记基础上增改写成《论句读及文字符号》一文，全面阐述他对句读以及文字符号的理论思考，成了新式标点的奠基之作。[②]1917年5月，刘半农在《新青年》上发表《我之文学改良观》，主张在文章中使用新式标点符号。《新青年》杂志则自创刊之日起就开始使用新式标点符号编版，一以贯之，扮演着新文化运动的"喉舌"角色。

如上所述，胡适作为新文化运动领袖之一，更是新式标点符号创制推广历程中的关键人物。他在美留学时曾编撰了一些学术著述，并先后担任《学生英文月报》、《留美学生季报》等刊物主编。1914—1916年间，他的日记中多次记录有关于创制新式标点符号的设想，这些日记开始只在友人中传阅，后来被收入《藏晖室

---

① 吴跃龙：《中文报纸版面编排流变述略》，《新闻记者》2008年5月。
② 韦湘燕：《标点符号的起源及其演变》，《广西师范大学学报（哲学社会科学版）》1995年12月。

札记》。此外，除了《论句读及文字符号》一文对于句读及符号的思考外，在1918年《中国哲学史大纲》的著述过程中，胡适又进行了改良，增删改易过后，使这套符号成为我国第一部由国家颁行的标点符号方案的雏形。

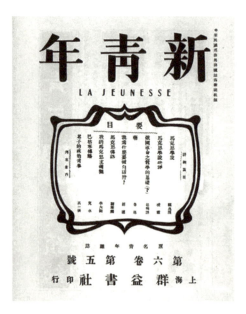

图1-16　宣传新式标点的重要阵地——《新青年》

此后，1919年4月，北京大学马裕藻、周作人、朱希祖、刘复（半农）、钱玄同、胡适六教授联名提交《请颁行新式标点符号议案》，并在国语统一筹备会第一次大会议决通过。次年2月，北洋政府教育部发布第53号训令——《通令采用新式标点符号文》，批准了这一议案。训令指出，议案内容"远仿古昔之成规，近采世界之通则，足资文字上辨析义蕴、辅助理解之用"，并转发所属各校"附备采用"。

《请颁行新式标点符号议案》的颁行，标志着新式标点符号由个人提倡走向公众法治，国家的推行迅速促进了标点在民间的使用和普及。到了二十年代，新式标点不仅常用于白话文中，更用在了古典名著中。一批批新式标点本出版，如上海亚东图书馆由汪原放标点的《水浒》、《儒林外史》、《红楼梦》。标点古书脍炙人口，新式标点一时风靡。正如陈望道在《新式标点》一文中所说："新式标点，现今算是一件时式的东西了，一部旧书，单加几个标点便可以大大赚钱了！时代底进步，真快呵！从前胡适之在《科学》、陈望道在《学艺》、高元在《法政学报》、项衡方在《东方》一类杂志上劝用新式标点的话，早已是日本女人手里的'劝女人放足歌'了！"①

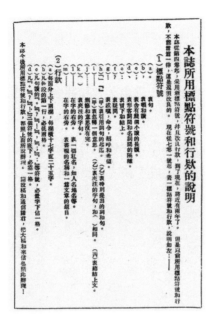

图 1-17 民国刊物上的标点使用说明

然而好事多磨，新式标点符号在诞生之初，曾遭到各种谩骂和围攻，被当时的守旧派视为"洪水猛兽"。鲁迅先生在1934年写的《忆刘半农君》一文中，曾这样说道："十多年前，单是提倡新式标点，就会有一大群人'若丧考妣'，恨不得'食肉寝皮'。"②"五四"时期的复古派就是如此，代表林琴南不仅极力反对白话文普及，还拒绝使用新式标点符号。在翻译外国小说时，一个简单、明了的省略号可以完全表达的意思，他却宁用"此语未完"累赘的四个字来说明。1924年，甚至还出现一位名为张耀祥的时评人，专门搜集一些新诗中的感叹号"！"以耸人听闻，污蔑其"缩小看像许多细菌，放大看像几排弹丸"，是"消极、悲观、厌世情绪"的表现，污蔑使用感叹号的白话诗为"亡国之音"。

---

① 刘斐、张虹倩：《陈望道新式标点思想与体系创制——纪念大众语运动80周年》，《编辑学刊》2014年第5期。
② 鲁迅：《忆刘半农君》，罗湘、陈隽《鲁迅小说杂文散文全集 下》，广西民族出版社1995年版，第1581页。

1927年底，国民党政府教育部举行"甄别考试"，禁止新式标点的使用，借此恢复文言。这一不进反退的行径受到了左翼文化界人士的激烈反对，其中以鲁迅为典型代表。鲁迅曾在所著系列杂文中罗列了中国古籍中的许多例子，为证文言文虽精炼简约，却因为缺少标点符号导致语法不精密，经常会被误解，造成词不达意、歧义迭出的后果。不仅鲁迅大声疾呼"须用新式标点"，近代文学家郭沫若也曾写下"言而无标点，在现今是等于人而无眉目"的倡导之言。

1930年，国民政府教育部迫于进步学者和社会舆论方面的压力，颁布《划一教育机关公文格式办法》，从句读、行款、用语几方面统一机关文牍。三年后，行政院和国民政府分别发出通令和训令，令行"简单标点办法"。这些相关文件不断扩大着新式标点的影响，并最终促成了新式标点的推广普及。

图1-18 民国书刊中的新式标点

结 语

印刷技术的发明，是中华民族贡献给这个世界最伟大的礼物，它和指南针、火药、造纸术一起被称为中国古代的四大发明。印刷术的发明，改变了人类的社会面貌，人类的经验可以积累、人类的知识可以传递、人类的成果可以分享、人类的教训可以诚免、人类的明天可以设计。清末民初，社会形态复杂，印刷业不断发展，从古代至清代的各种技术并用。这是一种需要多种技术相互支持相互配合的技术，它既有物质技术作为基础，又有社会形态作为提升手段，经由人类智慧而完成的一种技术成果形式。文字新闻印刷技术的发明和发展必须具备三个基础条件：一是社会文明的基础，即有一个定型的文字以及高度的社会文化；二是物质文明的基础，即熟练的图像和文字的雕刻技术；三是各种社会和物质材料的保障，即轻便、广有、廉价的承印材料（纸张）和印刷色料（印墨）。

古老的中国在世界上最早发明印刷术，并传入西方，为世界的进步和文明的发展做出了重要的贡献。西方国家在中国印刷术的基础上不断研究和改进，发明了许多适合近代发展需求的新式印刷术，而近代中国的出版业却已随着整个国家的落后而落后于西方。到后来，印刷术反而由西方倒传入中国。李常旭的《印刷术与社会》一文详细分析了中国印刷术到近代反而落后于欧美的原因，认为"我们中国是一个最古而开化最早的国家，更是印刷术的发明者；然而我们现在的印刷事业反而步着欧美的后尘，守着人家的陈规，这其中的原因无非是专制时代的印刷术，虽有发明，仅限于御用品，使用范围太狭，不能使已有的技术传播到民间。再就是中国向来对于技术人员，没有相当的保障。再加上国民智识的不够，时常为了生活的顾虑，总有发明，传授徒弟时，也是常保留着局部的秘密，以作万不得已时生活的保障，相沿传递，日渐退化，不但不能发扬光大，反而一代不如一代了。及至印刷所用之机具技术，由欧洲传到中国后，国人瞠目无知，万分惊奇，而且认为是神秘的奇迹，这不能说不是科学文化落后，及国人素不重视印刷术的表现。现在中国的印刷事业，固然到处皆有，但十分之七八均系商人经营，且以营利为目的；只不过守着西洋人传给的技术，应付社会上需要的印品而已。至技术之研究，机具之改良，原料之发明，根本没有人能有那一种念头和机会。所以目前中国的印刷业不但在物质文明上没有相当的贡献，而且在西洋人的眼光里，仍然是上古时代的雏形"①。

中国的近代出版事业，特别是文字新闻传播事业的发展得益于新的印刷技术的引进和应用。当时的中国现实和时代背景，也要求国人不仅要闻其声，还要见其实。印刷技术对中国近代文字新闻的兴起和发展提供了强大的技术支持。后来由西

---

① 李常旭：《印刷术与社会》，《西北实业周刊》1946年第22期，第6页。

方传入的新式印刷术，推动中国印刷出版业发展进入新的阶段。印刷术开始被作为复制传播的媒介，成为西学中传、取中精华、开办新学的重要工具，顺应了中国近代社会转型的需要。因此，将印刷术发展水平作为衡量一个国家或社会文明程度的尺度，逐渐成为业界人士的共识。1902年《大陆报》的一则广告就以此为说辞："夫印刷之巧拙，即代表其国文明程度之阶级。泰西诸国注意于印刷之改良，倍加郑重，故所成之图画书籍精工无匹，而出版愈多，文明之程度愈增，国势亦因之以强。"[①]孙中山1916年在《实业计划》中也曾如此论述印刷工业的重要性："此项工业为以知识供给人民，是为近世社会一种需要，人类非此无由进步。一切人类大事皆以印刷纪述之，一切人类知识以印刷蓄积之，故此为文明一大因子。世界诸民族文明之进步，每以其每年出版物之多少衡量之。"这段论述也成了后来者引述最多、最有权威性的话语，并作为呼吁政府发展印刷工业的依据。

除此之外，裹挟着新文化运动的诉求与影响，民国时期的文字新闻传播在版面编排上出现了重大变化，无论是近代报纸版式的确立还是标点符号的开始运用，都彰显了中国近代文字新闻事业的蓬勃发展。

---

① 宋原放、李白坚：《中国出版史》，中国书籍出版社1991年版，第184页。

Chapter 2
Telegraph Technologies and News Communication in the Republic of China

    电报和印刷术类同，都是改变了人类文明发展史的伟大发明。电报从诞生之初就肩负起沟通世界的重大使命，开启了人类方便快捷且高效远距离信息传递的通讯史。相比在欧美的发展，电报进入中国的时间略晚，它始于晚清，盛于民国，一直持续到电话得以推广普及。清朝末年萌芽后，电报的身影在各领域扮演着重要角色，贯穿整个民国时代，对当时的政治、军事、经济乃至文化都产生了深刻的影响。王韬就曾经盛赞电报是"数千年未有"之奇迹："以电标为之通达音问，虽数万里之遥，捷于顷刻，迩于咫尺。此固数千年以来所未有也。"① 另有晚清诗人戴启文作咏电报诗，借诗作抒发国人第一次目睹电报功能的惊奇："五岳穷云海澄练，纬地经天长一线，重洋万里纸鸢风，暗地机关人不见。"时人的注意力，几乎全部集中在电报"一闪至君旁"、"重洋万里纸鸢风"的神奇特性，不断表达着对这一技术的赞叹与惊艳。因为出现了电报这样的新奇工具，诗人的想象力得以飞扬恣肆，别有妙境。这些前人的记录可以基本还原当时国人对于电报的全部想象。而

---

① 王韬：《弢园文录外编》，辽宁人民出版社1994年版，第167页。

正是这些一点点累积起来的称奇，才得以让电报这西洋的"奇技淫巧"丝丝缕缕渗进国人的生活，融入时代的脉络，推动历史发展的进程，最终成为中国近代新闻传播技术史上不可或缺的一道靓丽风景。

第一节　民国时期电报业的发展

电报于晚清由西方传入，后于民国得以推广应用。二十世纪初，为提高通信速度和质量，国内繁忙的线路开始广泛使用外国进口的莫尔斯自动电报机。二十世纪二十年代末，电传打字电报机开始传入中国。[①] 电报线路架设和机构设置，在技术和设备更新的基础上，同样取得了较大进展。至1911年底，中国共建成电报线路100002.03里，电报局503所，遍及青海以外的所有省区，基本建立起全国范围的电报网。[②]

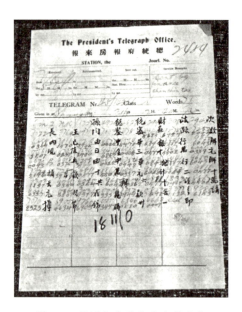

图 2-1　民国初期总统府电报公文

---

① 李文瑾：《中国近现代电报发展情况》，《新闻世界》2009 年第 6 期。
② 交通史编纂委员会：《交通史·电政编（第 2 册）》，民智书局 1936 年版，第 47 页。

中国电报事业有了较大发展，是在民国成立之后。据时人统计，1912年至1948年间，中国有线电报局共增加781所，电报机械共增加1656部，电线共增加36000余千米。在线路方面，陆线共修成沪平线、沪川线、沪粤线、平汉线、平满线、平哈线、平新线、粤滇缅线八大干线，共约五万里。水线共建成大东、大北、沪崎、青佐、沪烟沽、川淡、太平洋、烟大八条线。[1] 同时，无线电事业也随着有线电报发展起来，相较1928年国民政府刚完成统一时，无线电台的数量增长了2倍以上。据国民政府《交通部统计年报》显示，仅1930年一年，国内华文电报发报字数达到143655654字，发报次数达到3102497次。国内华文密码电报及洋文电报发报字数达到6363590字，发报次数达到497706次。其中华文新闻电发报字数达到4656018字，发报次数达到46419次，洋文新闻电发报字数达到102035字，发报次数达到4735次。[2] 政府还开办了更多的电报业务，全国范围内，无论无线电报还是有线电报，业务量都有了一定增长。据1935年《国内电报营业通则》显示，电报分为官军电报、局务电报、私务电报、公益电报、特种电报五种，其中私务电报则分为寻常电报、加急电报、交际电报、新闻电报、加急新闻电报五类。[3]

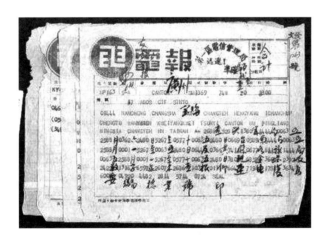

图2-2　民国时期电报

同时，民国政府从国外引进了大批高速的克利特电报机、电报打字机及键盘

---

① 秦林舒：《最近二十五年来中国电信建设之发展》，《交通职工月报》1948年第7—8期。
②《国内电报发报字数次数》，《1930年交通部统计年报》，第40—41页。
③《国内电报营业通则》，《法令周刊》1935年第34期。

凿孔器等专业器械，同时在如下方面改进业务：1. 创设交际电报；2. 委托中国旅行社代收电报；3. 来报免费代译；4. 利用电话传送电报；5. 电话号码代替收报人地址；6. 华文电报内准用阿拉伯数字及洋文字句；7. 改订收取专力费办法（在大都市各处，同城以内投送电报，一律免收专力费）；8. 添编罗马字母电码；9. 华洋文电报挂号通用；10. 派员收取电报（先在南京试办）；11. 记账发电之存款利息归存款商行所得；12. 加急电报减价收费；13. 邮转电报免收邮资；14. 铁路电报免收过线费；15. 查问公电免费拍发。①

图 2-3　民国时期电码本与电码发报器

　　辛亥革命后，电报归民国交通部管理。1913年划全国为十三个电政区，各设相应机构。交通部颁布了一系列章程条例，开办诸色特种电报，逐步完善电报挂号和电报随到随送制度等，并从1912年6月起开始减收报费。这一时期电报费用的降低和铁路线的延伸，为当时全国各大报纸在主要城市建立通讯网奠定了坚实的基础，这在客观上极大地推动了我国通讯事业及新闻事业的发展。

　　欧战的爆发越发凸显出无线通讯在战争中的重要性，这也成为无线技术发展的一道分水岭，各国竞相开发无线电技术。以美国为例，美国凭借亚历山德森（E. F. W. Alexanderson，1878—1975）新开发的高周率交流发电机在战前已崭露头角，在向德国宣战后，美国海军部与陆军部和法国政府一道，在法国波尔多合建1000 kW

---

① 颜任光：《中国电政之今昔》，《申时电讯社创立十周年纪念特刊》1934 年第 7 期。

电台，并在本国马里兰州首府安纳波利斯（Annapolis）兴建500 kW电台，彼此交相呼应。此后又在英法海岸陆续设立2 kW"航空电台"14座，用于飞机作战时与地面的通讯，这些均在战场上发挥了重要作用。而美国合众电信公司（Federal Telegraph Co.）作为欧战后颇具规模的新兴无线电讯公司，又与美国政府保持着密切关系。1915年美国尚未参战时，即对在中国建设无线电台收发国际电报表示出极大的兴趣。同年5月1日，美国公使芮恩施致函交通总长梁敦彦，询问了以下四点：1.中国政府是否可与美国公司订立一定办法以便互通无线电报。2.中国政府如允许其他公司设立无线电台，是否对于美国公司许以同等权利。3.中国政府如将来设立无线电台，是否可允许美国工厂投标竞争。4.中国政府是否可以设法对中美海线电报实施减价。而梁敦彦则于11日逐条回复称：1.因受国际条约所限，与菲律宾无线电台通报一事难以办到，但将来脱离约束后，可争取实现中菲间无线电台的通报。2.中国政府已与美国太平洋商务电报公司订约，如给予其他公司相关权利，该公司亦享有同等权利。3.关于中国无线电台材料之供给，美国各工厂均享有自由竞争权利。4.中国政府正在积极酝酿中美海线电报减价。[1] 美国将梁敦彦的这份回复视作中国对建设无线电台承诺"门户开放，利益均沾"，但中国认为仅仅是给予了美国厂商供给无线电台材料的投标机会，并无任何实质性承诺，总之，美国在开拓中国无线通讯市场方面一筹莫展。

然而，随着北洋军阀统治的建立，军阀割据为雄，电报统一已名存实亡。军阀间争战对电报线路、设备肆意破坏；各地邮局官电、军电充斥；军阀又纷纷截留报费，而电局内营私舞弊、挥霍公款有增无减，列强乘机进一步侵蚀中国电报主权，致使电报业受到巨大损害，影响了它的健康发展。

第二节　电报技术对新闻传播者的影响

电报自发明伊始，便迅速为新闻界所青睐，其迅捷的传播优势不仅提高了新闻传播的速度，更强化了业界记者的竞争意识。正因新闻电讯的发展，新闻记者需要

---

[1] ［美］柯伟林：《德国与中华民国》，陈谦平等译，江苏人民出版社2006年版，第13页。

学习收发电报，以增加一门新的业务技能。从简单的维度分析，或许这种转变反映了新闻记者职业技能的提高，但从更加宏观的维度来看，这也印证了民国时期的新闻记者整体向职业化发展的趋向。此外，新闻电报的广泛使用也促使新闻机构进行了调整，通讯社的大量问世便是直接体现。通讯社借助电报技术，逐渐发展成为收集信息、出售信息的专门化机构，这类机构的繁盛也丰富了民国时期的传媒生态。

一、最快捷的新闻传播方式——新闻电

电报因其对新闻传播理论及实践的巨大影响，被誉为新闻传播领域专业化、快速化的"开山鼻祖"。回溯中外新闻史，有线电报、无线电报等每一种先进传播技术的更新，新闻界总是最早、最积极的使用者和倡导者之一。[1] 举例来说，除无线电报外，由莫尔斯于1844年发明的有线电报在30多年后传入中国时，报界也是最早的使用者之一。电报传播的方式，能够克服诸多局限，打破地理、季节等因素的阻碍，极大程度地提升报纸的新闻时效性，这也为晚清各报向近现代报纸转变创造了条件。[2] 比如，津沪电报开通十几天后，《申报》便开始利用电报传递新闻电讯。利用电报来传递时人最为关注的事件，大大提高了报纸的新闻性和时效性。[3]

1871年，从香港、长崎至上海，电报从西方一路传入中国。4月，第一家电报局成立，6月3日开始正式通报，服务于国内各报对于接收海外电讯的需求。电报技术的发展使上海逐渐成为新闻信息的集散地，这同时也有利于对西方各国的信息进行更高效地分发和传播。1872年，路透社在上海设立远东分社，向上海的各家英文报纸发稿。1874年1月30日，《申报》刊发"伦敦电"，报道英国内阁改组的消息，这是国内中文报纸上第一条新闻电讯。不过，此时的电讯，还不是记者拍发

---

① 刘磊：《电报与中国近代报业》，《传媒》2002年第7期。
② 戈公振指出，近代报纸的两个根本特征是"时效性"和"公告性"。见戈公振：《中国报学史》，上海书店据商务印书馆1928年版影印，第7页。
③ 韩晶：《晚清中国电报局研究》，上海师范大学2010年博士学位论文，第108页。

的，一般都是从洋行的电报存底中抄录的。[①]

而国人早期自主设立的电报线路，则主要用于军事、政治领域。第一条国内的长途公众电报线路，直到1881年12月28日才正式开放营业。1882年1月16日，《申报》头版刊载了一篇关于该报利用电报传递新闻经过的《告白》，一篇对上述长途公众电报线路开通的报道以及一篇新闻专电，这也标志着中国新闻事业开始进入电讯时代。[②]

在当时报讯上十分常见的"本报专电"说法，则始于汪康年的《时务日报》。为传播重要新闻，汪康年率先在《时务日报》上开设专电，该报章程规定："各处如有异常紧要之事，均令访友即行电告，俾阅者先睹为快。"[③]为激励记者采用电报这一新式手段传递新闻，汪康年还特别声明，无论在京或各省访员，每拍发一条"专电"，除工资外，额外再奖励银元两元。自《时务日报》首开先例后，各报陆续都开设了自己的专电。[④]此外，在二十世纪初，《中国日报》为专门刊登日本的电讯特设专栏，每日发布约两三条"专电"，为时人所珍之。各报亦纷纷效仿，皆辟"本报专电"，力求电讯多而快，这几乎成为新闻业各报社代表性的竞争手段。至辛亥革命前后，《申报》、《民立报》等整版刊登电讯，最多时每天达到三五十条。[⑤]

图2-4　民国报纸上的新闻电讯

① 方汉奇：《中国近代报刊史》，山西教育出版社1981年版，第52页。
② 陈昌凤：《论电报的运用对中国式新闻叙事与新闻专业化的影响》，载黄瑚主编《新闻春秋（第九辑）——第三次地方新闻史志研讨会论文集》，复旦大学出版社2009年版，第323—324页。
③ 戈公振：《中国报学史》，上海书店据商务印书馆1928年版影印，第150页。
④ 吴廷俊：《〈报人张季鸾先生传〉史实考订》，《新闻与传播研究》1994年第2期。
⑤ 刘英钦：《1896—1919年我国报纸文体变革研究》，河南大学2008年硕士学位论文，第25页。

在当时，许多报人欣喜于电讯电报对新闻业所产生的巨大影响，时人亦逐渐认识到新闻传播活动将因这一新技术而发生质的变化。戈公振就感叹道：自从有了电报之后，"一切消息，片刻即可遍达遐迩矣"[①]。金摩云认为："电讯是新闻的羽翼，没有电讯可说没有新闻。……一个报纸如果有了丰富的、敏捷的和真实的电讯，便可说是有了新闻了。"[②]吴宝丰强调"新闻必须赖电报为之传送，电报而不能供传送新闻之用，将丧失其为社会服务之效能，二者皆应时代之需要而产生，负有为文化而努力之共同使命"[③]。钟超群甚至视电讯为"传达新闻最重要之工具"，"电讯者，缩地万里，瞬息即达，俾采集者得于最短时间发表以完成其新闻之任务也"[④]。

电报应用于中国新闻传播行业的情形，可从如下描述中看出：民国初年，全国报纸已达500家。从组织上看，当时不少报馆的编辑部下都专门设有电讯科，电讯科又进一步细分为译电股和收电股，比较典型的是著名的民营大报《新闻报》。[⑤]据当局统计，自从开放新闻电报以来至1929年，申领新闻执照的已达70家。[⑥]从报纸的版面看，新闻占有相当大的比重，而且不少都是用电报拍发的，"又有专电及特约通信，彼此仿效竞争，进步自一日千里矣"[⑦]。有些规模较大的报纸，比如上海《申报》，天津《大公报》及《益世报》等，还会特设电报专版。

比如《湖南新报》就设有专门的电讯版。专电登在社论后，一色用二号字，当时报纸尚未采用方体字或大型铅字，二号字已是最大的字体。专电下面为外电，一色三号字，主要由英国路透社、法国哈瓦斯社、德国德新社提供。再次为公电，包括政府官电及各省公法团所发的电报。[⑧]《北京晚报》则大体仿照上海《新闻报》、《申报》的编排方法，也设有专电、特约通讯等，专电文字用三号字或二号字，要闻文字用四号字或五号字，其他新闻标题用三号字，可见专电在报纸上地位

---

① 戈公振：《报纸与电信》，《电信》1930 年第 2 期。
② 金摩云：《新闻与电讯》，《申时电讯社创立十周年纪念特刊》1934 年第 7 期。
③ 吴宝丰：《新闻与电报之关系》，《申时电讯社创立十周年纪念特刊》1934 年第 7 期。
④ 钟超群：《广东新闻事业中之电讯》，《申时电讯社创立十周年纪念特刊》1934 年第 7 期。
⑤ 戈公振：《中国报学史》，上海书店据商务印书馆 1928 年版影印，第 184、204 页。
⑥ 金摩云：《新闻与电讯》，《申时电讯社创立十周年纪念特刊》1934 年第 7 期。
⑦ 戈公振：《中国报学史》，上海书店据商务印书馆 1928 年版影印，第 210 页。
⑧ 陶菊隐：《记者生活三十年——亲历民国重大事件》，中华书局 2005 年版，第 12 页。

之重要。①

1926年9月1日，新记《大公报》续刊，除打破了以往的旧式编排之外，更是将所有要闻版全部以专电形式呈现。当时报纸是竖排的，要闻版头条由一般三栏高扩大到六栏高，相当于横排的通栏。把当时的几份报纸放在一起，《大公报》的版面是十分引人注目的。②《大公报》还有一较为显著的特色，即特派记者的通讯与专电。只要有举国瞩目的重大事件发生，便会特派记者至出事地方采访，专电报道事态发展过程中的逐一演变，最后将事变经过的详细情形生成可传播的通讯。另外，《大公报》也极其重视参考消息。为增强消息的保密性，会将来不及写寄的消息译成电码，用长途电话告知，以避免别人窃听，这样不仅效率高，保密性也强。该报上海南京段会使用专机专人，以降低发话与听话者因耳音不熟而听错的概率。同时，在通讯员的招聘方面，《大公报》会在寄发聘书的同时一并发给"收报人付费新闻电报凭证"③，由此足见当时电报对于新闻时效的重要性。

《世界日报》的老板成舍我则非常注意新闻的采集和质量，经常指导如何扩大多种消息的来源，而扩充消息来源一个重要的办法便是通过电报来传递。④他在报上开设"教育界"专版，并在各文化机关和著名的学校里找特约通讯员。每天从大学所收的文电中摘录新闻，除了一小部分可以公开的次要消息作为公布的新闻交由通讯社发表外，较重大的消息，特别是有关教育经费的消息也经常由《世界日报》独家报道。⑤

中央通讯社成立后，统一改用电报传递长短新闻，后分发各报采用。过去用书写信件传递信息的方式，主要是各报所登的国内新闻，从此就相形见绌而被淘汰。

---

① 季道时：《刘仰乾与北京的第一家晚报》，载文昊编《他们是怎样办报的》，中国文史出版社2005年版，第52页。

② 曹世瑛：《总揽〈大公报〉全局的新闻巨子胡政之》，载文昊编《他们是怎样办报的》，中国文史出版社2005年版，第295页。

③ 汪松年：《"三巨头"接手〈大公报〉，"哼哈二将"经营有道》，载文昊编《他们是怎样办报的》，中国文史出版社2005年版，第257—258页。

④ 张常人：《成舍我创办上海〈立报〉的前前后后》，载文昊编《他们是怎样办报的》，中国文史出版社2005年版，第109页。

⑤ 吴范寰：《成舍我其人与北京〈世界日报〉》，载文昊编《他们是怎样办报的》，中国文史出版社2005年版，第98页。

由此老报人陶菊隐也感叹电讯这一技术"正是中国新闻界的一次划时代大变革。这一变革加快了新闻传播的速度，不失为一大进步"[1]。一些报馆和记者的新闻实践也可以印证电报在新闻界的广泛使用。1912年元旦，中华民国成立，孙中山就任临时大总统。作为特约通信员的张季鸾及时向《民立报》拍发新闻电报，报道南京临时政府成立和大总统就职的情况。《民立报》则立即以"南京特电"的方式登出，这是民国时期中国报纸第一次拍发新闻专电。[2]

电报是靠信号传播的，这样就需要用一套系统把文字转译成电信号。莫尔斯电码用点、划两种状态组合成26个英文字母以及10个阿拉伯数字。不过莫尔斯电报使用的是"不等长码"，每个字母和数字之间的码长都不等。比如E用一个"·"来代表，而Y则是"–·––"，两者之间差着三位电码，容易造成混乱。一直到1874年，法国人艾米尔博多（Emile Baudot）才发明了基于等长码技术的博多电传码。随后各国虽然文字有所不同，但都是以该系统为基础来发展的。然而到了中国，问题就复杂了。英文字母只有26个，德文字母有30个，意大利字母有21个，就算是夹杂了汉字的日文，也可以用五十音图来表达。只要配合相对应电码，就可以很简单地进行收发报。但中文不同，中文用的是方块字，以单一汉字为基本单位，光是

图2-5　早期电报码

① 陶菊隐：《记者生活三十年——亲历民国重大事件》，中华书局2005年版，第122—123页。
② 综合参见梁由之：《百年五牛图》，广西师范大学出版社2008年版，第134页；周伟主编，高振强选编：《历史草稿——头条新闻中的事实真相》，光明日报出版社2003年版，第38页。

常用汉字就有3000多个。设想把只有点、划两种元素的电报码排列成3000种不同组合，这是不可能的，就算编成了，也异常繁杂。

电报刚传到中国的时候，都是外国人在使用，这个问题还不算太明显。可当电报的应用范围逐渐扩大以后，中文电码的严峻性就凸显出来了。中国最早出现的中文电报编码，是一种所谓"四码法"。发明者已不可考，最先把这种办法整理出来是在1873年，驻华的法国人威基杰参考《康熙字典》的部首排列方法，选了6800个汉字，编成《电报新书》，后来郑观应将这本书改编了一下，使之更适用于中文，并增加了更多汉字，改名为《电报新编》。从此，这种"郑码"便成为中国电报长期以来一直采用的系统。

以现在的眼光来看，四码法是一种最简单的编码，它不用什么技巧，单靠蛮力。它以10个阿拉伯数字对应汉字，每一个汉字用4个数字的组合表达。比如李2621、鸿7703、章4545。发报员只需把这12个数字发出去，接报员就能根据这12个数字重新组合成"李鸿章"。那封著名的东南自保电报"此乱命也，粤不奉诏。"翻译成电码，就是"2974/0052/0730/0048/4727/0008/1144/6096"。国外都是三码组成一个语素，只有中国是四码，所以叫做四码电报。四码电报是流水式的，和字形并无关系。说得简单点，就是把一个个汉字与四个数字组合完全随机地拉郎配，没

图2-6 民国时期电报编码本

有规律。背诵起来也十分辛苦，优点则是绝无重复，所以译码员需要常备一本汉字编码书在手边，以便时时查询。

特别值得注意的是，以前电报码都是手写的。到了1933年，中国正式引入打字电报机，从此电报码的抄录全都变成机器流程，铅字印刷，省却了无数人力。在电报码的附近，是译好的中文，每四个数字上就有一个手写的汉字在那里。当时的电报译员最繁重的工作，就是要靠人工逐字逐句把电报码翻译过来。

四码电报法持续的时间相当长，一直到1925年，才有注音字母电报法在东北实行了一阵。到了1949年，全国改用拉丁化新文字电报。到了1958年，则改用拼音电报，但四码始终牢牢把持着主流。

二、记者社会地位的象征——专电与独家新闻

民国时局多变、社会动荡，加之"一战"爆发，世界范围内战事频仍，这一时期的人们对新闻的需求量飞速上涨。所幸，民国政府降低了新闻电报资费，加之通讯技术有所发展，信息传播的成本大大降低，为新闻更高效的传递创造了条件，而这也为知名记者们提供了社会舞台。[1] 民国成立后，清廷将电报重新划分为同府、同省、出省三种，相应的电报资费分别降低到三分、六分和一角二分，取缔了以往每隔一省递增费用的计费方式。收费的货币币种也有所变化，1936年改法币，1948年之后又开始使用金圆券。但这样寻常的收费方式在1949年经济行将崩溃的背景下，难以为继，只能每旬调整一次具体的计费方式，按基数乘以穗、桂、京、沪、汉、兰、昆、渝等八地的大米、报纸、电料等价格总倍数计算。一则专电其价不菲，将近160块大洋才是发一封全国性通电的平均价格，即便以政府公函形式收费也要80银元。民国初期，国内报刊上的大部分新闻电稿还是译自外电。各大报馆为加强新闻报道，提高新闻时效性，不惜重金聘请有经验、有才干的记者如黄远生、邵飘萍、张季鸾等常驻北京。以《申报》、《新闻报》等为代表，聘任的记者地位相当于报馆主笔，一般外采之后需要用电报发回独家新闻。他们不仅开启了我国新

① 徐伟：《民国初年知名记者研究》，华中师范大学2011年硕士学位论文，第3页。

闻史上的新闻本位时代，开创了夹叙夹议的新闻通讯文体，也使记者从末路文人转而变为受人追捧的时代先锋。[1]

1926年，北伐战争开始后，人们更加渴望高效真实的新闻信息。《大公报》胡政之与驻汉口记者对北伐历程中重要的地点都进行了编码，并将编码整理成密本。比如北伐军以"纱布"为代号，军阀的部队以"粮食"为代号。北伐军攻克南昌，军阀退守九江，发出的电报为"龙头一号（指某军），细纱涨至253，三级杂粮跌至二元六"。这些独家新闻源源而至，每每使其他报馆为之惊叹。[2]《新闻报》驻北京特派记者顾执中也曾经利用隐语电报抢发过张作霖逃离北京的独家新闻。[3]《大公报》发行之初，在言论记事上以宣传革命进展为主，利用隐语电讯躲过检查，向读者报道一些事件真相，故随着革命军的进展，销路日广，信誉日高，遂成为全国性大报。[4]

图 2-7　民国时期《新闻报》上的一则独家新闻

无线电广播在1927年还未盛行，当时的大报《世界日报》为了每天能及时接收消息并编成新闻，引进了一批先进技术和机器。先是从天津日租界引进短波无线电

① 徐伟：《民国初年知名记者研究》，华中师范大学2011年硕士学位论文，第1页。
② 综合参见王国清、李斌等：《新闻知识荟萃》，华中工学院出版社1987年版，第190页；《隐语电报》，《新闻爱好者》1988年第1期。
③ 综合参见王国清、李斌等：《新闻知识荟萃》，华中工学院出版社1987年版，第190页；《隐语电报》，《新闻爱好者》1988年第1期。
④ 汪松年：《"三巨头"接手〈大公报〉，"哼哈二将"经营有道》，载文昊编《他们是怎样办报的》，中国文史出版社2005年版，第250页。

收报机，雇佣收报员频繁收听空中的无线电波。之后又成立了专门电务组，引进新式收报机，收听中外新闻以及南京中央社的广播，还会提早报纸的出版时间，赶在中央社电稿发布前几小时发稿。后期还逐日收听延安广播，又在上海、南京等地，找公私电台走私代发新闻电报，不通过电信局可以直达报社的电务组，既可避免检扣，又可节省费用。①《世界日报》的成舍我为了提高利用电报传递新闻的效率，更是实验创新，改进了字架。他所设计的这种字架一般报社人各一副，上面是按电报号码排列的字格子，字格子一般置于桌面下多层浅抽屉中，用来排列不常用的字栏。一般字格子的容量要小于旧式常用字24盘的字格子，仅可容纳约三四十个字粒，也有特大字格一般用来放置繁用字、标点符号。成舍我最开始是为适应报馆使用而设计此项排字方法的。他认为新闻一般都用电报拍发，如此改进后，报馆接到新闻电报，便可不须经过译电手续而直接付排。②

其他报社也是各出奇招。《杭州民国日报》为了与上海的报纸竞争，也购置收报机，自行收取电讯，并派特约专员拍发电报，这样一来，本地读者既可节省订阅上海各大报的费用，又能读到比上海报纸还早半天的消息，因此报纸销量大增。③《东南日报》在全国20多个省市均聘有特约记者，每位记者均配有发电执照，凭执照拍发电讯，作为本报专电与专讯报道。记者薪酬固定，由聘任的报社按照工作质量审核后统一结付。除特派记者外，还有专门编辑负责布置全国通讯网工作。由于国民党曾采取新闻统制政策，每天国内外消息，统一由"中央社"拍发，外电如路透、合众、美联、哈瓦斯、同盟等通讯社所发国际新闻，也由"中央社"统一转发，因此各报竞争的一个重要方面就是本报专电、专讯和本报记者的长篇通讯等。④

报馆对新闻电的重视体现在各个方面，其一便是对于内部人员的工作考核。

---

① 吴范寰：《成舍我其人与北京〈世界日报〉》，载文昊编《他们是怎样办报的》，中国文史出版社 2005 年版，第 99 页。

② 张常人：《成舍我创办上海〈立报〉的前前后后》，载文昊编《他们是怎样办报的》，中国文史出版社 2005 年版，第 110 页。

③ 胡健中：《浙赣铁路与杭州新闻事业》，《浙江商务》1936 年第 5 期。

④ 房宇园、严芝芳：《我所知道的〈东南日报〉的兴衰》，载文昊编《他们是怎样办报的》，中国文史出版社 2005 年版，第 441—442 页。

《新闻报》就设有专门的考核科，考核范围以新闻为主，包括专电、国内外通讯等，专电被提到一个很高的高度。这一考核工作，涉及馆内同人的工作质量和年终评奖标准。[1]也因此，报人的待遇最直观地反映出电报在新闻业界的重要性。民国新闻记者将拍发新闻电作为一项高级技能，相当一部分会此项"绝活"的名记者，被冠以"特派记者"、"特派通讯员"等名号。报社对于这些有才干的"高级记者"一般都是予以厚待，加以高薪。老报人陶菊隐曾回忆，《新闻报》因其常常拍发长沙专电，对其不断加薪，半年之间，按月稿酬已累增至一百元。当时该报的馆内人员（包括编辑部）也要论资排辈，新进人员月薪不过五六十元，而他以新进的馆外人员身份，半年之间"连升三级"，不能不算新闻界的一个"异数"。同时，他的通讯稿标名"长沙特约通讯"，登在显著位置，有时甚至代替"北京特约通讯"成为头条新闻。这种物质和精神上的双重鼓励，使他更加不知疲倦地愿为该报加倍努力。[2]徐铸成在《大公报》工作时每月收入逾三百元。除薪给二百元外，又兼为沪、宁两家报纸发新闻电，共计百元。加上湖北分馆的津贴（一年有千余元），生活颇为富裕。[3]根据戈公振的记录，编发新闻电的编辑待遇更高："他们的报酬，每年约一千五百元至三千元美金。"[4]

但是随着新闻电的高速发展，当时报界也出现了怪象。不少报纸的专电是编辑根据道听途说杜撰的，还有部分小报会为标榜本报的电讯数量，使用贿赂电报局收发员的不当手段窃取他报专电，甚至直接伪造专电牟利。民国初年进入报界，后来长期与张季鸾共同主持《大公报》报务的胡政之曾说："早些年时候的电台，是在主笔的脑子里的，几个人一商量，二号字的专电就来一个。"[5]上海《民国日报》的邵力子即曾被传为编造专电的专家，他编制出来的新闻专电往往和其他报馆的非常相似。[6]《民国日报》最开始创刊时十分艰难。同期的上海各报都已开设北京专

① 陶菊隐：《记者生活三十年——亲历民国重大事件》，中华书局 2005 年版，第 68 页。
② 陶菊隐：《记者生活三十年——亲历民国重大事件》，中华书局 2005 年版，第 35 页。
③ 徐铸成：《徐铸成回忆录》，生活·读书·新知三联书店 1998 年版，第 66 页。
④ 戈公振：《新闻学撮要》，商务印书馆 1929 年版，第 29 页。
⑤ 刘磊：《电报与中国近代报业》，《传媒》2002 年第 7 期。
⑥ 王润泽：《技术、制度与新闻的互动——民初通讯技术的现代化与新闻业的发展》，《国际新闻界》2007
　年第 11 期。

电，用二号字登在新闻版的首页，以招徕读者、增强竞争力。比如《申报》及《新闻报》，凭借资金雄厚，厚薪300元聘请驻京记者负责发电和撰寄通信，邵飘萍、张季鸾等名家皆受招揽。《时事新报》和《时报》也约请专人每天酌发专电。《民国日报》因财力不足，但也会登些专电以资号召，而这些专电，大多出自邵氏手笔。上海新闻界曾流传这样的故事，说几家大报的要闻编辑，每每到望平街左近的小烟馆去吸鸦片。力子先生无此嗜好，却也总去和他们叙谈。报馆的工役往往把电稿或小样送来，他们也往往就鸦片灯上加以审阅，力子先生总在不经意中得知许多新闻，参考外国通讯电报，就不难写出自己的"北京专电"了。[1] 再比如，当时长沙各报基本用不起驻京记者，专电更难得，即使有专电，每天也不过寥寥数行，北京之外的其他省市尚未有专电。所以为了能够有专电竞争市场份额，就出现了个别伪造或偷窃别家专电的乱象。据老报人陶菊隐回忆，某报曾想出一个抵制偷电的办法，特地函约驻京记者捏造一条惊人消息，用电报拍出来，被人偷窃登载，大家引为笑话，从此没有人敢于再做这种"风雅贼"了。[2]

和当时许多报纸一样，《北京晚报》也采取新闻占先的手段，以图扩展销售的市场渠道。与此同时，业界同行之间抢新闻的方法五花八门，甚至不择手段窃取同业新闻电报。1933年间，《北京晚报》从南京拍来的无线电报，经常被某晚报偷抄。更有甚者，偷窃者收报人的技术比《北京晚报》还要高，偷抄的电文很完全，抄后反而宣扬是《北京晚报》窃取它的电报。《北京晚报》一时愤慨，让特派南京的发电专员发一条电报，捏造"汪精卫被刺"的新闻。拍发后某晚报主编就托人向《北京晚报》刺探消息、直接查证，还和《北京晚报》约定标题，拟同时刊登。《北京晚报》佯装答应，但实际没有刊载这条电讯。当天，张学良正在当时仍被称为"北平"的北京，见某晚报刊出的这条新闻后，急电汪精卫表示慰问。汪得电后很诧异，查出原因后，就让国民党中宣部给某晚报来了个警告处分。此事为南京路透社记者得悉，就向国内外发了新闻电，上海报纸也多有刊登。[3]

---

① 徐铸成：《邵力子与〈民国日报〉》，载文昊编《他们是怎样办报的》，中国文史出版社2005年版，第63页。
② 陶菊隐：《记者生活三十年——亲历民国重大事件》，中华书局2005年版，第12页。
③ 季道时：《刘仰乾与北京的第一家晚报》，载文昊编《他们是怎样办报的》，中国文史出版社2005年版，第54—55页。

记者这一职业作为信息传递者，直到二十世纪初都是匿名发布文章的。"本报接奉电音"是后来的说法，一开始是称"友人"传来的，其他新闻和论说的作者也一般会选择匿名。这种情况一直到民国初年才有所变化，新闻的后面开始有了记者和编辑的署名。记者在报道中，也掺杂着其主观的看法，重要的记者更是作为"政治的前台看客"般的身份，在时政报道中敢于加入自己的解释。这是中国记者社会地位的一种体现，也是对其身份的社会认同。[①]以至于到"五四"前后，新闻专业主义基本确立。[②]拍发新闻电成为记者的一项专业技能，宓伽在他的著作中表示："外勤记者必须兼懂拍发电报……不仅要懂得拍发电报，而且还须谙熟电报字码，因为派往外地工作的时候，电讯传递，首求迅速，能够先将字码亲自译好，再交电报局拍发，于时间上定能争取更高效用。"[③]刁治炳还专门总结了拍发新闻电报的经验，并指出了一些注意事项，如"……小格写字，大格译码。……缮写清楚，勿在电文内涂改，以免紊乱不清。最好用钢笔或毛笔写，铅笔亦可，惟须明显入目，避免潦草模糊。最好自译电码。……发电人务须持电信总局准予拍发新闻电报之派司，以凭验证。电报上报馆加盖图记，记者签名盖章"[④]。

三、通讯社新闻业务量的扩大

若要将商业报刊的兴起，归因于通讯社的问世奠定了基础，那么通讯社的发展，则要归因于电报技术的发明创造了可能性。电报不仅使人体与信息的运动相分离，使信息脱离语境合法化，而且将信息变为一种商品，一种可以置意义于不顾而进行买卖的商品。[⑤]生产商品的目的在于买卖，于是通讯社应运而生，专门负责收集、出售信息，并且在历史必要性与现实可能性的双重驱动下成长壮大起来，[⑥]之

① 陈昌凤：《论电报的运用对中国式新闻叙事与新闻专业化的影响》，载黄瑚主编《新闻春秋（第九辑）——第三次地方新闻史志研讨会论文集》，复旦大学出版社 2009 年版，第 328 页。
② 参考陈昌凤：《中国新闻传播史：媒介社会学的视角》，北京大学出版社 2007 年版，第 180 页。
③ 宓伽：《新闻采访学》，大东书局 1949 年版，第 26—27 页。
④ 刁治炳：《怎样拍发新闻电报》，《申报》1947 年 10 月 14 日第 8 版。
⑤ 李庆林：《试论传播技术对文化形态的影响——从文字到网络》，《社会科学论坛》2008 年第 10 期。
⑥ 李彬：《全球新闻传播史（公元 1500—2000 年）》，清华大学出版社 2009 年版，第 186 页。

后，通讯社也和记者、日报共同构成了高效率的传媒组合，从广度和速度方面极大地提高了社会信息的传播效率。

"现代报纸的优点"在十九世纪后期兴起的通讯社身上发挥得淋漓尽致。特别是发展到二十世纪初，通讯社演变成了一种标准化了的新闻的公分母，被誉为"新闻事业之总枢纽，传播媒介之总耳目"。1914年日本就在中国最大的城市上海成立了"东方通讯社"，1872年、1927年、1929年英国路透社、法国哈瓦斯社、美国合众社也分别先后在上海设立分社。它们的到来，给刚刚起步的中国通讯社蒙上了一层阴影，本土通讯社在新闻发布范围、传播手段上都先天性地落后于外国诸强。[①]

随着国外通讯社纷纷在国内安家落户，国人也逐渐认识到通讯社的主权问题及其在新闻传播界内的重要地位。当时的报人认为，新闻来源，可大致分为电报、通信两种。各地报馆虽然有外埠坊员及特约通讯员之聘派，然而大宗新闻还是来自通讯社。[②]新闻事业"最重要而成绩最昭著者，莫过于规模宏大组织严密之电讯社"，但是"吾国自有新闻事业以来，徒以经济力量薄弱，交通工具缺乏，迄无是项组织。每值国际交涉，即受敌方眩惑，不能取得世界正确舆论之援助，以致外交迭遭失败。至国内报业，亦因无电讯社之辅助，遂使采访难周，消息迟钝，所有政治军事经济等重要新闻，复受外籍通讯机关垄断，颠倒事理之是非，分化民族之团结"。[③]报业与通讯事业消长相依，从关系上讲，通讯事业既是报社之前驱，又是报纸之基石，二者都有赖于消息的收集和传递。"通讯事业若不健全，新闻事业实难迈进，而达到我人预期之鹄的。若就新闻宣传而言，则欲求对内对外宣传消息之灵敏，则通讯社之组织更不可少，因为依照新闻工作程序，通讯社收集与传达消息在前，报纸之编辑与发行在后，报纸所有之宣传材料，均赖通讯社之供给也。"[④]

自此以后，为了夺回通讯事业的自主权以及关于国际问题的话语权主动权，国内新闻业界开始奋起直追，开创国人自己的通讯社。1904年，第一个国人自办通讯社——中兴通讯社由骆侠挺在广州创办，但其采访、发稿局限于广州和香港。

① 许必华：《通讯社的产生和它的使命》，《中国记者》1994年第4期。
② 朱家骅：《新闻事业与交通》，《申时电讯社创立十周年纪念特刊》1934年第7期。
③《十年来之申时电讯社》，《申时电讯社创立十周年纪念特刊》1934年第7期。
④ 赵占元：《国防与新闻事业统制刍议》，《汗血月刊》1936年第6期。

其次是1908年成立的远东通讯社，由清政府驻比利时外交官李盛泽、王慕陶在布鲁塞尔创办，专门向欧美各大报纸提供有关中国的新闻。[①]中国通讯社事业的发展，在辛亥革命结束后被提上议程。1912年6月，在上海召开了中国报界促进会特别大会，通过了由中国报界俱进会创办新闻通讯社的决议。1912年和1913年这短短两年里，全国涌现出了多家地方性通讯社，主要有1912年李卓民创办的上海通信社，1912年杨公民创办的公民通信社（广州），1912年冉剑虹创办的湖北通信社（武汉），1913年张珍创办的北京通信社，1913年张平子、李抱一创办的湖南通信社（长沙）等。[②]

1915年，邵飘萍在日留学期间创立东京通讯社开始向国内各报发稿。他在《愚与我国新闻界关系》一文中说："设东京通讯社，为京津沪汉著名的报纸司东京通讯。"该社编发的消息预示了日军将进侵中国，主要内容是揭发"二十一条"，报道东京反袁情况等。[③]1916年，他又在北京创办了新闻编译社。新闻编译社包含两方面的工作，一是编（自采本国新闻），一是译（选译外电）。戈公振在《中国报学史》一书中对此曾大书特书："我国人自办之通讯社，起源于北京，即民国五年七月，邵振青所创立之新闻编译社是也。"[④]袁世凯辞世后，北京政府标榜"言论自由"，并未建立官报系统，而是将众多的私人通讯机构作为自己的喉舌。截至1919年，仅驻北京通讯社就有几十家。据王咏梅统计，1912—1918年，新创办的通讯社有20余家，其中邵飘萍创办的东京通讯社（1915年创办）和北京新闻编译社（1916年创办）较为著名。截至1926年，全国共有通信社155家。[⑤]从1926年到1947年，民间通讯社又由155家发展到759家。[⑥]统而观之，民国时期国人自办的主要通讯社，可以根据政治性质大致分为三类，即民营通讯社、中共创办的通讯社以及国民党创办的通讯社。

---

① 许必华：《通讯社的产生和它的使命》，《中国记者》1994年第4期。
② 郑德金：《中国通讯社百年历史回顾》，《中国记者》1994年第12期。
③ 汤修慧：《"因报而生，为报而死"的一代报人邵飘萍》，载文昊编《他们是怎样办报的》，中国文史出版社2005年版，第117—118页。
④ 汤修慧：《"因报而生，为报而死"的一代报人邵飘萍》，载文昊编《他们是怎样办报的》，中国文史出版社2005年版，第123页。
⑤ 王咏梅：《胡政之创办"国闻通信社"》，《国际新闻界》2008年第5期。
⑥ 李彬：《中国新闻社会史》，清华大学出版社2008年版，第226页。

民营通讯社主要有平民通讯社（1919年毛泽东创办）、国闻通讯社（胡政之1921年创办于上海）、申时电讯社（张竹平1924年创办于上海）、劳动通讯社（黄克明1924年创办于上海）、中华通讯社（管孟仁1930年5月创办于天津旧法租界）等。中共创办的通讯社主要有中俄通讯社（杨明斋等1920年创办于上海）、人民通讯社（陈潭秋等1921年创办于武汉）、劳动通讯社（高君宇等1923年创办于北京）、哈尔滨通讯社（1923年韩迭声等创办）、国民通讯社（邵季昂等1925年创办于上海）、红色中华通讯社（新华社前身，1931年11成立于江西瑞金）、中国工农通讯社（1931年创办于上海）等。国民党创办的通讯社主要有中央通讯社（国民党中宣部1924年创办于广州）、人民通讯社（邵季昂等1926年创办于汉口）、血光通讯社（1926年国民党湖北省党部宣传部创办）、劳工通讯社（1927年国民党中央党部工人部创办）、革命军通讯社（1927年国民革命军总政治部创办）、农工通讯社、川汉通讯社等。①

其中，国闻通讯社、申时电讯社、红色中华通讯社和中央通讯社都在新闻传播史上留下了浓重的笔墨。

国闻通讯社由胡政之于1921年在上海创办。1924年4月和11月，在汉口和北京开立分社，同年胡政之又创办著名的《国闻周报》，形成了报、社一体合力经营的局面。再之后，沈阳、哈尔滨分社成立，就初步建成了华东、华中、华北和东北的通讯网。据曹世瑛称，在旧中国，除国民党的中央社之外，国闻通讯社的规模是最大的。②

---

① 综合参见刘江船：《新民主主义革命时期中国共产党新闻管理思想研究》，苏州大学2006年硕士学位论文，第167页；郑德金：《中国通讯社百年历史回顾》，《中国记者》1994年第12期；侯如意：《黑龙江青年运动历史编年：1919年5月—1949年9月》，黑龙江省青运史工作委员会办公室1989年版，第11页；马光仁：《武汉国民政府时期的武汉新闻界》，《新闻大学》1989年第1期；袁继成、刘继增、毛磊：《武汉国民政府时期的新闻事业》，《历史教学》1987年第4期。

② 曹世瑛：《总揽〈大公报〉全局的新闻巨子胡政之》，载文昊编《他们是怎样办报的》，中国文史出版社2005年版，第292页。

图 2-8　国闻通讯社创始人胡政之 ①

1924年，张竹平组织《申报》、《时事新报》的部分人马另起炉灶，创办了申时电讯社，主营电讯业务。时人称"国人经营之新闻电讯事业，以'申时'为其嚆矢焉"。到1934年，申时电讯社的专任采访员已经驻扎遍布全国30余处重要都市，另外和国内外约110余家报社签订有正式的供给电讯条约，平均每日收发电讯6万余字。同时，该社又应内地各报的请求，精简手续，创制新型浇版机，并且加设多部门负责摄影制版，对时事问题进行生动描写，提高了新闻摄影的效率，使之甚至能在交通不便地区的报纸上刊载。1934年2月间，该社依照公司法正式组织股份有限公司，并在京、津、汉、港等地设立分社。②

---

① 胡政之（1889—1949），四川成都人。新记《大公报》创办人之一，任总经理兼副总编辑。1916年9月他受聘出任当时有安福系背景的《大公报》经理兼总编辑，从此一生以办报为业。在他第一次主持《大公报》期间，有两件事值得一提，一是1917年，段祺瑞在天津马厂誓师反对张勋复辟，胡政之以记者身份独家采访；二是1919年，他作为唯一的中国记者采访了第一次世界大战后战胜国举行的巴黎和会，这也是中国记者第一次采访重大的国际事件，使他成为"采访国际新闻的先驱"。1924年8月，他又成功创办了著名的国闻通讯社和《国闻周报》，《国闻周报》还同时对外发行英文版。

②《十年来之申时电讯社》，《申时电讯社创立十周年纪念特刊》1934年第7期。

图 2-9　申时通讯社记者写稿

1931年11月7日，中华苏维埃全国代表大会举行。同日，前身为新华社的红色中华通讯社于江西瑞金成立，简称为"红中社"。"红中社"的主要工作内容分为两个部分：第一是要收听外电、外报的信息，以编辑供给党内领导人参阅的《每日电讯》，这也是现在流传甚广的《参考消息》的由来；第二是要对外播发新闻，呼号CSR（中华苏维埃无线电广播，Chinese Soviet Radio）。1930年第一次反"围剿"时，从国军处缴获了发报电台及其工作班子，班子的"长官"为王诤，后任中共高级将领，曾任中央军委三局局长。这一电台班底不仅构成了中央红军电讯方面的技术骨干，而且为"红中社"的业务发展提供了必要的技术支持。[①]

[①] 李彬：《中国新闻社会史》，清华大学出版社 2008 年版，第 147—148 页。

图 2-10　红色中华通讯社旧址

　　1924年，中央通讯社于广州正式成立。宁汉分裂后，两个中央通讯社分立局面出现。一个是武汉中央通讯社，被汪精卫控制，另一个为广州中央通讯社。1927年5月，广州中央通讯社迁到南京，原因是蒋介石意图对其进行直接把控。1932年，萧同兹受聘成为中央通讯社一把手，后提出三条办社方针，即"工作专业化"、"业务社会化"和"经营企业化"，通讯社由此进入飞速发展时期。最开始，中央社需要经过电讯局代理，才能把电讯发往各地，总是有些受制于人。也因此，萧同兹在走马上任之后，为了解决这一问题，开始着手成立独立自主的电台。1927年，中央社先是建立了南京总社和上海分社电台，基础设施分别来源于南京和上海的路透社设备。第二年，相继建立北平、天津、汉口、西安和香港五个分社电台，并接收了路透社在各个地区的设备。从此，中央社可以通过自己的电台迅速接收和播发新闻，既掌握了传播主权和主动权，又大大提高了新闻传播的效率。①

---

① 李彬：《中国新闻社会史》，清华大学出版社2008年版，第156页。

图 2-11　中央通讯社徽章

第三节　电报对新闻报道形式的改造

中华民国年间，由于电报拍发的成本较高，所以一般电文内容都力求简短。在新闻领域应用后，新闻的文体也不可避免地受到了电报的影响，向更加简洁的方向转变，省去了繁冗的描述和评论，能够凸显重要的新闻事实，让读者第一时间就能关注到信息本身，推动了新闻本位时代的来临。

一、电报与新闻体裁

美国学者迈克尔·舒德森认为，新闻媒介的真正力量并不在于它能发布真实的新闻，而在于它能提供发布的形式。报道形式内化于叙述传统之中，最终会形成一种习惯，这种习惯总是以某种规范或框架组织着新闻内容。而报道的现实则由于报道形式的制约和束缚，有可能变形。[1]故而，电报的发明对新闻体裁大变革的推动具有必然性。

---

① Michael Schudson，*The Power of the News*，Boston: Harvazd University Press，pp.53–71. 转引自陈昌凤：《电传新闻对中美新闻叙事结构的影响——1870—1920 年代〈申报〉与〈纽约时报〉的叙事结构比较》，《国际新闻界》2009 年第 1 期。

1. "电报使语句变短了"

传播技术革命不断影响着报纸新闻文体形式的演进，进而深层次地影响人们对于讯息的把握，这一点不难从报刊新闻文体的流变中分析得出。①电报的力求简短，直接使得新闻的篇幅向更加短小的趋势发展，但优势很明显，更加简洁明了的叙述方式使得信息要素更为突出。麦克卢汉对此评价说："电报使语句变短了。"②美国新闻学者沃尔特·福克斯也认为，是电报与打字机"共同分享塑造新闻文体的荣誉"③。

国内的情形也非常类似，业界人士普遍认为构成报纸版面的重要元素就是新闻和电报。新闻部分一般是由通讯社及本社驻外访员提供，是远离报馆所在地发生的重要事件，时效标准较高，邮寄无法达到要求，故一般需要拍发电讯。"既然是以电报拍发，新闻的叙述，自不如普通新闻的详细，往往在一电报中，只寥寥数字。"④这一点从当局的电信部门报告中也可反映出，"新闻电，文字务求简明"⑤。

1913年10月8日，《大公报》报道黎元洪当选副总统的"北京专电"总共才短短68个字⑥，但字字珠玑，言简意赅。当时的电报基本都以短小精悍为衡量标准，比如老报人陶菊隐，在他担任《新闻报》长沙特派记者期间，由于对时效性的要求非常高，拍发新闻电的需求频繁，但当时受电报局要求所限，一篇新闻电经常需要分开拍发，因此文本内容要求短小精悍，并且能切中要害。陶菊隐回忆，他领到《新闻报》寄来的长沙新闻电执照时，电局一位友人曾预先关照他，该局对长电经常积压缓发，短电则可随到随发，故新闻电以简短为宜，如有必要，可以分作两次或三次发出。当天他携译电员出采一场重要会议，当场记录采写新闻电稿，并交译电员分作三次拍发。会议结束时，电稿已全部送往电局，次日就已全部见报。电报

---

① 郭光华：《媒介即讯息：报纸新闻文体演变回顾》，《湖南师范大学学报（社会科学版）》2001年第3期。
② ［加］马歇尔·麦克卢汉：《人的延伸——媒介通论》，何道宽译，四川人民出版社1992年版，第249页。
③ ［美］沃尔特·福克斯：《新闻写作——报刊记者指南》，李彬译，新华出版社1999年版，第8页。
④ 郑瑞梅：《新闻与电报编辑》，《青年界》1934年第4期。
⑤《交通部民国十八年三月份工作报告》，第14页。
⑥ 详见《北京专电》，《大公报》1913年10月8日。转引自周伟主编，高振强选编：《历史草稿——头条新闻中的事实真相》，光明日报出版社2003年版，第38页。

登出后，湘籍上海寓公和湘帮商人无不盛赞《新闻报》消息灵通，因此湘沪两地的该报销路均有显著增加。上海报纸在长沙的销数，《新闻报》也代替《时报》而居首位。一电之功，收效如此。[①]

2. 消息文体的出现

电报自发明以来一路发展，逐渐形成了独特的"电报体"，在其被引进国内市场之后，更是猛烈地冲击了旧有的"洞微烛远"、"仰见筹划"、"感佩莫名"之类陈词滥调。电报的推广应用，时间紧迫再加"为节縻费"，使得清末出现了"电牍"这种新的"文书创格"，其特点是"语质而事核，词约而理明"。[②]

消息文体最开始并未出现在中国近代的报刊版面上，是拍发新闻电报推广使用后，新闻的文体才变得愈加短小，以往反而是文人政客长篇累牍的政论文章居多。大概西方的新闻写作方法引进到中国，也要部分归因于"五四"运动前后的欧风东渐。发展到二十年代，"消息"这种具有现代意义的文体，已经开始在北京、上海的少数报纸上出现。过了三十年代，这种文体已为中国新闻记者所普遍掌握。[③]例如《申报》1935年6月1日第3版（前两版均为广告，实为头版）的一条天津专电"酒井日军参谋长三十日午后七时十分，由平返津"[④]。这条典型的消息文体仅20字，就做到了要素突出，简练易懂，与旧时夹叙夹议的报刊文体迥然相异。由此观之，电报的发展确实使新闻文体为之一变。

---

① 陶菊隐：《记者生活三十年——亲历民国重大事件》，中华书局 2005 年版，第 33 页。

② 综合参见邮电史编辑室：《中国近代邮电史》，人民邮电出版社 1984 年版，第 70 页；李文瑾：《中国近现代电报发展情况》，《新闻世界》2009 年第 6 期。

③ 郭光华：《媒介即讯息：报纸新闻文体演变回顾》，《湖南师范大学学报（社会科学版）》2001 年第 3 期。

④ 《津日军否认示威行动》，《申报》1935 年 6 月 1 日第 3 版。

二、电报与新闻文本

1.导语和"倒金字塔结构"①的出现

电报在采集新闻界应用之后，新闻结构都彻底改头换面了。就现在新闻人熟知的"导语"或者只是新闻稿的首段就需要叙述清楚最重要的事实来说，电讯早期的新闻文体，需要先编辑好导语，全面概括事件的主要细节内容，以防截稿时间过了正文未能完全编辑好的情况下，只导语也能独立刊发。②沃尔特·福克斯认为："用电报发送新闻这一简单的行为，给报刊新闻记者立下了一个新的写作章程"，并直接导致了"倒金字塔结构"③的出现，而"倒金字塔结构"正是现代消息文体的显著标志。

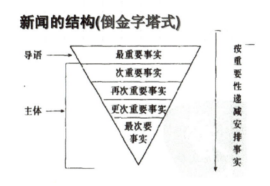

图 2-12　倒金字塔结构图示

在西方新闻界，导语在十九世纪后期就已被推广使用，但直到二十世纪初才因为"冒头"的名义被引入国内。编辑们会尝试综合一栏内的众多消息，并加以处理，归纳出一个概括性的导语放在消息头上。另外，消息把最重要、最新鲜的内容放在文段的前面，突破了传统新闻文本先因后果、先远后近、先人后事的记叙文结

---

① 所谓"倒金字塔"结构，即将整条新闻的概要或最重要的要素写在文章开头的导语中，然后按材料的重要程度依次排列而成的新闻。这样写成的新闻，可从后往前删，无论删到哪一步，剩下的内容都是一条意义相对完整的新闻，哪怕最后只留下一个导语。"倒金字塔"结构长期以来影响着西方的新闻写作，直到今天还是新闻写作的基本结构。（参考于百度百科、维基百科等关于"倒金字塔结构"的词条简述）

② ［美］沃尔特·福克斯：《新闻导语的演进》，广陵译，《国际新闻界》1998 年第 2 期。

③ ［美］沃尔特·福克斯：《新闻写作——报刊记者指南》，李彬译，新华出版社 1999 年版，第 5—6 页。

构。由此发展开来，"倒金字塔式结构"已具雏形。①

梅茨是一位美国的资深媒体人，他曾认为美国记者在使用电报之前，撰写消息是需要按照时间顺序的，即事件最新的发展惯例排在消息全文的末尾。美国内战爆发后，大量战讯需要用电报来传递，但由于当时的技术尚不成熟，记者拍发电讯途中总被打断，经常无法刊出当天的新闻电。各种线路故障、军队优占电报线甚至被敌人割断传输线路的情况也时有发生，传统的新闻写作方法已经不再适用于战时的特殊情况，所以为了规避各种类似难以预见的现象，让报社尽可能收到最重要、最新的消息，记者们开始学会把最重要的信息放在报道的最前面，由此形成了后世著名的"倒金字塔结构"。②

2. 报纸信息类型、容量及实质的变化

最开始的转变体现在报纸上信息类型的比重发生了变化。早期报纸版面中新闻内容占比较少，政论占据了大半江山。电讯推广后，消息文体的地位逐渐超过言论，版面也不断扩张，推动了我国新闻事业从"政论本位时代"向"新闻本位时代"过渡，报纸也逐渐从所谓的"观点纸"、"意见纸"真正变为"新闻纸"。加之新闻电拍发的资费昂贵，所以一般只有足够重大的事件才需要电报，家长里短、鸡毛蒜皮一类琐碎小事基本无缘得见电讯。故而从十九世纪八十年代开始，一方面报纸上奇闻轶事、怪异杂谈、街谈巷议之类的新闻逐渐消失，另一方面与国家政治经济发展紧密相关的重要事件地位不断增强。《申报》1890年3月发表公开声明，明言不再刊登新闻性文字，如各种"诗词杂作"。姚公鹤指出，报刊在戊戌维新以来的进步表现之一，就在于有"专电"和"特别通信"之设，此"二者为发展报纸之利器"。《知新报》主笔吴恒炜认为，报馆新闻"朝夕可达"，"均邮电之捷，闻见相助"。《时务报》亦撰文称："各处如有异常紧要之事，均令访友即行电告，俾阅者先睹为快。"可以说，电报的广泛应用，推动了报纸新闻事业"革新"

---

① 刘英钦：《1896—1919 年我国报纸文体变革研究》，河南大学 2008 年硕士学位论文，第 26 页。

② 也有学者指出，用战争和电报电话业务的使用来解释"倒金字塔结构"的源起，其理由是不充分的。"倒金字塔结构"作为新闻写作的里程碑更多地与美国内战前后的社会状况、政治经济特征及人的精神追求相连，更多地与新闻政策、新闻界风尚、记者个体风格及思维方式相连。（参阅戴维·T·Z·明迪奇、埃德沮·M·斯坦顿：《倒金字塔结构和信息控制》，《美国新闻学月刊》1993 年第 8 期。转引自单波：《"倒金字塔结构"源起之谜》，《新闻知识》1994 年第 9 期）

的生发和完成。①

第二，消息文体的特性，改变了排版，增大了报纸的信息容量，主要体现在电讯逐渐占据主要版面。《申报》、《民立报》、《时报》等多家报纸，每有重大军政事件发生，往往整版刊载电讯，少则一二十条，多则三五十条。特别重要的电讯，为引起读者注意，还会用大号黑体字刊载，字旁用黄豆大的黑点或圆圈标注。由于电讯数量逐渐增多，编辑在处理稿件时往往按照其来源或对象进行分类，分成外电、专电、公电、通电等名目。②

举例来说，1912年的《申报》，在编排、体裁、信息量等版面设计方面，几乎与现代报纸趋同。例如其3月15日报，共两张8版，排版重点为电传新闻，新闻电刊载的篇幅明显增多，头版刊登专电、公电（政务要闻）和评论，公电、专电、译电占满前两版，除此之外还有要闻和"本埠新闻"。1922年后，《申报》的编排和叙事又进一步靠近了现代报纸的样式，一般5张20版，有主副标题和简单标点，信息量也较大。比如其9月15日报，国内要闻版面的前十条，都有概括性的标题和导语，然后再按重要性递减顺序排列新闻要素。③

图2-13　报纸内容逐渐丰富

---

① 韩晶：《晚清中国电报局研究》，上海师范大学2010年博士学位论文，第109页。
② 刘英钦：《1896—1919年我国报纸文体变革研究》，河南大学2008年硕士学位论文，第23页。
③ 陈昌凤：《电传新闻对中美新闻叙事结构的影响——1870—1920年代〈申报〉与〈纽约时报〉的叙事结构比较》，《国际新闻界》2009年第1期。

曾任《新闻报》副总编辑兼代总编辑的周孝庵曾言，"电报即新闻，故应以新闻之编法编之，此定例也"。他表示，我国报纸受数十年来守旧的遗毒，对于电报无形中有一种误解，认为电报是电报，新闻是新闻，电报不必与新闻相合并，更不必与之相提并论，所以新闻有标题，而电报则可以没有；新闻的编法层出不穷，而电报则混合排列、前后杂厕。所幸报界有识之士突破常规、适应潮流，把目光转移到电报的编辑上，"群趋一途、猛进颇力，电报既加编辑，制立标题，眉目分、事实明，读者数十年来所感莫大之痛苦，一旦悉祛除之"，"优秀之电讯编者，必以编新闻之法编电报，而于艺术上下功夫，以吸引多数之读者"。[①]戈公振也认为编辑新闻和电报，"应熟悉世界一切的事情，能够看了电报，即刻判断其价值"，电报稿子上没有题目，要做成题目，放在前面，且有时候有修正或演绎消息的必要，因为电报常常很简单，可以正当说明去补充它的新闻背景或者内容。[②]

第三，报纸新闻开始更加注重事实本身，学者陈昌凤就曾说，电报规划了新闻要报道的事实。《申报》于1872年初创时，忽视新闻六要素，内容上没有严格区分新闻与虚构的故事，写作上也没有规范章法和结构，甚至还刊载了不少道听途说或是凭空捏造的"新闻"。不过历经约十年的改革，到了1882年，《申报》的新闻内容就明显趋向"要素化"，尤其注重新闻的六要素。特别需要说明的是，其电讯内容已经基本具备了现代的新闻要素。总而观之，电报的应用，使中国报人萌生了新闻专业主义的最初观念，在理念上加强了新闻人对内容真实性、客观性的重视程度。[③]

当时出台的新闻电报相关规定，也侧面反映出新闻真实性和品位的提高。1930年2月8日，国民政府交通部公布《修正新闻电报章程》，其中第十七条规定"各访员发递新闻电报倘有报告失实或有伤风化者，一经发电局、转电局或收电局查出，即行扣留，不为递送"[④]。时人郑瑞梅也强调了核实的重要性，认为"败类访员，

---

① 周孝庵：《最新实验新闻学》，时事新报馆 1930 年版，第 257—258 页。

② 戈公振：《新闻学撮要》，商务印书馆 1929 年版，第 28—29 页。

③ 陈昌凤：《论电报的运用对中国式新闻叙事与新闻专业化的影响》，载黄瑚主编《新闻春秋（第九辑）——第三次地方新闻史志研讨会论文集》，复旦大学出版社 2009 年版，第 326—327 页。

④《修正新闻电报章程（十九年二月八日部令公布）》，《交通公报》1930 年第 119 期。

往往受贿或别有作用，参加个人意见，捏造电文，编辑者在添改后应从（重）新再看一遍，倘有不可靠的事实即应删去"。而电报编辑时的各种注意事项，也表明新闻与电报编辑，应具有各科的普通知识及熟悉世界一切情势，运笔时，才不致有谬误的消息混入，以满足大众的需求，完成报纸的使命。[①]

结　语

新型传播技术电报的出现和发展，使新闻讯息的传递得以突破时空的限制，缩短了空间的距离，有利于提升人际交流的速度与广度。万里若比邻，电报技术首次将传播活动从地理和运输工具的束缚中解放出来。同时，它更是革新了固有的"传播"基本思维方式，分离开了"传播"和"运输"两个概念。电报可以高效、精确地调整好各地间的时差。不同时区的钟表因为电报可以走在同一个钟点。技术与需求完美结合，打破了旧有的生活节奏和时间观念，技术的变革逐渐渗透进时人在传播领域的经验意识乃至日常实践中。

电报不断发展，在国内落地生根，民国年间这一新技术已经基本普及。军阀之间若要开战，第一步是打电报战。长篇大论地发出通电，然后由报纸登载。报上能见到的通电花样繁多，商家的商业信息比较常见，有一定经济能力的老百姓偶尔也会拍个急电，虽然内容十分精简，但也是电报得以家用的表现了。新闻电报的广泛使用，打破了传播的时空限制，使得受众能够用最短的时间最大程度地获取国内外的大量讯息。高效的信息共享不断推动民国时期的国人完善着对中国、对世界乃至对中国—世界关系的认识，满足了普通民众对于民族—国家的共同想象，对近代中国的发展产生了重大的积极影响。

[①] 郑瑞梅：《新闻与电报编辑》，《青年界》1934 年第 4 期。

第三章
民国时期文字新闻业的技术改造

Chapter 3
Technological Reforms of Text Journalism in the Republic of China

图赫曼在《制造新闻》(*Making News*)一书中主张,新闻产制是一种选择与排除的过程,读者据此理解的社会真实,是一种创作的成果,往往取决于新闻媒体的组织常规,并偏向容易取得意见的优势群体。这一整套的工作流程、叙事模式、意识形态,将语言组织为一种看来可信的方式,形成了新闻框架,组织记者的生产过程,提供读者协商、管理、理解真实的认知。学者臧国仁整合框架论点,提出新闻框架是由以下三种次框架组成:新闻组织框架(新闻常规:路线、时间、报道方式)、个人框架(个人认知、作者偏见)、文本框架(句法、情节、主题、修辞等)。因此,要检视新闻产制的过程,就必须从组织(报社)、个人(作者)、文本(报道)的分析着手。

此外,报纸每天发行的张数标示着报馆规模,只要新闻、广告量许可,一般报馆无不尽力扩充版面。然而,战后中国报界却面临前所未有的经营困境——"缺纸",不但阻碍报馆的自然发展,还引来政府的人为干预。本节试图考察国民党如何介入抗战后的缺纸风潮,纸荒发生的原因为何,通货膨胀如何助长白报纸黑市,民营报纸的反应如何……种种相关问题都是文字新闻出版的关键要素——白报纸引发的。

第一节　民国报刊内部结构的技术改造——以《立报》为例

组织框架，包括新闻常规的建立，主要是新闻工作者重复运用的模式、惯例，有助于快速而例行化地达成工作目标，如新闻路线分派、写作模式、工作时间限制（截稿时间）等。微妙的是，1930年代的中国并没有发展出如今稳定的新闻工作常规。研究新闻的组织框架，并不在于解释已经成形的建制，而是各种建制化的尝试，如上海《立报》创新的工作模式，就有别于当时大报、小报管理组织与处理新闻的策略。

图 3-1　《立报》①

---

① 中国抗日战争爆发前后有影响的小型报纸。1935 年 9 月 20 日在上海创刊。初创时日出 4 开 1 张，后改出 4 开 1 张半。由成舍我、萧同兹、严谔声、吴中一等新闻界人士集资兴办。成舍我任社长，严谔声任总经理。先后担任总编辑的有张友鸾、萨空了、褚保衡，编辑有恽逸群、谢六逸、张恨水等。报纸以中下层群众为主要读者对象。自称以实现报纸大众化，使全国国民认识自身对于国家的关系为宗旨。编辑工作实行精编精选，力求以较小的篇幅刊登丰富多彩的内容，达到读者"能读、爱读、必读"的要求。其文稿简短，文字通俗，定价低廉。宣扬"五分钟可知天下事，一元钱可看三个月"。新闻、言论、副刊并重。副刊有"言林""小茶馆""花果山"3 种，聘文化界名流任编辑。此报以宣传抗日救国、提倡民主政治、反映群众呼声受到读者欢迎。最高日销量曾达 20 万份，创当时全国报纸发行新纪录。1937 年 11 月 25 日，因日军侵占上海，被迫停刊。1938 年 4 月 1 日至 1941 年冬在香港恢复出版，萨空了任总编辑，日出 4 开 1 张，着重宣传民主抗日。1938 年 9 月后，萨空了、沈雁冰（茅盾）等先后离去，由吴范寰主持编辑工作，政治倾向渐趋保守。1945 年 10 月，陆京士等曾在上海重出《立报》，杜月笙任董事长。1949 年 4 月 30 日停刊。

《立报》强调小报大办，组织规模不如员工数达五百人的大报社《申报》、《新闻报》。《立报》的经理部与编辑部各约十多人，工人二三十人①，全社工作人员约五六十人，和同期《大公报》、《晨报》等规模相仿，介乎商业大报与小报之间。成舍我为了争取经济独立的空间，率先实行科学管理以节制、管控成本，并进行新闻室的权力重组，马蹄形设计的编辑桌，使总编与各版主编共同讨论决策版面、新闻的配置；编校合一的工作桌，则提升了校对的地位，对实行大众化编辑的方针而言，简明、正确、快速排版的操作模式更为重要。

图 3-2　著名报人成舍我②

1931年，成舍我自欧美游历归国，开始计划性地效法欧美报业的经营管理。其中最为显著的即是科学管理办法，先是设立总管理处主掌监核，并实行成本会计，精简业务开支与人事成本，特别是对排版、校样、错字等锱铢必较，每日作日志登载每人每日工作内容，交叉核对以督责每日发稿、齐稿、排印、出刊时间，并详载每日印数、发行数等。

① 根据马之骕所载之组织图，立报分为编辑部与经理部，前者下辖编辑组、采访组、印刷组、电讯组，后者下辖经营组、发行组、财务组、总务组。而根据当时记者舒宗侨与实习生乌荣泽所述，都提及总管理处，考察其业务，与马之骕所称经理部相似。记者与报社工作人员数则采舒宗侨之记载。
② 成舍我（1898—1991），名平，字舍我。湖南湘乡人，生于南京，以笔名行世，十八岁即投身新闻事业。1915年到上海《民国日报》馆。1918年入北京大学，兼任《益世报》编辑。1927年又任南京《民生报》主编。其一生从事新闻事业，后在台湾重新创办世界新闻专校。

图 3-3　著名报人、原《立报》社总经理严谔声①

图 3-4　著名报人、原《立报》总编辑萨空了②

---

① 严谔声（1897—1969），浙江海宁人。1935 年，他与成舍我、严独鹤等集资创办《立报》，担任总经理，聘请萨空了、恽逸群、舒宗侨等担任编辑、记者，并以"小记者"为笔名，每天为副刊写一段不到一百字却发人深省的小文章，名噪一时。新中国成立后，历任上海市财经委员会委员兼副秘书长、市工商局副局长、市文史馆副馆长。曾当选为上海市第一、二、三、四、五届人大代表，第一、二、三、四届政协常委，第一、二、三届市工商联常委和民主建国会中央委员。

② 萨空了（1907—1988），蒙古族，笔名了了、艾秋飙，1927 年开始从事新闻工作，曾任《北京晚报》编辑记者，1929 年后任《世界日报》画刊编辑、《世界画报》总编辑、天津《大公报》艺术半月刊主编。1945 年 6 月，在香港任《华商报》《光明报》总经理。新中国成立后，任人民美术出版社社长、新闻总署副署长兼新闻摄影局局长、中国民主同盟副主席等职务。

《立报》采用社长制，由创办人成舍我担任社长，主掌报社的整体营运，上至股东投资人选、报务管理、编辑庶务，乃至一灯一字的日常总务规划；并引入科学管理方法治理，如评鉴制度、品质管控流程、马蹄形编辑桌、排字桌设计，乃至电灯开关的定时管理等，严格管控支出，务使节流开源，确保经济独立。并沿袭《世界日报》的做法，由经理部（总管理处）负责管理，经理部有总经理与副总经理，负责考核、财政、发行等行政业务。考核与财政业务主掌了报社的工作气氛，报人们上至经理、编辑下至练习生都须经历考核评价系统，其薪资、升迁、留用的管道都由此决定。编辑部由总编辑主掌编辑、采访、印刷等出刊报务。由于《立报》为股份有限公司，社长成舍我虽主掌大权，但仍须向股东负责。1937年，确定报社基础与经营管理模式后，成舍我即离开上海，而交由总经理严谔声管理行政，总编辑萨空了处理编辑发行。

一、经理部：营业组、发行组、财务组、总务组

经理部主掌的考核评鉴确保报社内的工作效率，也决定工作强度与气氛。总经理为严谔声，副总经理为田丹佛，经理部下设营业组、发行组、财务组、总务组，主管考核、发行、会计、管理，另有北平新专毕业生担任实习生，以及公开招考的练习生。

考核制度是以品质而非市场销量为考量，这同时表现"科学管理"与"报人办报"并行的方针，彻底要求在业务支出上厉行节约，在薪资支出上按评鉴计费。经理需每日填写日报表供成舍我审阅，包括每日报纸印数、发行数、截稿时间、开印时间、印完时间、财务收支与人员出勤状况。由于《申报》与《新闻报》有较长的历史，在管理上也较完备，其考核制度与薪资挂钩，但仅述及出缺勤与功过奖惩，则不如《立报》有如此细节的规定并彻底执行。总经理严谔声主要负责行政考核与财务，向股东负责。他还同时兼任上海市商会秘书长，借助其工商背景，在该报连载《印刷税法浅释》，回应读者税务问题，还以笔名"小记者"发表针砭时政短句、讽刺诗，深受读者欢迎，也因此被具左翼倾向的总编辑萨空了评价为"政治态度一致"。副总经理田丹佛担任总经理副手，主要负责代表、回应股东要求，因而

其营利取向最为显明，而非编辑报务的管理者。

《立报》的会计室掌管报社财务收支，实行成本会计，包括资本计算、薪资与稿费发放。由于报社采取科学管理方法，这使得业务支出与总管理处的考核部门息息相关。其考核项目除了日报表与工作日志以外，还包括日常水电用品的开支。根据成舍我的自述，报社不准有一盏不应开的灯，而应将全部电灯分设安全总门，按时开关，甚至自创脚踏排字桌电灯开关，并使排字工人脚一离开排字桌，即可关闭电源。在纸张用度上，也力求节约，记者需利用通讯社废稿反面为稿纸，并严禁职工撕取卷筒报纸，以使"将看报看作开机器，看作上前线，看作管家务"，报馆的组织、纪律绝不松懈。①

发行组主要负责发行、派报事宜，可谓掌握报社的经济命脉。加上当时中国报界普遍受报贩掌控，这使得发行工作更加艰巨。根据《大公报》总编胡政之在1929年的论述，"讲到报馆利益方面，新闻记者终日劳苦之所获，半为报贩所得，十成之红利，报贩得其六七，报馆仅得三四，最多不过剖而各半。北方报纸张数不多，售价上不致亏累，南方报纸有多至六七张者，每有颇巨之赔蚀，报贩之以小康者比比也。"②

报贩是报社与读者的媒介，一方面从批价获取中间利益，一方面收取额外代金方为其代销。当时办报也要选择大报贩，才能打入市场。若非如此，就算报纸内容办得再好也无能为力。1936年，《社会日报》连载的《报人报语》即有如下记载，认为"如果报贩有势力、有地位、有手腕，那如果他肯给你来努力推销的话，比登了广告的效力还要大"③。对于报贩所钳制的发行困境，成舍我在《世界晚报》发行之初便有一定经验。当时，成舍我为打开报贩通路，将行情七折的报价以五折批发给报贩，报价铜元两枚（两枚半铜元等于大洋一分），每十份仅得四分。即使回归行情，最多也仅得六分，扣除十张四开白报纸成本约二分五厘，仅剩三分五厘，

---

① 曹正文、张国瀛：《旧上海报刊史话》，华东师范大学出版社1991年版，第83页。
② 上海档案馆：《〈立报〉的历史及其移交经过》（1949），档案号：Q431-1-105-8。
③ 盼兮：《报人报语（十一）》，《社会日报》1936年10月27日。

卖一千份也只得三十五元。①成舍我想方设法要打开报纸销量，试图以发行获利并取得报纸独立的言论空间。据其当时的同事所述，他为打开《世界晚报》的销路，制造热潮，"一面携带报纸若干份，雇佣汽车到城南艺园一带去卖；一面他自己又在人丛中争着买自己的晚报，以吸引读者"②。

为了摆脱报贩钳制的困境，世界报系改以自办发行，以优惠的"一块钱可看三份报"来吸引直接订户，并自购自行车发报。这一举动也沿用至《立报》，该报除了打出"一块钱可看三个月"的口号外，还购置了百辆自行车来发报，并雇用失学青年在街头贩售，用自办发行来打开销路。对于外埠的发行，则于每日清晨散到火车站，通过京沪铁路、沪杭铁路沿线发散，后来锡沪公路、苏沪公路开通，《申报》有专车派报，《立报》也会委其代销，七时左右即可到达苏州、无锡、常熟、太仓等地。③根据当时报人胡道静的说法，外地读者可与上海本埠同时收到报纸：

上海各大报纸，战前销行京沪铁路沿线各地数量很多。运输的方法是，由各报馆于每晨将印好的报交由赴京的早班火车带去。1935年8月17日，锡沪公路正式通车，申报因特备运货汽车，循该路派送报纸：专车于每晨五时许出发，到达常熟后，另雇公路小客车，专运送赴无锡等处的报纸，而专车则折入苏常公路赴苏州。因此该路沿线的南翔、嘉定、常熟、苏州、无锡等地的派报时间得以提早。每晨八时半左右，两车可分到苏锡，较以往约早两小时。1936年苏沪公路（直达线）又筑竣，申报专车于是从三月初起，改由此路运报赴苏，每晨七时许即可到达分发，当地读者便几乎和上海读者同时得读该报。后来上海日报公会也专备汽车，代会员报馆沿锡沪、苏沪路运报。④

然而，上面叙述的是一种理想状态，报贩常常为了自身利益而扣住报纸不发，京沪、沪杭两路的读者本应能当日收报，却常收不到。⑤此外，委托大报分馆派

---

① 毕群：《成舍我与重庆世界日报》，新闻研究资料编辑室编《世界日报兴衰史》，重庆出版社1982年版，第213页。

② 曹正文、张国瀛：《旧上海报刊史话》，华东师范大学出版社1991年版，第103页。

③ 另其他通路则委由大报分馆派报，如无锡申报馆、常熟新闻报馆等。见立报发行科，《常熟申报分馆严更生君大鉴》，《立报》1936年8月13日。

④ 曹聚仁著，曹雷、曹宪镛编：《上海春秋》，上海三联书店2007年版，第121页。

⑤ 了了：《答谢读者》，《立报》1936年3月23日。

送，还会遇到拖欠报费的情况。为此，《立报》公告索费，并促使该报于1936年8月成立西安分馆，9月成立吴县分馆，1937年5月成立杭州分馆，建立自己的发行网络。[①]销往其他各地则须通过邮务系统，但由于邮政效率不佳，常有几天无报或一天收到多日报纸的问题。[②]

此外，发行上仍有许多状况，如有人冒名收取报费、火车报贩将该报与其他小报夹带售出等。考虑到城市报贩的钳制与外埠运输的障碍，为了维持报纸的独立营运，达成不接受津贴的承诺，使报纸自立脚跟，不在经济上仰人鼻息，在当时，报社必须自辟发行管道，以避免中间剥削而侵蚀报馆利益。若办报只管报纸内容，而不谙行销通路与营运成本，几乎不可能成功。[③]成舍我借助经营管理的科学方法与发行通路的建立，开源节流，来换取言论独立的空间。从发行范围的扩张，也可看出上海作为中国讯息中心的特质。在此地可搜罗全国的消息，再向外传递。《立报》兼有上海与北京《世界日报》的资源，因此，其对读者的影响力更甚。曾任该报战地记者的曹聚仁曾说该报"平常销路约十二三万份，在《新闻报》、《申报》之间。单就西安一市就销了三千份，比陕西本市报还多了一倍以上。其在南昌的销路，几乎可以等于南昌各报的总和"[④]。

作为讯息流通中心，火车站的叫卖也是发行扩张的关键。成舍我发现在上海最大零售报纸市场的闸北车站，每日来往的旅客很多，大多利用车上时间看报，因此报贩多要利用紧迫的赶车时间来叫卖。由于《申报》只有两个字好叫，所以多喊卖《申报》，其他如《新闻报》只是间歇性地叫，因此将报纸取名《立报》，虽是取其自立之意，但灵感则来自闸北车站报贩的叫卖声。[⑤]

---

① 《常熟申报分馆严更生君大鉴》，《立报》1936 年 8 月 1 日。

② 阎奉璋：《作发行工作者的话》，《立报》1936 年 9 月 20 日。

③ 诚如报人张友鸾的经验之谈，他本想脱离成舍我报业自立门户，却因为只谙编辑实务，不懂报纸发行业务，而以失败告终，重回成舍我报业："我只是书生办报，天真地幻想，用小小积蓄作为开办费，报一出，读报和广告费得收入，就可以供周转。其实大谬不然。《南京早报》出版以后，赔累不堪，我的积蓄完了，我妻崔伯萍变卖首饰支持我。……我想自己终于打不开江山、成不了气候，何必焦头烂额自苦乃尔，还不如安闲做个伙计吧。"

④ 曹聚仁：《上海春秋》，上海三联书店 2007 年版，第 23 页。

⑤ 曹聚仁：《上海春秋》，上海三联书店 2007 年版，第 35 页。

二、编辑部：编辑组、采访组、印刷组、电讯组

时任《立报》副刊《花果山》的报人，也是《时报》的编辑和著名的通俗作家的包天笑，曾作诗回顾该报的新闻室，生动描绘其工作的情景：

> 高楼灯火语生春，立报风光殊可亲。
>
> 长着烂衫谢教授，细搜抽斗褚夫人。
>
> 小茶馆里歌呼起，花果山前跳跃频。
>
> 三十年来如一瞥，海隅一老感沉沦。
>
> 诸君意态各纵横，小记匆忙严谔声。
>
> 堪喜工徒写稿子，剧怜校对嚼花生。
>
> 座环半月众星拱，车走千街万马行。
>
> 大未必佳小了了，一般舆论最分明。

图3-5 著名报人包天笑[1]（时任《立报》编辑）

编辑部门掌管报纸内容的实务，主要包括编辑、采访、印刷、电报等。由于报社采行科学管理方法，这使得编辑部门承担受管控的压力的同时，也能确保版面

---

[1] 包天笑（1876—1973），初名清柱，又名公毅，字朗孙，笔名天笑、春云、微妙、迦叶、拈花、秋星阁主、钏影楼主等。1912年，包天笑应张元济之邀，赴商务印书馆兼职，参编国文教科书，并主编课外读物《新社会》。1915年与1917年，包天笑先后任文明书局发行之《小说大观》和《小说画报》主编。1935年，包天笑接替张恨水编辑《立报》副刊《花果山》。

美观、出版迅速、没有错字的出刊品质。成舍我在制度层面确立了组织框架，包括新闻宗旨、奖惩规范等，而在编辑实务上，则落实新闻自主的原则，由总编辑萨空了直接负责。张友鸾回顾《世界日报》时期追忆道，成舍我常对编辑和记者们说"只要保证真实，对社会没有危害，什么新闻都可以刊登。如果出了什么事，你们不须负责任，打官司、坐牢，归我去"。①

在张友鸾任职《世界日报》、《民生报》、《立报》期间，成舍我也确实履行此承诺，不管是面对军阀、政府或黑帮压力，均能顶住，使编辑部门无后顾之虞。1939年7月，成舍我离开上海之时，《立报》的管理运作已上轨道，有一定的操作流程，而编辑内容的主掌大权就完全由总编辑萨空了掌握，而更朝向劳动阶层与对外抗日的立场。

图 3-6　著名报人、原《立报》总编辑张友鸾②

1935年9月创刊时总编辑为张友鸾，同年11月由萨空了继任，主要掌管报纸版面的编辑与新闻采访，其下设有编辑组、采访组、印刷组、电讯组。当时编辑部的重心是成舍我所创的马蹄形编辑桌，以便所有编辑能共同商议决策、编排、校样。各版主编各司其版面，在编辑桌汇整，确认新闻、标题与版型。《国际新闻版》主编与社论主笔恽逸群，《社会新闻版》（本市新闻）主编徐迈进，副刊《言林》主

---

① 舒宗侨：《〈立报〉采访生活回忆》，《新闻记者》1987 年第 3 期。
② 张友鸾（1904—1990），笔名牛布衣、胡子长、悠悠等，安徽安庆人。著名报人、中国古典文学家、编辑。1922 年入北京平民大学新闻系，曾为邵飘萍所办《京报》主编《文学周刊》，1925 年任《世界日报》总编辑，1927 年受李大钊委派任《国民晚报》社长。曾参加《民生报》、《新民报》、《立报》等民营报纸的创办工作。

编谢六逸，《花果山》主编则先后由张恨水、包天笑、张厚载担任；《点心》由吴秋尘、张友鸾先后主持，于两个月后改为《小茶馆》，主编由总编辑萨空了兼任。

根据时任练习生的于友回忆，该报的创刊总编辑张友鸾，一般从晚间七时开始工作至半夜四时。晚间七点，他就坐于马蹄形编辑桌中央凹口处，而各版主编则坐于两侧。由于《立报》的通讯稿都需精编改写，就先由总编辑全部检视后选用，再交给各版编辑编写标题、内容，重要新闻则由总编亲自改写并决定标题，最后决定新闻版面的大样。总编辑在等待新闻版大样时，会检视白天完成的副刊大样，确认无误再交排字、印刷。为了能得到最新的消息，张友鸾还将截稿时间推迟至午夜三时，因此，通常决定好一版清样而签字付印时都已过午夜四时。

图 3-7　著名记者、编辑于友（当时考入《立报》担任练习生）

继任的总编萨空了也说，进报社的晚上九点到十二点是"屁股不离板凳的"[1]。由此可见总编辑对报社编辑实务的重要性。成舍我以股权让渡的方式礼遇总编辑，使之成为报社合伙人，以其意见为首，决定新闻、标题，并责成改写的方向。特别是在1936年7月成舍我离开上海后，萨空了全权负责《立报》，其积极的劳动阶层立场与支持抗战的政治倾向掌控了该报的整体走向。

《立报》的新闻强调迅速、确实，新闻记者也以二十岁出头的年轻人居多。采访主任为褚保衡，记者有舒宗侨、熊岳兰、徐迈进等约十人，兼职记者有钱台生、

---

① 舒宗侨：《〈立报〉采访生活回忆》，《新闻记者》1987年第3期。

张常人等，并有北平新专实习生兼跑新闻。当时报纸紧跟社会新闻，因而安排有两人专跑巡捕房、码头、法院与警察局，且都有联络人提供线索。这些也是当时新闻界主要的社会新闻来源。然而，《立报》特别强调采访确实与当事人说法相符，并以特写、特稿等形式进行呈现。此外，报社还重视学生与政治活动，派出人员贴身记录，甚至允许其坐包车传递新闻稿，这在当时新闻界是非常少见的，也体现出了素来节省成本的成舍我对于新闻时效的重视程度。由于对政治活动、罢工、罢课的关注受限于当时的新闻检查制度而常遭查扣，编辑往往以"开天窗"、"仅留标题"等方法进行抵制，提醒读者被隐晦的议题；特别是"救国会七君子被捕事件"时，除了常被查扣内容之外，还动用了消息、通讯、特写、评论、广告等各种报导形式，以引发社会的广泛关注。

报社记者的作息于每日九、十点钟开始。据外事记者舒宗侨的回忆，记者一日活动先是浏览当日中外报纸，对比报纸并发掘新闻线索，再展开采访。由于当时《立报》已颇有声誉，因而有许多中下层的工人、职员、学生会主动提供消息，至于外事新闻与高层采访，则仰赖报社与记者自己的人脉。记者晚上写稿、发稿，并与其他通讯社核对新闻、补充资料，其中与英文《大陆报》、《大美晚报》关系最为密切。[1]记者完成的新闻稿件须贴于"工作日志"，以供社长与总经理评阅。最后，离开报社后，还须时时注意新闻动态并保持与报社的联络。为了追求最新消息，报社的截稿时间为凌晨三点。与此同时，总经理必须每日批阅所有工作人员所填写的工作日志，作为奖惩依据。根据舒宗侨所述，"成舍我要求每个主编、编辑、记者都得有一本工作日志，写上自己的工作情形，贴上所有的稿子，每晚截稿后收去，由他和总经理评阅。如果一天没有稿子贴上去，或者发生了差错，都要由考核组记下来"[2]。

---

① 舒宗侨自述仅提及每日必与《大美晚报》交换新闻，经查上海档案馆相关资料，《大美晚报》与《立报》签有排版与印刷合约，是以双方关系密切。
② 舒宗侨：《〈立报〉采访生活回忆》，《新闻记者》1987 年第 3 期。

图 3-8　著名新闻学者舒宗侨[1]（时任《立报》外事记者）

当时练习生于友（后升至编辑）回忆道，如此做法决定了报社内兢兢业业的工作气氛。据于友的说法，当时的兼职记者稿件按篇评价计费，分甲乙丙丁四级，每篇最高不超过五元。而同时在北平《世界日报》担任采访主任的赵效沂则更明确地说，记者薪资有底薪，并于每日按篇计算评价，超过多给，每三个月并有超额奖金，但是，如果三个月均不及底薪则退聘。例如某人月薪一百元，新闻则每篇分为特（五—二十元）、甲（二元）、乙（一元）、丙（五角）、丁（二角）五种，若每月新闻累计达一百二十元，则一百二十元照给，连续三月超过则再给三月加总后的超额奖金。这种做法能促使记者提高效率，并鼓励了深入报导的特写、特讯题材，这也成为成舍我报系的一大特色。然而，如此考核也衍生了一些争议。1936年5月5日，小报《福尔摩斯》就记述了该报社的一起工资纠纷，"成舍我考核采访人员，认为记者之特稿根本不特，批舒宗侨'日水兵案'一稿'丢脸'，经舒宗侨交涉解释，才改批'甲等'，另记者原洗凡则遭扣薪，原'固定薪资法币五十番，然上月只收到袁头十八枚'"[2]。

报社拥有两台小型轮转机，每台每小时可印四开报五万份，两小时就可出报

---

① 舒宗侨（1913—2007），著名摄影家、记者，曾任上海复旦大学新闻学院教授。湖北蒲圻（今赤壁）人。1936 年毕业于上海复旦大学新闻系。1935 年任上海《立报》记者，后担任重庆《中央日报》、《扫荡报》编辑和编辑主任。1942 年在重庆创办《联合画报》周刊。1954 年负责建立复旦大学新闻系新闻摄影教研组及实验室，后任教授，培养大批人才。

② 迁时：《立报内部小纠纷》，《福尔摩斯》，1936 年 5 月 2 日。

十万份。印刷组主要负责排字、铸字、刻字、印刷、校对。非新闻性版面（副刊）由工友、学徒负责。新闻性版面由北平新闻专科学校实习生负责。他们虽是全职工作，但仅领取16—20元的学徒工资，与他们一样的还有广荣、巴恩湛、樊宝贤、乌荣泽等人。[①]按照报社的评鉴做法，不仅针对记者，校对员、印刷员也需按错误罚款。《世界日报》的经理吴范环提到，"记得有一个校对员董某，月薪二十五元，因错误较多，有一月竟被罚去二十二元，只领到三元，连饭费都付不出来"[②]。

印刷工、校对员是报社内最底层的工作人员，其教育程度低，薪资待遇差，工作强度高。叶文心曾引用邹韬奋（笔名落霞）在1928年《生活》周刊上登载的《繁华上海中的奇俭者》，来说明来自乡下的校对员与城市生活的反差：他维护城市中的工作纪律，几乎将所得全数寄回家乡。然而，他在城市中过着乡下的生活，工作了二三十年，薪资由十几块到五十块，而这已是这个阶层熟练工人的最高薪资了。

值得一提的是，《立报》设置的编校合一的工作桌，极大地提升了校对的地位。与此同时，这也对照出了《立报》采用实习生管道的独特之处，也即，尽管校对的薪资微薄，但报社也为其提供了进修与职位晋升的管道。中文字的检排一直是活字组版的主要门槛，常用字即有四千字，传教士设的排字架以福音书为罕见、常用字的依据，这显然不符合中国需求。历经多人多次改良，1909年商务印书馆将其改良为元宝字架[③]，并使之成为主流。然而，以部首为索引的检字方法，对小学程度的排字工人来说，仍然很困难，只能靠勤练熟记。因此，培养一名熟练的排字工

---

① 实习生人数根据《世界日报兴衰史》记载，为广荣、巴恩湛、樊宝贤等十二人，但根据1936年9月20日，《立报周年纪念增刊》的《新专实习团实习一周年报告》，作者乌荣泽说有十四人分进印刷组、编辑组、营业部与总管理处。

② 舒宗侨：《〈立报〉采访生活回忆》，《新闻记者》1987年第3期。

③ 1920年，上海申报馆首先仿用日本式的统长字架，将元宝字架常用字二十四盘改用十二盘，并将字格改小，每格大者容纳30字，小者15字，共有1488格，一共可以容纳1400多种字，比元宝字架将近多出一倍。其次，又将二十四盘仅宽四尺的元宝字架扩大到接近四尺十寸，可以同时容纳两个人作业。第三，在十二盘中固定一盘，将最有连带意义的字集中放置。这种字架因为节省工作空间，利用率又高，所以不久就得到各地广泛的采用。1944年，上海商务印书馆也曾就元宝字架作了一番改进：他们将常用字扩大为2509字（原来只有844字），将备用字缩为4177字。常用字在字架上准备同一铅字30到60枚不等，备用字则只准备同一铅字3到12枚。无论何字，在字架上只占用一格。另选出250个常用字，加备铅字100至500枚不等，叫做补充字，储放在另一处以备随时添入字格中。至于字的排列，则是改用四角号码代替部首。这种新字架的优点，据该馆说：第一是节省铅，第二是节省空间，第三则是易学易检。不过这个改革只局限于实验阶段，并未扩大到实际应用之中。详见余也鲁：《杂志编辑学》，香港海天书楼1980年版，第230—231页。

人至少需要两三年。此外，成舍我也致力于排字的改革，自创字架，并改以电码索引，以符合报纸输出的效率。该报的实习生自成一套训练体系，也有一套自己的排字系统。传统的排字系统有元宝式字架、统长形字架，以部首索引检索，所检的常用字以排字桌取代排字架，每人有一字桌，铅字依电报号码排列，排字仅须于桌上进行，无须来回奔波检字，接获电报也可直接发往排字房，先排后编以提高工作效率。成舍我自创的排字桌充分说明了他对报社经营的用心。然而，增加排字效率，却也阻却了排字工特别是实习生跳槽的可能性。这样的实验性改革可联系到1931年《世界日报》面临的联合罢工。由于工资待遇低，加上各种罚则苛扣，印刷工人联合罢工，最终成舍我将其薪资由十四元加到十八元才使罢工平息，这同时也被认为是成舍我创设北平新专的动机，致力于训练合乎报社规格，也适用于报社规格的劳动力。这些年轻的报业实习生在成舍我系统的训练中，也练就了耐受磨练的性格、对报业的热情。他们不仅排字，还自发学习报社内的各项业务，甚至能出门跑新闻。淞沪会战后，几乎所有的实习生都出动探访战讯，这也是《立报》创下最高发行量的时期。

当时国民党中央社已经建立了国内新闻网[①]，在南京总部及各分社（上海、北平、天津、汉口、香港、西安、南昌、成都、重庆、贵阳、广州）装置了最新的收发机器，可以迅速收发全国的消息，并与美国路透社、法国哈瓦斯社（法新社）订约交换新闻，所有的国际通讯都经由中央社向外传递，因此，掌握中央社电报通讯，就等于掌握所有国内外重大讯息。《立报》的电讯组有朱广生等两名电讯员，都来自北平新专的无线电特班。他们修业三个月后，初薪为二十元，负责日夜收报，一副耳朵可收听两种不同讯号，是该报获得独家新闻的重要来源，如西安事件当晚该报就收到了张学良与杨虎城共同发布的电报，并在隔天就能发出新闻。

练习生是《立报》的一项公开招募制度。该社倡导透明化的人事招聘，选取

---

① 1921年中央社于南京建立了总部，装置了最新式的播音机和收音室，可以迅速收发全国的消息。1934年，建立起全国新闻网的第一步，在国内开办了上海、北平、天津、汉口、香港西安六个分社。1935年向华西及西南发展，又成立了南昌、成都、重庆、贵阳四个分社。1936年，在广州设立第十一分社，国内新闻网组织大致完成，具备向外发布讯息的能力。1934年起，就和路透社、哈瓦斯社订约交换新闻。同时，上海分社开始发英文稿，供给市内各英文报纸，国际新闻始有中国观点。自1937年起，上海中文报纸的路透电、哈瓦斯电都由中央社供给。

合乎报社标准的人才。根据第一届练习生于友的回忆，当时他并无任何背景，唯家贫无法继续求学，又有对新闻的热情，因而参加了《立报》的招募考试。当时约有二百人参加笔试，通过后再参加口试。主考官是当时仅三十出头的报社主笔恽逸群。口试时，他询问了面试者对新闻工作的兴趣，最后录取了三人，当中只有于友进了编辑部，另外两名女性则进营业部。于友回忆道，"我当然喜出望外。我同创办人以及它最早的工作人员都没有一点关系。恽老师录取我，显然代表《立报》在人事上的一种新风格：秉公办事，认真选人"①。当时的月薪是九元，按表现升任。于友在创刊两周后就登载了专栏文章，并于两个多月后升为助理编辑，月薪升至四十元，这也显示出报社用人唯才的态度与升迁管道的通达。

然而，报社对练习生也有严格规定。1936年9月22日，也即创刊第三日，十八岁的女性梅清漪签下《立报志愿书》，还有其父梅鹤荪与商号负责人陈竹居担任连带保证人。根据《志愿书》的记载：练习生供一年膳宿、津贴，津贴视服务成绩而定，不得在六元以下。不得中途告退，若不符要求，将革职追讨膳费（每月六元）与津贴。1937年7月，梅清漪因请假过多遭革职，并被追讨1936年9月15日至1937年6月6日期间的膳费（六元）与津贴（十一元）。②

从报社组织的编制、管理，不难看出《立报》严苛的工作环境。由《世界日报》延伸到《立报》的科学管理，为达成"低价"、"确实"、"迅速"、"终年不休刊"的承诺，在人事管理上紧缩限制，确保该报的出刊品质，同时又使《立报》处于一种特别的工作情境中。该报强调大众化，立意为大众发言人，并特别刻画劳动阶层的生活，然而其劳动代言人的身份却是建立在严苛的劳动条件之上。必须有着深刻的工作使命与热情支撑，才能感同身受劳动阶层之苦，而在以知识分子、文人自居的人群当中，颇为困难。因此，成舍我在北平新闻专科学校的《招生简章》的"特别注意"一项里强调，"因新闻事业，最需要忠实勤奋，吃苦耐劳，而本校管理训练，亦将取极端严格主义。故凡有纨绔习气，或渴望将来升官发财

---

① 王新命：《新闻圈里四十年》，台北海天出版社1957年版，第122页。
② 上海档案馆：《上海律师会承办委托人力报案由：与梅清漪损害赔偿》（1949），档案号：Q190-1-4419。

者，即侥幸录取，亦必难保全始终，不仅贻害本校，亦实适以自误"①。

《立报》的组织编制介于小报与大报之间。小报组织成员只有2—5人，仅靠少数编辑来广邀外稿，缺乏编采编制，而新闻则多是通过抄写或转录传闻。大报规模有上百人，重视发行网络与广告部门。《立报》员工总共有50—60人，极为强调新闻编采的编制。印刷部门则由北平新闻专科学校而来，这也使得成舍我的办报原则、师生的伦理更易得到实现。《立报》每日于头版的报边向读者宣导办报的宗旨，"每人皆认识本身对于国家的责任然后才可以达到民族复兴的目的"。这可视为《立报》组织框架中的主要目标。通过每日的新闻叙事，让读者了解国际、国家大事。在新闻修辞上，则表现为价值指涉的用语，经常鼓励读者投入、呼应报社的价值取向。"凭良心说话拿真凭实据报告新闻"，"只要略识几百字你准看的懂"则是新闻室的工作准则，往往以明确的奖惩制度来执行。在组织规章中，也明确了各篇报导的等级，再按等级计费，特写是一般新闻计价的五至十倍，这也促使记者能够积极采用第一人称叙事去特写新闻。与此同时，该报也鼓励读者提供消息来源，这也使得该报的本埠新闻更贴近民众的生活。

第二节　民国时期白报纸"纸荒"危机——以上海为中心

十九世纪七十年代，随着铅印技术的发展，上海出现了外商印刷厂。由于中国传统的手工纸，纸质疏松，质量无法与洋纸相比，洋纸进口遂成为不可抗御之潮流。粤人曹子抜（上海候选同知）和郑观应（近代改良主义者）力图挽回利权，提出"以商战对商战"的对策，主张发展制造工业，拟在上海创办机器造纸厂。他们在送交李鸿章的申办报告中说道："窃查阅海关年结，洋纸入口日多，纸之材料细者出自旧絮、破布，粗者出自稻草、树皮，皆用机器、药水捣烂而成，到处可设，亟应仿办也……兹有招股章程寄来，乞宪恩批准，俾即选匠定机择地建厂，亦塞漏卮之一端也。"②

① 包天笑：《钏影楼回忆录续编》，山西古籍出版社1999年版，第23页。
② 转引自朱新轩、王顺义、陈敬全编：《见证历史 见证奇迹：上海科学技术发展史上的百项第一》，上海科学技术出版社2015年版，第48页。

　　报告获得批准后，曹子扶、郑观应、唐景星、李秋坪等社会名流集资白银15万两，派作1500股，每股100两，一次收足，于1882年破土建厂。这在当时是一项较大的投资，颇受社会重视。同年8月9日出版的《益闻录》对此曾有如下报道："本埠现有华商鸠合巨资拟设纸厂一所，已聘定美国某西人综司其事，一切作纸工具皆用火枪机器。"

　　纸厂的厂名为上海机器造纸局，厂址选在杨树浦（今杨树浦路408号处），占地12亩（8000平方米）余，购置了英国莱司城厄姆浮士顿（Empherston）公司于1877年出品的多烘缸长网造纸机1台。拥有76英寸（193厘米）和48英寸（122厘米）烘缸8只，1英尺（30厘米）和2英尺（61厘米）锅炉4座，蒸锅4只，还有切布机、轧竹机等设备。在美籍欧人华特茨（T.J.Waters）的监督下动工建造，并于1884年竣工，12月正式出纸。该厂主要采用破布等为原料，制造洋式纸张，日产2吨，拥有中国工人100名，西人1名。

　　1892年3月22日，纸厂经理登报邀请股东开会，商讨企业前途，然而无一股东赴会。4月26日公开登报拍卖企业，7月9日有西人地亚士以白银87500两买下上海机器造纸局。此举引起了该厂股东的不满，他们在8月7日的《申报》上发表联合声明："公启者，昨阅《申报》登上海纸局易主一节，殊为骇异。该局本奉李傅相批准集股，开设已将十年，不独官利分文未付，及未将亏折情况禀明傅相，知照股东，今忽易主，岂非私相授受。为此声明，必须旧股议有端倪，方可交割，以免后论。"[1]面对出售造纸局引起的争议，上海道衙通知韩志鹏设法赎回，并由何瑞棠、韩山曦、朱培初出资经营，并将厂名改为伦章造纸局。

　　伦章造纸局自1892年生产经营后，并无起色。1903年11月27日，何瑞棠、韩山曦拆股退出，企业拍卖给朱培初。1904年，朱培初邀请应桂馨投资，约定双方合股经营。后因应、朱意见不合，应也退出了此项事业。1906年11月6日起，伦章造纸局归于朱培初单独经营，但仍亏折很多。1909年，华洋各商指控朱培初亏空巨款，朱因而遭到扣押，厂产也交由宝和洋行进行拍卖，最终因为标价太高而无人承买。在当时的债权人中，以虞洽卿受押量最多，共计7万两白银，迄拍卖时连同利息已

---

① 《声明》，《申报》1892 年 8 月 7 日。

达到8万余两白银。其后，该厂由虞洽卿转押给四明银行。停产多年后，1915年由刘柏森租赁伦章造纸局。次年，刘出资收购了伦章厂股票，并以股东身份赎回产权，将其改名为宝源造纸厂。

1920年，刘柏森又以万两白银向日商三菱公司购得画章造纸厂，定名宝源造纸厂东厂，而原杨树浦厂则为宝源造纸厂西厂。1925年，更名为天章纸厂股份有限公司。1933年，再次更名为天章记纸厂。1947年，民国政府收回该厂。新中国成立后，该厂收归国有，定名为天章造纸厂。[①]

总的来说，"二战"期间，国内各大造纸厂几乎都被日军征用，国内报刊的印刷成本也大为增加。[②]这种状况在战后并没有太大的改观。战后报界营运方式非常奇特，根据曹聚仁对当时上海报界的回忆，"胜利后的那四年间的望平街，销数的多少，都是不相干的，因为销得越多，便越吃亏。那时，报馆的生命线，在白报纸的分配上，如《大公报》的销数大，外汇分配不够白报纸的买价，还得自己赔钱。《东南日报》就只够了本。如《和平日报》、《益世报》，每天销不到二千份，那就大赚其钱了"[③]。报纸发行不多反而更赚钱，问题就出在白报纸身上。"报社当局苦心焦虑，日日为调头寸、储备纸张而筹画，即基础稳厚的《申报》和《新闻报》，亦不例外"。[④]当时中央社内部刊物《编辑通讯》票选1947年国内报界十大问题，第一项即为"白报纸之争"，由此可见纸荒的严重程度。[⑤]

① 转引自朱新轩、王顺义、陈敬全编：《见证历史 见证奇迹：上海科学技术发展史上的百项第一》，上海科学技术出版社2015年版，第48—49页。
② 转引自朱新轩、王顺义、陈敬全编：《见证历史 见证奇迹：上海科学技术发展史上的百项第一》，上海科学技术出版社2015年版，第48—49页。
③ 曹聚仁著，曹雷、曹宪镛编：《上海春秋》，上海三联书店2007年版，第137页。
④ 赵君豪：《上海报业三十年》，《中央日报》1957年3月12日。
⑤ 中央通讯社编辑部编：《编辑通讯》第291号，1948年1月7日，第4—5页。

图 3-9 著名记者曹聚仁 [1]

图 3-10 报纸出版的重要原材料——白报纸

抗日战争结束后纸荒为何发生，可以从两方面来着手分析，一为纸张生产，一为报业发展。虽说造纸术是我国"四大发明"之一，但旧时的造纸工艺效率低，基本为工人手作，效率低、产量少，而快捷的机器制纸，则是伴随着大量用纸的报业

---

[1] 曹聚仁（1900—1972），字挺岫，著名记者、作家，浙江浦江（今兰溪）人。毕业于浙江省立第一师范，任教于暨南大学、复旦大学等。曾主编《涛声》、《芒种》等杂志。抗日战争爆发后，任战地记者。1950年赴香港，任新加坡《南洋商报》驻港特派记者。著有《中国学术思想史随笔》、《万里行记》、《现代中国通鉴》等。

而发展的。近代中国报业初兴，用的是中国土产竹连纸（赛连纸），质薄而软，受湿易破。此外还有毛太纸、连史纸、关杉纸等，印报效果均不理想。等到洋纸输入渐多，就开始用油光纸。洋纸价廉物美，进口遂成惯例。[①]《申报》初创时虽然使用的是竹连纸印刷，但从1909年1月25日起也改用进口洋纸。

　　报馆印刷需求量最大的原材料就是白报纸，所以白报纸的订购费用对于报馆来说是一笔很大的长期开支。在报馆经营层面，维持白报纸供应无缺是非常重要的物质基础。[②]清末民初，我国仿造洋纸厂不下十余所，但规模不大、出货无多，不能满足国内报业的需求。[③]而且，国产纸张质地薄软，无法承受新式机器双面印刷的压力，因而需仰仗进口洋纸。据海关华洋贸易报告的统计，1912年洋纸输入482667担，总值3446547两；1929年增至2299735担，总值24245715两，增加了七倍强。洋纸中又以白报纸居多，每日出刊的报纸为其使用之大宗。抗战十年间，报业迅速扩张，国内造纸时而供不应求，进口洋纸的数额也因此一时飞涨。在战时的特殊条件下，报馆为确保印刷用纸充足，并防止纸商乘机哄抬价格，普遍都会提前扩大纸张库存，例如当时的大报《新闻报》，由于销量广大、经济雄厚，甚至会随时库存一年以上的用纸量。[④]抗战爆发后，由于进口中断，加上战时物资缺乏，报馆改用土纸，印刷不清且字迹模糊。不过当时的读者多少能共体时艰，对报纸质地也不作要求。

　　战后，这一情况发生了改变。以国内最大的报业市场上海为例，随着旧报复员和新报创刊，报界蓬勃发展，新闻用纸激增，白报纸供应日渐不足。战后洋纸虽然恢复了进口，但因为政府管制外汇，报界开始恶性竞争纸张。第二次世界大战期间，美国大批生产的工农产品及军用品战后成为剩余物资，国民政府调高币值，低外汇政策刺激进口贸易迅速膨胀，为美货倾销敞开了大门。1946年3月外汇市场正式开放时，美元汇率为1：2020法币，是战前汇价的六百倍，但当时国内物

① 戈公振：《中国报学史》，上海书店出版社2013年版，第225页。
② 当时国统区纸张费用占一般报纸全部成本的70％，且多采用进口的外国纸张；见方汉奇、陈业劭主编：《中国当代新闻事业史（1949—1988）》，新华出版社1992年版，第66页。
③ 报界并非不知纸张自给的重要性，1912年全国报业俱进会在上海开会时，第一个议案即讨论自办纸厂，惜规模太大资本不足而迄无成议。
④《商家何苦用外国新闻纸》，《晨报》1919年7月1日。

价已高达战前物价的三千至四千倍。其后物价上涨，1946年8月将美元汇率调为1∶3350，约为战前汇率的一千倍，但当时物价达战前的六千至七千倍，依旧相差悬殊。低汇率制度有利于美货进口却阻碍出口，美货因此大量涌入，上海首当其冲，1946年该地进口占全国进口总额之85.3%。[①]纸类是大宗进口的货品，1946年输入金额达法币860亿元，计10万吨，其中来自美国的纸张占70%—80%，如道林、有光、卷烟纸等。这使得原本基础就薄弱的国内纸厂雪上加霜，停工减产成为普遍现象，不及正常产量的40%。[②]

报界依赖洋纸使得白银外流，政府也因此图谋解决之道。然而，扶助国内纸厂生产虽然是根本大计，但是一时间也难以达成。加上国民政府实行低外汇政策，报馆因而更加偏好洋纸。抗战结束后，国民政府更是借势施行纸张进口限额，此后额度又统一分配，意图利用配纸来达到控制民营报纸的目的。由于配额有限，民营报馆不得不极力争取，然而配纸制度率先优待的是国民党的报纸。国民党先是确定每季能从海外购买的白报纸总数量，并由中宣部委托中央信托局向外订购，然后会从进口的总额中扣除优先配给国民党报纸的数量，剩余的额度才是全国各地民营报馆白报纸的分配量。此外，民营报馆的配额还需要先交由各地报业同业公会，再进行分配细目。报业同业公会由会员报社组成，纸张配额比例需依据各报的发行量来配额。等白报纸运到后，各报再依照中央信托局向海外订购时的官定汇率结汇，然后进行领纸。

配纸是针对民营报纸而发，国民党的报纸由中宣部直接核配，不加入民营报纸的会员配额。[③]由各地党报提请中央，确定为用纸单位后，再交由中宣部出版处管理科来负责办理，以党团用纸审查会及用纸分配会决定配额。不过国民党扶助党报的初衷却因为种种环境因素而屡屡出现弊端。战后物资缺乏，进口纸张原本就不够用，"仅上海一地报纸，年需外汇1100余万美元……纵全数借给上海，也缺乏用纸

① 徐新吾、黄汉民主编：《上海近代工业史》，上海社会科学院出版社1998年版，第279—280页。
② 上海社会科学院经济研究所编：《中国近代造纸工业史》，上海社会科学院出版社1989年版，第230—234、239页。
③ 上海档案馆：《上海市报馆商业同业公会、常务理事会议、理事会议、会员大会记录》（1947），档案号：Q430-1-23。

三分之二"①。如今又优先大幅分给党报，民营报馆更感不足。1947年2月，全国所能获得的卷筒纸进口额为2000吨，其中1500吨由中宣部配给各地党报，而民营报纸获得的分配额只有500吨，这与各报实际需求相差极远。②为此民营报馆不断抗争，上海报业联谊会就曾派代表赴南京请愿，要求宋子文放宽对进口纸张的限制并提供低息贷款。然而，政府的援助仍是缓不济急，为了能应付营运所需，民营报馆多向黑市直接购纸，因而开辟了黑市纸的市场。

与此同时，战后通货的持续贬值，也使得贩卖纸张有利可图。中央信托局向海外订购纸张在先，等白报纸运到中国时已是半年甚至一年以后的事了。那时外汇官价比订纸时差了许多，外汇黑市又比官价差得更远，这样几下周转，配额纸的官价与黑市价便有十对一或二十对一的价格。不良报社有靠卖纸牟利的，一转手便获利颇丰。黑市纸主要来自党报，由于国民党的报纸发行较差，剩余的白报纸便投入黑市，这比报纸本业的发行广告还要好赚。有时，变卖配纸也是不得已之举。白报纸从国外进口后，运送到内陆省份非常麻烦，因而多采取就地变卖后再另行买进的办法，因而也加速黑市的猖狂。比如，《甘肃民国日报》由中宣部按季在上海配售白报纸12吨作为补助，却因路途遥远、运输困难，也是在上海就卖了配纸而回甘肃再另买。③

虽然党报经营不易，但战后各地党部非常流行办报，就是为了取得中宣部特准以官价外汇购纸，再将用不了的纸转手卖出，这也成为党报最大的收入来源。有的报人借着组成"报业公会"向中宣部领取配纸，或向银行贷款汇往香港购纸，再将纸运至内地拍卖，种种名目不一而足。④掌握配额成为肥缺，曹聚仁回忆当时上海报界曾说到，白报纸外汇总额抓在上海中央社暨《中央日报》社长冯有真的手中，"他在香港碰上飞机出事，死在钻石山，这笔外汇，大有不清不楚之处。总之，有

①《申报》1947年2月24日。
②上海档案馆：《上海市报馆商业同业公会、常务理事会议、理事会议、会员大会记录》（1947），档案号：Q430-1-23。
③潘若清：《解放前兰州的三家官办报纸》，《甘肃文史资料选辑 第6辑》1979年版，第196页。
④汪则之：《解放前屯溪的新闻界》，《武汉文史资料 第15辑》武汉文史资料编辑部1983年版，第185页；答恕之：《谈谈我办的四份报和武汉旧新闻界》，《武汉文史资料 第7辑》武汉文史资料编辑部1982年版，第153页。

人是带了望平街上的白报纸外汇到香港来过'忠贞'生活的。几乎可以说是'忠贞之士'都是老板阶级，他们袋中的外汇账是见不得人的"①。

由于战后外汇管制的白报纸全赖进口，国民党透过纸张及外汇的取得来控制报界，报纸只要立场与当局不合，就会在配额上受到处分。中共在上海创立的《联合晚报》就曾因为缺纸而被逼着去借债买黑市纸。②考量到营运成本，大部分报馆多少会做一些让步，比如日渐"左"倾的《大公报》就曾为呈请蒋介石批准购买20万美元的官价外汇，而派总经理胡政之参加了国民党的政治协商会议。

因为白报纸总量极为不足，配给制度造成报界同业间感情不睦。民营报纸的配额数由各地报业公会决定，以各报销数做分配标准。由于报纸的销量往往是报社的最高机密，很难做到公平公开，因此各报都站在己报立场上竞相虚报销数用以增配额。加上当时白报纸不仅用来印报还可拿去卖钱，因此常有为了配额多寡而争执不休，甚至弄到同业变成冤家的事情发生。曹聚仁回忆道，"那几年的报业公会，只是外汇分配战的场面"③。僧多粥少，为了维持出报正常，国民党只好从控制报纸张数下手。1947年2月，中宣部透过上海市报馆商业同业公会通知会员报社，表示由于各报常以增出篇幅相竞争，因此，政府为节省外汇、减少纸荒，已将纸张列为限制进口的货物之一，今后各报必须缩减篇幅，其办法要点如下：

1. 上海南京报纸原有篇幅在三大张以上者，缩为三大张，其余依次减为二张半张，原有篇幅在二张以下者，可自由减缩；

2. 其他各地报纸篇幅以二大张为最高额，原未出及二大张者不增，原在一张以上者可自由缩减；

3. 除国订纪念日及本报创刊纪念日外，不得出增刊。④

以《申报》为例，该报1947年1月时日出3张，中宣部的命令下达后，2月16日起改为出2张半，以后经常出2张半。为了落实限张办法，5月中宣部还曾在上

① 曹聚仁著，曹雷、曹宪铺编：《上海春秋》，上海三联书店2007年版，第137—138页。
② 姚芳藻：《在敌人心脏地区办报——陈翰伯在〈联合晚报〉》，高崧、胡邦秀编《报人出版家陈翰伯》，人民日报出版社1990年版，第25页。
③ 曹聚仁著，曹雷、曹宪铺编：《上海春秋》，上海三联书店2007年版，第138页。
④ 上海档案馆：《上海市报馆商业同业公会临时会员大会记录及通知、有关申报所订之各种制度》（1947）档案号：Q430-1-24。

海召集各报负责人开会，呼吁各报遵守规定，至多不得超过3大张。①最多出版6大张半的《新闻报》被迫接受，《大公报》、《中央日报》也相应减少，接受2张半的提议。

报纸限张，篇幅缩小，影响报社广告收入，因此该办法实施后成效不彰，增张偷跑的报社颇多。因为纸量有限，想要增张就需要多得配额，各报因此在公会开会时勾心斗角，彼此都坚称所配纸张与实际需要相差最远。上海市报馆商业同业公会是战前已有的组织，会员报社派主管，定期聚会，交换有关发行、广告价目及对新闻检查态度等问题。由于公会有权决定配额用法，因此各报遂竞相角逐该会的重要席次，以便名列前席多得配纸。

公会配纸难以让各家报社都感到满意，运作起来也殊为不易。发行最佳的《新闻报》由于配纸最多，使得其他报社深为嫉恨。1947年4月4日公会开会时，《新闻报》就因维持配额而与大会产生了激烈争执，最后在坚持下才保住了原有配量。②大报如此，小报亦不甘示弱。4月11日第14次会员大会时，小报联合起来抱怨分配不公，要求大会下季配纸时应对小报特别放宽。③5月31日第21次会员大会时，各报争执更烈，《申报》率先对配额表示不满，《大公报》表示所分更少，若《申报》改动配额，那么《大公报》也要跟进，而《新闻报》则马上附和。当时《文汇报》、《联合晚报》等三家亲共报馆被国民党勒令停刊，公会开会时，《和平日报》提议将三家的配额挪为各报使用，《东南日报》甚至当场要求《文汇报》即行指定转让对象，可谓同业感情荡然无存矣。④8月21日第31次会员大会时，《大陆报》抱怨每次开会配纸，与会力争者可以多得，否则即予少分，以致危及一报之生存，并表示以后该报也要依样画葫，不再保持缄默，而要力争。

---

① 马光仁主编：《上海新闻史1850—1949》，复旦大学出版社1996年版，第1039页。

② 上海档案馆：《上海市报馆商业同业公会临时会员大会记录及通知、有关申报所订之各种制度》（1947），档案号：Q430-1-24。

③ 上海档案馆：《上海市报馆商业同业公会、常务理事会议、理事会议、会员大会记录》（1947），档案号：Q430-1-23。

④ 上海档案馆：《上海市报馆商业同业公会、常务理事会议、理事会议、会员大会记录》（1947），档案号：Q430-1-23。

由于外汇配纸不够，上海各报只好想出许多替代性的办法，从其他渠道取得纸张。首先是利用国产纸，曾与上海敌产造纸工厂复工指导委员会所属纸厂合作，用其生产的卷筒纸来应急。然而，战后造纸原料匮乏，燃料成本高涨，能够生产的纸量并不多。

其次是自行向外国购纸。上海市报馆商业同业公会曾设法取得限额处许可，在结汇进口纸张之外由各报自行在国外筹款购纸1500吨。这个办法刚提出，就在公会内引起各报争逐。1947年3月7日，同业公会9人小组开会，会上各报抱怨缺纸太多，以《申报》、《新闻报》、《大公报》为首的三家报社，请求公会由他方购纸后优先配给。[①]该请求几度沿革，直至延宕成了以黑市价格买进俄纸，而后各报再设法结汇。只是在签约时，限额处意外陡生，忽然翻案表示不可开先例，最后还是公会又来进行了二次交涉，才最终得以官价结汇，但总额重新规限为750吨，纸额缩减，不过缺纸报馆仍享有配纸优先权。然后，白报纸数量依旧不足，各报最后也只好在国内购买昂贵的黑市纸，其经营成本也因此大幅增加。

随着经济的持续恶化，当局再度向下修正报纸张数。1947年9月5日，国民党行政院临时会议通过"新闻纸杂志及书籍用纸节约办法"，对民营报纸的篇幅提出了更为严苛的要求：

1. 各地报纸关于新闻及广告之编排，应力求节约篇幅。原在一张以上者，均应于本办法公布后自动缩减为一张；其原在二张以上者，不得超过二张。

2. 各地杂志篇幅应依照下述规定：（一）周刊，每期以16页为度；（二）半月刊，每期以32页为度；（三）月刊以上，每期以64页为度。前项页数均以单面计算，封皮可另加4页。

3. 新闻纸、杂志及书籍应尽量采用国产纸张。

4. 内政部得根据事实需要，酌量调剂各地新闻纸、杂志之数量，期于节约之中并收均衡文化发展之实效。

---

① 上海档案馆：《上海市报馆商业同业公会、常务理事会议、理事会议、会员大会记录》（1947），档案号：Q430-1-23。

5. 无充分资金、固定地之新闻纸、杂志，应严格限制其登记。①

比起1947年2月中宣部首度规定各报缩减篇幅时的最高不得超过三张，9月5日这次修正为不得超过二张，缩减幅度可谓巨大。

限张不单单是因为纸量不足，外汇减少也是原因之一。由于政府财政困难，对民营报纸的补助力不从心，因而希望各报缩小外汇需求。1947年10月8日公会第34次会员大会时，原本答应官价外汇的二季额外750吨纸被改为市价结汇，各报负担顿时大增，而下次三季进纸是否官汇又茫茫未知，因而大会决议推派张志韩、刘子润、庄子亮三人赴京请愿，试图与当局正面沟通。②然而，请愿之行最终还是失败了，国民党行政院表示官价结汇绝不可能。上海报界的自救行动也引来他地报业的仇视，北方同业反对上海报纸官价结汇，南京同业龚德柏更是撰文诋毁上海市报馆商业同业公会，认为上海一地的配纸太多。③

然而，最大的困难是上海各报本身对《新闻纸杂志及书籍用纸节约办法》难以配合。1947年10月22日，国民党行政院节约督导小组举行会议，决议政府应严格按照缩减后的篇幅核发外汇，以便敦促各报自动缩减。10月23日，上海市节约运动委员会纸张节约检查组召开了第一次会议，会中决议通讯社可继续登记，但仍需尽量采用国产纸。11月22日第三次会议时展开讨论，为纠正退报习惯，派报公会需以实销份数来认销报纸，以免浪费纸张。当局的规定虽一再加重，然而大报为了营利考量，仍然时常不守缩张的决议。12月31日国民党行政院节约督导委员会只好迁法就人，修正《新闻纸杂志及书籍用纸节约办法》第一条，在句尾加上"原在二张以上者，不得超过两张半"，将最高不得超过二张改为不得超过二张半，较前略为放宽，自1948年1月1日起实行。④

严重的纸荒也造成了各大报刊之中流行囤纸，而这进一步加深了缺纸的恶性循

---

①《新闻纸杂志及书籍用纸节约办法》，1947年9月5日由国民党行政院临时会议通过。载刘哲民编：《近现代出版新闻法规汇编》，学林出版社1992年版，第513页。

② 上海档案馆：《申报各种调查统计表 & 有关申报社长、经理、主任简历》（1946），档案号：Q430-1-11。

③ 上海档案馆：《上海市报馆同业公会的通知、理监事名单及理监事联席会议记录和白报纸限额分配情形等》（1947），档案号：Q430-1-25。

④ 上海档案馆：《上海市新闻处纸张节约档》（1947），档案号：Q431-361。

环。随着物价一日数变，囤纸不但保值，还可卖钱。1948 年 1月，为了解决囤纸的问题，国民党行政院专门颁布了《非常时期取缔日用军需品囤积居奇办法》，将纸张列为囤积取缔物品，明令限制报馆白纸储存量以及纸商库存数量，规定报馆和纸商需要随时报明同业公会以便社会局备查。①

刚开始施行报纸限张时战争已经结束，上海经济正在逐步恢复，各报经营状况尚好，于是开始着手筹措纸源，以图努力增张，尽纳广告与新闻。然而，上海经济到内战后期已经濒临崩溃，纸价高昂，广告稀少，无需政府另行下令，各报就开始自动缩减篇幅："最近沪上各报因白报纸价高涨，加以开支巨大，发行广告收入不能与支出相抵，为发行价目再加，又为一般读者不能负担，乃有自行缩张减纸之议。"②由于自行缩张后各报仍不敷开支，因此打算在1948年8月20日左右加价。然而8月19日政府实行币制改革，废止法币发行金圆券，在京沪地区实行限价政策。各报因此不能加价，原本享有的外汇进口配纸等特惠也随之取消，各报为节省成本，仍然有不规则、不定期的缩张情形，比如《新闻报》改出两大张，《大公报》、《申报》改出一张半，《正言报》改出一张，等等。

同年10月后，币制改革事实上已宣告失败，原料物价飞涨，但报业受限价影响仍无法适时调整售价，因而大多赔累不堪。11月1日，政府放弃限价政策，各报再行加价，然而加价后收支仍不能平衡，篇幅更是经常缩小。11月2日《新闻报》、《申报》、《大公报》、《中央日报》、《东南日报》、《和平日报》仅出一张半，其余各报篇幅则更少。《申报》从1949 年3月1日开始，一直到上海解放由共

---

① 中华民国造纸工业同业公会全国联合会于 1948 年 10 月 17 日在上海正式成立，会址设在上海新大沽路 489 弄 8 号。会内设理事会与监事会，有理事 21 人、候补理事 7 人、监事 7 人、候补监事 2 人。其中由金润庠任理事长，张永忠、马积柞、陈晓岚、刘季涵、金翰、林厥达任常务理事，姚清德、周树华、徐吉瑞为常务监事。该会以谋划造纸工业之改良发展，促进同业之公共利益为宗旨，其任务包括：（1）关于生产之研究改良与发展；（2）关于会员合法权益之保障；（3）关于技术、原料、器材之合作；（4）关于会员之事业保险及计划调整；（5）关于会员之设备制品及原料之检查取缔；（6）关于工业产品之调查统计；（7）关于同业纠纷之调处公断；（8）关于会员公益事业之举办；（9）关于劳资合作之促进及纠纷之协助调处；（10）关于政府经济政策之协助推进；（11）关于参加各项社会运动等事项。会员有台湾区、重庆区、天津区、青岛区、北平区、上海区及福建区 7 个机器造纸工业同业公会。详见张宪文、方庆秋等主编：《中华民国史大辞典》，江苏古籍出版社 2001 年版，第 278 页。

② 上海档案馆：《上海各报动态、各报负责人及编辑采访名单、申报驻外人员通讯录》（1948），档案号：Q430-1-13。

产党军管的前一天，都是缩减到日出两张。由此可见，国民党政府后期，由于技术、原料的稀缺，文字新闻业出现了一次重大的倒退。

结　语

传播行为与社会过程的重要联系，体现在其能"监视环境、联系社会和传递遗产"。人们借由传播工具互通声息、学习决策、获得社交话题、延续文化与传统，使原本具有关联的社群更加紧密，缺乏社群关系的群众得以组织，发挥社会结构运作的功能，这也是传播传递观的核心定义。然而，报纸作为重要的大众传播管道和消息来源，在传递的社会角色之外，还具有仪式的作用。那些未曾谋面的个体，会因为共同阅读过同一篇报道而具有了相似的感知和生活经验。报纸作为再现社会的创造与想象品，作为理解和经验世界的文本，如同戏剧、仪式一样，要求读者投入。读者表达出对"经验的渴望"，他们要求提供事件的因果解释、生活的指南，从中获得乐趣，并借此安身处世。上海《立报》通过对组织结构的技术革新，以经济独立、坚持编辑本位的原则，视读者为最优先考量，而非受政府机关、黑帮势力或广告主导。《立报》不依赖广告行销，反而使广告的价格提升，并创造了以广告作为新闻指涉、读者游戏的新诠释。

国民党政府后期，由于文字新闻出版原材料——白报纸稀缺所引发的"白报纸之争"，在一定程度上也反映出了当时中国制造业和技术领域的落后。与此同时，国内各大报纸也因为印刷出版原材料的不足，不能更好地去实行一个媒体的作用，也从侧面反映了技术对于传播的重要影响力。一旦传播技术及其相关元素因为某种原因无法充分发挥其应有的效力，那么信息的传播效力自然就会大打折扣。

第四章
汉字改革与文字新闻传播

Chapter 4
Reforms of Chinese Characters, and Textual Journalistic Communication

我国经历了一场漫长曲折而又螺旋式上升的文字改革运动。从清末到新中国成立，改革汉字的主张和方案林林总总，诸多爱国的仁人志士为之进行了长期艰苦的奋斗，创造和积累下许多宝贵经验。辛亥革命之后，简化汉字和国语罗马字、拉丁化新文字运动等国语运动，都对我国汉字改革有着重要的影响。然而，在当时特殊的战时条件下，很难真正有领导、有组织、有计划、有步骤地解决文改问题。全面进行文字改革的愿景，直到新中国成立后，才得以真正实现。新中国刚成立时，国内的科学技术和工农业生产状况凋敝，为了初步达成工业化的目标，改善现实状况，推动国民经济快速从战时状况中恢复过来，"教育治国"的理念亟待实施。冗杂的汉字阻碍了普及文化教育的进程，所以，汉字改革受到党和政府的空前重视，为此专门成立了主管文改的机构，将之作为新中国文化建设事业的一个重要组成部分。[①]这不仅是当时社会的现实需要，更是历史发展的必然。其中，汉字简化与汉语拼音作为文改三大任务中的两项，与新闻传播事业密切相关，本章将

---

① "新时期的语言文字工作"，中国语言文字网 http://www.china-language.gov.cn/58/2007_6_14/1_58_294_0_1181799109535.html，2002 年 6 月 21 日。

着重概述这两方面的内容。

第一节 汉字简化对信息传播的影响

汉字简化的主要动力来源于民间，从根源上来说，汉字的生产者是广大劳动人民。此外，唯有经史卜或达官贵人之手的汉字，才能完整地经历采集、整理和加工创造的流程。也因此，在早期文明社会，能识文断字的往往是地位较高的宫廷成员和贵族，他们祭天祀祖征战讨伐，需要巫师神汉算命打卦占卜扶乩。到商朝时，甲骨文相较更成系统，逐渐发展成熟。但由于这种文体的字形复杂，往往一字多形，所以只有极小部分的权贵能够掌握，随后逐渐被垄断，成了贵族化的标志。民间办学在西周末期得以发展，文化阶级的对流，也打破了贵族对汉字的垄断行为。有机会识字、用字、学文化的人数不断增长，简化文字便成了万人所向。

一、汉字简化的历史进程

封建统治下，即便有小部分人试图对汉字进行简化处理，范围也极小，大多仅针对少数书写困难的汉字，且不够系统。西方传教士最早用拼音文字代替汉字使用，由于1840年鸦片战争后，西方宗教随之侵入，其主要载体便是《圣经》，因此需要传教士在民间翻译传播。然而，《圣经》译成中文后，由于当时国民的文化水平限制难以流通，所以西方传教士发明了一种"Romonized Chinese"，即用罗马文字拼写成当地方言，在厦门、汕头一带推广。这种最早取代中国汉字的"新文字"能直接拼读当地方言，故而简单易学，流传甚广。当然，西方传教士的目的无关乎我国的汉字改革，仅为传播教义。然而，他们切实创制推广新型文字的举措，也启发了国内一批先进知识分子。1894年，吴稚晖在苏州吴县教官陈容民家充任教席，因每日膳食必有豆芽，心中腻烦。因见豆芽酷肖字典上的注音符号，便按《康熙字典》之等韵，创作拼音字母一套，谐称之"豆芽字"。吴将其传授给不识字的家人和亲朋，使他们能用家乡话互通音讯。吴的妻子给吴写信即用此"豆芽字"，能长达万言。^①中国民主革命的潮流浩浩荡荡，推动社会发生着急剧的变化，普及教育和发展文化的需求一提再提，上世纪的先知们发觉改革汉字的必要性，于是逐步开始开展汉字简化的工作。陆费逵（如图4-1）是简化汉字的首位提倡者。1909年，他在《教育杂志》创刊号上发表《普通教育当采用俗体字》一文，在文中指出："我国文字，义主象形，字各一形，形各一音，繁难实甚，肄习颇苦。欲求读书识字之人多，不可不求一捷径。""笔画简单，易习易记，若采用于普通教育，事顺而易行。"^②陆从教化层面强调了俗体字的实用性，其文章发表后，虽未受众人云集响应，但是所起到的宣传酝酿作用不容忽视。

图4-1 陆费逵^③

1911年辛亥革命成功，次年中华民国临时中央政府成立。经过革命洗礼的民主共和思潮更加深入民心。为了达到全国范围内民主思潮传播的效果，知识分子进一步开展了简化汉字运动。钱玄同（如图4-2）就是这一时期汉字简化运动的积极提倡者和勇敢实践者。

---

① "文字改革"，http://fanwen.bdfqy.com/show/M9GFwQ8AFolGHzh6.html。
② 陆费逵：《普通教育当采用俗体字》，《陆费逵文选》，中华书局 2011 年版，第 59 页。
③ 陆费逵（1886—1941），中国近代著名教育家、出版家。中华书局创办人。

图 4-2　钱玄同[①]

　　1908年，受到章太炎的影响，钱玄同在日留学期间萌生了汉字改革的想法，后于1917年成为国内的国语研究会会员。"五四"运动前夕，钱玄同又加入了新成立的国语统一筹备会，兼任常驻干事。1920年，钱玄同发表《减省汉字笔画的提议》，登载于《新青年》第七卷第三号上，文章内容表明，他"是极端赞成"改用拼音文字的，但是"拼音文字，不是旦暮之间就能够制造成功"，"这几年之内，只是拼音文字制造时代，不是拼音文字的施行时代"，所以，"既然暂时还不得不沿用汉字，则对于汉字难识难写的补救，是刻不容缓了"。[②]到了1922年，钱玄同又在国语统一筹备会第四次大会上，提出了《减省现行汉字的笔画案》，与会人员一致通过。在这个方案上，钱玄同把汉字简化看作"刻不容缓"的工作，是"目前最切要的办法"。钱玄同提出"减省笔画"的办法，比他先前提出废灭汉语汉文，改用世界语的主张更符合中国社会的需求，这是难能可贵的。[③]钱玄同后来和黎锦熙一同创办和主持了国语运动的重要刊物《国语周刊》。钱为汉字改革和国语统一工作鞠躬尽瘁，在该领域还贡献了数十篇文章，提出了近20个议案，在运动中起到

---

① 钱玄同（1887—1939），原名钱夏，字德潜，又号疑古、逸古，"五四"运动前夕改名玄同，浙江吴兴（今湖州）人，中国现代思想家、新文化运动的倡导者。著有《文字学音篇》、《重论经今古文学问题》等论文。
② 钱玄同：《中国今后之文字问题》，《钱玄同文集 第一卷》，中国人民大学出版社1999年版，第162、166页。
③ 钱玄同：《减省汉字笔画的提议》，《钱玄同文集 第一卷》，中国人民大学出版社1999年版，第400—401页。

了建设性的作用。

　　钱玄同的《减省汉字笔画的提议》是自汉语产生以来，我国第一次系统提出的汉字简化方案。他说："前几天，独秀先生对我说：'表中国国语的文字，非废去汉字、改用拼音不可。'这个意思，我现在是极端赞成的。但是我以为拼音文字，不是旦暮之间就能够制造成功的；更不是粗心浮气、乱七八糟把音一拼，就可以算完事的。……拼音文字制成以后，恐怕还要经过许多波折，费上无数口舌，才能通行。我以为我们就使讲'一厢情愿'的话，这拼音新文字的施行，总还在十年之后。如此，则最近十年之内，还是用汉字的时代。汉字的声音难识，形体难写，这是大家知道的；今后社会上一切事业发展，识字的人一天多一天，文字的用处自然也是一天多一天，这也是大家知道的。既然暂时还不得不沿用汉字，则对于汉字难识难写的补救，是刻不容缓的了。"①钱所提出的"补救的办法"，简单来说即为简省笔画。虽然有一定妥协、无奈、暂且的成分，但确实切合当时的现实情况，具有一定可操作性。1950年代的汉字简化方案，采用的方法有八种为钱玄同所提出。

　　与钱玄同多限于理论层面不同，蔡元培、郭沫若等人却是开展了手头字运动，真正地将理论落实到实践中去。1935年初，蔡元培和郭沫若联合200多人和十几个杂志社，选定了第一批手头字约300个，并于2月24日在《申报》上发表了《推行手头字缘起》和第一批手头字表，众人云集响应。这一运动带动了文字改革进一步发展，后国民政府选定324个简体字，作为"第一批简体字表"，并于1935年8月21日，由南京国民政府教育部明令正式公布（如图4-3），但遭遇强大的阻力。到了1936年初，国民政府教育部不得不收回成命，废止《第一批简体字表》②。

---

① 钱玄同：《减省汉字笔画的提议》，《钱玄同文集 第一卷》，中国人民大学出版社1999年版，第400—401页。
② 1934年1月，国语统一筹备委员会第29次常委会通过了钱玄同的《搜采固有而较适用的简体字案》，呈请教育部施行。经教育部批准同意后，委托钱玄同主持编选《简体字谱》。1935年8月国民政府教育部公布了《第一批简体字表》，一共收录了324个民间流传最广的俗字、古字和草书字。但因为有争议，第二年2月，《第一批简体字表》被收回。民国《第一批简体字表》的两个说明是这样的：1）简体字为笔画省简之字，易认易写，别于正体字而言，得以代繁写之正体字。2）本表所列之简体字，包括俗字、古字、草书等体。俗字如"体、宝、岩、蚕"等，古字如"气、无、处、广"等，草书如"时、实、为、会"等，皆为已有而通俗习用者。

图4-3　国民政府教育部颁发的第一批简体字表

从酝酿到出台再到最后推行，新中国成立前后的一系列汉字简化方案，呈现出复杂的演变过程，究其缘由，大致可归因于以下三点：第一，汉字难识、难读、难写，要做到大众普及教育，全民素质文化水平提升，汉字是一道硬门槛，这一问题也就成了当时各政府头疼的难题。直到新中国成立，除旧迎新，推行新文化的建设，才为此提供了契机。第二，旧中国文盲占绝大多数，但要建立完整、普及、系统的教育体制不可能一蹴而就，所以更加需要"速成"识字，汉字的简化就满足了这种"速成"的先提条件。第三，和国民政府的精英文化建设有所区别，新文化建设的首要问题是大众识字，重点在于大众文化建设，于是汉字改革自然提上了章程。

1949年5月，黎锦熙（如图4-5）联合当时北京各所大学的语言文字专家写信给中共"五老"之一的吴玉章（如图4-4），提议成立文字改革研究会，旨在重新开始研究和推动文字改革。吴玉章先请示刘少奇，得到指示是："可以组织这一团体，但不能限于新文字，汉字简化字也应研究整理一下。"[1]又写信给毛泽东主

---

[1] 王均主编：《当代中国的文字改革》，当代中国出版社1995年版，第54页。

席，均得到支持；10月10日，中国文字改革协会①即宣告成立。②这个研究会成为新中国第一个全国性文字改革组织，研究会主席吴玉章，副主席黎锦熙、胡乔木，成员囊括了学者和官员，主要从事拉丁化汉语拼音文字方案的研究，也包含了对简化字的研究。开此先例后，汉字简化运动在相关政府部门及学术机构、民间团体的大力推动下，进入了全新的发展阶段。

图 4-4　吴玉章③

---

① 中国文字改革委员会是中华人民共和国的国家文字改革机构。中国文字改革委员会成立于 1954 年 12 月。于 1985 年 12 月 16 日改名为国家语言文字工作委员会，直属国务院。1954 年 10 月，中国文字改革协会改为国务院直属的中国文字改革委员会，23 位委员是丁西林、王力、朱学范、吴玉章、吕叔湘、邵力子、季羡林、林汉达、胡乔木、胡愈之、马叙伦、韦悫、陆志韦、傅懋勣、叶恭绰、叶圣陶、叶籁士、董纯才、赵平生、黎锦熙、聂绀弩、魏建功、罗常培。吴玉章为主任委员，胡愈之为副主任委员，韦悫、丁西林、叶恭绰为常务委员，叶籁士为秘书长。11 月，吴玉章任主任。取代原政务院中国文字改革研究委员会。
② 《60 年教育纪事：开启汉字的简化时代》，《中国教育报》2009 年 9 月 17 日第 1 版。
③ 吴玉章（1878—1966），原名永珊，字树人，四川荣县人，吴玉章历经戊戌变法、辛亥革命、讨袁战争、北伐战争、抗日战争、解放战争、新中国建设而成为跨世纪的革命老人，与董必武、徐特立、谢觉哉、林伯渠一起被尊称为"延安五老"。任中国人民大学校长十七年，桃李遍天下。兼任国务院文字改革委员会主任、全国教育工会主席、中国自然科学普及协会主席等职。

图 4-5　黎锦熙 [1]

　　许多汉字的笔画是根据草书进行简化的，然而这一类汉字难以用楷体书写，专家们往往直接以行草形体将这些字收入了简体字表。1954年2月，第三稿简体字表拟出，收录有1634字。此稿既出，得到多方关注。出版印刷部门首当其冲。因为当时的印刷出版技术还依赖铅字排版，接受1600多个繁体被简化，就等于接受改制1600多个汉字的铜模。更遑论每个汉字都有各种不同的字号和字体，改制的工作量更是指数级翻倍。新中国刚成立时，全国上下只有20位模坯刻工，工作效率在每位工人每天十几个模坯左右，所以难以短时间内改动数量庞大的铜模。除此之外，原有的部首系统也不再适用于草书的笔画，不太可能用部首作为标准进行分类，因此之前以部首、笔画为分类标准进行编排的字典和索引也无法继续沿用了。就这版简体字表本身来说，由于草书楷化的工作未竟，有些字沿用了手写草书的笔画写法，印出来的一些字甚至出现半宋半草的模样，奇形怪状，看着颇不舒服。于是汉字整理组在整合汇总了多方意见后，又先后修改新出几稿，直到1955年10月全国文字改革会议上才得到大多数委员的认可。最终，《汉字简化方案》（如图4-6）确定了

---

[1] 黎锦熙（1890—1978），字劭西，出生于湖南湘潭，汉语言文字学家、词典编纂家、教育家。在语言学、文字学、修辞学、目录学等多个领域均有很深的造诣和丰富的著述。

517个简化字，分四批推行。1956年2月1日，第一批230个简体字和30个类推偏旁正式公布。在民间已经应用了千百年的俗体字终于有了合法身份。①

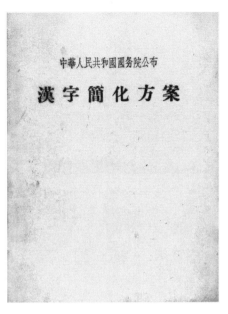

图4-6　新中国成立初期颁布的《汉字简化方案》

其后，为适应教育和广大群众的需求，相应地对《汉字简化方案》进行了增补。到1964年5月，中国文字改革委员会编印《简化汉字总表》共三表，收列2238个简化字（因签、须重现，应为2236个）。同年年底，中国文字改革委员会和文化部编印了《印刷通用汉字字形表》（如图4-7），收列了6196个汉字，作为华语印刷制模的规范。汉字简化为新中国的教育普及起到了不可估量的作用。

---

① "新中国汉字简化过程详细揭秘"，中国网 http://www.china.com.cn/book/txt/2008-06/06/content_15663055.htm，2008年6月6日。

图 4-7 《印刷通用汉字字形表》

二、汉字简化的基本方法

汉字简化的原则是"述而不作"、"约定俗成,稳步前进",即尽量溯源已在民间长期流行的简体字,只对其进行系统收整和必要修改,而不擅自造字。汉字简化的方法是以钱玄同在1922年提出的方法为基础的,[1]共有如下七种:

1.采用笔画简单的古字。如"从"、"众"、"礼"、"无"、"尘"、"云"等,这些字都见于《说文解字》,比繁体字更符合"六书"。

2.草书楷化。如"专"、"东"、"汤"、"乐"、"当"、"买"、"农"、"孙"、"为"等。

3.用简单的符号代替复杂的偏旁。如"鸡"、"观"、"戏"、"邓"、"难"、"欢"、"区"、"岁"、"罗"、"刘"、"齐"等。

4.仅保留原字的有特征的部分。如"声"、"习"、"县"、"医"、"务"、"广"、"条"、"凿"等。

5.原来的形声字改换简单的声旁。如"辽"、"迁"、"邮"、"阶"、"运"、"远"、"扰"、"犹"、"惊"、"护"等。

---

① 高更生:《现行汉字规范问题》,商务印书馆2002年版,第196页。

6. 保留原字轮廓。比如"龟"、"虑"、"爱"等。

7. 在不引起混淆的情况下，同音字合并为简单的那个字。比如"里程"的"里"和"里面"的"里"合并，"面孔"的"面"和"面条"的"面"合并，"皇后"的"后"和"以后"的"后"合并，"忧郁"的"郁"和"郁郁葱葱"的"郁"合并。

有几个常用字特别值得一提，比如"龟"字，繁体近二十笔，难写难记，以保留其轮廓的方式简化后，只需七笔；"衅"字，繁体二十六笔，写法怪异，懂得字源也难以记清写法，简化后仅十一笔；"忧郁"的"郁"，繁体二十九笔，繁复难认，不便记忆，后以"葱郁"的"郁"同化精简，余八笔；"吁"字，繁体三十一笔，也极难记住写法，改为"口"形"于"声的形声字后，轻便易记，且不过六笔。繁体字冗杂的动辄两位数以上的笔画数，简化后只需七、八笔，不但书写便捷，而且更利于计算机的用字。制定汉字简化方案的文改会，在综合了创造简化字的方法经验后，将简化字按类型分为八种：

1. 假借字。借用笔画简单的字代替笔画较繁的同音字或异音字，比如脸面的"面"代替面粉的"麵"、山谷的"谷"代替谷子的"穀"，是同音假借；占卜的"卜"代替萝卜的"蔔"、升斗的"斗"代替斗争的"鬥"，是异音假借。

2. 形声字。指用形声结构造字原理简化汉字，这又有几种情况：

（1）原字的笔画太繁的形符改为笔画较简的，如刮（颳）、肮（骯）。

（2）原字的笔画太繁的声符改为笔画较简的，如袄（襖）、衬（襯）、础（礎）；也有原字的笔画较繁的形符和声符同时都改为笔画较简的，如脏（髒）、惊（驚）。

（3）原字的笔画较繁的非形声字改为笔画较简的新形声字，如邮（郵）、窜（竄）。

3. 草书楷化字。指将繁体字的行书、草书写法，改为楷书的形式，如东（東）、车（車）、贝（貝）。

4. 特征字。指用原字的特征部分来代替原字，有的留一角，如声（聲）、医（醫）；有的留一半，如录（錄）、号（號）、丽（麗）；有的留大部分，如垦（墾）、阳（陽）、际（際）。

5. 轮廓字。指保留原字的轮廓，省略其中的部分笔画，如卤（鹵）、乌（鳥）。

6. 会意字。指用几个笔画少的意义相关的字或偏旁表示一个意义，构成一个字。如尘（塵）、笔（筆）、泪（淚）。

7. 符号字。指把原字中笔画繁难的部分，用简单的字与笔画代替，这些字和笔画在字中不表音或义，只起符号的作用。如用"又"的汉、叹、艰、难、欢、观、权、劝、仅、鸡、戏、邓、对，用"不"的还、环、坏、怀。

8. 偏旁类推字。指运用已简化的字或偏旁类推出来的字。如军（軍）、阵（陣）、连（連）、诨（諢）。

其中第三种草书楷化字，基本是独体字，这类字是汉字简化的优选字体。因为作为原有的一种字，独体字能够大幅精简笔画的数目，又不会增加总体的字数，然而草书楷化字的数量极少。其他的特征字、轮廓字、会意字、符号字之类，如果是约定俗成的早已在民间流用的字种，也可以做到精简笔画同时维持汉字总数不变，也是不错的办法。然而这几种办法中都还有一些新造的简体字，比如"导、卫、邓、击、严、农、乡、盘"等，作为单字是简化了，作为汉字字数并没有减少，有的打破原有系统性，对学、认有关的字却未必有利。如"盘"，把上半的"般"换作"舟"，少了四画，但汉字中又多了个"盘"字，而且与"般、搬、瘢、磐"失去了系统；"导"字与"道"没有了关系；"邓"与"登、蹬、瞪、簦、凳、磴、镫、澄"系统脱了钩。①

另外形声字、偏旁类推字以及假借字也相对常见，是文改历程中的重要关注点：②

1. 古有六书之形声，以事为名，取譬相成。形声字的简体字类型，同样沿用了形声结构的原理。在汉字系统中占比较重的形声字，有表音和表意的偏旁；简化

---

① 综合参见周有光：《汉字和文化问题》，辽宁人民出版社 2001 年版，第 23—32 页；高更生：《现行汉字规范问题》，商务印书馆 2002 年版，第 188—199 页。

② 该部分内容综合参见周有光：《汉字和文化问题》，辽宁人民出版社 2001 年版，第 15—22 页；高更生：《现行汉字规范问题》，商务印书馆 2002 年版，第 106—171 页；王开扬：《汉字现代化研究》，齐鲁书社 2004 年版，第 102—132 页；陈科霖：《简化字改革五十年》，《南方都市报》2006 年 3 月 20 日第 6 版。

方式主要是在原字基础上简化偏旁，用保留既有形声结构的方式搭建新旧字形的关联，记忆和辨认都十分便捷，所以也常被采纳，成为文改主管部门较常使用的办法之一。然而也有弊端，即只能精简笔画却无法减少总字数。因为形声字的简体字有两种，一种是代替原来的非形声字而新造出来的形声字，另一种则是将旧有的形符、声符更易，以形成新字，但无论是哪种，都在减少了一个繁体字的同时，又增加了一个新的简化字。

2. 偏旁类推字的简化方法主要是借助已有的简化偏旁或字作为偏旁和部件类推而成。该法简化效率高，《汉字简化方案》收入54个简化偏旁和补充规定的92个可作简化偏旁用的简化字，后被用于类推制成《简化字总表》第三表共1754个简化字。新的汉字系统经由这种类推整理而形成，相当数量的常用字被简化。但弊端同样存在，废一增一，仍只能精简笔画却无法减少总字数。而且，汉语字典又基本是繁简都收，繁体字没有删减反而更增加了简化字，其中新造简化字和类推简化字就为总字库增添了数量可观的新成员，一定程度上有悖于减少汉字总字数的目标。

偏旁类推字还存在一个范围问题。1964年《简化字总表》的"说明"中指出，"第三表所收的是应用第二表的简化字和简化偏旁作为偏旁得出来的简化字。汉字总数很多，这个表不必尽列。……现在为了适应一般的需要，第三表所列的简化字的范围，基本上以《新华字典》（1962年第三版，收录汉字八千个左右）为标准。未收入第三表的字，凡用第二表的简化字或简化偏旁作为偏旁的，一般应该同样简化"。到七十年代晚期，出版的《现代汉语词典》、《辞海》都是应用类推简化办法对汉字进行收录，1980年《新华字典》的修订版本又增收了不少类推简化的汉字。但上述辞书收字不过是一万多到两万，八十年代后，我国要编辑出版大型字典、词典，类推简化字的体量就显得十分庞大了。1986年10月，《汉语大字典》着手编排出版，在其《凡例》中说："简化字以中国文字改革委员会编发的《简化字总表》所列字目为准。"1986年11月开始出版的《汉语大词典》也在《凡例》中说："简化字只立单字条目"，"夹注及立目的简化字，以中国文字改革委员会、文化部、教育部1964年联合发布的《简化字总表》所列的2236个字为限"。换言之，这两部收字较多的大型辞书（其中《汉语大字典》收字五万四千多个），也只限于"总表"范围内对偏旁类推字的收录。直到1994年9月收字比"大字典"多出三万多的《中华字海》出版，字样总量85568个，才收录了总表之外的类推简化字，甚至囊括了一些古代的讹字。辞书界对于这一范围问题，也时有议论。随着近年来大型计算机字库的建立，推动一些古籍的简体字版出版，类推简化的范围问题就更为突出了。[①]

3. 近音异义假借字。和之前的替代不同，作为汉字简化历史中的重要方式，假借字的核心是兼并，用笔画相对较少的字替代同音或者近音的繁体字。简化笔画的同时又删减了字数，基本贴合了汉字简化的目标，因而也成为最受主管部门重视的汉字简化办法，被用作简化首选方法。然而具体施行之后，却出现了许多问题。同音以及近音的替代简化，增加了选用字的义，甚至是音，产生了混淆问题。比如"干"字，近年常见的"干细胞"一词，其中的"干"有人读阴平，有人读去声，如果不了解术语含义，就难以确定。再比如，翻译地名"塔什干"中的"干"，中央电视台的播音员就不止一个人读成去声。

第二节　汉语拼音的诞生及其影响

自诞生之日起，《汉语拼音方案》就被广泛运用于国内外的诸多领域，其中又以拼写语言和技术应用两块占主要比重。前者是给汉字注音，拼写汉语普通话，后者则是以方案为基准设计特殊语文或制订少数民族文字。由于汉字的读音不能从字形中解读得出，故而更需要另一套表音工具来辅助学习。《汉语拼音方案》便是一套便于中外人士使用学习的表音工具。也因此，自1958年颁布使用开始，字典、语文课本和有些书报用它给汉字注音，学生用它暂代写不出的汉字，极大地便利了人们的阅读和表达。

---

① 高更生：《现行汉字规范问题》，商务印书馆2002年版，第18页。

一、汉语拼音化的历史进程

1815至1823年，英国传教士马礼逊（如图4-8）在广州传教期间自行编撰了《汉英字典》（如图4-9），成为我国第一部汉英字典。马礼逊为了用广东方言表示罗马字，设计了一套新的拼音方案。随后，更是在不同地区依据罗马字设计出不同的拼音方案。例如厦门从1850年开始传播的"话音字"，只1921年一年就印刷出售五万册读物，一直发展到新中国成立，还有约十万人使用教会的方言罗马字。其他各地的方言教会罗马字，在南方的通商口岸传播，主要功能是用来传教。①

图4-8　马礼逊②

---

① 冯志伟：《汉语拼音运动的历史回顾》，《术语标准化与信息技术》2004年第4期。
② 马礼逊是西方派到中国大陆的第一位基督新教传教士，他在华25年，在许多方面都有首创之功。200年前，他编辑出版了中国历史上第一部英汉字典——《汉英字典》。他还第一个把《圣经》译成中文，以自己的医学知识在澳门开办了第一个中西医合作的诊所。他展开了基督新教在中国的宣教历史。

图 4-9 马礼逊所编《汉英字典》

1867 年，英国大使馆秘书威妥玛（Thomas F. Wade）（如图4-10）出版了北京语音官话课本《语言自迩集》（如图4-11），在当中，他设计了一套拼写法，用拉丁字母来拼写中国人名、地名和事物的名称，叫作"威妥玛式"①。威妥玛所创造的拉丁字母式的汉字拼写方案，为以后的汉语拼音运动积累了宝贵经验。

清末的切音字运动，标志着中国汉语拼音运动的开始。随着《南京条约》的签订，中国开始沦为半殖民地半封建社会，这也促使了在爱国知识分子之中掀起一股救国图存和振兴中华的潮流，其中，教育救国的主张得到了广泛响应，梁启超、沈学、卢戆章、王照等学人都曾指出，汉字的繁难是教育不能普及的原因，因此，掀起了一场"切音字运动"。②

---

① 威妥玛式拼音法（Wade-Giles romanization）又称威妥玛-翟理斯式拼音，简称威氏拼音法。它是 1867 年开始的，由英国人威妥玛等人合编的注音规则，叫"威氏拼音"。它的最大优点是利用送气符号（'）来表示送气的声母。威妥玛式拼音与汉语拼音对照的例子，如："功夫"，威妥玛式拼音为 Kung fu，而汉语拼音则为：gōng fu。它是中国清末至 1958 年汉语拼音方案公布前，中国和国际上流行的中文拼音方案。这个方案被普遍用来拼写中国的人名、地名等，一般称为威妥玛式拼音。威妥玛式拼音，虽然保持了接近英文拼法的一些特点，但是并不完全迁就英文的拼写习惯。
② 冯志伟：《汉语拼音运动的历史回顾》，《术语标准化与信息技术》2004 年第 4 期。

图 4-10　威妥玛①　　　　　　　　图 4-11　《语言自迩集》

卢戆章（1854—1928）（如图4-12）是我国拼音文字的创制人。他认为，汉字"或者是当今天下之文字之至难者"，而切音新字"字母与切法习完，凡字无师能自读"，这样一来，"省费十余载之光阴，将此光阴专攻于算学、格致、化学，以及种种之实学，何患国不富强也哉！"1892年，他在厦门出版《一目了然初阶》（如图4-13），公布了他创制的"中国切音新字"，用拉丁字母及其变体来拼厦门音，声韵双拼，左右横写，声母在右，韵母在左，另加鼻音符号和声调符号，增加声母后还可兼拼泉州音和潮州音。然而，他并不主张彻底废用旧汉字，而是推崇"切音字与汉字并列"。卢戆章随后又编写了《中国字母北京切音教科书》和《中国字母北京切音合订》，用切音字来拼写官话。在国内延续了二十年的切音字运动，就是从《一目了然初阶》开始的。后来，几乎每隔一两年就会有人发表更新版的切音字方案，比如吴敬恒的《豆芽快字》、蔡锡勇的《传音快字》、沈学的《盛世元音》、王炳耀的《拼音字谱》、王照的《官话合声字母》、劳乃宣的《增订合声简字》等。声韵双拼式占多数，汉字笔画式的字母方案基本只在小范围内传习，

---

① 威妥玛，Thomas Francis Wade（1818—1895），英国外交官、著名汉学家，曾在中国生活四十余年，因发明用罗马字母标注汉语发音系统"威妥玛注音"而著称，此方法在欧美广为使用，现逐渐被汉语拼音取代。

因而未大面积推广。然而，这些前辈创制者即便不是致力于彻底取代汉字，也是希望切音字能够与汉字分工，并行使用，成为一种被认可的拼音文字。可惜，这样的愿望却难以实现。

切音字运动的盛行过程中，出现了形形色色的拼音字母方案，可以大略规整为三大系[①]：

1. 假名系。模仿日文假名，采用汉字部首作为拼音符号。1892年卢戆章的《一目了然初阶》一书中提出的"中国切音新字"，1901年王照的"官话合声字母"等都属于假名系。

2. 速记系。采用速记符号作为拼音符号。1896年到1897年两年间出版的蔡锡勇的《传音快字》、沈学的《盛世元音》、王炳耀的《拼音字谱》等书中提出的方案都属于速记系。

图 4-12　卢戆章 [②]

图 4-13　《一目了然初阶》

[①] 冯志伟：《汉语拼音运动的历史回顾》，《术语标准化与信息技术》2004 年第 4 期。

[②] 卢戆章（1854—1928），汉语拼音文字首倡者。字雪樵，福建同安人，清末学者。创制中国切音新字，中国文字改革的先驱。曾参加翻译《华英字典》。

3. 拉丁系。采用拉丁字母作为拼音符号。1906 年朱文熊[1]的《江苏新字母》、1908年刘孟扬的《中国音标字母》和江亢虎的《通字》、1909 年黄虚白的《拉丁文臆解》等书中提出的方案都属于拉丁系。

1913年2月，北京召开读音统一会，会议持续三个多月，确定了当前的主要任务为"审定一切字的国音发音"和"采定字母"。会上以各省代表投票的方法确定了"标准国音"，以此标准审定了6500个汉字的读音，还拟定了一套39位注音字母，这套字母选自古代汉字，以汉字笔画式为依据，在双拼反切法基础上进行改良，最终采用了声母、韵母和声调的三拼制音节。不作为拼音文字，仅用于标注汉字读音。[2]这套注音字母（如图4-14）后来减为38个（声母22个，韵母13个，介母3个），相较于旧有方案，几乎做到了字母减半。

然而，与会人员在注音字母的作用和地位问题上产生了较大的争议。最后才确定注音字母主要作用为汉字注音，地位上不能与汉字相提并论。黎锦熙特意强调，"伺候汉字，偎傍汉字"是为注音字母的职能。但会议通过了注音字母的方案之后，却五年都未能真正投入使用。直到1918年，北洋政府教育部正式公布，才真正开始推行。1920年，全国各地陆续开办"国语传习所"和"暑期国语讲习所"，小学的教材都会使用注音字母注读生僻字，文言文课也一律改为了白话文课。北京还成立了注音字母书报社，印刷出版普及注音字母读物，创办了《注音字母报》。1920年到1958年间，我国对注音字母的应用范围不断扩大，为后来的读音统一、国语推广以及拼音知识的普及奠定了坚实的基础。1930年，又有国民政府上层官员认为"注音字母"的名称不好，因此改称为"注音符号"，以标明其不能与汉字并行

---

[1] 朱文熊（1883—1961），文字改革专家，苏州昆山人。清光绪三十年（1904），经江苏巡抚端方的亲自选考出洋留学。在日期间，与鲁迅、许寿裳成为同窗好友。1914 年任民国教育部（教材）编审员，与鲁迅等同为通俗教育研究会会员，后又任京师图书馆馆长。1919 年被聘为"国语统一筹备委员会"委员，同期的会员还有蔡元培、胡适和林语堂等。在第一次"国语统一筹备会"会议上，朱文熊指出："我国言（音）与文相离，故教育不能普及，而国不能强盛，泰西各国，言文相合，故其文化之发达也易。"1958 年 2 月，第一届全国人民代表大会第五次会议正式批准公布了《汉语拼音方案》。在《六十年来中国人民创造汉字拼音字母的总结》报告里，中国文字改革委员会主任吴玉章充分肯定了朱文熊在我国汉语拼音发展当中的首创作用。
[2] 柳英绿、关黑拽:《汉语拼音化运动的历史进程与现实困境》,《吉林大学学报（社会科学版）》2014年第2期。

使用的地位。①

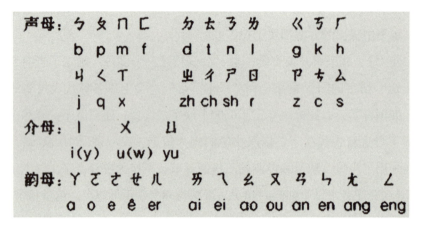

图 4-14　注音字母

周恩来总理于1958年5月10日做了《当前文字改革的任务》②报告，对注音字母的作用给予了高度评价。周总理表示，"辛亥革命之后，产生了注音字母，这是中国第一套由国家正式公布并且在中小学校普遍推行过的拼音字母。注音字母对于识字教育和读音统一有过一定的贡献。尽管今天看来，注音字母还有不少缺点（例如，作为各少数民族文字的共同基础和促进国际文化交流的工具，注音字母显然远不如拉丁字母），但是注音字母在历史上的功绩，我们应该加以肯定。对于近四十年来的拼音字母运动，注音字母也起了开创的作用"③。

二十年代末三十年代初，为了扫除在苏联远东10万华工中的文盲，国人创制了拉丁化新文字，以便于条件发展成熟之时，拉丁化新文字能够彻底取代汉字，以提高国民素质、文化水平。④当时，苏联方政府也将扫除华工文盲列为了本国的工作任务，因此，在苏联的中共党员与苏联汉学家联手合作，党员代表瞿秋白、吴玉

---

① 罗常培：《汉语拼音方案的历史渊源》，《文字改革》1958 年第 1 期。
② 周恩来总理于 1958 年 1 月在政协全国委员会举行的报告会上作的报告。目的是消除当时一些人（主要是知识分子）对文字改革的误解和疑虑，号召大家积极支持和促进文字改革工作。这个报告是中国文字改革工作的重要指导性文件，对文字改革的方针、任务和政策作了明确的规定，对文字改革的健康发展起了积极的促进作用。
③ 周恩来：《当前文字改革的任务》，《人民日报》1958 年 1 月 13 日。
④ 冯志伟：《汉语拼音运动的历史回顾》，《术语标准化与信息技术》2004 年第 4 期。

章、林伯渠、萧三等，苏联汉学家代表龙果夫、郭质生等，共同研究创制了拉丁化新文字。1929年，瞿秋白（如图4-15）写成《中国拉丁式字母草案》，并由莫斯科中国劳动者共产主义大学出版社出版；1930年，又出版了《中国拉丁化字母》（如图4-16）一书，受到了广泛关注；1931年5月，中国拉丁化字母方案经由苏联各民族新文字中央委员会科学会议主席团进行了审定，并最终得以批准。

图4-15 瞿秋白

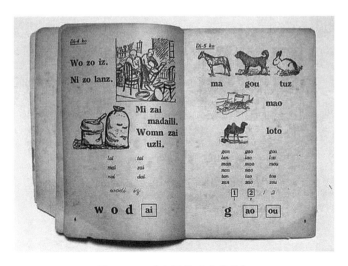

图4-16 《中国拉丁化字母》

1931年9月26日，中国文字拉丁化第一次代表大会于苏联海参崴召开，会议通过了书面方案《中国汉字拉丁化的原则和规则》。[1]其主要内容是：1. 中国拉丁化新文字的原则（13条）；2. 中国拉丁化新文字的规则（包括：① 字母，② 拼写规则，③ 写法规则）。在国语罗马字的基础上制定的拉丁化新文字，标调方式与国语罗马字有所不同：原则上不标声调，只是在极有必要或极易混同的情况下才标声调，取代了以往全部标声调的方式。例如，"买"和"卖"容易混同，"买"写为maai，"卖"写为mai。自此，真正开始了近代中国的拉丁化新文字运动，加快了中国语文现代化的历史进程。

最初由于扫盲的需求，新方案是在华工中推行，出版47种书籍，刊印10多万册，最终初步达成了目标：许多华工习得了新文字，并能够简单应用于读书写信。1933年，国内进一步引入新文字；次年八月，于上海成立"中文拉丁化研究会"，专门出版拉丁化新文字的介绍性书籍。

1940年1月，毛泽东主席发表《新民主主义论》，他指出："文字必须在一定条件下加以改革，言语必须接近民众"；次年一月，陕甘宁边区政府成立"新文字工作委员会"，官方承认新文字与汉字的同等法律地位。同年，在延安出版的《Sin WenziBao》（《新文字报》[2]）第一期上，登载了毛泽东的亲笔题字："切实推行，愈广愈好"；朱德也题了字："大家把实用的新文字推行到全国去"。

拉丁化新文字的传播，在抗战发展到较关键时期，掀起了一场空前的、有一定民族解放运动性质的群众性文化革命运动。战时的特殊条件，不但没有使这场运动半途夭折，反而让新文字的种子播撒到了全国各地。比如，在陕甘宁边区推行的效果就很不错。据吴玉章说，"延安县市冬学中，不到三个月，就扫除了1500余名文盲，他们学会新文字，能写信、读书、看报，收到了很大的成绩"[3]。

一直到1958年《汉语拼音方案》公布，这场持续了近30年的运动才算终止。但

---

[1] 陈伟："汉语拼音50年——从历史谜题到文化强势的变迁"，中国经济网 http://www.ce.cn/culture/history/200801/23/t20080123_14332262_2.shtml，2008 年 1 月 23 日。

[2]《新文字报》周刊是当时陕甘宁边区新文字协会的会刊，后来归边区政府教育厅领导，于 1940 年 11 月 22 日在延安创刊。4 开两版，油印。该周刊至 1943 年 1 月停刊时共出版了 100 多期。先后担任《新文字报》周刊主编的有李绵、王见石、翟准等。

[3] 冯志伟：《汉语拼音运动的历史回顾》，《术语标准化与信息技术》2004 年第 4 期。

其对我国文字改革的历程，对《汉语拼音方案》的制定和推广，都产生了重大而深远的影响。

1949年以后，研制拼音的方案立即被提上日程。同年十月，民间团体"中国文字改革协会"成立，协会设立"拼音方案研究委员会"，试图解决拼音改制采用何种字母的问题。此外，当时民间也创制了不少文字方案，并邮寄到了委员会。根据统计资料，从1950年到1955年8月31日全国文字改革工作会议为止，寄来的方案有655个；从1955年8月31日到1958年2月汉语拼音方案公布为止，寄来的方案有1000多个；从1958年2月到1980年"文化大革命"结束为止，寄来的方案有1667个。群众设计的各种各样的文字方案总共达到3300多个。[①]在中国文化的发展历史上，这样积极创制文字方案的状况是空前的，这同时也充分说明了语言规划的社会性。

1955年2月，中国文改会设立"拼音方案委员会"，设计并研究提出了《汉语拼音方案（草案）》。1956年2月12日，中国文字改革委员会发表《汉语拼音方案（草案）》，公开征求意见。这个草案共有31个字母，其中有5个新字母（无点的i；长脚的n；带尾的z，c，s），以便实现"一字一音"，不用变读和双字母。草案发表后在全国范围内引起热烈的讨论，甚至海外华侨和留学生也提出了自己的意见。[②]

1955年10月，国务院成立"汉语拼音方案审定委员会"，经过两年的工作，于1957年10月提出《修正草案》，11月1日国务院全体会议第60次会议通过新的《汉语拼音方案（草案）》，提请全国人民代表大会审议，1958年2月11日，第一届全国人民代表大会第五次会议正式批准《汉语拼音方案》（如图4-17）。1958年秋起，全国小学的课堂以新方案为基准开设小学生必修科目。这套方案的拼音字母和拼写方式主要是将普通话规范化，使之成为新中国官方认可的法定拼音方案。此外，方案还借鉴了之前各种拉丁字母式拼音方案的宝贵经验，特别是学习了国语罗马字和拉丁化新文字拼音方案。可以说，该方案代表了我国三百多年拼音字母运动的结晶，成为国人六十年来创造拼音方案经验的总结，比历史上任何一个拉丁字母

---

① 郑林曦：《论语说文》，商务印书馆1983年版，第134页。
② 冯志伟：《汉语拼音运动的历史回顾》，《术语标准化与信息技术》2004年第4期。

式的拼音方案都更加完善和成熟。①

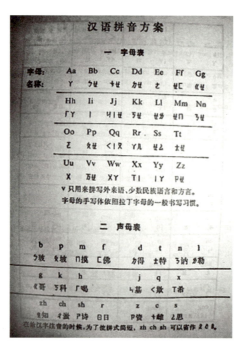

图 4-17　汉语拼音方案

《汉语拼音方案》有如下特点：

1. 只用国际通用的26个字母，不增加新字母；

2. 尽量不用附加符号（只用了两个附加符号）；

3. 尽量不用变读；

4. 采用y，w和隔音符号"'"来隔音；

5. 采用四个双字母zh，ch，sh，ng；

6. 采用四个声调符号来表示阴平、阳平、上声、去声四个调类；

7. 采用拉丁字母通用的字母表顺序，并确定了汉语拼音字母的名称。

---

① 冯志伟：《汉语拼音运动的历史回顾》，《术语标准化与信息技术》2004 年第 4 期。

二、汉语拼音正词法的使用规则

汉语拼音方案主要在音节的拼写和正词法两部分细化了使用规则。其中正词法与新闻采编中的录入等环节有较大关系，所以本节主要就正词法规则进行概述。

如上所述，使用正词法拼写现代汉语具有一定的规则，比如分词连写法、成语拼写法、外来词语拼写法、人名地名拼写法、标调法、移行规则等。

1982年，相关人士着手草拟《汉语拼音正词法基本规则》。1984年，原中国文字改革委员会批准发表试用稿。1988年7月1日，在多次征求意见、讨论和修订的基础上，国家教育委员会和国家语言文字工作委员会联合公布《汉语拼音正词法基本规则》，明确提出"今后用汉语拼音方案拼写现代汉语，即以《汉语拼音正词法基本规则》为规范"。1996年1月22日，国家技术监督局批准并发布了代表中华人民共和国国家标准的《汉语拼音正词法基本规则》，并于当年7月1日正式实施。[①]

正词法基本规则在汉语拼音应用规则中的层次较高，范围不限于语音，更囊括词汇、语法等语言的诸多具体问题。特别是新规以词为单位进行注音，而汉语本身特具相当强的分词技术，故而学习过程中还是比较容易理解规则的含义，困难的部分主要在于如何落地到实践。一个单位是不是词，可以通过下面的几种方法进行确定：

1. 可否单说。可以单说，即词一般可以单用于问答，不能单说则不是词。例如"这里风景优美吗？"回答："优美"。"优美"就是词，不能单说"优"或"美"，可见后者不是词。

2. 可否单独使用。可以单独使用，即具有单独充当词组或句子成分的性质，却不可单用于问答，比如"冠"一般不能单用在口语中，但能单用于书面语，例如"冠绝一时"、"沐猴而冠"。

3. 可否扩展。即一个语言单位可否插入别的成分进行扩展，如果能但是扩展后涵义改变，就是词；如果能并且涵义不变，就是词组而不是词。例如"香菜—香味"，"香菜"插入"的"变成"香的菜"，涵义改变，因为香的菜不一定就是香

---

① 冯志伟：《汉语拼音运动的历史回顾》，《术语标准化与信息技术》2004年第4期。

菜，"香味"插入"的"变成"香的味"，意义等同于香味，因而，"香菜"是词，"香味"是词组，上述的扩展法可以用来区别合成词与词组。

4. 可否剩余。多用来确定虚词，即删掉整句中所有能够单独充当句法成分的单位，剩下的不能单说，也不能单独充当句法成分的单位，就是词。例如"你的钱掉了"，将定语"你"、主语"钱"和谓语"掉"拿走，剩余"的"、"了"就是词，只是虚词。

目前，汉语拼音使用不规范的情况还比较突出。比如，据一些学者的调查研究，商品商标392种，其中书写拼音的有128种，书写不规范的63种，占使用拼音的商标总数的49.2%；各类书籍2018种，封面书写拼音的245种，不规范的145种，占59.2%；各类期刊716种，封面使用拼音的190种，不规范的61种，占32.1%；报纸报头、栏目名称67个，使用拼音的60个，不规范的43个，不规范率高达71.7%；电视台栏目名称65个，使用拼音的35个，不规范的30个，不规范率高达85.7%；调查个人名片100张，使用拼音的20张，不规范的14张，不规范率高达70%；济南市某区标牌286个，使用拼音的50个，不规范的23个，占46%；济南市某区地名、街道名36个，全部使用拼音，但无一拼写正确。[①]上述不规范注音主要归因于按字注音分写，即不是按词连写，而是按音节拼写拼音；另外也有一部分是全部连写，即一连到底拼音字母，使之连成长龙的拼写法，没有以词划分开。此外还有人名、地名、单位标牌拼写失范，主要表现为大小写不分、大小写混杂、拼音和英语混杂等。但上述三种中，大多数情况下都是前两种问题。

正词法以按词注音为规则核心，按词分写注音。不过，也有部分规则没有按词划分注音，例如一些单音节补语"者、了、着"，一般不单用而是附在动词后面，所以不规定分写。反之，一些公认的词却要分开写，例如"北京市、河北省、鸭绿江"等。对此，试用稿中有明确条令：

第一，对地名的专名与通名要分开写，例如"北京市"要写成 Běijīng Shì，其他如"河北—省、鸭绿—江、洞庭—湖、泰—山"；

第二，姓名和职务、称呼等分写，开头字母大写，例如"李华"注音为"Lǐ

---

① 陈莫章：《商标拼音使用错误的实例考察——以山东省为例》，《中国语文》2001 年第 3 期。

Huá"，"小刘"注音为"Xiǎo Liú"；区别在于已经专名化的名称要连写，第一个字母大写，例如"孔子"写成"Kǒngzǐ"；

第三，动态助词要连写，例如"进行过"写成"jìnxíngguo"；结构助词要分写，其中，"的"、"地"、"得"前面的词是单音节的，也可连写，例如"打扫得干净"注音"dǎsǎo de gānjìng"，"写得不好"注音为"xiě de bù hǎo"或者"xiěde bù hǎo"；

第四，单音节的动词或者形容词，后面又跟也是单音节的补语，要连写，例如"建成、化为、当作"写成"jiànchéng、huàwéi、dàngzuò"。

如上所见，运用问题十分复杂。因此，我国相关政府部门专门针对汉语拼音，制定并颁行了诸多条令文件，范围涵盖人名、地名、省市自治区名称缩写，我国各个民族的罗马字母拼写法和代码，以及各种拼音正词法问题、拼音字母名称读音问题、中文书刊名称拼写法、企业和商店牌匾后商品包装和广告使用拼音问题、各种体育活动使用拼音问题等。

我国在规范针对地名的拼音书写领域，颁布的条令众多，比如1984年的《中国地名汉语拼音字母拼写规则（汉语地名部分）》，就针对地名注音中的"分写连写、大小写、隔音、儿化音的书写和移行"以及"起地名作用的建筑游览地、纪念地和企事业单位等名称"等方面作出了详细规定：1987年的《关于地名标志不得采用"威妥玛式"等旧拼法和外文的通知》；1988年的《汉语拼音正词法基本规则》除重申上述条款外，更加完善了对地名的书写规范，吸纳了非汉语的地方名称，并在1996年作为国家标准正式公布（GB/T16159–1996）。相关部门为推行分词连写，还先后颁布了一系列有关规定，如《关于广播、电影、电视正确使用语言文字的若干规定》（1987）、《关于企业、商店的牌匾、商品包装、广告等正确使用汉字和汉语拼音的若干规定》（1987）、《关于在各种体育活动中正确使用汉字和汉语拼音的规定》（1992）以及《中文书刊名称汉语拼音拼写法》（1992）等。

尚未规范时，基本是以威妥玛方案为标准进行人名、地名的拼写，但是写法难以统一，比如"四川"，汉语拼音是Sichuan，但在当时的英语中写作Szechuan，在法文里写作Setochouan，在西班牙文中写作Sechuan。因此，明明是相同的人名、地名，却因为语种的差异而写法纷乱，这样的混乱状况极其不利于当时国际经济、文化等各方面的交流。为了改善交流状况，国人提案统一拼写中国地名的国际标准。该标准主要基于已有的《汉语拼音方案》。1977年8月，联合国第三届国际地名标准化会议在希腊雅典举行，9月，会上通过了中国关于统一地名标准的提案，使得汉语拼音方案的应用迈入了新的阶段；1979年1月起，我国政府的外交文件采用汉语拼音作为中国人名、地名罗马字母拼写法的统一规范；1979年6月15日，联合国秘书处发布通知，申明即日起，联合国秘书处将统一从各种拉丁字母文字中拼写翻译中华人民共和国人名和地名的标准，以《汉语拼音方案》为参照。1982年8月，国际标准化组织（ISO）决定采用拼音字母作为文献工作中拼写有关中国词语的国际标准。总的来说，《汉语拼音方案》自1958年正式颁布以来，经过20年的国内推广，现在正式"走了出去"，成为国际社会普遍认同和采用的汉字拼写标准。[1]

三、《汉语拼音方案》的作用

许多清末民初时的印刷从业者很早就从技术的角度，归纳了印刷术革新与汉字特点之间的联系，比如卫聚贤[2]就曾在印刷干训班做讲座时谈到外国的"印刷机日新月异的在发明着"，而中国"现因欧文只有几十个字母，容易想办法。中文常用的有近万字，数目多了，方法不容易想，而且与外人无关，他不发明这个的，这个要我们自己发明的"。然而，在国内，机器的发明制造成本较高，"新的机器发明了，其制造出的成品，能在一二年内将成本抽回，就有人使用这新机器。否则，花了一笔钱购到新机器，要训练一班使用新机器的人，结果其增加之产量不多，反不如旧机器按部就班的作稳当些"。[3]可见，在印刷技术专家眼里，改变中国印刷技术的落后状况，有着许多具体的制约因素。由于未能直接购入可供使用的印刷机，发明就需要考虑到改制字模、重排字盘乃至人工等多方面的成本。其实，西方传教

① 郑林曦：《论语说文》，商务印书馆1983年版，第2页。
② 卫聚贤（1899—1989），字怀彬，号介山，又号卫大法师，山西运城市万荣县人。考古学家、历史学家。1927年毕业于清华国学研究院。历任暨南大学、中国公学、持志大学教授。历任香港珠海、联合、联大、光夏、远东、华夏等书院教授，香港大学东方文化研究院研究员，台湾辅仁大学教授。
③ 卫聚贤：《中国印刷史》，《印刷通讯》1944年第2期。

士，如马礼逊等人为传布宗教等方面的印刷品而将西方印刷术带入中国时，就开始研制中文字模和排版问题。而当今西方媒介史著述在探讨中国古代印刷术停滞的原因时，也论及"中国文字和西方拼音文字的比较及其对文化模式的影响"[1]。反过来看，民国时期中国书史研究从文字起源入手，梳理了从文字媒介到印刷媒介的变化轨迹，其实也反映出了所谓媒介史研究特有的思路。

总的来看，从1958年《汉语拼音方案》颁布施行开始，其应用范围不断推广，在我国的科技教育、经济文化乃至对外交流中发挥了重要的作用。具体体现可以概括为以下几个方面：

第一，普通话拼写方面。汉字是有效的普通话推广载体，但是同样的字在不同的方言语境中有不同的读音。因此，统一注读，能够达到纠音的目的，帮助国民更高效地掌握普通话。另外，在普通话教学、教科书和工具书注音以及自学普通话方面，汉语拼音都起到了不可或缺的关键作用。其中最大的作用是汉字注音能够辅助汉字的教学。以往人们都是用直音或反切，例如"木：音沐，莫卜切"，如果没有同音字或同音字很难，直音就发挥不了作用了，反切也一样，得先认识上千个反切字。

第二，新闻出版方面。按照规定，方案施行后，我国出版书刊都要求书名、刊名加注汉语拼音，甚至现有的辞书类正文，绝大多数都是按照汉语拼音字母顺序排列的，许多儿童读物的编印也是拼音与汉字一一对照的形式，有助于生僻字的学习。

第三，编序检索方面。辞书类典籍普遍需要查检汉字，依据汉语拼音顺序编制序列、索引，能够大幅提高查检的效率。图书档案资料、病历、地名卡、户籍卡、花名册等按照拼音序列进行排序之后，检索就变得十分便捷。

第四，型号代号方面。在工农业、交通和邮电等方面，汉语拼音得到了推广施行。最为显著的就是用拼音字母标志的国家统一技术标准，囊括了工业产品、农业产品、工程建设等诸多领域，GB就代表国标，工业产品类目下用不同的字母代表不同机械工具的国家标准；比如沿用到现在的，L代表临时旅客列车，K代表快速

---

[1]［加］罗伯特·洛根：《字母表效应：拼音文字与西方文明》，何道宽译，复旦大学出版社2012年版，第43页。

列车，T代表特快列车。

第五，拼写专名方面。很多文献使用拉丁字母，汉字难以融入，汉语拼音能够代替汉字很好地解决这一问题，比如人名、地名、民族名、商标名、企事业单位名称等都可以拼写翻译。语言文字法统一将汉语拼音作为拼写汉字专名的标准，也对外作为唯一承认并通行的国际标准。1986年国务院发布《地名管理条例》，规定中国地名的罗马字母拼写，以国家公布的《汉语拼音方案》作为统一规范。2000年10月31日，我国公布了《中华人民共和国通用语言文字法》并于2001年1月1日起实施。《通用语言文字法》在第十八条规定："国家通用语言文字以《汉语拼音方案》作为拼写和注音工具。《汉语拼音方案》是中国人名、地名和中文文献罗马字母拼写法的统一规范，并用于汉字不便或不能使用的领域。"法律的颁布，使汉语拼音的运用有了法的依据。

第六，少数民族文字改革方面。发展至今，我国少数民族中有壮族、布依族、苗族、侗族、哈尼族、傈僳族、佤族、黎族、纳西族、白族、土族、瑶族等民族共16种新文字是采用了罗马字母，以及和《汉语拼音方案》的读音和拼法一致的拼音文字，故而新的方案也为我国少数民族文字改革奠定了坚实的共同基础。

第七，外交方面。数十年的国内推广，使《汉语拼音方案》成为外国人学习汉语汉字和了解中国文化的重要标准。《汉语拼音方案》的国际化，推动了汉语拼音成为国际社会普遍认同和采用的汉字拼写标准，也为中国在国际交流中占据重要地位创造了有利条件。

第八，信息处理方面。新方案的施行推动了汉语拼音在计算机信息处理中的应用，提高了转换汉字输出的效率，无需拆分汉字结构，无需专门重新学习，快捷易学，轻便易用，尤其是词句输入都很便捷，因此深受计算机使用人士的喜爱。根据《中国语文现代化学会通讯》2004年9月的报道，珠江三角洲中小学生电脑操作和编发短信98.8％是使用汉语拼音输入法。[1]发展到如今的网络时代，汉语拼音方案应用范围也不断扩展，比如计算机输入、手机短信输入汉字等。为了能够熟练操作计算机以及用手机输入短信等，许多本身不了解拼音的人也都在积极补修汉语拼音

---

[1] 李克丽：《拼音输入法在珠三角中小学生中的运用调查》，《中国语文现代化学会通讯》2004年第9期。

知识。例如《法制晚报》2007年1月19日报道就某社区居委会专门聘请老师给居民教学汉语拼音，以便掌握计算机和手机处理文字功能。[1]

信息时代，汉语拼音方案得到了更加广泛的运用，愈加焕发出青春的活力，特别是在计算机的汉字输入领域，应用汉语拼音转换汉字是最简单高效的选择。大部分非专业计算机录入人员首选汉语拼音输入法，是因为其便捷、高效、易学、易用，无须重新学习复杂的汉字部件拆分规则。同时，在一些比较特殊的领域也出现了拼音的更多应用，例如作为聋哑人学习手语的基础、盲文设计的基础等。纵观其发展历史，可以预见《汉语拼音方案》广阔的运用前景。

第三节　汉字改革后的文字新闻编排

我国最早可考的文字是甲骨文。甲骨为狭长形，显然，对于刻字来说，竖刻明显要优于横刻。发展沿革下来，就使得中国古代汉字一直呈现以竖行书写为主的形态。造纸术还未出现时，主要的书写材料也是木简、竹简之类，形状狭长，用毛笔撰写的方向还是基本以自上而下为主，后来的古代书写就发展成了从上到下、从右到左的基本格局。东汉时期虽然造纸术出现，但是人们依然沿袭了以往的汉字书写习惯。隋唐的雕版印刷、宋朝的活字印刷，也都沿用了竖排竖行的汉字读写习惯。

清末民初，西文入侵，在"师夷长技以制夷"的风潮下，当时的文章经常出现汉文中间引用外文、书写阿拉伯数字、使用新标点符号等情况，越发显出竖写的弊端。因此，知识界开始提倡拼音字母，推行汉字改革，旨在淘汰原有竖写的习惯，启用从左到右的横排书写方式。

1892年，卢戆章《一目了然初阶》出版，其55篇读物，力主推行横排，将横刻的汉字与切音字一一对照匹配；1904年，严复所作中国第一本完全横排的书《英文汉诂》（如图4-18）出版，采用自左向右的书写方式，开横排风气之先。1906年，朱文熊《江苏新字母》一书出版，同样采用自左向右的横排形式。1909年，刘

---

① 禾木：《社区居委会聘请老师为居民上课》，《法制晚报》2007年1月19日。

世恩《音韵记号》一书，亦采用横排编版，该书提倡文字改革，论及拼音方案，赞其"无师自通，兼识汉字"。1915年1月，《科学》杂志在上海创刊出版，内容编辑由在美的中国科学社杂志完成，组织成员以任鸿隽等留美学子为主，后来成为我国可考的最早采用横排方式并使用西式标点的刊物，"以便插写算学物理及化学诸方式"①。1933年1月，《大美晚报》②中文版模仿外文报纸，最先试用横排式编排中文报纸，采用了被人们称为"流线型编排"的设计，横向分栏，标题文字均横排。然而，新的版面设计受到了强烈的负面反应，读者表示难以习惯，故而只改版了一个月左右就又重新启用了直排。③

图 4-18　我国第一本文字横排书籍《英文汉诂》

最初横排基本都是自左向右的方向，这主要是因为如下几点：第一，汉字的书

---

① 贾树枚主编，《上海新闻志》编纂委员会编：《上海新闻志》，上海社会科学院出版社 2000 年版，第 404 页。

② 《大美晚报》（Shanghai Evening Post and Mercury）是 20 世纪上半叶美国侨民在上海发行的一份著名的英文报纸，1929 年 4 月 16 日在上海创刊，前身为《大晚报》，英文初名 Shanghai Evening Post。1930 年 8 月 13 日，合并英文《文汇报》后，英文报名改称 Shanghai Evening Post and Mercury。该报以旅沪美国侨民为主要读者对象，着重报道美国和其他西方侨民在中国的活动。每日下午出版，14 页左右。报馆设于爱多亚路 21 号（天主堂街口，今延安东路、四川南路口），位于法租界境内，面对公共租界。1933 年 1 月 16 日，《大美晚报》增出中文版。1937 年 12 月 1 日，又增出中文《大美晚报晨刊》，经常发表宣传抗日文章。1949 年 5 月上海解放后，该报因报道失实受到中国人民解放军上海市军事管制委员会警告，后报馆又发生劳资纠纷，于同年 6 月下旬停刊。

③ 马光仁主编：《上海新闻史 1850—1949》，复旦大学出版社 1996 年版，第 295 页。

写方向为左起，没有自右而左书写的字，因此自左向右的横向排版符合汉字的书写习惯；第二，左起横排与科学类书籍中许多数理化公式的书写方向一致；第三，汉文中如果有引用国外的人名、地名，也是自左向右书写的，所以为了排印和阅读便利，基本不会采用右起竖排的方式。

钱玄同作为《新青年》杂志编辑、文化运动的先驱，是我国汉字竖写改横写的首位提出者。1917年，他写给陈独秀的公开信刊载在了《新青年》的第3卷第3期上。在信中，钱首次提出了汉字"竖改横"的看法。他说，"人目系左右相并，而非上下相重。试立室中，横视左右，甚为省力，若纵视上下，则一仰一俯，颇为费力。以此例彼，知看横行较易于直行。且右手写字，必自左至右，均无论汉文西文，一笔一势，罕有自右至左者。然则汉文右行，其法实拙。若从西方写法，自左至右，横迤而出，则无一不便。"[①]继此信始，钱又以《新青年》为依托，连续刊载4篇公开信，不断推行"竖改横"的改革。陈独秀、陈望道等学者也表示赞许。借助《新青年》的发行，流线型横排渐渐开始流行。随后，钱又从理论上罗列了横排的优势。1919年5月4日后，许多书刊都采用了一段时间的横式编排。例如，"创造社"的文艺作品、鲁迅的《两地书》、部分剧本和诗集以及进步的社会科学书籍和大部分科学著作，基本都是左起横排。然而随着国粹势力抬头，横排被斥为像螃蟹一样横行的"蟹行文字""大逆不道"，结果就是竖排东山再起，甚嚣尘上。总之，横排的推行困难重重。

然而，汉字横排终究还是历史发展的大势所趋。在近现代社会中，由于经济文化的发展，在我国报纸刊物中，方块汉字常常要和西方的拼音文字及阿拉伯数字同生共处，这一现象无可回避。方块字是直排的，从右到左；而拼音文字、阿拉伯数字是横排的，从左到右。于是，在同一个版面上，同一篇文章中，就出现了尴尬、可笑的局面，甚至会导致误读。

---

① 钱玄同：《致独秀》，《新青年》1917 年第 3 卷第 3 期。

1950年4月，曹伯韩[①]发表《我们主张采用横排的版式》一文，表示横排为大势所趋；同年6月，在全国政协一届二次会议上，著名爱国华侨陈嘉庚正式提案，表示中文应统一由左而右横排书写；1952年2月5日，中国文字改革研究委员会召开成立大会，会上，郭沫若提出中文"必须自左而右地横行"的建议，他表示："就生理现象说，眼睛的视界横看比直看要宽得多。根据实验，眼睛直着向上能看到55度，向下能看到65度，共120度。横看向外能看到90度，向内能看到60度，两眼相加就是300度；除去里面的50度是重复的以外，可看到250度。横的视野比直着宽一倍以上，这样可以知道，文字横行是能减少目力的损耗的。"[②]学者的提倡，加上政府的支持，推动了横排的普及。

1955年1月1日，立春岁末初，除沉疴宿疾。这一天的《光明日报》上刊登了一篇题为《为本报改成横排告读者》（如图4-19）的文章，文中写到"我们认为现代中国报刊书籍的排版方式，应该跟着现代文化的发展和它的需要而改变，应该跟着人们生活习惯的改变而改变。中国文字的横排横写，是发展趋势"[③]。从这一天开始，《光明日报》的编版全部采用横排的形式，彻底改头换面。王润是当年《光明日报》印刷厂的排字工人，他亲历了那场变革。据他说，"当时特别不习惯由竖排改成横排，经常排着排着又排成竖的了，一个星期后才渐渐适应过来"[④]。不仅是印刷工人，供稿的记者也难以一下转变过来，刚开始的稿子经常还是竖写的形式。为帮助生产者尽快改变既有的习惯，编辑部特别印刷了一批横格稿纸，横排才渐渐被接受。

---

① 曹伯韩（1897—1959），湖南长沙人，当代著名语言学家，著有六部语言学专著以及20余部历史、地理、国际关系、青年修养等社会科学方面的通俗读物。如《语法初步》、《世界历史》、《语文问题评论集》、《中国文字的演变》、《怎样求得新知识》、《国学常识》、《民主浅说》、《通俗社会科学二十讲》等文化普及读物，均曾产生过较大影响。
② 郭沫若：《必须自左而右地横行》，转引自刘可璋《浅谈书籍版式设计中的技术规定性》，《科技与出版》2010年第3期。
③ "近现代中国'从左往右'的书写顺序是何时确立的"，豆瓣网 https://www.douban.com/note/138378255/。
④ allwit："从古人汉字书写的自上而下，自右而左说起"，新浪博客 http://blog.sina.com.cn/s/blog_3fde8e320100h6fq.html。

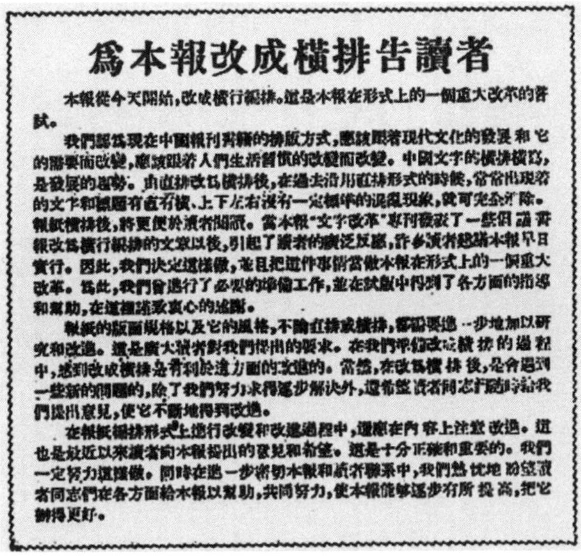

為本報改成橫排告讀者

本報從今天開始，改成橫行編排。這是本報在形式上的一個重大改革的嘗試。

我們認爲現在中國報刊直行的排版方式，應該跟着現代文化的發展和它的需要而改變，應該跟着人們生活習慣的改變而改變。中國文字的橫排橫寫，是發展的趨勢。由直排改爲橫排後，在過去沿用直排形式的時候，常常出現的文字和標題有直有橫、上下左右沒有一定標準的混亂現象，就可完全消除。報紙橫排後，將更便於讀者閱讀。當本報"文字改革"專刊發表了一些倡議書報改爲橫行編排的文章以後，引起了讀者的廣泛反應，許多讀者熱望本報早日實行。因此，我們決定這樣做，並且把這件事情當做本報在形式上的一個重大改革。爲此，我們曾進行了必要的準備工作，並在試版中得到了各方面的指導和幫助，在這裏謹致衷心的感謝。

報紙的版面規格以及它的風格，不論直排或橫排，都需要進一步地加以研究和改進。這是廣大讀者對我們提出的要求。在我們準備改爲橫排的過程中，感到改成橫排是有利於這方面的改進的。當然，在改爲橫排後，是會遇到一些新的問題的，除了我們努力求得逐步解決外，還希望讀者同志們隨時給我們提出意見，使它不斷地得到改進。

在報紙編排形式上進行改變和改進過程中，還應在內容上注意改進。這也是最近以來讀者向本報提出的意見和希望。這是十分正確和重要的。我們一定努力這樣做。同時在進一步密切本報和讀者聯系中，我們熱忱地盼望讀者同志們在各方面給本報以幫助，共同努力，使本報能夠逐步有所提高，把它辦得更好。

图 4-19　1955 年 1 月 1 日《光明日报》文章——《为本报改成横排告读者》

1955年10月，教育部和中国文字改革委员会在北京召开的全国文字改革会议上作出决议，“建议中华人民共和国文化部和有关部门进一步推广报纸、杂志、图书的横排。建议国家机关、部队、学校、人民团体推广公文函件的横排横写”。1955年12月31日，《人民日报》（如图4–20）第四版右下角刊登启事：“本报从一九五六年一月一日起，改用老五号字横排。报纸容纳的字数，比原来用新五号字直排减少了四分之一，大约减一万五千字左右。因此，希望各方面的作者供给本报的文章和新闻都必须写得短些。”此次改版，标志着《人民日报》的汉字排版方式就此由竖排改为横排，汉字的笔画由繁体改为简体，汉字的书写顺序由右起竖写改为左起横写。这是《人民日报》改版史上唯一一次刊登相关的“改版启事”，印刷版式有所改变，但印版数量没有增减的改版。[①]

① 卢文斌：“《人民日报》在 1956 年 1 月 1 日由竖排版改为横排版”，人民网 http://media.people.com.cn/GB/22114/159487/159655/9562145.html。

图 4-20　1956 年 1 月 1 日改版后的《人民日报》

从1956年1月1日开始，我国的中央机关报纸和地方报纸一律改为横排。竖排的文字一直到1980年代早期还在少数出版物（如个别小人书）中使用，之后几乎绝迹。其他使用汉字的国家，也纷纷在二十世纪后期逐渐转纵为横。本世纪初，美国的主流汉语媒体，如《世界日报》、《星岛日报》等，基本上改为横排。此后，除在一些特殊领域，主要的汉语出版物绝大多数都是横排版。

结　语

文字是信息传播的重要载体，是人类生活交往的基础工具。"文字的发明则把传播从这种口耳相传的桎梏中解放出来，并置于时间的绵延之中。通过文字，人们得以在任何时候同任何人包括素昧平生的人，建立现实而非幻想的传播关系，借助文字相隔千年万里的人也有可能沟通思想、共享信息。"[1]汉字简化改革的历史，同样是传播不断发展的历史，见证了信息收发效率的提高和文明成果的源远流长，为我国文明的传承和发展贡献了巨大的力量，具有建设性的意义。

新中国成立之后，有志青年力主文字改革，也为我国近代文字新闻传播事业奠定了坚实的技术基础。《汉字简化方案》、《简化字总表》、《第一批异体字整理表》、《印刷适用汉字字形表》，整理和简化了沿承千年的汉字，创造了汉字印刷的新标准，初步建立了现代汉语用字的规范。一部部法案，不断推动着汉字的简化，降低了初学者的负担，加快了我国普及教育和扫除文盲的目标进程；同时，汉语拼音的应用也促进了少数民族和国际化的交流，规范了印刷用字，改变了过去字形不一、一字多体的混乱局面，提高了刻制印刷铜模以及各方面汉字机械处理的效率。除此之外，汉语拼音在中文信息处理领域也得到了广泛运用。计算机拼音输入法的成功，加快了信息处理速度，推动了电子计算机的推广，促进了信息技术的发展，更为新闻传播系统数字化的实现提供了充足的生长土壤。

---

[1] 周恩来总理在《当前文字改革的任务》中明确指出："文字改革是关系到全国人民的一件大事，政府对它采取的步骤是很慎重的。我们愿意尽量听取各方面的意见，好集思广益，大家一起来努力做好这项工作。工作中如果有缺点，我们就改正，这是我们党和政府进行各项工作的方针，对于文字改革工作也是这样。关于文字改革，过去的宣传工作做得很差，因此有许多人还不了解，甚至有不少误解。希望大家来做宣传，消除这种误解。希望大家积极支持文字改革工作，促进这一工作而不要'促退'这一工作，好使中国文字能够稳步地而又积极地得到改革，以适应六亿人民摆脱文化落后状态的需要，以适应多、快、好、省地发展社会主义事业的需要。"详见《人民日报》1958 年 1 月 13 日。

第五章
现代文字新闻印刷技术

Chapter 5
Modern Technologies of Textual News Communication

自1840年始，中国连年战乱，国内的社会生产力遭到严重破坏，文字新闻事业的发展受到了严重影响，相关技术的发展几近停滞。卢沟桥事变后，沿海地区各大城市相继沦陷，中国的政治、文化中心向中部转移，重庆、桂林以及延安成为战时的新闻出版印刷中心。抗战胜利后，随着国民党统治中心的东迁，南京、上海再度成为当时出版印刷的中心，新闻出版业有所恢复和发展。1949年新中国成立后，中央人民政府对新闻出版业进行了整合和改造以适应社会主义建设的需要。国家设立了新闻总署，各省市也逐步建立了新的报纸出版发行体系，政治环境的稳定给新闻传播事业带来了发展的春天。尽管从新中国成立后到八十年代，文字新闻传播、印刷等技术并未出现质的跨越，但在继承传统的基础上，新中国的文字新闻传播体系与印刷技术仍然有着一定的发展。

第一节　"邮发合一"与新中国新闻信息传播

"邮发合一"[1]是一种邮政与发行业务相结合的制度。它是新中国成立伊始确立的一种报刊传播发行体制，而非一种传播技术。这一体制对当时中国新闻信息传播网络有着一定的规范作用和影响，并对日后的文字新闻传播有着一定的推动作用。

一、"邮发合一"的具体内容与影响

"邮发合一"将邮电部门与报纸杂志社的资源重整优化，报刊实行"邮发合一"，产出优质内容，然后交付给邮电部门统一办理报刊订购、计划发行与传递，利用邮政通信网的优越条件，使报刊迅速、准确、准时送到读者手中。[2]这一体制利用邮电部门通信运输网点遍布城乡、联系群众广泛、传递迅速等特点，提高了报刊发行的效率，能够高效满足社会及人民群众对于信息的需求。

图 5-1　"邮发合一"四十周年纪念章

---

[1] 1932 年，中央苏区建立了"中华苏维埃邮政总局"。当时在中央苏区出版的《红色中华》及其他报刊，均交邮政人员传递，由此开始了邮局发行报刊的雏形体制。1942 年 2 月，山东解放区将战邮总局、党委交通科同报刊社的发行部门合并，成立了邮、交、发三位一体的战时邮政机构，邮政除收寄邮件外还收订和发送报刊，实行"邮发合一"体制。随后，晋察冀等解放区也实行了邮发合一体制。1949 年 12 月，在北京召开了全国报纸经理会议和全国邮政会议。两会都提出了继承山东等老解放区的经验，实行"邮发合一"的建议。

[2] 武志勇：《论"邮发合一"体制的确立》，《历史档案》2006 年第 3 期。

　　1949年12月26日，《全国报纸经理会议的决议》、《关于全国报纸经理会议的报告》发表；1949年12月28日，《第一次全国人民邮政会议决议案》、《中共中央批转中央人民政府新闻总署党组〈关于全国报纸经理会议的报告〉》发表，文件以中央和部门为主体确定了"邮发合一"体制；1950年2月，《中央人民政府邮电部新闻总署关于邮电局发行报纸暂行办法》颁布，明确规定了"邮发合一"的具体实施办法；1952年12月30日，颁布《"关于改进出版物发行工作的联合决定"及"关于改进发行工作具体办法的联合决定"的通知》；1954年8月20日，邮电部、出版总署颁布《对"关于改进出版物发行工作的联合决定"及"关于改进发行工作具体办法的联合决定"的修正补充指示》，两个文件又进一步调整和细化了"邮发合一"的各项内容，新纳入一项期刊。至此，"邮发合一"体制全面确立。[1]

图 5-2　"邮发合一"五十周年纪念封

　　"邮发合一"具体内容主要有几个方面[2]：

第一，报纸资格认定。

第二，邮局发行工作定位及报刊和图书发行分工。

第三，发行范围和征订时间。

第四，出版时间和发行投送速度。

第五，发行计划审核。

第六，发行费率、邮费和结算方式。

---

① 武志勇：《论"邮发合一"体制的确立》，《历史档案》2006 年第 3 期。
② 该部分内容综合参考武志勇：《论"邮发合一"体制的确立》，《历史档案》2006 年第 3 期；闵大洪：《我国报刊"邮发合一"述略》，《新闻与传播研究》1991 年第 1 期。

第七，报纸定价变更和增刊出版。

"邮发合一"规定的政策出台和落地施行，推动了一个巨大的、全国范围的报刊发行网络逐渐成形，借助网络，国家完全垄断了报刊发行业，完成了报刊发行业的规模经营目标；就长远来看，更是筑起了一道文化安全屏障，严格设置了发行通道进口的把关人，从渠道上避免了与党和政府所倡导的意识形态相悖的报刊流入社会；相较报刊社来说，邮政部门也由此树立了长达数十年的绝对优势和强势地位。[①]1950年末，全国邮局发行报纸共计140种，总印张4.1亿；1956年，全国报纸共计1236种，全部由邮局总发行，总印张达26.4亿；1960年，报纸发行总印张达58.8亿，是1950年的14.3倍；1960年以后，自然灾害、"文化大革命"对文化行业造成了致命的影响，报纸出版印刷一时陷入低迷；至1978年末，全国报纸仅余186种，相较1960年减少了85.9%，总印张数仅113.5亿。

但是，"邮发合一"体制最大的弊端是新闻信息的传播受到限制。通常意义上，报社具备自我发行功能，而"邮发合一"使得征订、计划发行成了当时新闻信息传播的主要合法形式，这就使得报社进一步挖掘新闻信息、创新新闻信息传播等意识愈发淡薄，亦忽略了对"博取大众关心"的技能和方法的追求，这也造成了当时各类各级新闻报刊内容、风格的严重同质化。

二、邮政发行体系的基本技术流程

到了"邮发合一"制度后期，邮政发行体系逐步发展为由报刊出版地邮局发报刊局、省邮电局定货单集中汇总处理局和市县邮电局订销局三个业务活动环节构成，分别承办报刊的宣传、推广、收订、汇总、结算、发运和投递等工作，并由以下技术流程组成：

1. 报刊接办

出版社的定期出版物，需要经过新闻出版部门批准、持有"报刊登记证"可公开销售，并符合邮政部门相关《条例》的规定，便可和邮政部门签订发行合同。合

[①] 武志勇：《论"邮发合一"体制的确立》，《历史档案》2006 年第 3 期。

同条款须涵盖双方应提前明确的权利和义务，如发行费率、发行质量等，报刊发行费率一般为本埠30%，外埠40%。[①]

2. 宣传收订

每年报刊社所出报刊，需要由对应邮局分门别类编印出报刊目录，让读者了解相关的刊期、定价等信息。此外，邮局需要集合社会的力量推动报刊的宣传收订工作，在百人以上的机关、工矿企业、学校、街道等周边设置"社会报刊发行站"，以弥补邮局自办机构的不足。

3. 分发运输

地方订销局经由邮电局集中汇总订货单后，订购数据最终发送给报刊发行局，发行局需要参照数据开列订货单，由报刊出版地邮局向相关报刊社订货。邮局会制定严格的质量标准、和时限相关联的发运计划以及最优的传输方式，可选方式有火车邮运、汽车邮运及航空邮运。

4. 报刊投递

到达市县邮局后，将会由邮局的投递人员将报刊按址投送订户，不同的订户类型投送地点也各不相同。综合报刊量和交通地理条件考虑，邮局可能使用汽车、摩托车和自行车等投递工具工作。报刊出局投递需分班次安排时间，一般衔接主要报刊到局时间，但也会综合具体地理条件考虑。

第二节　传统文字新闻印刷技术的发展

中国文字新闻印刷出版技术的发展，从新中国成立一直到二十世纪八十年代，基本都是以机械化为主线。新闻出版业的扩张推动了技术不断提高"量"的积累，然而少了"质"的突破。而且，由于在新闻出版技术体系中，印刷技术的地位一直十分重要，所以相关技术的发展一直停滞在了机械印刷复制阶段。

---

① 王家瑞：《中国邮政的报刊发行业务》，《中国邮政》1988 年第 2 期。

一、凸版印刷技术的发展

新中国成立后，凸印技术有所突破。经过三十多年的不断研究，最终建立了完整的凸印印刷技术体系，特别是出现了新型排字技术和新型感光版材，淘汰了一系列陈旧落后的工艺技术，删减了制铜模、铸铅字、拣字到排版、制型、铸铅版等步骤，极大程度地简化了凸印的印前工序，在质量、平整度、分辨率、耐印力、装版工艺等方面都实现了突破。

1. 铅版印刷及其工艺流程

新中国成立以后，一批仁人志士开始研究铅活字排版技术的变革。1952年由任百尊设计，瑞泰机器厂制造生产出了我国第一台手选式版字模库铸排机。之后，我国相继研制出了手选式铸排机、自动铸排机（如图5-3）。

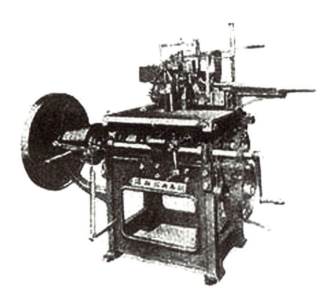

图 5-3 瑞泰机器厂制造的自动铸字机

1956年，北京新华字模厂从日本引进了字模雕刻机成套设备，取代手工刻铅字和电镀铜模的旧工艺，使机器刻模成为我国字模生产的主要方式。1968年，上海字模一厂在上海印刷技术所的协助下，研制成功钢字冲压铜模技术（如图5-4）。随后，在上海及湖北丹江字模厂的努力下，此技术又有了进一步的发展。

图 5-4 冲压钢字铜模

由铅活字版制作复制版，一是为了将铅活字版变成平面式或圆弧形铅版，用于平版印刷机或高速轮转印刷机；二是为了使一副母版制成多副相同的印版同时印刷；三是为了方便运输与保存。新中国刚成立时，活字印版的构成部分为铅活字、铅空、铅条，重复排版成本高，耐印力仅一两万印，所以后来便改用纸型技术复制铅版；五十年代初，新研制的人工打制纸型法不仅品质不好而且工作量极大；1956年，自动打纸型机研制成功，研制方上海新华印刷厂旨在简化纸型制作技术，提高速度的同时也提高了质量；八十年代初，薄铅版制版工艺（如图5-5）落地普及，薄铅版不仅装版简易高效而且十分轻便，加快了生产速度，提高了印刷品质。

图 5-5 印刷用铅版

具体的铅版制版工艺流程示意图：

2. 铜锌版印刷及其工艺流程

二十世纪五十年代，通过照相的方法，凸版照相可以把原稿图文拍摄为阴图底片，然后将底片在涂有感光膜的铜版或锌版上晒制，坚膜后经三氯化铁或硝酸将印版版面的空白部分腐蚀掉，剩余凸起部分就能够形成图文印版。制作照相铜锌版，在曝光后要做腐蚀处理，为避免凸出的图文侧面被腐蚀掉，要多次重复在版面上滚墨、撒红粉、烘烤再腐蚀，并且制成的印版品质也较为低下。1959年，一三八部队、中国科学院印刷厂等单位试制成功无粉腐蚀铜版。1964年，北京印刷研究所研制出了不撒红粉的一次腐蚀法；到七十年代，撒红粉腐蚀法才被彻底淘汰。铜锌版（如图5-6）一般是与铅活字配套使用，在用于报刊印刷时，多用于印刷插图及彩报。

图 5-6 铜锌版

铜锌版一般会以铁钉或粘贴的方法应用于活字排版中，这样在特制的金属板托或木板托上固定好后，再和活字组合成印版。铅版制版的铜锌版则是和活字一起提前制纸型，浇铸成铅版。此外，凸版印刷机也可以直接安装铜锌版进行印刷，具体的制版工艺流程为：

准备底片 → 版材 → 晒版 → 腐蚀 → 整版 → 打样

3. 感光树脂版印刷及其工艺流程

感光树脂版（如图5-7）的版材最接近版的制成品，染料从感光树脂层中提取得到，再将染料均匀涂抹在粗化后的铝版上形成保护层，保护曝光区不被氧化。传统的铅活字和铜锌版被淘汰，取而代之的是有照相排字配合的新版材。兼顾网点版与文字版的优势，比金属版更轻薄，还能够降低成本，节省大量的铅、锌、铜等有色金属。七十年代起，感光树脂版率先开始在北京、广东等地的部分报纸印刷厂试点制作，成功后迅速在国内掀起了"感光树脂版热"。直到1993年报纸印刷完全平印化后，感光树脂版在报纸印刷中才逐渐消失。[1]

图 5-7 感光树脂版

按照树脂成型前的形态，可以将感光树脂版分为两种：液体固化型和固体硬化型。

液体树脂版。全称为液体固化型感光树脂板：粘稠、透明的液体树脂，经铺流、曝光、冲洗、干燥与后曝光等工序后交联固化成型。这种版材为即涂型版，缺陷在于受温湿度影响版面会有变形，尺寸稳定性差，适合幅面较小的线条或文字印版，但其价格低廉，所以一般用于报刊书籍的文字印刷。

固体树脂版。全称为固体硬化型感光树脂版，为浮雕状的凸版，需提前将感

---

① 张树栋、庞多益、郑如斯等：《中华印刷通史》，台北财团法人印刷传播与才文教基金会2004年版，第967页。

光树脂涂布在聚酯薄膜的片基上，经曝光、冲洗后制成。和液体树脂制版的工艺没有太大差别，但最后增加了热固化的关卡。成本相对液体树脂版较高，但简化了流程，并且预涂型版材十分平整，形态稳定，制作网线图版效果极佳。

二、平版印刷技术的发展

我国的平版印刷始于1915年。二十世纪五十年代中期以后，随着国产胶印机的陆续应用，平版印刷中的石印逐渐为胶印取代。进入二十世纪六十年代以后，北京人民机器厂和上海人民机器厂已经生产出了多种型号的单色、双色的自动胶印机，并达到良好的性能，为胶印技术的后续发展奠定良好基础。1964年、1965年中国印刷代表团和技术小组赴日本、西欧考察后，相继引进了电子分色机（如图5-8）和四色胶印机等设备。二十世纪七十年代，随着电子分色机、多色胶印机、预涂感光版等新设备、新材料的相继出现，照相排字机的逐步应用，胶印的优势愈发明显，很多报纸印刷厂都购置了相应胶印设备，并与铅印设备配套使用。

图5-8 电子分色机

三、凹版印刷技术的发展

凹版印刷是四大印刷方式之一，又简称凹印。凹版印刷方法较为直接，其印版由一个个与原稿图文相对应的凹坑与印版的表面组成。印刷时，油墨被充填到凹坑内，印版表面的油墨用刮墨刀刮掉，在印版与承印物之间施压一定压力，凹版凹坑中所含的油墨就会被直接压印到承印物上，最终完成印刷。凹坑的大小及深度与所印画面的浓度及墨层的厚度成正比。

作为印刷工艺的一种，凹版印刷的优势在于其墨层厚实、颜色鲜艳、饱和度高、印版耐印率高、印品质量稳定、印刷速度快等，也因此在印刷包装及图文出版领域扮演着至关重要的角色。凹印在国外可能用于印刷杂志、产品目录等精细出版物，印刷钞票、邮票等有价证券，或者一些包装配饰材料等特殊领域；国内则用于印刷软包装或者是制作纸币等方面。二十世纪五十年代，像《解放军画报》（如图5-9）就是用了凹版印刷技术，成为我国第一个彩色凹印的新闻报刊。后来对彩印品的质量要求不断提升，制版工艺也经历了几次革新，并于二十世纪六十年代研制了81电子刻版机。但随后，由于油墨污染等原因，凹印技术在报刊印刷领域发展缓慢，最终退出了该领域。

图 5-9　采用彩色凹印技术的《解放军画报》

四、孔版印刷技术的发展

孔版印刷因为印刷使用的版材主要为丝网，所以又叫丝网印刷。制版时，先要在印版上分别做好图文和版膜，图文部分可以通过外力刮压将油墨漏印到承印物上，具体原理即施墨时，墨料会透过平面板材上挖割的孔穴，漏印到承印物上；版膜则具有防透性，可以阻止油墨通过，从而形成印刷图形。孔版印刷应用的领域较广，可以用此种方法制作版画作品，亦可用于生活用品和工业用品的包装印刷。

孔版印刷有四种类型，分别为型版、誊写孔版、打字孔版和丝网印刷，下面又各分几种不同的制版方法。共同优势点在于设备轻便、工艺简单、易于操作，也因而适用范围较广。另外，一般较为常用、俗称"油印"的印刷方式就是翻版的誊写孔版：在特制蜡纸上用打字机打好字，或者用铁笔刻好图画，然后在上面涂施油墨，附在普通纸面上，油墨就会透过打字或者刻好的图纹孔洞，渗印在下层纸面上。"文革"期间，各地流行的"文革"小报大多是由此方法印刷。此外，随着技术的提高，丝印也被用于在一些特殊材质上进行新闻印刷，如丝绸等。1993年浙江省印制了世界上第一张丝绸制报纸——《江南游报》。同年6月15日，杭州国际公关公司于北京向中国革命历史博物馆赠送丝绸报纸并举行仪式。1997年，《文汇报》在香港回归当日，也出版了丝绸纪念版（如图5-10）。

图5-10　《文汇报》丝绸纪念版

第三节　报纸印刷设备的发展

报纸的印刷设备大致可分为三个部分，即报纸制版机械、报纸印刷机械以及印刷成品后的相关配套处理设备。进入当代以来，我国报业印刷一方面努力发展民族印刷设备工业，另一方面也积极引进具备国际先进水平的报纸印刷设备。从两方面齐头并进，推动着我国报纸印刷工业较快地赶上世界先进水平。

一、制版设备

1. 文字制版设备

（1）机械制版设备。近代传统的中文排字方法是把铅字按一定次序存放在有格的木盘中，排字人站立手工拣取，但制版过程的逐步机械化使得手工拣字渐渐被淘汰。新中国成立后至二十世纪九十年代初的四十余年间，我国包括报纸出版在内的文字排版仍旧以铅活字版为主。其配套的机器主要有铸字机、铸条机、铸排机、字模雕刻机等。

图5-11　半自动铸排机

传统铅字排版有诸多弊病，比如工序繁复，需要经历拣铜模、铸字、铅字上架、拣字、拼版等环节；成本昂贵，字架占用大量的铅合金材料；劳动强度大，手动站立拣字效率低等，也因而我国开始大力研制汉字铸排机（如图5-11）等排版机械。从新中国刚刚成立到二十世纪六十年代左右，政府先是对上海铸字机厂进行了改组充实，接着咸阳铸字机厂又新组建完成，两厂生产的自动铸字机，紧密贴合了当时国内报业印刷的需求；在此期间，为了进一步发展机械排版，我国外文印刷厂曾经引进了国外的西文铸排机，其形式主要是条行式和单字式两种。包括《人民日报》在内的几家报社印刷厂还从日本引进了一批圆筒式汉字铸排机和平面式汉字铸排机。这种铸排机的特点是可先输入穿孔纸带，然后由纸带指令机器自动进行铸排。

　　除了引进国外先进设备外，我国在1950至1970年代初，也自主进行过多种汉字铸排机的研制工作，如任百尊1952年设计的手选式字模库铸排机，北京、上海于1958年到1975年先后设计试制的手选式九连模铸排机、手选式圆模库铸排机、字模循环式自动铸排机等。[1]1970年代中期，咸阳铸字机械厂先后试制出半自动铸排机和外文自动铸排机，能够一条龙完成铸字、拣字、排版等作业，填补了国内机械排字的空白。[2]由该厂周正国、戴耀明、汪维礼等技术人员研制的ZSY–101半自动汉字铸排机于1978年通过技术鉴定，曾先后生产22台，供陕西当地报社印刷厂使用。同一阶段国内研制成功了各种机型能组成简单版面的铸排机，部分还具备铸成对开标点符号及混排多种幅宽的拼音文字等功能。然而汉字排版的弊端在于字数难以计量，模库体量庞大，铸排的效率低，导致经济效益也低。此外，我国在1950年代后生产的排字机，工作原理是建立专用字库储存铸造完成的铅字模块，但还是需要人工控制按键来启闭字库门户，才能将铅字传输至组版台。工序没有简化，速度也没有加快，所以并没有普及。当照相排字技术兴起后，我国基本停止了铸排机的研制工作。

　　（2）照相制版设备。照相排版，也称冷排，与用铅合金熔铸活字排版的热排工作原理迥然相异。首先利用摄影成像得到底片，之后借助感光材料的特性，通过曝光和冲洗，就能得到文字底版，最后制版印刷。"一代机"即需要人工操作的照排机，制版工需要先根据版面设计要求，人力从字模板上参照原稿选出所需的字块，再结合照相原理拍摄，使装在暗箱内的感光材料感光，经冲洗加工处理后再经校对和拼版，最终完成排版，得到供制印版的底片。机器主要由选字系统、拍摄系统、机械传动、电器控制系统等构成。

---

① 中国大百科全书编委会编：《中国大百科全书 新闻出版》，中国大百科全书出版社1998年版，第154页。
② 陕西省地方志编纂委员会编：《陕西省志·科学技术志》，中国科学技术出版社1995年版，第322页。

图 5-12 照相排字机

从1958年开始，我国开始发展手动照相排版工艺。上海劳动仪表厂（后改名光学机械厂）于1959年试制手选式照排机，几经改型完善。上海的书刊印刷厂于六十年代中后期陆续使用，是为第一代机。1970年，原一机部（今机械工业部）下达重点项目任务书，要求上海研制自动照排机，即由一机部通机研究所、中华印刷厂、上海印研所、上海光学仪器厂、上海字模一厂等十余家单位联手研制，于1973年研制成功并投产。[1]从1974年起，我国采取"两条腿走路"的方式，一方面研制计算机照相排版设备，一方面推广技术成熟的手动式照排机（如图5-12）。[2]当时上海光学机械厂、北京印刷机修配厂、咸阳铸字机械厂、吉林光学机械厂都曾批量生产过手动照排机。1974年咸阳铸字机械厂先后研制成功ZT-101和ZD-102型边线机，解决了制版工艺的难题，加快了制版周期。1976年，陕西省出版局组织由西安新华印刷厂、咸阳铸字机械厂、西北光学仪器厂、陕西机械学院、五二三厂等单位参加的陕西照相排字机研制组，经过近两年的努力，完成了ZXP-7701型电动手选照相排字机第一台样机的试制，解决了热排机械不能解决的四号以上标题字体的排版问题。该机1978年获全国科学大会奖，对中国照相排字机的发展曾产生过重要的促进作用，先后在咸阳铸字机械厂、西北光学仪器厂以及四川、山西、吉林等省批量生产。[3]与此同时，新华社等报社印刷厂还引进过少量的日本写研公司和森泽公司的

---

① 陈发奎编著：《一代造币专家陈宏阁》，复旦大学出版社 2014 年版，第 205 页。

② 曲德森主编、胡福生执行主编：《中国印刷发展史图鉴（下）》，山西出版传媒集团 & 山西教育出版社 2013 年版，第 685 页。

③ 陕西省地方志编纂委员会编：《陕西省志·科学技术志》，中国科学技术出版社 1995 年版，第 322—323 页。

手动照排机与CRT汉字照相系统。

2. 图像制版设备

新中国成立后至1970年代初，我国报业处理图像制版主要使用了凸版制版设备中的铜锌版腐蚀机、感光树脂版及柔性版制版机等，这些设备我国大多都可自产。这其中，用腐蚀法处理图像制版是较为通用的一种手段。腐蚀法的关键点是要在腐蚀溶液中加入某种活性物质和胶类物质，在铜锌版腐蚀机将溶液喷射到版面上之后，特制的溶液能够自动形成耐蚀层，保护凸起图文的侧面不受侵蚀。简化了老式制版的涂粉工序，更不用多次重复操作，大大提高了腐蚀的效率：几分钟可以成功腐蚀一块65线的网目版钟，二十分钟左右就能腐蚀一块图文兼有的报纸大小的版面，制版效率极高。①

同时，电子刻版机也在印刷厂中间逐渐推广开来，简化了凸版的工序：先是用一定的光源照射原稿，原稿上反射出来的光线强度会依据图像色调而变化，反应在光电管中的电流强弱也会随色调发生改变；接着光电管将电流通过放大器及其他有关装置传递给雕刻装置，刻刀就能在电流驱动下在版材上进行机械雕刻；操作简单，免除了照相、拼版、晒版和腐蚀等繁杂的工序。当时国内自主生产的电子刻版机主要用于报纸印刷的，可以放大图像的尺寸到四倍或缩小到三分之一，最大能刻制六开大小的版。

二十世纪七十年代后，电子分色机逐渐取代了传统的照相分色工艺，1974年，上海市印刷一厂向德国购入国内第一台电子分色机DC-300A型。随后，又持续从日本、英国引进电分机，使其逐渐成为书刊印刷厂图文制版的重要设备；二十世纪七十年代中期，上海美术厂很长一段时间投产使用了上海延安机器厂自制成功的电子分色机，但机器在八十年代中期还是由于工艺老化被淘汰。电子分色机的主要功能有：① 可用彩色透明正片原稿或不超过一定尺寸的反射稿；② 能制出阴图或阳图分色片；③ 可以制作连续调或加网分色片；④ 可以放大或缩小；⑤ 扫描1次分出2色或4色分色片；⑥ 校正层次及色彩；⑦ 底色去除；⑧ 细微层次强调；⑨ 应用"非彩色结构"复制法制作分色片。②其优势在于效率高，品质佳，印版成本也相

① 此部分内容主要听取了湖北日报印刷厂陈军先生讲解。
② 中国大百科全书总编委会：《中国大百科全书 新闻出版》，中国大百科全书出版社1998年版，第88页。

对较低，只需6—7分钟，就能用一张拍好的彩色底片同时制得用来制作印版的四张分色底片。由于电子分色机的效率高、产品质量好、节约感光材料，因而在全世界推广很快。尤其电子网点发生器发明后，产品质量进一步提高，并且出现了大尺寸（成品最大可达85厘米×106厘米）的电子分色机，所以在分色制版上取代了照相分色。[①]

随着计算机技术的突飞猛进，直接制版技术也随之发展起来。直接制版机（英文：Computer to Plate，缩写CTP）是计算机具备直接出软片能力后自然发展成熟的新技术，也是计算机排版不断发展完善的产物。整套设备由计算机直接制版，先使用计算机组接成页面，再依据印刷机型号或是折页的要求制作好大版，最后通过光栅图像处理器（Raster Image Processor，缩写RIP）在印版上直接成像。计算机新工艺简化了软片、显影等工序，因此在印刷界被迅速推广使用。但由于直接制版的设备投资比较大，在短期内很难收回，因此我国目前只是在报业有一定数量的直接制版机。从二十一世纪初开始，我国开始自主研发并生产直接制版机，但与国际先进水平仍有一定差距。

二、印刷机

1. 凸版印刷机

新中国成立之初，沿海少数城市拥有的铅印机占全国总数的2/3以上，对开铅印机近1/2。除新建的12家国营新华印刷厂外，就是一些私营的小印刷所。1949年印刷设备制造业只有一些私营的小型（几个人，十几个人）的修造厂，全国从业人员共318人；1949年年产印刷机械仅47吨。1953—1960年，上海支援全国22个省市（包括新疆、西藏地区）技工2000人；迁出对开铅印机91台，全张及二回转机48台，铅印生产力约60万令；对开平印机125台，全张机5台，胶印生产力约90万色令（约占上海原产能1/2）。[②]

---

① 中国大百科全书总编委会：《中国大百科全书 新闻出版》，中国大百科全书出版社1998年版，第88页。
② 王德茂：《中国印刷及设备器材工业60年》，《印刷工业》2009年第9期。

二十世纪五十年代，随着我国第一个五年计划的施行，印刷行业得到了一定的恢复与发展，此时我国已经能够生产多种型号的铅印机。1952年，上海精成机器厂试制出全国第一台LB401型四行宽卷筒纸报版轮转印刷机，时速5万份。①上海中钢机器厂也可制造卷筒纸双面报刊铅印机，能够满足中小报纸的需要。在第一个五年计划期间，我国还从东欧各国引进了自动续纸全张铅印机等设备，这些设备在当时都属于世界先进水平；1957年，私营的中钢机器二厂成功试制出国内第一台 LS201型对开书刊凸版轮转印刷机，印刷效率能够达到16开单贴17000贴每小时，32 开单贴 34000 贴每小时，迅速加快了书报杂志的印刷速度；1958 年，上海人民机器厂成功研制投产LB403型凸版轮转印刷机，新机器采用了三星支架、封闭式传动快速夹板、冲击式折页等设计，印刷效率可达80000份全张报纸每小时，短时间满足了国内市场的需求；1959年，LB203型全张凸版纸自动停车等机构试制成功，令整机设计更加合理稳定。②二十世纪五十年代报纸印刷的迅速发展，很重要的一个原因就在于印报厂基本使用了国产的高速轮转印报机；而在五十年代以前，极少的报纸品种和印数，让高速轮转印报机只能够在少数几家报社使用，大多数报纸还是继续沿用了平台机；发展到五十年代初，上海人民机器厂生产的高速轮转印报机（如图5-13），才开始陆续在各印报厂投产。

图 5-13　上海生产的轮转机

经过十余年的发展，通过技术改造和革新，我国在六十年代初步形成了上海、

---

① 张树栋、庞多益、郑如斯等：《中华印刷通史》，台北财团法人印刷传播与才文教基金会2004年版，第1035页。
② 苏钟：《我国报纸印刷发展概略（一）》，《印刷世界》2007 年第 1 期。

北京、湖南、陕西四大印刷机制造厂，生产各种小型印刷机；六十年代初，SP350型凸版报刊轮转印刷机和 LSB201 型彩色报刊版轮转印刷机于上海人民机器厂试制成功；1966年，上海人民机器厂又试制成功LB2405型双层4组全张凸版大型高速卷筒纸报刊轮转印刷机，效率高达32000份每小时，以求满足当时《人民日报》发行量增长的市场需求；1966年前后，我国已经能够生产各种型号的凸版印刷机，基本满足国内的需求；一直到1988年，上海人民机器厂的铅印轮转机渐渐在大型报纸印刷厂中占据了主导地位，全国累计安装600多台铅印轮转机。[①]

2. 平印印刷机

我国的对外交流直到二十世纪七十年代，国内的技术水平都还处在封闭的阶段，只能依赖自主研究提高平印技术。五十年代初的平印机械中，笨重久远的石印架占了相当大的比重，还有极少数的手给纸平印机，基本见不到进口自动平印机；五十年代左右，上海安利机器厂成功制造出了对开手给纸平印机，用轻薄的锌皮代替了陈旧的石版，滚筒式的印版装置和压印装置，也显著提升了印版效率。

大约从1960年起，技术开始不断向纵深发展革新，整机乃至各类大部件都开始着手进行技术性改造。比如一般所说的"土自动"，通过安装自动输纸器，把人工给纸改为自动输纸，印刷速度每小时能够从2500张提高到4000张以上；1963年，J2201型对开双色平印机于北京人民机器厂试制成功，铜版纸彩色印刷顺利机械化；1970年初期，橡皮滚筒间接印刷方式渐渐普及，印版的耐印力和印刷品质都得到了显著提升。此外，制造自动给纸平印机的条件也基本满足，陆续研制成功了各种型号的平印机；七十年代后期，国产单色、双色自动平印机占据了国内大、中型印刷厂的主要市场，淘汰了传统的"土自动"和手给纸平印机。1966至1970年，全国范围内的各种印刷机械设备生产总量达5.9万吨，是以前17年总产量2.9万吨的两倍。[②]六七十年代，J2101S型平印机充斥市场，最多每年生产销售3000—4000台，国产印刷设备制造企业经过了十几年的改革变迁，最终彻底完成了铅印改平印的产品结构调整。

---

① 苏钟：《我国报纸印刷发展概略（一）》，《印刷世界》2007 年第 1 期。
② 韩晓良：《印机行业发展 60 年》，《印刷工业》2009 年第 9 期。

紧接着，平印机械日趋多色、卷筒化、多纸路、高速化，北京人民机器厂和上海人民机器厂不断研制并售出了不同规格不同类型的平印机。1984年，北京人民机器厂推出双纸路JJ204型高效卷筒纸系列平印机（如图5-14），后来又推出PJS880等系列卷筒纸平印机，上海人民机器厂也试制成功了PJBC-914型卷筒纸平印机。①

图5-14　"北人"卷筒平印机

3.凹印印刷机

新中国刚刚成立之时，仍沿用平台凹印机（俗称大电机）作为雕刻凹版的印刷机器，电机催动版台回转运行，沿四方路线陆续完成上墨、擦版、铺纸、压印、揭纸几道工序。但需人工操作完成剩余所有步骤，每小时只能印刷500张左右，工作强度大效率低。发展到五十年代后期，轮转凹印机逐步淘汰了落后的平台凹印机，印版滚筒安装了更轻薄的弧形印版，装备了自动给纸、自动收纸、自动擦版等功能，特别是干纸印刷工艺的采用，免去了印前湿纸、印后烘干处理环节，极大地加快了印刷速度。

凹印业的发展史跌宕起伏，凹印机械制造业的发展也不稳定。凹印机械生产在《人民画报》、《解放军画报》等彩色画报出版兴起时期发展较快。六十年代，除高档多色凹印机尚需进口外，中低档国产凹印机均已实现自给；发展到七十年代后期，平印技术的普及挤占了凹印市场份额，凹印机械制造业也经历萧条；从八十年代起，凹印机械制造业才又焕发生机，陕西印刷机器厂先后试制了AZJ401500型机组式凹版印刷机和AJS402型塑料薄膜四色凹版印刷机。同时，湖南印刷机器厂也于

---

① 齐福斌等：《印刷多色、高效化和印后多样、自动化促进我国印刷设备大发展》，《印刷工业》2008年第7期。

1978年试制成功BW440型四色包装纸凹版印刷机。不过，这些机型基本都是用于外包装印刷，基本没被用来进行新闻报刊印刷。

图 5-15　凹印机

从五十年代到八十年代，这一阶段我国生产的具有代表性的报纸印刷机有：卷筒纸双面双色凸版印刷机、全张自动平台凸印机、全张圆压圆单凸版印刷机、全张轮转凸版双面印刷机、对开单色自动平印机、对开双色自动平印机、四开一回转平台凸印机、全开单色凹印机、卷筒式四色凹印机（如图5-15）等。

三、报纸印后处理设备

新中国成立初期，我国报纸印后处理主要靠手工。而到了五十年代至八十年代，我国报纸印后处理设备也只是在折页机（如图5-16）研制方面有所涉猎。

图 5-16　折页机

1950年前后的技术革新大运动，推动部分印刷机制造厂成功研制出了折页机，翻开了我国折页机制造史的篇章，如北京人民机器厂在1957年试制成功ZY102型全自动刀式折页机；1968年2月，国家计委和第一机械工业部等单位联合召开"《毛主席著作》印刷机械规划会议"，会议决定扩建原湖南新邵印刷机器有限公司，后改为湖南新邵印刷机械厂，定点专业生产折页机；1985年左右，折页机的主导产品一直是ZYl01、ZYl02全张和ZY201对开刀式折页机。"七五"计划中，国家决定由新邵厂引进国外先进折页机样机和技术，独立研制高速折页机，解决印装不平衡的问题；八十年代中后期，该厂先后研制出ZYH660混合式高速折页机和ZYH490电控刀高速折页机。国产高速折页机主要由纸张分离系统、送纸系统、弯曲平行折页系统、垂直折刀折页系统、机架、传动系统、电气控制系统和收帖系统等构成，但技术水准远落后于国际先进水平。

第四节　印刷器材制造的突破

1949年我国只具备批量生产纸张和油墨两种印刷材料的能力，主要是因为印刷器材的落后制约了印刷工业的发展和印刷质量的提高。虽然造纸技术已在我国发展了两千多年，但新中国成立前我国非常落后的造纸工业，使得1949年全国范围内的机制纸浆产量只有10.8万吨。油墨生产的设备更为简陋，品种也十分单一，大部分都用于书刊铅印。其他印刷器材，也基本依赖进口或印刷厂自行配制，无法大批量专业化生产，如印刷胶辊、铅印版材、平印版材、装订用胶、照相玻璃感光片（湿片）等。但时代不断发展变革，我国在印刷器材制造方面也取得了一定的成就，这一时期一些新的技术也极大推动了印刷器材制造产量和质量的提升。

一、新闻纸制造

新闻纸，又名白报纸，主要用于报刊书籍印刷，适用范围广，报纸、期刊、课本、连环画等正文使用皆宜。纸质松轻、弹性优良、吸墨性能好的优势，保证了油墨能较好地固着在纸面上。纸张经过压光，两面平滑，不起毛，所以正反面的印迹都相对清晰饱满；此外，机械强度高、不透明性能好，都使新闻纸能够适用于高速轮转机印刷。但也有缺陷，制纸的原材料机械木浆（或其他化学浆）含有大量的木质素和其他杂质，纸张放久容易发黄变脆，抗水性能差，不利于书写。所以后来规定平版印刷时必须严格控制版面水分，使用粘度较低的印报油墨或书籍油墨。

新中国刚成立时，我国只有东北石岘、吉林、齐齐哈尔、鸭绿江等几家有能力生产新闻纸，之后南方又陆续改造或新建投产了广州、宜宾、南平三家印刷厂；1960年后增加江西纸厂，七十年代又增加了仅有一台机械年产量不到1万吨的岳阳纸厂。[1]这几所造纸厂后来被称为新闻纸的老九厂。最初这批造纸厂设备老旧，使用的是日本遗留下的二三十年代旧机器，后来广州厂扩建，增设两台三十年代新机，并购置了一台五十年代先进水平幅宽4米、车速400米/分的日产百吨新纸机，其他均为国产的3150毫米纸机，另外八家仅有南平厂引进过部分关键设备。五十年代，我国还引进过日产100—200吨的大纸机，但当时并没用来生产新闻纸，两台100吨的改产用来生产文化用纸，后来分别在岳阳和柳江两厂安装；另一台日产200吨、幅宽5500毫米、车速600米/分的造纸机于七十年代在吉林厂安装，并与日产150吨的TMP相配套。[2]

七十到八十年代，我国造纸工业（包括新闻造纸）各个环节都取得了技术突破，通过引进和消化国外先进技术，生产工艺流程日益完善，特别在制浆技术、废纸脱墨技术上体现较为明显。

1. 制浆技术的进步。制浆是指利用化学或机械或两者结合的方法，使植物纤维原料离解成本色纸浆未漂浆，或进一步加工成漂白纸浆的生产过程。新中国成立后，先后从国外引入了先进的机械法制浆技术、化学法制浆技术以及纸浆的洗涤、筛选与净化技术，并逐步在国内普及应用。

---

① 杨伯钧：《我国新闻纸业的六十年》，《中华纸业》2009年第15期。
② 杨伯钧：《我国新闻纸业的六十年》，《中华纸业》2009年第15期。

图 5-17　造纸制浆设备

　　机械法制浆技术。利用机械的方法将木材纤维原料磨解获得的纸浆，称为机械木浆，包括磨石磨木浆与木片磨木浆两种。木片磨木浆应用比较普遍，它可使用弯曲原木、板皮和废料等，原料的使用范围扩大，浆的强度增大。八十年代后，高线速、高负荷磨木工艺逐渐替代了传统磨木浆技术。磨石单位面积传动动力提高1300千瓦，线速从六七十年代的20米/秒提高到28—31米/秒，甚至高达38米/秒；同时，应用了新磨石清洗系统和压力磨浆技术，前者使用水力刮刀和高压喷水装置，同步了均匀清洗和冷却作用步骤；后者将木段置于密闭的磨木机中，进行高压磨浆，不仅速度加快了，质量也提升了。

　　化学制浆技术，常用碱法制浆和亚硫酸盐法制浆两种方法，即利用各种化学药剂，在特定条件下将植物纤维原料中的大部分木素溶出来使之分散成纸浆。传统烧碱法制浆主要是用来生产某些草浆，比如稻麦草、龙须草、芦苇等。但是，碱回收比较困难，且制浆收获率不高。而亚硫酸盐法制浆技术适应性好，原料来源较广，使用的苯酚副产品亚硫酸钠价格便宜，应用亚硫酸盐蒸煮的纸浆，具有色泽浅、易漂洗、易打浆、收获率较高等特点，可以改善成品质量，降低消耗和成本。[①]这一亚硫酸盐法制浆技术在六十年代以后，得以在中国大面积普及，技术工艺逐步完善。

　　纸浆的洗涤、筛选、净化与浓缩技术，在木浆生产技术中，作用十分重要，

---

① 郭振国：《对亚硫酸盐法制浆的几点看法》，《纸和造纸》1988 年第 3 期。

新中国尚未成立之时，只有简单清洗环节，七十年代后各步骤才不断发展成熟。纸浆洗涤是将纸浆中的废液分离出来，并使纤维细胞壁及细胞腔中的蒸煮溶解物扩散出来，从而得到比较洁净的纸浆。主要有过滤洗涤、挤压洗涤和扩散洗涤这三种方式。纸浆筛选是除去化学制浆中的未蒸解的纤维素、磨木浆中的粗木条、大木片、粗纤维束等，国内常用的筛选设备有振动筛、离心筛、压力筛。浆料净化的原理是根据杂质与纤维的不同密度而进行分离，八十年代广泛使用的是锥形除砂器，浆料经筛选净化后，浓度较低，常常需要进行浓缩，常用的设备有圆网浓缩机和侧压浓缩机，这两种设备兼具浓缩和洗涤功能。[①]

2. 净化技术即废纸脱墨技术（如图5-18）。废纸[②]再生浆可生产各种纸和纸板，这类废纸主要包括印刷厂或书店未发行的和发行后回收的不含或仅含少量机械浆的废刊物、书籍等。这类废纸经脱墨处理除去颜色、油墨后，可生产有光纸、书写纸、凸版纸、卫生纸等；标准要求不含禁止物，无用物控制在0.25%以内；此外，也可用于生产提箱纸板，或掺用于新闻纸。与植物性原料制成的纸浆相比，废纸制成的再生浆算得上半成品原料，一般不含果胶、树脂、溶剂抽取物、灰分等植物原料以及固有的天然有机物和无机物杂质，具有不透明度高、纤维组织均匀，能满足多数纸张的质量要求。回收纸的成分虽然比较复杂，但比使用原始植物纤维制浆造纸要简便容易得多，不必经过打浆处理，而且绒毛少、平整、实用性强，简化了再生纤维制浆流程，节约电力、燃料和化学药品，降低了大部分设备投资成本及原料成本，有利于环境保护。我国造纸纤维原料短缺，价格低廉的废纸已经成为造纸工业的重要原料。进口废纸对于我国造纸业的发展具有很大的支撑作用。

---

① 匡导球：《二十世纪中国出版技术变迁研究》，南京农业大学2009年博士学位论文，第89页。
② 废纸是制浆造纸工业的原料之一，随着纸和纸板消费水平的提高，废纸资源稳步增长。另一方面，世界环境日趋恶化，人们环保意识日益增强，为了节约能源、减少森林砍伐和环境污染负荷，养息森林，废纸的回收利用越来越引起人们的重视，特别是废纸利用带来的投资少、成本低等优点更是给废纸的回收利用带来了巨大的推动力。1990年全球废纸利用量和利用率分别为8480万吨和35.6%，1995年达到1.15亿吨和41.4%，2005年增加到1.88亿吨和48.1%。详见胡岳华等主编：《矿物浮选》，中南大学出版社2014年版，第352页。

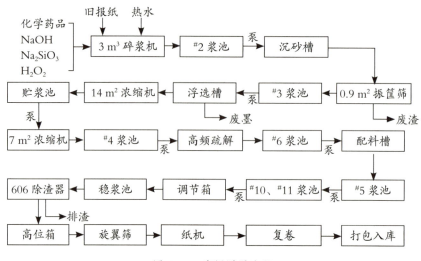

图 5-18　废纸脱墨流程

　　始于1800年的废纸脱墨技术，进入本世纪后才正式应用于工业生产，主要有浮选法和洗涤法两种技术方式。[1]废纸脱墨最常用的方法有浮选法和洗涤法，以及酶法脱墨和超声波辅助脱墨等。废纸浮选脱墨占主要地位，占世界废纸脱墨能力的80%，虽然脱墨技术衍生于选矿工艺，但是脱墨与矿物分选有较大的差异。1935年美国人P.R.Hines进行了首例浮选脱墨装置的专利登记；1952年，美国建成了首座浮选脱墨装置；十年后，希腊安装了欧洲第一套浮选脱墨装置。[2]1955年，首次召开了TAPPI脱墨学术会议，Yuling Den认为将浮选技术引入废纸回收是废纸利用的一个最重要技术发展。浮选脱墨化学、油墨分散技术的进展以及相应的配套设备和改进均对废纸回收产生了重大影响。[3]

　　到八十年代，全世界废纸纤维的回收利用率已达到27%，而当时中国的废纸纤维回收率却只有13%。[4]脱墨造纸是解决造纸原料缺乏的一个有效途径，但是八十年代中期以前，中国企业采用的传统碱煮、水煮脱墨工艺存在纸纤维短、强度差、

---

① 浮选法是将脱墨浆料进行曝气，油墨粘在气泡上，浮在液面而被除去。该法的纤维得率高，但工艺操作复杂；洗涤法是将脱墨纸浆重复地稀释和浓缩，洗去已分离的油墨。该法纸浆白度高，但纤维损失多、废水量大。参考于詹怀宇：《废纸脱墨原理与工艺》，《造纸科学与技术》1999年第4期。
② 陈庆蔚主编：《当代废纸制浆技术》，中国轻工业出版社2005年版，第197页。
③ 胡岳华等主编：《矿物浮选》，中南大学出版社2014年版，第352页。
④ 张净、周苑西：《废纸的脱墨》，《现代化工》1989年第1期。

过程中滤水性差的问题，只能生产包装纸，质量不够理想，且成本很高。[1]为此，各科研单位加快了脱墨造纸技术和设备的更新工作，到八十年代末，轻工业部杭州轻工研究所等单位联合开发的浮选法废纸脱墨技术投入实际应用，在提高纸浆出浆率的同时，还可节电、节煤、节水。之后不久，福建省轻机厂推出了5—10吨/日废纸脱墨生产线，脱墨率达90%，白度达原纸白度的90%，纤维流失率小于1.2%，并可用全废纸生产生活用纸、文化用纸、新闻纸和纸板衬等四大系列纸品。[2]

二、制版材料制造

印刷工序中，制版技术相较更为复杂，并且会消耗更多种类的原材料。由于印刷方式不同，一般印版材料也大相径庭。其中，感光材料从湿版发展到软片，相较来说在材料中区分度较小。

1. 照相材料制造技术。照相制版分照相和制版两道工序，先是用制版照相机拍摄出阴片或阳片的底片原稿，再用原稿翻制出印版，最终用于印刷。

六十年代之前，我国照相制版基本采用的是湿版技术，操作极为复杂。湿版照相术应用的化学药品较多，但其中最重要的是湿版感光乳剂的成膜载体罗甸。罗甸又称克罗甸，是Collodion的音译商品名称，它的正式名称应是硝酸纤维素，是棉纤维经浓硝酸"硝化"处理后的生成物。罗甸极易燃烧，所以俗称火棉。照相用的商品罗甸是将硝酸纤维素溶解在等量的乙醇和乙醚混合溶剂中，成胶状，又称火棉胶。[3]

湿版照相配制感光乳剂的罗甸、碘化钾、硝酸银等药品都可在商店购买，工厂自配自用。乳剂制作工序繁冗，需经过配制、显影、加厚、减薄、定影等多道冲洗工序，但由于其相较于进口软片更低廉的成本因素，故而在平价的国产软片替代品出现之前，印刷厂不得不一直使用湿版照相。

长期在照相暗室、水池旁边站立作业，饱尝湿版操作之艰辛的照相工人，极

① 胡绍华：《废纸脱墨技术试验与生产流程选择》，《西南造纸》1992年第4期。
② 江立金：《废纸脱墨成套生产线试产成功》，《中国造纸》1991年第6期。
③ 张树栋、庞多益、郑如斯等：《中华印刷通史》，印刷工业出版社1999年版，第942页。

度渴望能用干版代替湿版。五十年代后期大搞技术革新就有过"罗甸干版"的尝试。六十年代中期，国内开始生产明胶干版，其关键技术在于研制具有一定预坚膜硬化强度、适于在净化操作系统中进行机械涂布加工的照相明胶乳液，以及在生产工艺过程中对该版的各项物化性能参数的检测、确定与控制。[①]1965年北京新华印刷厂试制成功明胶干版，工厂批量生产，除自用外还供应本市及华北地区一些印刷厂使用。1967年上海市印刷二厂也生产出明胶干版，部分供书刊印刷使用，主要供印刷电路板和晶体管集成电路板拍摄使用。1970年上海市印刷二厂明胶干版车间迁入上海市印刷八厂，成为明胶干版生产专业厂。八十年代开始，照相制版"以干代湿"、"以软代硬"的历史转折点终于到来，湿版在印刷制版技术领域一百多年的使用历史宣布告终。

2. 制版软片制作技术。软片作为一种感光材料，乳剂层支持体以无色透明塑料薄膜为主。基于重量轻、体积小、透明度好、可卷曲等优点，在印刷工业中的普及范围以及可选种类都十分可观。能够用于照相分色、制作蒙版、网纹图版和线条文字图版等照相制版工序。

1959年，汕头感光化学厂开始研制印刷制版软片，1960年，PA硬性全色片、PB中性全色片、PC软性全色片和SP特硬全色片等多个配套软片品种相继试制成功。1964年4月文化部物资局和轻工业部第一轻工业局在北京新华印刷厂联合召开座谈会，对汕头感光化学厂试生产的"公元牌"制版软片进行评价。参加座谈会的除北京新华印刷厂和其他几家印刷厂以外，还有北京印刷技术研究所、上海印刷技术研究所等单位。汕头感光化学厂根据大家反映的意见，对产品的配方和工艺又做了改进，于1964年秋将8个品种的"公元牌"印刷制版软片正式投入生产。其中PB中性全色软片在1964年全国新产品展览会上荣获国家三等奖。[②]

1964至1965年，上海感光胶片厂和汕头感光化学厂相继试制出正色传真软片，供新闻、邮电传真用。到六十年代后期，为适应产业发展需求，我国相继在南阳、无锡、青岛等地兴建感光胶片厂，国内感光材料工业逐步确立了完整的体系。[③]化

---

① 徐志放：《平印照相制版》，上海出版印刷公司职业大学1981年版，第85页。
② 张树栋、庞多益、郑如斯等：《中华印刷通史》，印刷工业出版社1999年版，第943页。
③ 范慕韩主编：《中国印刷大全（1994）》，浙江科学技术出版社1994年版，第244页。

学工业部第二胶片厂于1972年在河南省南阳地区内乡县动工兴建，1977年建成投产。该厂设计生产能力年产电影胶片4500万米，与之配套还建有涤纶片基的生产部门和科研机构，是国内大型专业化感光材料生产企业。八十年代初开始生产"华光牌"印刷制版软片，供应印刷企业使用。其中YZ6001型、YQ500、YEPl型印刷制版软片获化学工业部1983年重大科技成果奖。[①]

三、印刷油墨制造

墨，是祖先的一大创造，它具有"落纸如漆，万载存真"的效果。印刷油墨是由字画墨发展而来，我国古代的书法作品，包括战国及秦汉时期的竹木简都用墨写成，它们虽然经历了几百年甚至上千年的岁月沧桑，但仍然字迹清晰，显示出永不变色的功效。在人工制墨发明之前，一般利用天然墨或半天然墨来作为书写材料。墨的发明大约要晚于笔，从制成颜料到最后完成出品，其中还要经过入胶、和剂、蒸杵等多道工序。最早发明的油墨将可燃物质不完全燃烧的残余物与树胶均匀混合，再进行干燥最终形成水溶性固体。印刷时，将固体墨综布在雕刻木版上，覆上纸，再用刷子将墨轻压在纸上，印刷品就基本制成了。从雕版印刷到活字排印都是使用的这种墨。但固体墨具有的水溶性，使其无法在金属版面上均匀涂布，所以随着印刷机械的发展，金属版逐渐普及，旧时的水溶墨逐渐被淘汰，现代性油性油墨出现。最初的油墨，以油脂为基质调入颜料，其中连结料是植物或动物油脂，颜料是天然无机矿物质，所以干燥速度慢，印品光泽性差，对承印物附着能力差。但后来化学工业带动了油墨发明革新，新型的合成树脂和高级有机颜料在油墨制造中被广泛使用，故而油墨的品类更加丰富，性能更加优良。

进入八十年代后，油墨制造工艺技术（如图5-19）主要在颜料、连结料及轧制工艺方面有所发展。为了改变八十年代以前国内油墨生产的落后状况，油墨产业制定了"油墨树脂化、颜料有机化、产品高档化"的发展目标。技术改造方面，先后引进了瑞士斜列式轧墨机、高速双轴搅拌机、砂磨机和热载体加热树脂成套设备，

① 张树栋、庞多益、郑如斯等：《中华印刷通史》，印刷工业出版社1999年版，第943页。

极大提升了行业技术装备水平。

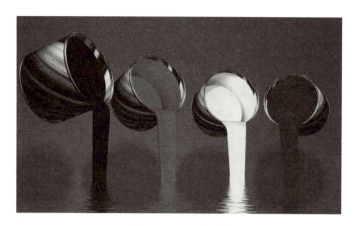

图 5-19 印刷油墨

1. 颜料制造技术的进步。一般用无机和有机来区分颜料的种类：无机颜料有铬黄、铁蓝、炭黑等；有机制墨消耗最多的颜料是炭黑，主要用炉法或槽法等进行生产。六十年代以后，苯胺黑等有机颜料出现，将其与炭黑混合配用，能提高黑墨的品质。但颜料制造技术的工序复杂、专业性强，有机颜料难度更甚，因此，新中国成立之前，彩印文书极为少见，一般的中小型油墨厂大多采用外购颜料，自己炼油轧制油墨。

无机颜料制造工艺相对成熟，成本低廉，但透明性差，质重颗粒分散性较差，印刷品质较低。六十年代以后，彩印技术有了较大发展，彩印颜料逐渐有机化，黄、洋红、青印刷三基色的油墨色彩性能有了极大改善。有机颜料逐渐推广后，由于有机黄的透明性很好，就把黄色放在第三色序叠印，从而加强了三基色合成的效果，改善了彩印的品质。[1]

2. 连结料制造技术的进步。对于平印油墨来说，除了作为颜料的分散介质载体，连结料还是印刷油墨固着以后的成膜物质。印刷油墨除了颜色由颜料决定以外，其他性能如流动性、粘度、干燥速度、光亮度等印刷适性主要是由连结料决定的，所以连结料的性能在很大程度上决定着油墨的印刷性能。[2]二十世纪五十年

---

① 周震编著：《印刷油墨》，化学工业出版社 2000 年版，第 49 页。
② 《油墨制造工艺》编写组：《油墨制造工艺》，中国轻工业出版社 1993 年版，第 20 页。

代，各地油墨厂生产的平印墨连结料均以炼制的亚麻油为主，再调入无机颜料轧制成聚合油型平印油墨，然而由于氧化固着速度太慢、着色力低、容易乳化的缺陷，报纸印刷品质受到了严重的负面影响。1975年后，树脂型平印亮光油墨于天津、上海、杭州等地的油墨厂相继投产。其后，又于七十年代后期，推出了树脂型平印亮光快干油墨，以适应平印高速、多色连续套印技术的革新趋向。1976年，上海油墨厂为配合国产彩色轮转印报机生产，研制生产出非热固型四色油墨。到八十年代末，国内油墨的光泽、固着速度、印刷性能等指标已达到国际先进水平，除单张纸平印油墨外，其他品种的油墨质量均能替代进口产品。[1]

四、印刷版材制造

新中国成立初期，由于工艺设备落后，印刷材料生产中不少工序只能采用手工操作，尤其是印刷版材，几乎完全由手工打造。[2]五十年代后期至八十年代，印刷版材主要有凸版铜锌版材、平印锌皮、感光树脂版、平印预涂感光版等类型。

凸版印刷，一般用铅合金铸造文字、花边，用铜锌版制作图像、线条。大多数情况下，锌版用于线条、网点较粗的凸版，铜版用于精细过网和彩色过网的凸版。平印替代了石印后，市面上最为普及的平印版材逐步变为了锌皮。1960年以前，平印锌皮主要依赖进口，直到上海铝制品厂成功研制出平印锌皮后，国产平印锌皮才逐渐占据市场。

感光树脂版的优势在于耐划伤、耐印力高，国内曾在七十年代起一度出现。但由于涂层的光散射作用，分辨率不如银盐版材，附加工困难，潜影稳定性相对较差，因此感光树脂版始终未能形成规模化生产。[3]1993年后，报纸印刷完全平印化发展，感光树脂版作为凸版新版材就基本不再生产了。

---

① 范慕韩主编：《中国印刷大全（1994）》，浙江科学技术出版社1994年版，第279页。
② 岳德茂：《我国印刷版材60年变迁》，《印刷技术》2009年第21期。
③ 陈虹主编：《现代印刷机械原理与设计》，中国轻工业出版社2007年版，第134页。

自七十年代以后，预涂感光版（PS版）成为平印换代的新版材。[①]1975年，中国印刷科学技术研究所与北京市印刷二厂合作，成功地开发出国内第一条手工操作电解铝片单张PS版辊式涂布生产线。经过十余年的生产、试用，在单张涂布的基础上，于1986年建成国内第一条版卷筒连续生产线（中试车间），年产PS版三十多万对开张。[②]此外，上海印刷技术研究所在国内大力推广柔性版印刷方面的科研工作卓有成效。除研究成功柔性版印刷机供墨网纹辊并生产供应以外，该所还进行了柔性版材的开发研究，国内第一条柔性版材中试生产线于1984年4月通过鉴定并正式生产，年产柔性版材6500平方米，该科研成果获1989年度新闻出版署科技进步二等奖。

1980年后，平印技术迅猛发展，PS版供不应求，包括北京化工厂在内的多家企业先后从国外引进PS版生产线或主要设备，到1995年左右，国内年产的PS版已超过一千万平方米，不仅能够满足国内印刷需求，还能够留有一部分对外贸易出口。

结　语

新中国成立之后至"文革"之前，文字新闻传播技术在新闻出版业社会主义改造、生产力布局调整的基础上，迈入了一个相对平稳发展的时期。在此阶段，文字新闻传播形成了"邮发合一"的体制，这在一定程度上推动了文字新闻传播技术朝着更加机械化、自动化的方向发展。然而，"邮发合一"终究还是受限于机制，未能实现重大突破，甚至拉大了与国外先进水平的差距。加上政治环境、社会环境等因素对新闻出版传播行业的综合作用，其技术体系相对单一。尽管该体制在施行初期带动了新闻信息传播的广泛性，但到了改革开放之后，由于新闻信息的愈发频繁，"邮发合一"体制的问题愈加明显，对信息传播的限制更为凸显。

与此同时，这一时期技术进步的成果集中体现在印刷复制环节，在印刷设备制

---

① 八十年代以来，随着凸版印刷的衰落，柔性版印刷在中国异军突起。其实就柔性版的版型而论，它也属凸版的一类，只不过柔性版的传墨方式，印版的制作历来同凸版印刷完全不同，所以人们习惯上把柔性版看作特种印刷，而不把它归到凸版印刷一类。

② 范慕韩主编：《中国印刷大全（1994）》，浙江科学技术出版社1994年版，第42页。

造、印刷器材制造等方面所取得的成绩，为新闻报刊的飞速发展提供了硬件支撑。七十年代后期至八十年代中期，由于社会政治、经济环境因素的利好，国家提高了对技术发展的重视，制定了长期的发展规划，新闻出版业得以快速发展，也为下一阶段新闻传播技术的重大变革创造了有利的先提条件。

第六章
汉字激光照排与计算机汉字编码

Chapter 6
Laser Phototypesetting for Chinese Characters and Computational Chinese Character Encoding

1974年8月，国家重点科技攻关项目"汉字信息处理系统工程"（简称"748工程"）正式设立。在周恩来总理的关怀下，项目由原四机部（今电子工业部）、原一机部（今机械工业部）、中国科学院、新华社等机构联合发起。通过工程人员的不断努力，"748工程"各子项目最终形成并生产出的成熟商品，基本能够达到世界先进标准。1987年起，国产激光照排系统成功投产并迅速被市场接纳，在国内掀起了一场"淘汰铅与火，迎来光与电"的印刷技术革命。与此同时，汉字编码技术的发展，也极大推动了汉字进入计算机的进程，新闻采编过程中文稿录入速度与便捷性的突破指日可待。随着汉字激光照排技术以及计算机汉字输入等便捷方法的发明与使用，我国的文字新闻传播得到了快速发展。而伴随着这些新技术的使用，文字新闻（主要指报纸）版面编排也出现了较大变化。

第一节 迈入"光电时代"：坚持自主创新的"748工程"

自二十世纪七十年代初期开始，国外印刷技术发展迅猛，光电技术和计算机技术开始在印刷领域得到应用。以电子分色机和照排机为代表的彩色印刷系统成为当时最为先进的印刷技术代表，而寻求强化以计算机和激光照排技术为基础并得到进一步优化，则成为印刷文字处理技术的发展方向。由于我国当时正处于"文化大革命"时期，很多科研部门难以正常运转，印刷技术已是远远落后于国际先进水平，出版印刷所采用的常规手段仍然是老式的铅印工艺。落后的印刷技术严重阻碍了包括新闻传播业在内的出版工业的发展脚步。

一、"748工程"的立项

"748工程"立项之时，国内出版印刷业仍然是老式的铅印工艺，铸字消耗的材料平均每年铅合金有20万吨、铜模有200万副，不仅能源消耗大、环境污染严重，而且劳动强度大、生产效率低：比如新闻报业，报纸印刷车间首先要把合金铅加热到300摄氏度后一粒一粒铸造出来，等到排版时，将字粒一粒粒手工拣出，再用双手将拣好的字粒按编辑的意图排成完整的版面，最后再通过压版、浇铸铅版工序，方可上机印刷。[1]这样繁琐、落后的工艺手段（如图6-1）不仅极大地影响了传统纸媒的生产效能与传播时效性，而且大量的铅还会影响印刷工人的身体健康。

作为国家重要的信息汇总与发布中心，新华通讯社当时不断积极思考着加快排版速度，减少繁琐工序，缩短处理时间和减小劳动强度等问题。1973年，新华社派出技术考察组对日本共同社、日立、NEC、松下、写研、高千穗、东芝等公司进行了一个多月的考察。[2]考察组在考察过程中看到日本先进的磁芯技术，该技术能够解决近2000个汉字和片假名的存储问题，工作人员只需一张大键盘就能键录稿件，并且进一步了解了日方研究部门对于汉字所进行的"空心字"和"涂黑"压缩技术

---

[1] 匡导球：《二十世纪中国出版技术变迁研究》，南京农业大学 2009 年博士学位论文，第 109 页。
[2] 孙宝传、王豹臣：《一场伟大的技术革命——"748 工程"二十周年纪念》，《中国计算机报》1994 年 9 月 13 日。

研究。这次考察对新华社后来的技术改造起到了推动作用。

图 6-1　印刷工人在排铅版

1973年12月至次年6月，四机部和北京市科技局联合新华社分别邀请了日本高千穗、大仓和富士通等厂商来华，就汉字信息处理系统和电子照相排版设备进行了技术座谈。与会者一致认为"中国自己研制汉字信息处理系统已具备了一定条件"[①]。会议还提出由四机部、一机部、中国科学院、新华社及国家出版局等五家单位联合向上写报告的动议。

1974年8月，由周恩来总理亲自批准，四机部、一机部、中国科学院、新华社及国家出版局五单位联合发起的"关于研制汉字信息处理系统工程的请示报告"被列入1975年国家科学技术发展规划，即"748工程"，分为精密中文编辑排版系统、中文情报检索系统和中文通信系统三个子项目，由此该项目正式宣告开始。1977年，工程组成立了由新华社、四机部和北京大学联合组成的领导小组，新华社以第一用户的身份参与研制工作。将山东潍坊计算机公司确定为总承厂，合作生产主机和照排控制器，同时与无锡电表厂（即后来的无锡电子计算机厂）合作研制汉字终端，并与邮电部杭州通讯设备厂合作研制滚筒式照排机，与四平电子研究所、长春精密光学机械研究所合作研制平板转镜式照排机。

---

① 孙宝传、王豹臣：《一场伟大的技术革命——"748工程"二十周年纪念》，《中国计算机报》1994年9月13日。

二、汉字激光照排系统的问世

我国在研究照排技术上起步不算晚。据有关史料，美国在1915年开始有西文手动照排机的设计。1928年匈牙利人乌当在德国研制成第一台光学模板和西文手动照排机，但由于历史条件未能推广应用。此后，日本出现了日文手动照排机。我国近代印刷技术先驱柳溥庆（如图6-2）与陈宏图于二十世纪三十年代合作研究、制作了一台中文手动照排机，但是后来柳溥庆遭日寇逮捕，研制工作遂中断。新中国成立后，我国开始进行手动照排机的研制工作，1961年上海劳动仪表厂正式推出中文手动照排机，在我国不少印刷厂得到使用。但是手动照排机技术上确有很大局限性，效率不高，修改麻烦，又消耗大量感光胶片，因此推广不快，但是作为印刷技术的发展方向，我国印刷界仍坚持不懈进行探索试验。

图 6-2　柳溥庆 [1]

二十世纪七十年代，计算机技术的迅猛发展，特别是美国等西方国家，打破了国家尖端科技的界限，开始向商业化方向延伸。然而，在当时的中国，由于各

---

[1] 柳溥庆（1900—1974），又名圃青、步青、柳霖，江苏靖江人。1920年入商务印书馆印刷所影音部任副部长。他研制成功代替进口的国产"干片"和"133线方形网目"。1935年，制造出第一台排印多种字体不同字号的汉文照相排字机。

种客观条件的限制，以及巨大的技术难关——汉字录入和输出，计算机仍显得高不可攀。汉字的信息处理问题之所以如此难解决，很大程度是由于汉字是一种表意文字，而西方多为拼音文字，字母数量较少，但汉字字库庞大，结构复杂，笔画繁多，很难进入计算机进行信息处理。尽管西方人很早就开始了中文激光照排机的研制工作，但也仅研制成功了样机，无法根本性地解决汉字信息的存贮问题。1970年前后，国外主流西文和日文打印系统使用的是点阵字库。在精密照排领域，主要使用的是字形的黑白段描述方法，然而该种方法有根本性的缺陷，一是压缩率低，二是打印出的文字难以变倍，三是无法产生各种变形字。1976年，王选在调研了国际技术发展方向后做出决定，采取了跨越式发展的技术路线，跨过日本流行的第二代光学机械式照排系统和欧美流行的第三代阴极射线管式照排系统，直接研制国外尚无产品的第四代激光照排系统。

研发汉字激光照排技术需要做大量的准备工作，工程领导小组组织统计了所有汉字的使用频度，然而由于技术条件的限制，只能用人海战术和手工统计的方法，这一项目至少有1500人参加。经过两年多的艰苦努力，对科学技术、文学艺术、政治理论和新闻通讯四大类共两千多万字进行了频度统计，最终才得到了宝贵数据。其中，1—4级汉字共3000字，使用频度99.597%，5级汉字为3000字，二者加起来为6000多个汉字，使用频度已达99.9%。这项工作在统计数量、质量、深度和组织规模等方面都是前所未有的，它不仅为"748工程"提供了科学依据，同时对于汉字研究、中小学识字教育、汉字输入编码等工作都有重要的参考价值。[①]

汉字字形信息量大的问题，是汉字研究历程中的主要难关。王选教授等技术攻关人员经过大量试验，最终采用了世界首创的"轮廓加参数的数学方法描述汉字字形"的信息压缩技术。依照这一技术设计完成的"全电子照排系统"的初步设计方案，直到1975年5月才终于完成。1975年9月，由王选等人研制的高倍率字形信息压缩技术及字形的高速还原技术进一步成熟，汉字信息处理技术取得了重大突破——通过软件，计算机成功模拟出了"人"字的第一撇。次年，北大成立"748

---

① 孙宝传、王豹臣：《一场伟大的技术革命——"748工程"二十周年纪念》，《中国计算机报》1994年9月13日。

工程会战组"，王选、陈堃銶夫妇成为会战组技术骨干，同一年，会战组成员研究完成字形信息压缩及快速复原技术并试验成功，从而推动北大承担起汉字精密照排系统研制任务，由王选负责系统的总体设计和研制工作。

攻破了汉字字形信息计算机存储的技术难关的结果是，当时世界最高水平能够将字形信息量成功压缩到约500倍，而我国利用描述汉字笔画特征的"轮廓描述方法"也可以做到。此外，为保证字形变大变小时的质量，需要用"参数描述方法"（即提示信息）控制字形变倍和变形时敏感部位的质量，而西方直到1985年前后才有类似技术应用。然而，存储的问题解决了，还需要将汉字快速还原和输出。若用软件实现压缩信息还原，由于当时小型计算机运算速度很慢，速度将低至每秒还原一个汉字。直到1979年，王选才提出了一种高速还原汉字字形算法，并能够通过编写微程序予以实现，适合当时的硬件条件并且失真极小，还原速度更高达每秒250个字。后来，王选团队又设计出一种加速字形复原的超大规模专用芯片，实现了高速和高保真的汉字字形复原和变倍、变形，使复原速度上升到每秒710个字，达到当时汉字输出的世界最快速度。[①]除上述技术外，新华社等部门还编写了我国第一套供激光照相排版系统使用的汉字点阵字库，前后参与四十多人，历经两年半之久，囊括了宋体、仿宋、黑体和楷体共3万多字的码划点阵，此字库更成为后来华光照排系统中至关重要的部分。

历经艰辛，汉字激光照排系统原理性样机的硬件部分终于在1979年调通。在这一年的7月27日，经过数十次试验，我国第一张用激光照排系统输出的报纸样张——《汉字信息处理》（如图6-3）在北大诞生。次年9月15日，汉字激光照排系统排出第一本汉字图书的样书——《伍豪之剑》（如图6-4）。1986年5月，杭州通信设备厂研制出我国第一台大报版激光照排机。作为整个"计算机-激光汉字编辑排版系统"配套的输出设备，编辑人员只要将文字图像信息及编排的信号从该机的终端输入，经过打大样校对后，就可以在该机内把信息还原成文字及图形再进行感光照排，输出逼真清晰的底片，最终用于制版印刷。只需要五分钟，就能完成照排对开报纸一个版的文字和图像，只要二十分钟左右，就能完成每天报纸四个版的照

① 王选：《艰难的起步——激光照排系统研制回忆之一》，《中国计算机报》1994年8月9日。

排任务。同时，这台照排机也可以一次照排十六开杂志版面四页或三十二开书籍版面九页，选用高精度的滚筒外圆扫描系统，文字的输出精度可达国际先进水平。

图6-3　《汉字信息处理》报纸样张

图6-4　《伍豪之剑》样书

由于"748工程"攻关阶段正处于改革开放政策新时期，在大环境的影响下，市场引入了大量的国外产品，一时间众多出版单位选择了购买进口产品，挤占了国产照排机的份额。在这股引进风潮中，国家对"748工程"技术攻关始终予以大力支持。1979年底，江泽民同志作为国务院进出口管委会的一员，亲笔写信给几位国务院副总理，专门讨论抵制引进国外产品，扶持国内自主研制成功的汉字激光照排系统一事。[1]同年10月25日，邓小平同志在北京大学递交的关于发展自主创新汉字照排技术的报告上亲笔批示"应加支持"。[2]1981年，我国第一台计算机激光汉字照排系统原理性样机（华光Ⅰ型）由王选主持研制，成功通过部级鉴定，鉴定委员会肯定华光Ⅰ型机"在汉字信息压缩技术方面居于世界领先地位；激光照排机的输

---

[1] 北京大学计算机科学技术研究所："发展历程"，http://www.icst.pku.edu.cn/node/content_63.htm。

[2] 曲德森主编、胡福生执行主编：《中国印刷发展史图鉴下》，山西出版传媒集团＆山西教育出版社2013年版，第667页。

出精度和排版软件的某些功能达到了国际先进水平"①。

1981年，国家出版局在石家庄召开胶印印书经验交流会，"1201"、"北京新华"等11家印刷企业厂长联合发出倡议：从我国的具体国情出发，在研制全自动照排机的同时，抓好手动照排机的结构改革、配套和使用，在全自动照排机尚未投产和推广之前应当尽量发挥手动照排机的效能。随后，国家出版局组织河北新华印刷三厂等一批印刷厂进行应用试点。河北新华印刷三厂在建厂时全部采用手动照排机和胶印印刷，没有任何铅作业工艺。虽然当时的技术并不先进，效率也不高，难于全面推广应用，但是我国印刷界的这些有益探索，为我国日后全面推广应用汉字信息处理激光照排技术积累了宝贵经验。②

"748工程"并非只是一项纯粹的技术性研究，其最终要把技术成果转化为产品，因此，作为发起单位之一的新华社也承担起了该研究的中间性试验，并建立了我国第一个激光照排试验车间，1984年3月华光Ⅱ型系统开始在新华社试用。1985年1月5日正式试排八开《前进报》旬刊，1月8日开始试排十六开《新华社新闻稿》日刊，2月1日华光Ⅱ型系统正式取代铅字。华光Ⅱ型系统作为我国第一个实用的照排系统，采用了大规模集成电路和微处理器作照排控制器，相较华光Ⅰ型具有体积更小、输出速度更快的优势；批处理排版软件跳过了当时国外流行的贴毛条排版，具有自动成页、整页组版功能。③经过三个多月试生产，新系统成功通过验收，由国家经委主持的国家级鉴定及新华社用户为验收主要成员，验收会议郑重宣告华光Ⅱ型计算机激光汉字编辑排版系统"是我国研制成功的一项具有国际先进水平的重大科研项目"，由此，翻开了我国印刷技术发展史的新篇章。

---

① 北京大学计算机科学技术研究所："发展历程"，http://www.icst.pku.edu.cn/node/content_63.htm。
② 沈忠康：《中国印刷战略转型探析》，文化发展出版社2015年版，第2页。
③ 丛中笑：《王选：中国第二次印刷技术革命的引领者》，《光辉印迹——新中国60周年印刷业发展历程》，印刷工业出版社2009年版，第188页。

三、当代毕昇——王选

"只要我们还读书看报，就不应该忘记王选。"[1]王选[2]又被尊称为"当代毕昇"，他所主持研制的汉字激光照排系统，实现了中国印刷技术的第二次革命。

图 6-5 "当代毕昇"王选教授

1975年，王选对当时我国正在筹备的汉字激光照排项目产生了兴趣。彼时，欧美国家的激光照排技术已经发展到了四代机，而国内水平仍为铅版印刷，所以当时我国政府开始筹备自主研制二代机、三代机。王选大胆制定了跨越性发展的技术战略，直接研制第四代系统，也就是当时连西方都尚未有成熟产品的激光照排系统。他针对高分辨率字形发明了高倍率信息压缩技术以及高速复原方法，还配套设计了专用芯片；针对汉字的特点和难点，首创了"参数描述方法"描述笔画特性，除了中国，更取得了欧洲的发明专利。硕果累累，不仅引发了我国报业和印刷出版

---

① "王选简历"，新华网 http://news.xinhuanet.com/ziliao/2003–03/13/content_776723.htm。
② 王选，江苏无锡人，1937年出生于上海，1954年考入北京大学数学力学系，1958年毕业留校，历任北大计算机科学技术研究所所长、教授、博士生导师，北大方正技术研究院院长，方正控股有限公司董事局主席，九三学社中央副主席，中国科协副主席等职务。2003年当选第十届全国政协副主席。2006年病逝于北京。

业"告别铅与火，迈入光与电"的技术革命，更翻开了汉字印刷史新时期的篇章，淘汰了有上百年应用历史的铅字印刷技术。国产激光照排系统的技术飞跃，让我国传统出版印刷行业实现了跨越式发展，短短几年就走过了国外几十年的技术革新历程。不断追求进步，王选随后又主持开发了电子出版系统，占领了国内报业99%和书刊（黑白）出版业90%的市场，甚至海外华文报业80%的市场。从1976年至1993年，王选等人先后设计并制造了六代汉字激光照排控制器（现称栅格图像处理器RIP），采用双极型微处理器与专用芯片（ASIC）相结合的技术，在计算能力和存储能力较低的计算机系统上完成了页面描述语言（PDL）的解释处理，使得中国的电子出版技术处于世界先进水平。[①]历经三十年磨砺，他在方正研究体系中持续革新，成功保持了这一核心技术在世界范围内的领先地位，最核心的产品RIP（光栅图像处理器）更是前后经历了八次迭代。

图 6-6　王选教授在指导研发人员

王选教授除汉字激光照排系统之外，更有另一个创新之举，即从1980年起便着手进行成果的商品化、产业化研究。王选教授认为"科学技术的最高成就是深刻影响工业界和人们生活的重大发明创造。应用性很强的专业，一项创新技术对工业的影响，是否推广应用和大量进入市场应该成为评价成果的最重要标准。自主创新的技术，化成商品，在中国市场上居领导地位，应该成为科研的重要目标，当然更高的目标是把自主知识产权的高科技产品打入发达国家，一个科研单位能做到这点应

---

① 窦鑫磊：《方正激光照排创新之路》，《科技成果纵横》2005年第3期。

得到很高的评价。"①

王选不仅是汉字激光照排系统的发明者与技术领军者，更是一位企业家。很少有人能做到像他一样利用好科学头脑，把创新技术与市场完美结合，让科技最大程度兼顾到经济效益和社会效益。他于1982年获得了中国的第一个欧洲专利。1990年左右，王选又带队先后研制成功以页面描述语言为基础的远程传版新技术、开放式彩色桌面出版系统、新闻采编流程计算机管理系统，引发报业和印刷业三次技术革新。对接市场实际缺口，不断开拓创新，王选的汉字激光照排技术成功占领了99%的国内报业市场以及80%的海外华文报业市场。他积极倡导产学研联动模式，在北大方正集团中建立起从中远期研究、开发、生产、系统测试、销售、培训和售后服务的一条龙体制，力主集团与北大计算机研究所共同成立方正技术研究院，成功实现了科研成果产业化的战略目标。同时，王选也是集团电子出版系统用户的创办者之一，与多家报社均有合作，如中国香港的《明报》、中国台湾的《中央日报》，以及日本的许多报业集团。方正趁势发展，甚至完全取代包括美国HTS在内的多家国外企业。在当时我国科技实力较为落后的现实情况下，王选的跨越式技术攻关战略意义更为特殊。

2000年，由中国工程院等单位组织评选"20世纪我国重大工程技术成就"，其中，王选负责的"汉字信息处理与印刷革命"项目名列第二位，仅次于"两弹一星"。这项技术能获得国家最高科学技术奖，正是对王选这一发明的充分肯定。

第二节　激光照排系统的发展与工艺概述

北京大学与山东潍坊华光电子公司等单位联合研发的计算机激光汉字编辑排版系统，自1979年进入市场起就不断发展，从最初的仅能扫描文字、线条的黑白版到后来的图文合一、彩色照排的桌面出版系统。由此，我国印刷工业彻底"告别铅与火，走向光与电"，成功与国际接轨，开始向排版电子化、自动化、数字化靠拢。

---

① 转引自沈忠康：《中国印刷战略转型探析》，文化发展出版社2015年版，第5页。

一、激光照排系统的发展

硬件和软件是电子排版系统的两大组成部分，前者如扫描仪、计算机、激光照排机、打印机、自动冲片机等；后者则范围极广，工作目的不同，选取的软件也不同，如文字排版软件Pagemaker、FIT，图像处理软件Adobe Photoshop，等等。

激光照排机出四色半色调网点胶片的成功，在计算机图像处理加网技术实现的基础上成为可能。1992年，北大方正率先推出方正彩色报纸编排系统（如图6-7），跳过传统电子分色机阶段，直接进入开放式彩色桌面出版系统，至今全国有90%以上的报社仍然在使用这套系统。1994年，方正又推出"高档彩色电子出版系统"，自主研发了一系列校色、挂网、高速栅格图像处理器、彩色拼版与图文合一排版等关键技术。

1979年，北大方正与山东潍坊华光电子计算机公司曾合作开发研制了华光Ⅰ型电子出版系统，后来又陆续推出Ⅱ型、Ⅲ型、Ⅳ型电子出版系统，其中，Ⅳ型电子出版系统已经可以实现图文合一，其工作过程由微处理机实现全自动控制。1990年，北大方正基于华光Ⅳ型成功研制方正电子出版系统，山东潍坊电子计算机公司则上线了华光Ⅴ型电子出版系统，均实现彩色照排。1993年，潍坊华光电子集团的Ⅵ型机，以及1996年与美国苹果公司合作研制的Ⅶ型彩色电子出版系统接连面世。[1]

图6-7 "计算机—激光汉字编辑排版系统"的激光校样机等装置

---

[1] 匡导球：《二十世纪中国出版技术变迁研究》，南京农业大学2009年博士学位论文，第111页。

在长春光机所、杭州通讯设备厂与方正、华光集团联合研制下，成功推出了激光照排机。随着电子出版系统的发展，激光照排机作为激光编排汉字系统的主要输出设备，也在不断更新迭代。

根据激光头的安装位置，可将激光照排机分为内鼓式和外鼓式两种。前者结构精度高，成本高，激光头位置在转动的圆鼓内，圆鼓上卡装感光胶片，胶片的感光药膜面朝内部激光射出的方向，日本网屏等公司的产品多是这一类；后者则将激光头装在转动的圆鼓外，感光胶片卡装的位置相同，但感光药膜面朝外，同样是激光射出的方向，这类照排机多见于国内照排机厂，成本也更为低廉。

绝大多数早期研制的激光照排机，光源波长都为632.8 nm的氦氖（Ne-He）激光。1990年，前景电脑公司引进红外激光照排机及其制造技术，生产波长为780 nm的红外激光照排机。波长主要决定与机器配套的胶片型号，也关系到相应胶片的成本。一般来说，成本最低的是国产氦氖激光照排片，占据了绝大部分市场，而红外照排胶片则成本高昂，鲜少得见。一方面价格贵，技术不够成熟，另一方面半导体可见红光区进入市场，适用波长为650 nm、660 nm、670 nm的固体激光光源照排机。由于新式固体激光照排机具备控制及光学系统简单、光源效率高、激光器寿命长、成本相对低廉等优势，因此红外激光照排片逐渐被淘汰，半导体激光光源照排机开始成为印刷出版行业主流。

1999年，中国印刷及设备器材工业协会所制定的"28字"技术发展方针中对印前技术和器材的要求是"印前数字、网络化；器材高质、系列化"，具体对感光胶片的要求是，重点开发激光记录输出片，提高其分辨力、物理性能，改进显影工艺等，使其接近国外同类胶片水平。[1]从实际发展来看，激光照排系统中的照排机、照排胶片等构成部分的品种和质量一直在不断提高，激光照排技术仍将在未来一段时间内继续担当我国印刷出版业的主要制版手段。

---

[1] 汪永明：《看国内激光照排技术的前景》，《印刷杂志》2005 年第 11 期。

二、激光照排系统概述

1.激光照排机的构成及其功用 [①]

激光照排机（如图6-8）是激光照排系统（如图6-9）的核心组成部分，担负着输出功能。照排机又被称为激光图像记录仪，它可以将文字、图形和网目调图像输出到相纸和阴图分色片上，甚至可以直接输出到胶印印版上。通过电子计算机对输入文字符号进行校对及编辑处理，再利用激光扫描技术曝光成像在感光材料上，形成所需的文字图像版面。由于利用激光作为光源，扫描光束的亮度高，加之聚焦光束极细，所以分辨力高达40线/mm，能较好地再现文字字形轮廓和笔锋。印刷质量高，排版效率优，使照排机占领了文字排版的主要市场。加之二十多年的革新迭代，技术日益成熟，型号多样，使用激光光源有氦-氖（He-Ne）激光、氩离子激光和发光二极管（LED）等；从扫描方式的不同来看，主要有棱镜扫描、机械式外滚筒扫描和内圆滚筒扫描等几种方式，也有采用振镜扫描式的，但是由于对振镜质量要求高而用得较少。[②]

图6-8　激光照排机

---

① 此部分内容主要听取了几位印刷从业人员的讲解：如湖北日报印刷厂陈军先生、湖北省黄冈日报印刷厂刘成新先生等，他们都是从事印刷业十年以上的专业人员，在此也对他们的帮助表示感谢。
② 潘光华主编，刘渝、白家旺副主编：《印刷设备》，中国轻工业出版社2015年版，第153页。

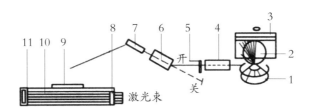

1—旋转多面棱镜　2—透镜($f\theta$)　3—感光材料　4—光束扩大器　5—中性滤色片
6—调制器　7—氦-氖激光器　8—高折射率镜　9—激励电极　10—氦-氖混合气体
11—100%反射镜

图6-9　激光扫描原理图

激光照排机主要有激光器、调制器、光强变换器、光轴漂移校正透镜、扩束器、八面转镜组成。[1]

2.激光照排系统的工作原理

激光照排系统（如图6-10）由3个部分共同构成，分别为输入、电子计算机信息处理和激光扫描记录。操作流程首先是在终端机上录入文稿，辅以相应的排版指令，第二步利用排版软件生成文件，排版工作主要在编辑组版终端上完成，第三步由作图软件处理插图，存盘文件和图片、需挂网的图片，最后由发排系统输出校样或照排胶片。

输入一般可用纸带或软磁盘等，也可以借助通信系统输入。操作控制台、电子计算机和硬磁盘驱动器共同组成信息处理部分，通过输入代码和操作控制指令，能够完成控制、编排、拼排和曝光4个主要程序，并对整机起着控制、指挥、调度和监视的作用。

激光扫描记录主要记录经计算机处理后输出的点阵字形信息，通过激光平面线扫描主机完成。作为记录光束，由氦氖激光器输出的激光束首先进入声光调制器，第二步输出载有字符信息的一级光，第三经中性滤色片适配各种感光胶片的不同需求，第四经扩束器校准光束并投射到锥形多面转镜扫描器上反射出来，最后经广角聚焦透镜在感光材料上形成光斑沿X向扫描，同时输送机构带动胶片作Y向位移，组合成文字图像。激光束记录的优势在于直线性好，字符清晰度高，每厘米400线

①《中国大百科全书 自动化控制与系统工程》，中国大百科全书出版社1992年版，第200页。

以上的解像力，能够实现整版排字而非单个照排。

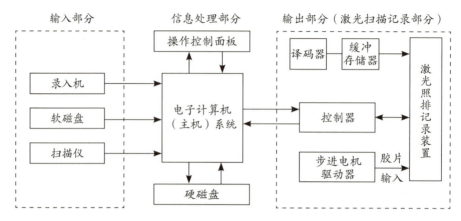

图 6-10　激光照排机主机原理示意图

3. 激光照排系统的制版工作流程

整个激光照排系统的制版工作流程如图6-11。

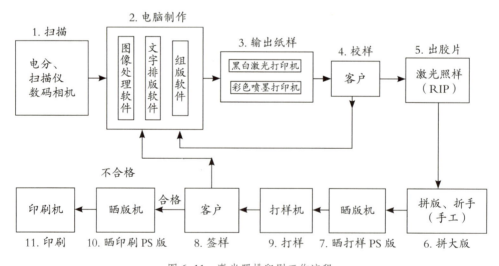

图 6-11　激光照排印刷工作流程

激光照排系统的制版流程主要包括录入、排版、校对、激光扫描—出软片、晒PS版—胶印—装订或切边等。紧跟在激光照排之后，晒版需要利用专用晒版机以及一种非银盐感光材料进行工作；胶印多见以铝版基为支持体的PS版，这种板材经表面处理后涂布重氮感光树脂层制成，分为阴图型和阳图型，国内大多采用阳图型PS版印刷书刊、报纸、彩画等。[①]

4. 激光照排胶片技术的发展及其前景

激光照排胶片囊括激光照排片、激光影像片和红外激光照排片，是激光照排系统制作成品的重要工具。

1984年，我国第一代激光照排片面世，1986年通过化工部鉴定；1990年，我国自主研制了LP-6328Ⅱ型激光照排胶片，更适于氦氖激光照排；后来为适应激光照排机的发展趋势，又进行了多次迭代，如今既能满足632.8 nm波长的氦氖激光源的照排机工作需求，还适宜于波长为650 nm、660 nm、670 nm的平导体、固体激光光源的照排机扫描记录用；1999年，为更好地满足桌面出版系统影像扫描记录的功能需求，又推出全新的RL-Ⅱ型激光影像片，对波长为632.8—680 nm之间的激光影像扫描机都适用。[②]

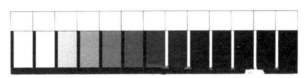

0%　5%　10% 20% 30% 40% 50% 60% 70% 80% 90% 95% 100%

图6-12　照排机输出测试用网点梯尺

早在1975年左右，中国印刷科学技术研究所便开始进行PS版的研发工作。1982年成功研制出了单张式PS版后，国家科委在该所进行了PS版中间试验项目；1985年，三年的实验终于实现了我国第一条 PS版连续生产线，填补了国内这一领域的空白。再然后，根据改革开放中确立的指导思想，中印所为将科研成果及时转化为生产力，进行规模化生产，十年左右的时间内，一直不断向业内推广自己的最新研究成果，先后在华北铝加工厂、鞍山新华印刷厂、三河PS版生产基地、上海界龙印刷版材厂以及广西玉林印刷器材厂等企业建立了PS版生产线。同时，一些国内企业也从间接渠道获得了该项技术，陆续建立起生产线，令这一技术迅速实现了全国范围内的推广，掀起了建立PS版生产厂的热潮，加快了国产PS版的普及，并且更进一

---

① 燕文、陈立刚：《激光照排及制版工艺过程简介》，《影像技术》2001年第3期。
② 刘旸生：《激光照排技术和激光照排胶片》，《影像技术》2004年第2期。

步提高了PS版的制造技术。

随着激光照排技术的不断发展，激光照排胶片的需求量连年翻番。在1985年，中国印刷科学技术研究所建成的国内第一条PS版生产线，当时的年产量约100万m^2，而到了2013年，我国PS版生产量已达1.01亿 m^2，其中出口量达4698万m^2。[①]

第三节　汉字激光照排技术及其影响

基于王选教授文字信息处理技术研发而成的汉字激光照排技术问世以后，我国印刷出版业走向了"光与电"的新时代，这一技术在诞生后不久，便快速投入市场转化为商品。而传统纸媒行业更是因率先使用了作为商品的汉字激光照排系统而受益匪浅，行业生产水平得到了跨越式的提升。由汉字激光照排技术及其后续发展所带来的一系列相关技术革新更是让传统纸媒行业的发展不断加速。

一、汉字激光照排系统及其在纸媒传播中的运用与推广

1. 汉字高倍压缩技术简述

汉字高倍压缩技术是汉字激光照排系统研发的基础，它的成熟使用也使得汉字激光照排技术成为可能。其主要原理及特点如下：

汉字激光照排系统中采用的高倍数汉字字形信息压缩技术，使印刷用的汉字字模所需的存储量从2×10^9字节降为5M字节，压缩倍数为几百倍，同时保证文字质量不会因此而降低。这一技术的要点有：（1）把汉字笔画分为规则笔画和不规则笔画：对于横、竖、折等规则笔画，用很少信息精确描述其起始坐标、长度、宽度、倾斜度、起笔、收笔和转折等笔锋；对于点、撇等任意形状的不规则笔画，采用三种不同形式的增量信息精确描述其轮廓以缩短信息长度；（2）采用最优逼近和便于硬件快速实现的算法把压缩信息复原成点阵；（3）避免失真的文字变大变小方

[①] "'数'说我国 CTP 版与 PS 版的十年变迁"，科印网 http://www.keyin.cn/news/sczc/201409/02-1079108. shtml，2014 年 9 月 2 日。

法；（4）逐段生成汉字以适应激光逐线扫描特点；（5）软、硬件结合的办法准确刻画和实时形成任意复杂的版面；（6）软、硬件结合的汉字字模调度。[①]

这种汉字高倍压缩技术所述变倍功能的代价极低，以一次编排计算，所需成本不到100美元，而以往这种成本大致需要400美元至520美元。汉字字形信息压缩技术和变倍技术使得整个照排过程中不需访问磁盘，消除了汉字计入计算机的瓶颈，提高了汉字字形生成速度，对改善印刷出版系统性能起到了十分重要的作用。

2. 我国第一代汉字激光照排系统的基本构成[②]

（1）主系统：一台16位、32 K字的小型计算机配有功能较强的软件系统，包括专用的分时操作系统、文件系统、排版和命令处理程序。

（2）终端系统：一台16位小型计算机，最多带6台显示器，一台20×20点阵汉字文字发生器被多台显示器共享。

（3）高质量汉字字形发生器和照排控制器：已经相对成熟的高质量汉字信息压缩技术，可以成功使一个108×108 …… 甚至288×288点阵的汉字压缩成800位（平均）而不失真。微程序固件高速而不失真地把压缩信息复原成高质量的点阵。汉字还可以随之自动变大变小而不失真。

（4）滚筒型激光照排机：输出质量很高的正片或负片。激光扫描分辨率为29.2线/秒。

3. 汉字激光照排系统在纸媒传播中的运用与推广

实际上，我国报业告别铅排的历程是从采用进口照排系统开始的。

1981年6月1日，英文版《中国日报》在北京创刊。在技术上，它对英文照排系统 "拿来就用"，采用的是美国康普格兰菲克公司的照排系统。属于第3代产品，没有组版系统，需贴版，照排机采用CRT作为电子光源。英文版《中国日报》是我国第一张采用冷排方式出版的报纸，也是我国第一张通过国际通讯卫星传送版面到国外印刷发行的报纸。

---

① 王选、吕之敏、陈竹梅、汤玉海、向阳：《高分辨率汉字字形的放大和缩小技术》，《计算机学报》1984年第6期。
② 综合参考王选：《计算机–激光汉字编辑排版系统简介》，《计算机学报》1981年第2期；王选：《激光照排技术回顾》，《中国计算机报》1991年2月3日。

1985年7月1日，《人民日报》（海外版）正式创刊。这是我国第一份用冷排方式出版的中文大报。为适应海外华侨、华人的阅读习惯，该报采用了繁体汉字。报社使用的是日本写研公司的照排系统，包括13台录入终端以及小样机、补字机、照排机、冲洗机等设备。需贴版、CRT照排。作为第3代产品的这套系统，在技术上已达到十分成熟的地步，性能可靠。日文中虽然有一定数量的汉字，但当时对汉字的录入尚没有找到一种快速简捷的输入方式。 录入终端的键盘设计成直接录入一个个整体汉字的专用键盘，即右手大键盘每一键代30个繁体汉字，左手小键盘为30个功能键，左右手配合操作，将所需字键入终端。这就需要录入员死背牢记键盘上汉字特殊的排列规律。大键盘共收8000多个常用汉字，没有的字则通过补字机补入。

1986年，华光Ⅲ型激光照排系统（如图6-13）问世，这是我国第一个实用科技排版系统。[1]它的问世受人关注，并广受好评，不仅获得了首届全国发明展览会金奖，并在第14届日内瓦发明展览会上获得金奖。

图6-13　华光Ⅲ型激光照排系统

1987年，当时正处在经营发展相当困难阶段的《经济日报》[2]希望借助新技术

---

[1] 丛中笑：《王选：中国第二次印刷技术革命的引领者》，《光辉印迹——新中国60周年印刷业发展历程》，印刷工业出版社2009年版，第188页。

[2]《经济日报》的前身是《大公报》，"文革"期间停刊，1983年经中央批准改名为《经济日报》。在改革开放的大好形势下，《经济日报》承担的任务日益繁重，沿用铅活字排版老工艺很难适应，加上每天熔铅铸字制版，烟熏火燎，污染环境，因此必须寻找新技术。

来提升报纸效益，遂决定在全国范围内率先购进华光Ⅲ型激光照排系统。同年5月22日，《经济日报》印刷出版了世界上第一张采用计算机组版、整版输出的中文报纸并于当年通过国家级验收，验收委员会郑重宣布："《经济日报》是世界上第一家采用计算机屏幕组版、整版输出的中文报纸。"[①]但好事多磨，仅仅七天之后，《经济日报》副总编们一致要求改回铅排。因为采用激光照排后，经常会出现重字、重行、丢字、丢行现象，有时明明改过的错字又重新出现；而且照排机在运行过程中也出现了诸如抗干扰性能差、扫描抖动、走纸不匀等问题；还有就是字模不敷使用。[②]如果《经济日报》退回到铅排，那就意味着华光Ⅲ型系统试验失败，中国将不得不依靠购买外国设备来解决印刷出版行业的技术升级问题。国家经委印刷技术装备协调小组组长范慕韩深知问题的严重性，亲自与编委们对话，恳请大家正确看待华光Ⅲ型系统试用过程中出现的问题。[③]之后，印刷技术装备协调小组副组长兼办公室主任沈忠康、电子部计算机工业管理局副总工程师王昌茂、北京大学的王选教授、潍坊计算机公司的向阳总工程师、杭州通讯设备厂的孔照元厂长等亲自带队到《经济日报》社跟班作业，集体"会诊"。在大家的共同努力下，华光Ⅲ型系统在运行过程中暴露出的主要问题终于被一个一个顺利攻克。[④]1988年7月18日，《经济日报》印刷厂卖掉使用了数十年的铅字、铅锅、字模、字架等一切铅作业设备，撤销了全部铅作业机构和人员，印刷厂承印的所有报纸、书刊全部用上了激光照排系统。由此，当年唐山地震后排字工冒险收拾散落一地的铅字、重新抢排报纸那样的情形再难出现，铅印也完成了其历史使命，而《经济日报》社也因此成为我国第一家告别"铅与火"，迎来"光与电"的报社（如图6-14）。

---

① 北京大学计算机科学技术研究所："发展历程"，http://www.icst.pku.edu.cn/node/content_63.htm。

② 徐祖哲：《信息跨越》，光明日报出版社2002年版，第24—26页。

③ 张劲夫：《我国印刷技术的第二次革命》，潘国彦主编《中国出版年鉴（2003）》，中国出版年鉴社2003年版，第631至633页。

④ 周程：《"死亡之谷"何以能被跨越？——汉字激光照排系统的产业化进程研究》，《自然辩证法通讯》2010年第2期。

图 6-14 　《经济日报》成为我国第一家告别"铅与火"，迎来"光与电"的报社

　　1987年，华光Ⅳ型激光照排系统研制成功，并于1988年投入批量生产。在此后的几年间，激光照排技术迅速普及到中国的各级报社：1989年1月17日，《天津日报》成立四十周年纪念日当天，首次使用激光照排技术全版印刷报纸，当天共印发3万份。①1989年，《人民日报》在引进美国HTS公司的照排系统使用失败后，决定改用国产华光系统。此后，外国照排厂商全部退出中国市场。1991年，华光Ⅳ型激光照排系统被香港《大公报》采用，《大公报》成为香港地区第一家全部版面都用电脑编排的日报，也是境外第一家采用国产系统的华文报纸。1994年4月，《西藏日报》也开始应用激光照排技术出报，这标志着大陆所有省级以上报纸的印刷全部进入了激光照排技术阶段。随后的几年内，激光照排系统及其技术衍生品相继进驻海峡两岸暨香港、澳门，乃至美国、马来西亚等多个国家的华文报业，到1995年，激光照排系统已经占领国内报业99%和书刊（黑白）出版业 90%的市场，以及 80%的海外华文报业市场。

① "忆天津日报出版革新 悼汉字激光照排创始人王选"，北方网 http：//news.enorth.com.cn/system/2006/02/16/001234933.shtml，2006 年 2 月 16 日。

二、汉字激光照排技术的影响

汉字激光照排技术的成功应用，改写传统纸媒在"铅与火"中低效生产的历史，对于纸媒发展而言，是最具创新精神和里程碑意义的事件。在这场"告别铅与火"的历史变革中，纸媒作为第一个吃螃蟹者，也是其中最大的受益者。与此同时，传统纸媒不但深受这一技术的影响，其行业自身的发展方向与需求也深刻地推动着汉字激光照排技术的继续深化和不断衍生。

1. 汉字激光照排技术对传统纸媒生产效益的影响

回顾我国报业采用激光照排技术的过程时，首先会看到它在报业生产环节所产生的巨大效益：（1）激光照排技术将生产第一线的捡字工人、排版工人从铅污染及繁重的体力劳动中解放了出来，大大降低了报业生产的人力成本。不仅如此，铅印设备的淘汰，也使得维护和更换成本大大降低。（2）激光照排技术也带来了纸媒生产效率的成倍增长，报纸印量与日俱增，从1987年的每小时3万张逐渐发展到1993年的每小时6万张。与此同时，报纸种类也从1988年的922种增长到了1993年的1788种，[①]读者接受信息的来源更加广泛。（3）激光照排技术增强了报纸的时效性和信息量，也为九十年代国内报纸的扩版潮提供了可靠的技术保障。

图 6-15 传统铅字排版工序繁多、任务繁重

---

① 夏天俊：《改革开放以来的报纸印刷业》，《中国报业》2008 年第 11 期。

2. 汉字激光照排技术推动传统纸媒向数字化发展

从更长远的角度看，激光照排技术使报纸走向了数字化。对于西方报纸来说，这个数字化过程来得比较自然，因为它们使用的是拼音文字，但对汉字来说，面临着一个个瓶颈问题。不解决它们，不仅关系到能否用计算机处理汉字，也关系到中华民族能否进入信息时代。幸运的是，五笔字型、拼音码、自然码等汉字编码技术以及OCR、语音输入、笔输入等技术使汉字输入问题不再是拦路虎。王选教授发明的汉字信息压缩技术，更是成功地将复杂的汉字字形在计算机里以经济的空间存贮而以高质量输出。[①]当古老的汉字面对现代化计算机可以进出自如时，中文报纸也就自然而然走上了数字化道路。过去在纸上存在的信息变成了"字节"，在生产的各个环节流动；过去堆积如山的报纸被保存在一张张磁盘或光盘中，可以很容易地用各种方式进行信息检索；而当电子报纸出现时，这些"字节"又可直接变成受众可以阅读的形式。

3. 汉字激光照排技术对传媒技术人员及高校专业教育的影响

激光照排技术在新闻报业的应用，对新闻出版从业人员提出了挑战。尽管在此之前，激光照排系统的使用交由专门的工人进行计算机录入与排版工作，但很快，报社的编辑记者们发现，如果自己不懂电脑，恐怕会在不久的将来被淘汰出发展迅猛的传媒业。与此同时，新闻出版教育单位也适时增加了相关环节的教学：1991年初，中国人民大学新闻系便开始筹建我国新闻院系中第一个激光照排实验室；1993年，该院率先在同类院系中开设激光照排课程，使学生掌握计算机录入、排版等基本操作；此后复旦大学新闻系、武汉大学新闻系等一些新闻院系也开设了类似课程。掌握一定的电脑技术也成为对新闻出版人才的基本要求之一。

第四节 计算机汉字编码方法的突破

汉字输入系统分为两个层次，即编码层次和软件层次。汉字以输入码的形式输

[①] 闵大洪：《中国报业数字化的进程与前瞻》，《传媒》2006年第2期；彭兰："我国报业通过激光照排技术开始数字化进程的发展概况"，光粒网 http://www.diodelaser.com.cn/a/gongsijujiao/hotpoint/2012/1128/3796.html，2012年11月28日。

入，这是编码层次；将输入码转成汉字内码，则是软件层次的工作。从发展趋向来看，编码层次应该是越来越简单，如果形成重码，则用智能软件加以识别。编码越简单，越会受到用户欢迎，越能更好地普及应用。也只有汉字编码方法的不断完善方才推动计算机键盘输入汉字成为可能。

一、汉字编码及其标准

计算机是人类迄今为止所创造的最伟大的工具之一。计算机的功能强大，应用范围极广，几乎在人类活动的一切领域里都能发挥巨大的作用。然而，要想让计算机为我们人类服务，还必须把自己的想法"告诉"它，它才能按我们的要求去工作，并报告工作结果。

在"人—机对话"的过程中，计算机与人"讲话"的方式主要靠的是屏幕显示和打印，此外也可通过语音设备直接向人"说话"。人向计算机下达指令大致有语音输入、光电扫描和弹击键盘三种方式。随着科学的不断发展，也许还会有更高级的形式出现。不过弹击键盘是人们目前同计算机打交道的主要手段。人们所使用的各种数字、字母、符号和汉字等，都是以点阵组成的不同图形"存放"在计算机的存储器内的，就和排字车间里一排排字架上放着各种铅字一样。排字工人到排字架上把需要的铅字拣出、排好，就能表达人们的思想、感情、愿望和要求。使用计算机，我们同样需要"拣字"，不过我们不是去"拣"，而是用光、声或击键的方式"传呼"它们。字母、数字、汉字等在计算机机内的存储方式，就像人们分别"居住"在标有"门牌号码"的房间里一样。信号传到哪个"门"，那里居住的"居民（字母、数字、汉字）"就应召而至。使用拼音文字的人们可以直接敲击键盘上的键位，键盘上键位的名称（如A）也就是"门牌号"了。就像只有26户的小山村里不必编制门牌号码一样。可是，如果要调动成千上万的汉字就不好办了，谁能记得住这么多"门牌号码"？于是，一大批专家和有志之士都投入了汉字编码的研究。他们所做的工作就是要给所有汉字编一套新的"门牌号码"。这种号码体系的作用是：使人们可以见字就"想"起它的号码。同时，它们还能在通用的计算机键盘上实现，并且每个字的号码要尽量短，号码要好学、好记。创制出一套编码体系后，只要把新（汉字输入编码）旧（原来汉字在计算机中存储的房间号码）接通、联系起来就行了，这种接通工作，由计算机自动完成。

在1978年，上海电工仪器研究所工程师支秉彝（如图6-16）创造了一种"见字识码"法，并被上海市内电话局采用，从而率先使计算机的汉字输入进入了实用阶段。"见字识码"用26个拉丁字母进行编码，以四个拉丁字母表示一个汉字。这种编码方案建立在字音和字形的双重关系上，见字就能识码，见字就能打码，不必死记硬背。由于每个汉字的字码固定，就给计算机码的存贮和应用带来很大方便。这种编码曾得到一定程度的应用，为建立中文计算机网络和数据库打开了大门，并使建立在电子计算机基础上的照相排版印刷的自动化得以实现。此后的近十年时间里，汉字编码方案层出不穷，面对数百种乃至上千种汉字编码方案，广大的计算机用户无所适从，难辨高低。

图6-16　支秉彝 ①

---

① 支秉彝（1911—1993）中科院院士，电工测量仪器专家、信息处理工程专家，汉字编码和汉字信息处理和系统研究的开拓者。参加了我国第一个"十二年科学技术远景规划"的制订工作。五十年代负责电表三大关键元件（宝石、轴承、游丝）的质量攻关，组织研究了游丝的制造工艺和性能测试设备，制定了质量标准，提高了电表的精度和稳定性，为建立中国的计量标准做出了贡献。在国内组织了仪表数字化的研究，为数字仪表的普遍推广应用起到了重要作用。六十年代中研究汉字信息字模，发明了"见字识码"编码方法，率先解决汉字进入电子计算机的难题。

1980年，为了使每一个汉字有一个全国统一的代码，我国颁布了第一个汉字编码的国家标准：GB2312-80《信息交换用汉字编码字符集》基本集（如图6-17），这个字符集是我国中文信息处理技术的发展基础，也是目前国内所有汉字系统的统一标准。

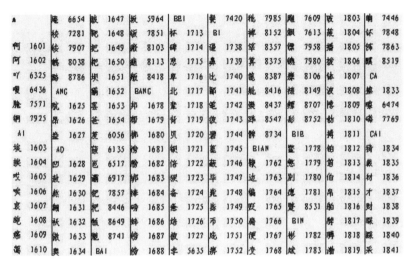

图6-17　GB2312-80《信息交换用汉字编码字符集》

国标码是一个四位十六进制数，区位码是一个四位十进制数。每一个国标码或区位码都对应着一个唯一的汉字或字符（区码和位码分别+20H=国标码；国标码+8080H=内码）。如：区位码"2901"代表"健"字；区位码"4582"代表"万"字。

汉字内码是在计算机内部对汉字进行存储、处理的汉字代码，它应能满足存储、处理和传输的要求。一个汉字输入到计算机后转换为内码，然后才能在机器内传输、处理。

汉字地址码是指汉字库（这里主要指整字形的点阵式字模库）中存储汉字字形信息的逻辑地址码。当需要向输出设备输出汉字时，必须通过地址码。汉字库中，字形信息都是按一定顺序（大多数按标准汉字交换码中汉字的排列顺序）连续存放在存储介质上，所以汉字地址码也大多是连续有序的，而且与汉字内码间有着简单的对应关系，以简化汉字内码到汉字地址码的转换。

汉字字形码：经过计算机处理的汉字信息，如果要显示或打印出来阅读，则必须将汉字内码转换成人们可读的方块汉字。汉字字形码又称汉字字模，用于汉字在显示屏或打印机输出。汉字字形码通常有两种表示方式，即点阵和矢量方式。

字符集：1. GB2312-80字符集，中文名国家标准字符集（GB=GuóBiāo国标）。收入汉字6763个，符号715个，总计7478个字符，这是大陆普遍使用的简体字字符集。楷体-GB2312、仿宋-GB2312、华文行楷等市面上绝大多数字体支持显示这个字符集，亦是大多数输入法所采用的字符集。市面上绝大多数所谓的繁体字体，其实采用的是GB-2313字符集简体字的编码，用字体显示为繁体字，而不是直接用GBK字符集中繁体字的编码，错误百出。

2. Big-5字符集，中文名大五码，是台湾繁体字的字符集，收入13060个繁体汉字，808个符号，总计13868个字符，普遍使用于台湾、香港等地区。

3. GBK字符集，中文名国家标准扩展字符集（GB=GuóBiāo国标；K=Kuò扩，即扩展），兼容GB2312-80标准，包含Big-5的繁体字，但是不兼容Big-5字符集编码，收入21003个汉字，882个符号，共计21885个字符，包括了中日韩（CJK）统一汉字20902个、扩展A集（CJK Ext-A）中的汉字52个。Windows 95/98简体中文版就带有这个GBK.txt文件。宋体、隶书、黑体、幼圆、华文中宋、华文细黑、华文楷体、标楷体（DFKai-SB）、Arial Unicode MS、MingLiU、PMingLiU等字体支持显示这个字符集。

4. GB18030-2000字符集，包含GBK字符集和CJK Ext-A 全部6582个汉字，共计27533个汉字。宋体-18030、方正楷体（FZKai-Z03）、书同文楷体（MS Song）、宋体（ht_cjk+）、中国香港华康标准宋体（DFSongStd）、中国香港华康标准楷体、CERG Chinese Font、韩国New Gulim，以及微软Windows Vista操作系统提供的宋黑楷仿宋等字体亦支持这个字符集的显示。Windows 98支持这个字符集，以下的字符集则不支持。手写输入法逍遥笔4.0版支持GB18030字符集及方正超大字符集汉字的录入。

5. 方正超大字符集，包含GB18030-2000字符集、CJK Ext-B中的36862个汉字，共计64395个汉字。宋体-方正超大字符集支持这个字符集的显示。Microsoft Office XP或2003简体中文版就自带有这个字体。Windows 2000的操作系统需安装超大字符集支持包"Surrogate更新"。

6. GB18030-2005字符集，在GB13030-2000的基础上，增加了CJK Ext-B的36862个汉字，以及其他的一些汉字，共计70244个汉字。

7. ISO/IEC 10646 / Unicode字符集，这是全球可以共享的编码字符集，两者相互兼容，涵盖了世界上主要语文的字符，其中包括简繁体汉字，计有：CJK统一汉字编码20992个、CJK Ext-A 编码 6582个、CJK Ext-B 编码 36862个、CJK Ext-C 编码 4160个、CJK Ext-D 编码 222个，共计74686个汉字。SimSun-ExtB（宋体）、MingLiU-ExtB（细明体）能显示全部Ext-B汉字。目前有 UniFonts 6.0 可以显示Unicode中的全部CJK编码的字符，可用海峰五笔、新概念五笔、仓颉输入法世纪版、新版的微软新注音、仓颉输入法 6.0 版（单码功能）等输入法录入。Ext-C还有两万多个汉字。

二、几种流行的汉字输入方法

较为流行的汉字输入方法目前可归纳为四大类，即键盘输入、语音输入、手写输入、扫描识别输入。

1. 键盘输入。这是一种比较普及的汉字输入方法，可把它分成4种较成熟的汉字输入方式：（1）拼音码汉字输入。拼音码汉字输入是汉语的直观输入，又分为全拼音、简拼音和双拼音，是通过拼音字母转化为可见的汉字，立即显示在屏幕上。拼音码的优点在于，符合国家的语言文字政策，在青少年或普通话说得准确的人群中很容易普及和推广。缺点在于读不准音的人难以准确输入。（2）拼形码汉字输入。拼形码就是我们常说的形码，它是把每个汉字拆分成多个部件（字根、笔画），每个部件给一个代码，这些代码在微电脑键盘上对应一定的字母键，输入汉字时，只要依次输入部件代码即可。拼形码的长处在于能广泛地为国内外不同地区使用汉字提供服务。由于汉字的形是固定的，那些不认识的字也可以按规则拆分输入，较典型的代表为五笔字型的"王码"，字根通用的"郑码"。所以拼形码在国内外广为流行。但因为汉字结构复杂，字数繁多，笔画多少不一样，拆分汉字部件就难免破坏汉字的笔画结构，特别是拆分的规划、拆分的部件要求用户死记硬背，这对普通用户是困难的，这也是它的短处所在。（3）音形码汉字输入。所谓音形是指：每个汉字在输入时，首先取该字读音的第一声母，然后按一定的规则拆分该字的部件，其拆分的方法和要求与形码类似。不同的编码对代码有不同的约定和规则，但目的都是减少重码，减少记忆量，做到易学易用。音形码的输入方案最多，这对稍懂得一些汉字正确读音的人是比较合适的，因为它只要求每个汉字读音的第一个声母准确，再加上所取部件的代码即可。（4）形音码汉字输入。所谓形音是指遵照书写汉字的笔顺规律，把每一个汉字分解为多个部件（指字根、偏旁部首或笔画），然后根据一定规则提取部件，再把所取部件读音的第一字母连成字母串，即得该汉字的输入编码。一个汉字的编码由部件的多少而定，它是一个不等长编码，当部件较多时，按"前四末一"的原则，最多只取五码。由于该法所选部件是最优的高频通用部件，而且符合国家语言文字规范，无生造和死记的部件，因此深受新闻从业人员欢迎。

综合来看，汉字编码基本可划分成形码与音码两大派系，由此派生出形音码与音形码。一般来说，形码的优点是误码率低，重码少，但普遍的缺点是规则繁杂，难记难学难用；音码的优点是好记易学，但缺点是重码率较高，输入每一个汉字几乎都要进行一次选择，给用户带来诸多不便。而形音码和音形码则是在综合了形码与音码各自的优点，并较好地克服了各自的缺点的基础上发展起来的。

2. 语音汉字输入。这是一种通过计算机接收人们的讲话所发出的声音输入信号来实现汉字输入的方法。人们只需对着话筒讲话或念文稿，所念的字、词、语句都会自动进入电脑，然后通过功能强大的电脑汉字处理软件，把输入的声音信号转换成汉字语句显示在屏幕上。但功能还不够完善，输入的准确率和对口音的识别率还有待进一步提高。

3. 手写汉字输入。这种输入方式是，首先建立好电脑汉字库，借助与电脑连接的笔触感应板和智能应用软件，成千上万个汉字可手写送入计算机，其中具有典型代表意义的是"汉王笔"，它是非编码型汉字输入系统，通过简易的安装程序，用户就能在手写板上书写汉字文章，电脑接收到手写的汉字信息后，立即转换为机内的标准汉字并送屏幕显示。但由于用户手写汉字的行书体各异，尤其是输入的字体潦草时，电脑的自动识别率将大大减低。

4. 扫描识别汉字输入。这是一种在快速处理成批图文资料时高效便利的新型汉字输入方式，借助与电脑连接的高速扫描仪和自动汉字识别系统软件，将图文和汉字资料输入电脑。

三、汉字计算机键盘输入的实现

1. 键盘输入种类

汉字输入用的键盘可以是大键盘、中键盘、小键盘或特小键盘。大键盘是为汉字输入设计的专用键盘，键位分布类似于传统的中文铅字打字机，每一键就是一个整体的字。中键盘是以字根为键位的专用键盘，每按一键就输入一个字根，键位可以多至几百个。国内外为研制这两种键盘曾花费了大量人力物力，因为这类键盘输入速度慢，费用高。小键盘有很多优点：体积小，造价便宜；既可以输入西文，又可以输入汉字，不必专门制造；使用者只需记住几十个常用的键位，也比较方便。特小键盘是用单手操作的键盘，键位可以少至五个，对应于一只手的五个指尖，这种键盘只适用于特殊场合。

键盘是信息进入计算机的入口。用来输入汉字的键盘，曾经试用过整字输入的大键盘和部件输入的中键盘。这两种键盘体积大，需要专门制造，造价自然也高，而使用者都得背熟每个汉字或部件在键盘盘面上的位置，十分不便。所以很快就让位给特征信息编码输入的小键盘。

小键盘是从字母打字机的字键脱胎来的，拼音文字的字母可以直接输入。拼音文字的字母数量有限，一般只有几十个，结构也比较简单，字母可以盲打。汉字是二维的平面图形，它与计算机内以0和1为元素的线性排列方式完全不同，汉字不能直接进入计算机。汉字输入是实现中文信息处理的关键问题之一。给汉字编码可以有许多种安排。四码电报的电报码就是编码，而且是等长码（每个汉字都用一组四位数来表示），无重码，不过是流水码（0000、0001、0002……），汉字和代码之间没有逻辑关系，使用的人只能靠死记硬背。二十世纪二十年代发明的四角号码检字法也是编码，字形和代码有一定的联系，是有理码，但是它的同码字太多，不适合计算机使用。为了突破汉字进入计算机这个瓶颈，人们在寻求新的编码，同时要解决与此有关的汉字属性研究和软硬件支撑环境方面的研究。随着计算机的快速发展，上世纪八十年代之后使用最广泛的是小键盘，也就是英文的标准键盘。提取汉字和词语所负载的信息，按小键盘原有的键位做某种信息编码，就可通过小键盘直接键入汉字。

2. 计算机输入汉字原理及过程

整个汉字输入过程，可以分为代码识别和代码转换两部分：

（1）代码识别。从键盘缓冲区读入的字符，由代码识别程序进行识别，并分别进行处理。输入的可能是西文字符、汉字编码字符，还可以是一些功能符及方式转换符。如果是功能符，代码识别程序完成该功能符定义的功能，各功能符的处理都有相应的处理程序。如果是方式转换符，代码识别程序则对输入方式进行相应的转换，包括清除原提示行内容，在提示行行首显示新输入方式的名称。结束原输入方式下输入的编码字符，开始新工作方式下的输入编码等。如果读入的是汉字输入码，则根据不同的编码方案，转至相应处理程序，把输入码转换成内码，并返回给DOS。如果读入的是西文字符，则向DOS返回ASCII码。

（2）代码转换。实现输入码到内码的转换，通常有如下两种方法：计算法和查表法。

① 计算法。若一种编码方案的输入码和内码之间存在函数关系，就可以采用计算法进行转换。汉字内码和国标码之间通常有简明的对应关系，因此以国标码或区位码输入汉字时，只需通过简单的计算，就可以实现输入码到内码的转换。汉字以区位码输入时，先把区位码转换成国标码，然后再把国标码转换成内码。区位码转换成国标码过程如下：取输入码缓冲区中的第1、2个字节（区位码的区号）压缩成十进制BCD码作为区号；再从缓冲区中取第3、4字节（区位码的位号），压缩成BCD码作为位号；然后，再将区号和位号由十进制转换成十六进制。由于区位码是从1区1位计起，而国标码是从2121H开始的，因此，十六进制的区号和位号，均应加上20H才能变成国标码；国标码两个字节最高位再加上1形成内码，即完成输入码到内码的转换。

② 查表法。实际应用中，大多数编码方案的输入码和内码之间并无计算规则可循。此时，需要建立输入码和内码对照表（亦称输入码表或扫描表），用查表法实现转换。每个汉字对应一个表项，每个表项分为两栏，一栏为输入码，另一

栏为对应的汉字内码。汉字输入时，系统根据输入的汉字编码，在对照表的输入码一栏中进行扫描，找出输入码的对应表项，并把该表项的内码取出，完成输入码到内码的转换。查找这种对照表，常用顺序法和对分法：顺序法是先从表头的第一个表项开始，把输入的汉字编码与表项的输入码逐个比较，相同时，取出该表项的内码，输入码到内码的转换即告完成；对分法是按照输入码表逐次对分进行查找的方法。

第五节　文字新闻版面编排的新变化

版面是报纸的脸面。优秀的版面编排设计，会给读者以美感，增强报纸传播的吸引力、感染力。铅印报纸时代报纸印刷质量是相对较差的，特别是不能用铅印轮转机印彩报。改革开放初期，由于报纸印刷质量差，读者退报及投诉天天不断，主要原因就是墨色不匀、图像不清、字迹模糊。[1]而激光照排技术不仅丰富了报纸的编排手段，更使得报纸印刷质量大大提升，版面设计更加美观，文图相映更加赏心悦目，给报纸增辉添色。

实现激光编辑排版后，我国各大报业在狠抓内容的同时，也更加讲究版面编排和设计艺术，力争创造出别具特色的外显形象。报纸的版面美有其客观标准，但随着时代的发展，以及由此而带来的心理素质、文化素养的变化，在不同的时代又有不同的内涵。而且，报纸的版面美，在很大程度上受制于组版的技术手段。我国报纸的版面美化，随着激光照排技术以及彩色出版技术的出现，经历了一个由简单到复杂，由单一的技术手段和艺术手段的运用，向多种手段并用的发展过程，报纸的版面美不断地趋向新的境界。

1. 版面更加清晰、美观。铅字排版由于是手工操作，稍不注意就可能造成行不直、线不正，甚至字跑出格，影响版面美观和阅读。[2]但在激光照排技术出现之后，这些现象都基本消失了。比之铅字，激光照排的字体更加清秀，而且字型多，大小、阴阳、斜正可随意变化，还可制出各种美术字的效果，令人赏心悦目。此

---

① 中国印刷及设备器材工业协会报纸专业委员会：《改革开放以来的报纸印刷》，《印刷工业》2008年第7期。
② 朱悦进：《激光照排与版面编辑》，《新闻战线》1991年第4期。

外，在使用彩色桌面出版系统之后，原来模糊不清甚至一团墨黑的图片也被层次分明、富于质感的图片所取代（如图6-18）。

图 6-18　编排更加丰富多元的报纸

2. 版面的标题、分区和色彩、层次富于变化。激光照排系统的字型、花边、底纹种类繁多，搭配变化无穷，又可在文章区压底纹，照片上排文字，版面变得更富有层次、有立体感。过去仅仅局限于标题文字与插图，或者标题文字与照片的结合。激光照排技术使用之后三者有机地结合在一起，可以说是别具一番情趣，有的还把标题中的照片或插图同正文的文字下的浅网有机地结合起来。

3. 充分利用报纸中缝。连《人民日报》从1992年1月11日起，也开始利用中缝每周刊登一次广告（如图6-19）。

图 6-19　报纸开始增加中缝广告

4. 缩小字号。如《中国电视报》从1990年第1期起缩小字号，使报纸容量比以前增加52%，等于读者不多花一分钱，在一年中却看到了过去一年半的报纸内容。

5. 调整版心尺寸，压缩四周白边。按照我国传统，报刊书籍上下左右的白边留得较宽较大，认为典雅大方。1991年11月4日王益致信《新闻出版报》，建议压缩我国报刊书籍上的白边，他算了一笔账："《人民日报》四周的白边，分别为上20毫米，下23毫米，左右各18毫米；日本《朝日新闻》等大报的白边是上17毫米，下9毫米，左右各10毫米。每版要比《人民日报》大 246平方厘米，可排小5号字2256个。《人民日报》每日八个版，如果压缩白边，每日可增加篇幅1968平方厘米，相当于增加了一个整版。"[①]后来，如《中国电视报》，从1991年第45期（11月5日出版）做了调整，这样每期报纸又增加了一个多版的容量，等于每月向读者赠送一期四开五版的报纸内容。

6. 版面的空间布局发生变化。所谓版面的空间布局，这里指一条稿子的标题和文字或照片等的组合构成。传统的报纸版面空间布局，不管怎样变化多端，始终是矩形的组合。而现代报纸则不同，可以是梯形也可以是多边形，即使是矩形，也可以斜置使其给人一种生动感。加框新闻的边也出现了新的变化：同一个框，各边可以使用粗细不同、数量不同的线，使得版面的空间布局多姿多态。

结　语

"748工程"是二十世纪七十年代我国政府根据国家发展战略以及市场的需要而下达的一项科研任务。从一定意义上来说，它很大程度是需求拉动的结果。在实际研发过程中，以王选教授为代表的技术组成员，呕心沥血，创新汉字高倍压缩技术，在将技术物化的过程中，既不以西方技术标准为圭臬，亦不盲目排外，在坚持自主创新的原则指导下，合理引进西方先进元器件和设备，强化了国产汉字激光照排系统的使用效能，最终研发出具有强大竞争力的技术产品，为中国科技事业做出

[①] 王益：《建议多压缩一些空白》，《新闻出版报》1991 年 11 月 4 日。

巨大贡献。"748工程"启动了中国印刷工业的第二次革命，而在此基础上逐步走向成熟的汉字信息处理技术更是为汉字进入现代信息社会做出了不可磨灭的贡献，极大地推动了计算机领域的文化进程。

与此同时，支秉彝等专家学者用他们的辛勤劳动与智慧创造为汉字进入计算机提供了良好的发展基础，也为新闻采编事业日后的自动化发展打下基石。

此外较早使用这些先进技术的传统纸媒，也率先享受到了新技术带来的一系列丰硕成果，不仅有效提升了纸媒生产效益，提高了纸媒版面质量，加速了纸媒传播效力，拓展了纸媒传播信息内容，更推动了纸媒传播的数字化发展进程。

第七章
汉字信息处理技术与文字新闻传播

Chapter 7
Technologies of Processing Information in Chinese and Textual News Communication

汉字信息处理技术是关涉计算机技术在我国能否普及与推广的关键因素之一，特别是在新闻出版、办公及家庭等领域更是如此。八十年代中后期，伴随着计算机技术的不断革新，我国对于汉字信息处理技术的投入力度也越来越大。在汉字编码、汉字计算机输入等已有研究基础上，汉字信息处理技术在汉字库建设、汉字操作系统、汉字输入输出设备等软硬件方面都获得了较大发展。正是在汉字信息处理技术快速发展的带动下，汉字与计算机愈发"亲密"。与此同时，汉字在计算机领域的快速上位，也让我国文字新闻传播事业因此受益良多。

第一节　计算机汉字库建设的发展

汉字输出主要是显示输出与打印输出汉字字形。要想让计算机能处理汉字，就需要在计算机中存储汉字的字模（字形），就像铅字印刷时要有各种铅字字模一样。产生汉字字形的方法有模拟式和数字式两种。前者如字模板、全息照相等，文字质量较高，价格较便宜；后者是在计算机中使用的主要方法，它输出文字一致性好、速度快。

汉字字形在排版中原本是指具有一定尺寸和形状的铅字。在计算机中沿用这一名词,表示输出汉字的形状和大小。解决汉字的输入与输出、再建立汉字库,是建立汉字信息处理系统的关键。而汉字库建设在整个流程中非常重要。汉字以内码形式存储在计算机内部,输入时以输入码为形式,而以汉字字形信息显示和打印输出。因此,汉字系统必须建立一个用于产生或直接存储汉字字型及必要的图形符号信息的存储系统,称为汉字字模库或汉字字型码。第一代汉字激光照排系统键盘是信息进入计算机的入口生器(简称汉字库)。汉字库由一批汉字字型码或字型压缩码,以及其他有关图形符号,按照一定顺序排列而成,它为输出设备(如显示器或打印机)提供汉字的字型信息。在计算机广泛应用的背景下,保证汉化系统建设以及汉字输出的关键因素就是汉字库,它是打印输出的质量保证。采用点阵存储字型信息的方式一般存在于八十年代中后期。复杂的汉字笔画多,需要至少16×16点阵的较高点阵来表示。在新闻报刊、图书出版等印刷系统之类对于字型要求更高的环境中,汉字库的种类需求更加多样,字数也更多。有时简体汉字和繁体汉字都要必备。

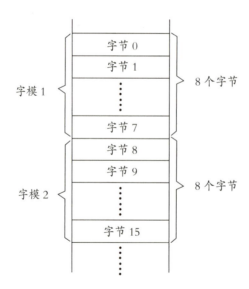

图 7-1 字符字模库的组织结构图

字库的大小不等，所包含的汉字字数可以根据不同的要求来确定，但通常均应包含国标 GB2312-80中规定的一级和二级汉字，以及非汉字图形字符。一级汉字是常用字，一般都知道其读音，故按汉语拼音字母顺序排列；多音字取其常用发音；同音调的字则以起笔的笔形——横、竖、撇、点、折排列；起笔相同者则按第二笔，依次类推。二级汉字大部分较生僻，不容易掌握读音，故按部首排列；部首的顺序按笔画数排列；变形部首排在正常部首之后；同部首字按除去部首之外的笔画数排列；同笔画数的字也以起笔的笔形顺序排列。

根据字型质量，汉字库又可分为普通型和精密型。普通型字库存放的是低点阵汉字字型码，字的质量比较低，如16×16点阵字型码。精密型字库采用高点阵的汉字字型码，可反映出不同的字体、字号及笔锋，能满足书报印刷系统对文字质量的要求，可用于印刷输出。[①]

汉字字型按其存储方式可分为整字存储和压缩存储两大类。整字存储就是按字节，把汉字字型点阵信息全部存入存储器中，在需要时直接读取。它操作便捷，易理解，速度快，但需要较多的存储量。而压缩存储不将字形信息直接存储，它先用压缩技术将点阵信息进行压缩，压缩后再将信息存入存储器，使用时需要将压缩信息还原成点阵信息。压缩的方法很多，应用较为广泛的矢量法就是其中之一。

一、点阵字库与轮廓字库

以字型信息的构成类型而论，汉字库又分为点阵字库和轮廓字库。

1. 点阵字库

由于汉字都是方块字，大小也都相同，所以无论汉字的笔画多少、变化多大，都可以在同样大小的方块中呈现。于是可以把一个方块看作一个m行行列的矩阵，简称点阵（如图7-2）。一个m行n列的点阵共有m×n个点，例如16×16点阵的汉字，每个方块有16行，每行有16个点，共256个点。每个点可以是黑色点或无黑色点，一个点阵的黑点组成汉字的笔画，这种用点阵描绘出的汉字字型，称为汉字点

---

① 崔来堂：《汉字信息处理》，《电子与电脑》1994 年第 7 期。

阵字型。[①]这一时期，大多数都以点阵形式来表示汉字库中的字型信息。把一个方块汉字分解为若干小方格，每个小方格的中心点视为一个点，有笔画通过中心点的小方格视为"黑"点，无笔画通过的为"白"点，就是点阵。这样，所有黑点就描绘出相应的汉字字型，即点阵字型（简称点阵）。点阵中的每一个点，用二进制的一位表示，"黑"为1，"白"为0。整个点阵可以由二进制数据形式表示出来，其中一个字节存储单元可表示点阵中的8个点。

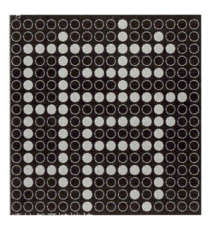

图 7-2 点阵字体

点阵字库是由排列成行列的点阵，组成的汉字和字符字型的有序集合。汉字字型点阵通常是16×16，24×24，32×32，40×40等8的倍数，点阵排列可以是横向字型信息，也可以是纵向字型信息。由于显示器是按横向扫描的，供显示用的汉字字型点阵应是横向型的；而打印机的打印针是纵向排列的，因此，送到打印机的必须是纵向点阵字型信息。汉字的这种存储方法亦称整字存储法。[②]打印时，只要把汉字的点阵数据传送给打印机即可，为了加快打印速度，某些打印机本身固化有这种点阵字库（如LQ1600K等）。这样，只需向打印机传送两个字节的汉字内码，就可打印出相应的汉字。在计算机中用一组二进制数字表示点阵，用二进制数1表示点阵的黑点，用二进制数0表示点阵中某点无黑点。一个16×16点阵汉字需要2×16—32个字节表示；24×24点阵汉字需要3×24—72个字节表示；32×32点阵汉

---

① 陈炼等主编：《大学计算机应用基础及上机实验指导》，北京邮电大学出版社2011年版，第29页。
② 崔来堂：《汉字信息处理》，《电子与电脑》1994年第7期。

字需要4×32—128个字节表示。[1]将一个汉字方块中的行数与列数分得越多越细，描绘的汉字就越精确，但占用的存储空间也会越多。

16×16点阵（如图7-3）是一种简易型汉字字型点阵，字型不够美观，仅供显示用，由它组成的字库称为显示字库，其点阵是按横向方式设计的。24×24点阵（如图7-4）的字型比较美观，主要用于打印，可以打印出笔锋。所以它需要的存储空间较多，因此，只有在显示器分辨率比较高的使用场合，才会考虑选用24×24点阵进行显示。由于宋体结构端正，字型标准，广泛应用于各大书籍报刊，故24×24点阵多为宋体；40×40及其以上的点阵字型，称为精密点阵或高级点阵，它们能够更好地描绘宋体、仿宋体、黑体、楷体等多种风格的汉字，适用于页式激光打印机和微机组成的激光照排系统。这种精密型的汉字点阵能满足书籍报刊出版和印制某些有特殊需求文件的要求。

字节 0	字节 1
字节 2	字节 3
字节 4	字节 5
⋮	⋮
字节 28	字节 29
字节 30	字节 31

图 7-3　16×16 点阵的横向字型信息格式

字节 0	字节 3	字节 6	……	字节 66	字节 69
字节 1	字节 4	字节 7	……	字节 67	字节 70
字节 2	字节 5	字节 8	……	字节 68	字节 71

图 7-4　24×24 点阵的纵向字型信息格式

---

[1] 陈炼等主编：《大学计算机应用基础及上机实验指导》，北京邮电大学出版社 2011 年出版，第 29 页。

点阵字库的操作比较简单，使用起来方便，运行速度也较快，在通常应用中字型质量也可以得到保证。但它容易产生汉字笔画的锯齿、比例失调等问题，打印质量很难保证，特别是当点阵数较少或打印较大字型时。

2. 轮廓字库

所谓轮廓字库（如图7-5），是运用数学的方法，将每个字符的外形轮廓通过数学公式，用直线或曲线描述而形成的字型信息的有序集合。轮廓字库亦称作汉字的压缩存储法，因为存储了汉字字型的压缩信息。打印时须通过特定算法，将压缩的轮廓信息转换成打印机能够识别的点阵信息。这些运算大多由主机来完成，因此打印速度与主机的主频密切相关。

轮廓字库分为矢量字库和PostScript字库。矢量字型技术由北京大学王选教授发明，原理是将汉字看作由许多直线段组成——撇、捺则由小段直线逼近——而将汉字描述成一段封闭的曲线，只存储各直线段的端点座标矢量。由此，将汉字的轮廓用矢量来表示。这是一种较为简单的轮廓汉字理论，但它的字型效果明显强于点阵字库，只有在特大字打印时才会看出折线感，能满足日常排版需求。

ABCDEFGHIJKLMNOP
QRSTUVWXYZABCDEFG
HIJKLMNOPQRSTUVWXYZ
0123456789
.,;:'"!?#$¢/

图 7-5 轮廓字体

PostScript字库是由美国Adobe系统公司推出，经多次改进而形成的一种电子照排印刷工业标准。它采用三次曲线拟合汉字轮廓，可以很好地保留汉字原有的字型，因此，无论打印多大的字都不会变形。PostScript字库有三种类型：TyPel、TyPe3和Type0，TyPel用来描述西文字体，Type3是用户自定义类型，Type0是一种复合字库。中文字库PostScript解释器利用Type0字库来支持汉字。[1]

---

[1] 崔来堂：《汉字信息处理》，《电子与电脑》1994 年第 7 期。

除此之外，以不同的字体来展示同一种文字，与字的尺寸大小无关。例如，汉字的基本字体有宋体、黑体、单线体、隶书体、楷体、行书体等，还有若干美术字体，它们由基本字体变化而来，如细体、斜体、粗框体、长体、扁体、反白体、方点体、中空体、横条纹体等。另外，按照笔画写法的不同来分，又包括简体、繁体等。ASCII字符的字体还可分为全角字符和半角字符两种。

二、计算机汉字储存与打印

按照存储介质的不同，汉字库又分为软字库和硬字库。

1. 软字库

软字库亦称RAM字库，它将字库的全点阵字型码存储于硬盘或软盘上，在系统启动时存入内存RAM中并驻留。在字库容量大时，调入耗时会较多，内存占用空间也较大，但是读取时速度较快。软字库又分为分级字库和磁盘字库。

（1）分级字库。分级字库是把常用字库（如国标一级字库）在系统启动时装入内存，而使非常用字库（如国标二级字库）常驻外存（磁盘），以解决速度和内存容量的矛盾。据统计，一般的新闻报刊中，国标一级汉字（3755个）出现的概率在99%以上，二级汉字（3008个）出现的概率则不到1%。因此，可以通过分级方式驻留一级字库内存，并使二级字库常驻硬盘。通常情况下，字库全部驻留内存时汉字输出速度基本一致，只有在连续打出多个二级汉字时，才会略受影响，但这种概率很小。因此，整个系统的汉字输出速度都是较快的，而仅需占用约为全部字库驻留内存时的一半的内存空间。

（2）磁盘字库。高点阵汉字库由于信息量过大，常全部驻留在磁盘（通常是硬盘）上，形成磁盘字库。如CC-DOS中的24×24纵向点阵字库，以及在编辑排版、打印系统中常用的32×32点阵以上的字库。磁盘式字库的优点是平价、不过多占用内存空间，但读取速度慢。所以字库的结构应便于查找，同时读盘次数要少，以便提高速度。为此，磁盘字库中的字型，通常都按国标码的顺序连续存储；又为了使一次读盘就能得到一个汉字字型码，将字库文件的记录长度，定义为该字库中一个汉字点阵字型码的字节长度（如24×24点阵，其记录长度定义为72个字节）。

这样，每个记录的内容即为一个汉字的字型码（即点阵信息），各条记录又按国标码顺序排列。当输入一个汉字时，输入码很容易经内码、国标码转换成字型码，再按在汉字库中对应的记录号读出即可。

2. 硬字库

由于软字库的运行速度较慢，且会占用大量RAM空间，因而当系统要求较高时就有必要配制硬字库。硬字库亦称固化字库，是将汉字全点阵信息存入ROM或EPROM芯片中形成，信息读取速度快，但价格较高。随着大规模集成电路的价格逐渐降低，硬字库会越来越普遍。硬字库通称汉卡，准确地说是卡式汉字系统，或硬汉字系统，在汉字系统中是重要的一类。从显示机制和原理来看，汉卡又分为硬汉卡和软汉卡两大类。

（1）硬汉卡。硬汉卡是用纯硬件实现汉字显示的部件。在西文显示逻辑电路中，增加一个双字节字符集DBCS（Double Btye Character Set）控制器，并在原ASCII字符发生器基础上，增加一个汉字字符发生器，便构成既可显示西文，又可显示汉字的硬汉卡。DBCS控制器从代码流中分离出汉字代码，经处理后送往汉字字符发生器；而ASCII字符则被送往ASCII字符发生器。二者的字模点阵均进入视频控制电路，送往显示器显示。

硬汉卡可以与西文显示卡并用，当工作在文本态时，将信息换到汉卡上，当处于图形状态时，又切回到原西文显示卡上，这种配制称为双卡单屏。若将处理双字节代码的硬件模块DBCS设计到VGA芯片中，并在原VGA卡的BIOS中增加能处理汉字的程序代码，这种汉卡既保持了原VGA卡的性能，又具备处理中西文的丰富功能，而不再需要原西文卡，这种配制称为单卡单屏。[1]

硬汉卡上一般有256KB—4MB的内存空间。系统软件占用的基本内存不大，为应用软件的运行留有充分余地。另外，硬汉卡中不需要软件干预的处理很多，占用CPU的时间会减少，整机速度就会变高。

（2）软汉卡。软汉卡是利用西文显示卡的图形显示功能，由软件干预，采用程序作图方法，模仿西文文本态来显示汉字的部件。在软汉卡中，原西文文本的显

---

[1] 崔来堂：《汉字信息处理》，《电子与电脑》1994年第7期。

示机构不适合存放汉字代码和属性，必须重新申请一个存储空间，称之为逻辑显示存储器。通过转换程序，将逻辑显示存储器中的代码，转换成汉字字符发生器中的地址，取出字模点阵后经加工，再写入西文显示机构的图形显示存储器，汉字作为一个子图形，按文本态格式显示到屏幕上，这种方式被称为虚拟文本态。[①]

3. 硬汉卡的应用生产

硬汉字系统通常由CC-ROM BIOS和视频汉卡构成。CC-ROM BIOS扩充了与汉字处理有关的中断调用，使系统在ROM硬件一层支持汉字处理，因此速度很快；视频汉卡则支持文本方式的汉字处理。这一时期，我国应用较多的视频汉卡主要有长城和联想两大类。

长城汉卡出现时间较早，最初是在1985年生产的长城0520CH微型计算机（如图7-6）的主板上实现的。它为系统提供了一种特殊的中西文共存而又互不干扰的环境。它将汉字库放入视频汉卡的字符发生器中，实现了字库不占内存；并以648×504的高分辨率支持16种彩色、每屏28行的文本汉字显示，使汉字屏幕界面得到很大改观。这种汉卡的显示方式较为特殊，它不同于PC-DOS字符方式显示，又不同于CC-DOS中采用的图形方式。使用时，如果直接向屏幕缓冲区写ASCII码，则与原西文方式一致。当输出汉字时，可采用调用INT 10H中断，或经过特殊换算，将显示字符转换为一个15位的显示码放入缓冲区中，由硬件完成汉字显示。[②]

图7-6　中国第一台中文化、工业化、规模化生产的微型计算机——长城0520CH

---

① 崔来堂：《汉字信息处理》，《电子与电脑》1994年第7期。
② 崔来堂：《汉字信息处理》，《电子与电脑》1994年第7期。

联想汉卡（如图7-7）取消了西文显示卡的文本显示功能，重新设置了一套中西文兼容的文本显示电路，将字模放入原西文字符发生器内，同时字符发生器能区分汉字内码与ASCII码，这就相当于拥有了中西文字符发生器，而显示卡接口和西文显示卡文本方式完全相同。联想汉卡与西文字符方式兼容性高，只需将汉字内码和属性写入文本缓冲区，即可通过硬件完成汉字显示。由此汉字系统模仿了西文文本显示方式，所以能够支持中西文直接写屏与非直接写屏。这种方式完成硬件上支持汉字显示，成为速度最快、运行最彻底的中文环境，汉化工作由此变得简单。运用此方式的典型产品有联想CSVGA卡与ACSI汉字芯片。然而，计算机的飞速发展使这种技术受到制约，这是因为新内容必须在剖析欲汉化的适配卡硬件构成的基础上增加，研制周期较长。此外，还需增加额外的硬件投资，因此费用较高，一般只有计算机研制厂家采用这种技术。

图 7-7　联想汉卡

4.汉字打印

汉字打印是由汉字系统的打印管理模块控制完成的，与汉字显示不同的是汉字打印是将汉字输送给打印机。汉字打印输出是汉字处理的重要一环。在PC机上实现汉字打印输出功能，不需增加硬件，可直接利用机上的打印接口板配接合适的打印机，但打印机必须具有图形打印功能。在实际中文处理中，如报纸编辑等，要求能打印输出各种变化多端的大小字体。这在计算机内不难做到。它们都可以通过适当的字模数据转换来实现。

打印机是计算机硬件系统的基本配置，它作为一个独立部件与主机分离存在，当需要打印时，用一条数据电缆线与计算机的打印接口相连接。计算机以中断或查询方式控制打印机的动作。打印机服务程序作为操作系统的一个组成部分常驻于内存之中。打印过程中计算机严格控制打印机的每个动作，不仅向它发送打印数据，同时也根据需要发出换页等控制信号。

常用的打印机有两种，一种是不带汉字字库的打印机，如M1724、3070等；另一种是带汉字字库的打印机，如IQ1600K、CR3240等。不带汉字字库的打印机，如果不安装与之相配套的打印驱动程序，在汉字系统下是不能打印汉字的。打印机型号不同，打印驱动程序往往也不同。带汉字字库的打印机，无需打印驱动程序的控制即可在汉字系统下打印汉字。

例如，24×24点阵的汉字，经变换后可生成正常性（24×24）、扁体（24×48）、长体（48×24）和大号（48×48）以及加浓（竖线条加宽）和竖体（正常体转动90度后的字形）等各种方式。同样，对16×16点阵的汉字，也存在（16×16）、（32×16）、（16×32）、（32×32）等字体尺寸以及横打、竖打等变化。这样就为用户提供了较为丰富的打印能力，以便生成更加适用的文件和表格。在九十年代，一般的中文操作系统，如CCDOS3.O、WPS、CCBIOS2.13等都提供了较强的中文输出能力，字体十分丰富，基本上已能满足需要。

可以输出汉字的打印机有许多。按打印头针数可分为9针、16针、24针等三种。9针打印机一次只能打9点，对16×16点阵的汉字分两次打印完成，第一次打印上半部分，第二次打下半部分。这种打印机速度慢，输出字型也不够美观，因此目前使用不广。16针打印机是一种适合打16×16点阵汉字的打印机。二行汉字一次完成。字型比9针好，但比24针差。24针打印机一次能打印出24×24点阵的汉字，字体较美观，是八九十年代微机最常用的打印机。此外，在九十年代国内微机系统中，激光打印机、喷墨打印机也开始普及使用。

第二节　计算机汉字输入方法的发展

最早处理中文的计算机可以追溯到1970年。当年，在日本大阪举办的万国博览会上，IBM公司公开了部分汉字处理系统的技术资料。这些技术资料在1971年正式发表。当时公布的机种包括"IBM 2345汉字印刷机"、"IBM 029汉字穿孔机"、"IBM System／360–System／370 OS／VS"及"DOS／VSE"等。其后，日本本土公司也争相开发，其中包括富士通的JEF（Japanese processing Extended Facility）、NEC的JIPS（Japanese Information Processing System）及日立的KEIS（Kanji–processing Extended Information System）等。到1979年5月，NEC出产了可使用汉字ROM的个人计算机PC–8000系列；到1982年10月，开发出了16位的PC–9801个人计算机，使得能处理汉字的计算机在日本渐渐普及。

1973年，新华社派考察团到日本，参观了日本共同社、日立、日本电气、松下及东芝等公司。他们看到共同社采用磁芯技术解决了2000左右汉字和片假名的存储问题，并发现工作人员使用大键盘方式输入稿件。他们回国后，提出了采用计算机技术改善新华社收、发、编、印四方面的方案，并由中国四机部（民用机械、核工业和核武器、航空、电子工业）与北京市科技局邀请富士通等公司到中国进行技术座谈。在1974年8月，中国开始了"748工程"，其中包括用计算机来处理中文。随后，1980年我国发布了GB 2312–80汉字编码的国家标准，1985年中国科学院推出了Unix中文版。

我国台湾地区曾经也与IBM公司合作研发中文计算机，斥资六千万、历时十年来研究计算机中文字的处理方法，结论是计算机不能处理中文。而当时美国的图书馆已经采用了计算机管理图书目录，涉及一批中文图书编目问题。另外，多家公司也开发了终端机式的中文系统，如王安、中华一号到中华三号、神通等。这些机器大多数采用大键盘的输入方式，有数十至数百个键。到1976年，朱邦复（如图7–8）发明了一套形意检字法，并在1978年改进为仓颉输入法[1]（如图7–9），以英文键盘实现了中文的输入。1979年，朱邦复提出以图形功能及从显示器的英文字符产生器入手，研发中文计算机，并由宏暮公司出产。在原有英文操作系统上外挂中文系统的方法从此大行其道，相继推出了多套中文软件，包括国乔、倚天及仲鼎等。

---

[1] 仓颉输入法是一种常用的中文输入法，由有"中文电脑之父"称誉的朱邦复先生于1976年创制。

图 7-8　朱邦复[1]

　　1981年，武汉大学、复旦大学等公布了在《新华字典》字集范围内的字根频度统计结果。1984年，国家文字改革委员会与武汉大学公布了《辞海》字集范围内汉字笔画、部件、结构的动态统计分析结果。[2]1985年，国家文字改革委员会与山西大学公布了人名姓氏用字的抽样统计分析结果。1986年，北京航空学院、新华社利用计算机技术分别公布了基于大型语料库的新的汉字使用频度统计和流通频度统计。[3]1985年后，北京师范大学、上海交通大学、北京语言学院等分别使用各具特色的自动分词技术，公布了基于大型语料库的现代汉语词语使用频度统计。[4]北京大学计算机语言研究所还建立了以汉语语法为中心的"现代汉语语法信息词典"[5]。内容翔实、全面、操作方便的汉语语料库和字词属性库，在推进汉字编码键盘输入技术的发展上，起到了不可或缺的作用。

① 朱邦复（1937— ），仓颉输入法的发明人。
② 戴石麟：《汉字编码输入法研究》，重庆大学 2005 年硕士学位论文，第 5 页。
③ 陈一凡、胡宣华：《汉字键盘输入技术与理论基础》，清华大学出版社 1994 年版，第 6 页。
④ 北京语言学院语言教学研究所：《现代汉语频率词典》，北京语言学院出版社 1986 年版，第 13 页。
⑤ 俞士汶、朱学锋、郭锐：《现代汉语语法电子词典的概要与设计》，1992 年第三届中文信息处理国际会议论文集，第 187 页。

倉頡輸入法　廿四個基本字形

類別	字母	代碼	口訣	字　　例
☆哲理類☆	日	A	日	明　旦　昨　是
	月	B	月	朋　骨　肚　肋
	金	C	金	針　欽　鋼　鐘
	木	D	木	林　李　杏　桐
	水	E	水	潛　淼　泳　汝
	火	F	火	炎　煤　煜　炊
	土	G	土	圭　堆　坐　怪
☆筆劃類☆	竹	H	斜	笛　箭　箕　簡
	戈	I	點	戊　或　成　歲
	十	J	交	古　車　都　朝
	大	K	叉	太　天　頰　獄
	中	L	縱	忠　蟲　患　貴
	一	M	橫	二　丕　政　麗
	弓	N	鈎	引　強　發　夷
☆人身類☆	人	O	人	坐　巫　仲　俠
	心	P	心	忠　惚　惟　恣
	手	Q	手	拿　扣　磊　掰
	口	R	口	品　唱　同　克
☆字形類☆	尸	S	側	尺　戶　屈　屍
	廿	T	並	革　董　靶　勤
	山	U	仰	出　岩　岐　拙
	女	V	紐	好　要　努　妻
	田	W	方	果　申　略　奮
	卜	Y	卜	下　卡　外　餐

图 7-9　仓颉输入法的二十四个基本字形

　　面对八十年代初"编码潮"涌现出的数百种方案和上百种上机运行的汉字键盘输入系统，对它们的产品素质和实际使用效果的评估开始受到学界重视。上海交通大学、北京信息工程学院、中国标准化与信息分类编码研究所、中国科学院心理研究所等单位不断探索评估理论和设计评测软件。评估对象由八十年代初的编码方案发展为八十年代末的包含"编码层次"和"软件层次"的整个输入系统；评测内容由表象测定深入到与认知心理结合的内在素质测定；评测手段由定性到定量；评测方法由主观因素起作用逐渐过渡到计算机客观评测；九十年代则将评测内容和指标写进了国家标准。[①]

　　从1980年起，中国开始进行过几次民间组织的评测工作。由上海交通大学牵头起草了一个评测试行草案。1983年4月，台湾中文电脑研析室主持了对汉字输入方法的调查评估，参加测试的方案有7个。1984年夏，中国中文信息研究会汉字编码委员会、上海交通大学、中国福利会少年宫组织了有5个方案参加的计算机定量测试工作，为评测的理论和实践打下了初步基础。1985年在国务院振兴办公室、国家科委和国家标准局的领导下，挂靠在国家标准局信息分类编码研究所的全国汉字输入方案评测办公室组织各方面有关专家，对评测试行规则草案进行了全面修改和补充，此后经过三次专家评审，于1985年12月形成了汉字键盘输入方法评测规则草案。[②]

　　1980年代，在研究编码的过程中，王永民曾经统计过现代汉字的使用频率。他的原始材料为北京新华印刷厂的《汉字频度表》，共分析出664个部件，排列出10个使用频率最高的部件和它们分别的使用频率。他还提出了计算机汉字键盘设计"三原理"。一是相容性原理，指各个键位上多个编码元素共处一键时，其相互之间的相关性。相容性的量化指标，可以用重码的多少来表示。二是规律性原理，指各个键位及整个键盘上，编码元素的排列分布要有规律性。杂乱无章的排列显然不如有规律可循的排列更便于学习使用。三是协调性原理，指字根键位的排列应符合人机工程学原理，打起字来要顺手。协调性是汉字键盘输入实现高效率的关键。[③]

　　1986年3月至5月，由国务院电子振兴办公室、国家科委和国家标准化总局、中国中文信息学会联合组织的首届全国性评测历时38天，报名方案51个。经静态参数测试和资格审查，确定34个方案进入动态测试。其中，有形码20个、音码3个、音形码8个、形音码1个、形字音词码1个、整字键盘方案1个。按照测试规定和成绩评选出了11个A类方案和19个B类方案。此次评测工作有力地推动了汉字编码输入技术的发展。1987年在大连举办了中华杯中文电脑公开赛，探索将汉字编码输入作为计算机系统的一个子系统来进行评测，同时电子工业部向上海交通大学和北京信

---

① 戴石麟：《汉字编码输入法研究》，重庆大学 2005 年硕士学位论文，第 7 页。
② 周冰洋、刘植婷、姚世全：《常用汉字编码字典》，宇航出版社 1990 年版，第 19 页。
③ 王永民：《计算机汉字键盘设计"三原理"》，《计算机学报》2005 年第 5 期。

息工程学院下达了"汉字键盘输入评测技术"研究课题，推动了评测工作向"客观、公正、科学"的方向发展。[①]1987年陈一凡提出了"字为基础，词为主导，智能处理"的汉字编码思想，使汉字键盘输入技术上升到一个新的台阶。进入九十年代后，汉字能否输入计算机的问题已得到解决。二十世纪九十年代的编码设计和前一个阶段相比，有两个突出的进步：（1）从字输入发展为词语输入以至句输入；（2）从单纯讲求编码方案的素质到讲求编码方案与支撑软件的综合素质，从开发人脑到开发电脑。由于有了这两个进步，音码输入（拼音转变法）的效率大为提高，已经成为输入法的主流。

一、第一代汉字编码输入法

电子工业部第六所于1983年正式公布了我国第一个中文磁盘操作系统CC-DOS（如图7-10），这在我国中文信息处理历史上具有划时代的意义。CC-DOS 是在PC-DOS 的基础上扩充、修改而成。在广泛使用的CC-DOS2.1版中，有简拼、首尾码、快速码和区位码输入法，已经涵盖了包括音码、形码、音形码和数字码这些主要类型的输入法，对我国计算机应用的普及起到了开路先锋的作用。[②]

图 7-10　CC-DOS

---

① 戴石麟：《汉字编码输入法研究》，重庆大学 2005 年硕士学位论文，第 7 页。
② 戴石麟：《汉字编码输入法研究》，重庆大学 2005 年硕士学位论文，第 8 页。

简拼和首尾码是当时使用最广泛的输入法。简拼是纯音码，采用的拼音方法介于全拼和双拼之间，对三个字母及以上的韵母进行压缩。首尾码是纯形码，分为52类，共包含97个部件；部件到键盘字母的映射上的规律不多，记忆量很大；编码时只取字母首位各一个部件，需要输入者自己去猜测未列出的变形部件应归属的键位。这两种方法都不支持联想和词组，并都有很多重码。因此，在输入时，眼睛需要不断地扫视提示行，以便在众多的重码中找寻所需的字，选择、翻页操作会很频繁，输入效率较低。

快速码通过压缩拼音和加码的方法来实现，可以部分离散重码。但快速码没有得到真正的应用，因为加码方法没有规律可循。而区位码完全要靠对6763个汉字和符号的数字编码的死记来输入，因此，除了用于当时无法输入的标点符号外，实际上基本无人使用。

另一种早期的汉字编码输入法是电报码。电报码为4位等长码方案，使用的码字从0000到9999，可以代表一万个字符（包括汉字、字母、符号）。电报码没有重码，但编码的规律性不强，十分难记。因此，它完全是为了满足邮电部门那些熟悉电报码的人的需要，进而移植进计算机的，对一般的汉字输入者没有什么意义。[①]

1986年，联想集团在推出联想汉卡的同时推出了联想式汉字环境，首先使用了联想方法来加快汉字的输入。那时还没有词组输入方法，联想技术令人耳目一新。汉字输入过程由原来的编码→翻页→选择→编码……变成了编码→选择→选择……此后的许多输入法都采用了这种技术。[②]但是，按照现代汉字编码输入技术的标准来看，联想技术仍然存在两个致命的弱点。首先，如果后续要输入的字与前面已输入的字不能构成词组的话，那么联想就会失败。其次，联想选择时人机交互过于频繁，尽管平均码长缩短了，但实际的输入速度反而会下降。

总之，第一代汉字编码输入法的特点是：在DOS环境下，以单字为单位进行输入，在屏幕底部提供专门的提示行显示数量众多的重码字，翻页、选择操作频繁；用数字键选择重码字，用 ALT+数字键可重复选择出现在提示行中的重码字；连极

① 戴石麟：《汉字编码输入法研究》，重庆大学 2005 年硕士学位论文，第 9 页。
② 戴石麟：《汉字编码输入法研究》，重庆大学 2005 年硕士学位论文，第 9 页。

为常用的标点符号的输入都需要使用区位码，很不方便。联想技术的采用使输入效率有所改善，但其作用相当有限。各种输入法间的切换（包括切换到英文）都是通过复合功能键 ALT+Fn（F1–F12）来进行。而且仅支持全角和半角方式，不支持中文标点方式，不支持词组输入，更不支持自定义词组。

二、第二代汉字编码输入法

1986年，北京四通公司与日本三井物业合作，推出了四通MS–2400中文电子打字机（如图7–11），宣告了中国专业电子打字时代的到来。随着四通打字机的普及应用，捆绑在四通打字机上的五笔字型输入法流传开来，由刘卫民发明的双音输入法也在捆绑到四通打字机后得到较为广泛的使用。

图 7–11　四通打字机

由王永民（如图7–12）发明的五笔字型[①]（如图7–13）是最典型的纯形码部件类方案。在五笔字型中，一般将部件称为字根。五笔字型采用了130个基本字根。基本字根按起笔分为五类，对应通用键盘上的五个区。每类又细分为五组，每组对应一个键盘字母。在一个汉字中，字根间的关系被归纳为"单、散、连、交"四种。在汉字拆分时，遵循"取大优先，兼顾直观，能连不交，能散不连"的原则。

---

① 五笔字型汉字编码方案以字根为基本单位来组字编码，采用字根拼形输入的方法，符合人们习惯的书写顺序，而且它键码短、多简码，无论多么复杂的汉字和词组，最多按4个键即可输入电脑，每个字平均码长为 2.6 键，重码率低于万分之二。

五笔字型将汉字分为键名汉字、成字字根汉字和键外汉字三种，分别服从不同的编码规则。另外，字的编码还有一、二、三级简码，其形成方法是取相应全码的前一、二、三个字母。五笔字型将词组也分为二字词、三字词和多字词三种。二字词按顺序取各字的前两个字根来编码。三字词按顺序取头两个字的第一个字根和末字的前两个字根来编码。多字词按顺序取第一、二、三、末字的第一个字根来编码。[1]

图 7-12　王永民[2]

　　五笔字型的编码规则非常复杂，但在GB2312-80字符集内的重码率较低。当强制简码时，重码率还能够进一步降低。全码字的剩余编码空间中有词组编码，实现了字词混合编码。当收录的词组量不大时，发生重码的可能性是较小的。一般的五笔字型不具备自造词的功能。五笔字型拥有的这些特点，恰好满足了职业打字的需求，这成为它在职业打字时代流行的重要原因之一。"五笔字型"最重大的意义在于，冲破了国内汉字形码快速输入须借助大键盘的思想束缚，首创25键标准键盘形码输入方案。从此，只要有数字按键，就能输入汉字的梦想成为现实。这比五笔字

① 戴石麟：《汉字编码输入法研究》，重庆大学 2005 年硕士学位论文，第 10 页。
② 王永民，1943 年生，教授级高级工程师。以五年之功研究并发明"五笔字型"，以多学科之集成和创造，提出"形码设计三原理"，首创"汉字字根周期表"，发明 25 键 4 码高效汉字输入法和字词兼容技术。在世界上，首破电脑汉字输入每分钟 100 字大关，获中、美、英三国专利。

型本身的意义要更加深远，它开创了汉字输入能像西文一样方便输入的新纪元。①

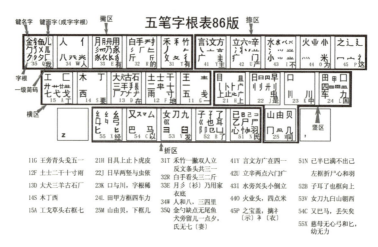

图 7-13　五笔字型字根表

　　虽然五笔字型在市场上取得了巨大的成功，但它存在的问题也是不容忽视的。首先，五笔字型是不容易掌握的，而且记忆留存性差。它除了有非常复杂的编码规则外，还有很多特例需要记忆。五笔字型打字员在打字时对一些常见字出现卡顿是很常见的现象。这时就需要临时换用拼音输入法。其次，五笔字型的扩展性差。当字符集从GB2312-80到GBK 和GB18030过渡时，当词组量增大时，五笔字型在码长为4的码位上会出现大量的重码，使其丧失重码率低的优势。五笔字型采用的是4码无重码自动上屏的策略，4码重码增多就迫使打字员的视线更多地离开稿件来观察提示行以确认自己的输入，从而降低录入速度。最后，五笔字型最致命的弱点是规范性差。②有学者甚至发出了言辞激烈的批评："五笔字型违反了语言文字规范。它对汉字的拆分具有相当大的随意性，对国民基础文化素养具有很大的负面影响。它对规范的汉字教育的冲击同其应用范围的扩大成正比。"③

　　双音输入法（如图7-14）是一种比较巧妙的纯音码。双音输入法最大的特点就是"以词定字、反向联想"，以缓解纯音码方式下单字重码过多的问题。因为二字

① 东方白：《汉字进入计算机之二——"当代毕昇"王永民》，《语言文字报》2009 年 9 月 15 日。
② 戴石麟：《汉字编码输入法研究》，重庆大学 2005 年硕士学位论文，第 10 页。
③ 张孝存、王梅：《从"邱氏鼠药案"想到"五笔字型"编码》，《语文与信息》1995 年第 4 期。

词的数量很多，所以一般情况下总可以找到某个二字词，它的第一个字就是你想要输入的字。如果该二字词处于提示行的第一候选位置，则可以省略选择键；否则需要用数字键进行选择。如果整个二字词都是所需要的，就可以加一个空格键输入第二个字。也就是说，如果采用双拼的话，利用"以词定字"技术可以使得常用字输入时的平均击键数为2.5，而且基本上避免了传统拼音+联想方式下需要过多扫视提示行和翻页、选择的毛病。在双音输入法中，对于三字词和四字词，取各字的声母作为编码来输入，必要时加空格结束。对于不认识的字，可以打入"\\"调用"手写模拟"。尽管可以自定义词组，但它不支持在线造词。造词时需要用外部文本编辑器按照它定义的格式输入编码和对应的词组。①

图 7-14　双音输入法

双音输入法的出现是拼音汉字输入历史上的一大进步，在当时受到了许多非职业打字员的欢迎。但是，它也有一些比较严重的缺陷，导致现在几乎无人再使用。首先，虽然它在输入效率上较传统的拼音有很大的提升，但是它与后来的语句级拼音输入法如智能ABC相比，还有较大的差距。另外，"以词定字"时很多字可以采用多个词来确定，而有的字难以找到词来确定，用户往往会感到不知所措。虽然双音输入法中提供了许多额外的方法来解决单字的录入问题。例如，邓、郭、姚等姓氏用字的输入就有6条辅助规则。要记住这些方法并判断何时采用何种方法并不是一件容易的事情。由于只能离线造词，所以词组的自定义也不便利。

自然码（如图7-15）是最具代表性的音形码。自然码在拼音部分采用了在CC-DOS简拼的基础上修改而来的双拼，以方便CC-DOS用户向自然码过渡。为了解决拼音

---

① 戴石麟：《汉字编码输入法研究》，重庆大学2005年硕士学位论文，第11页。

输入中普遍存在的同音字问题，自然码采用了与双音输入法完全不同的策略。它通过在双拼后附加形码，大大减少了单字的重码。其形码部分采用"近义部首分类"法，最多可有两码，用部首读音的声母作代码，取码时坚持"义部优先"的原则，以便减少记忆量和增加形码对重码字的离散能力。采用附加的形码来区分同音字还可以避免双音输入法中一个字可以利用多个词组来确定的不确定性。对于不认识的字，可以单纯使用形码部分输入，但需要以"/"键开头进行引导。[1]

图 7-15　自然码

自然码的简码字也很有特色，除了传统上用"声母+空格"输入的高频简码字而外，还有用"声母+；"输入的次级简码字和用"声母+'"输入的附加简码字。自然码还设置了用"声母+声母'"输入的简码二字词，以加快高频二字词的录入。输入一般的二字词时，词组作为一个整体上屏，比双音输入法的"以词定字"每输入一个二字词就少用了一个空格键。三字词用各字的声母+"'"输入，单独享有编码空间。

自然码还附有"中文标点状态"功能，使得常用标点符号的输入和半角字母、数字的输入可以不加切换地进行。自然码的外挂技术使得它可以不加改变地挂接到所有常见的中文 DOS 系统上。考虑到南方人普通话不准的现实，自然码输入法还提供了南方音选项。中文数字、日期、时间、制表符等编码式的快速输入手段在自然码中也可以实现。对字词的叠加操作也相当方便，可以用于输入"想想"、"思考思考"、"试一试"等。

智能相关处理是自然码宣传得很多的一项技术。它实际上是一种扩展的联想

---

① 戴石麟：《汉字编码输入法研究》，重庆大学 2005 年硕士学位论文，第 11 页。

技术，即把联想用到了词组与词组之间。例如，输入"知名"以后再输入"rfui"（标准拼音为"renshi"）后会把"人士"作为默认选择，而输入"不久"以后再输入"rfui"则会把"人事"作为默认选择。

在线造词是自然码引以自誉的另一特色。在汉字输入过程中，如果敲完某个词的拼音以后发现这个词不存在，立即敲空格键，系统便进入"自动加词状态"。这时，连续输入的字、词都作为新词的内容，在送到屏幕上的同时便被记录到自造词库中。当再敲空格键或回车键时，系统便结束自造词操作。如果新造词的编码正好与其他词的编码重复，这时就要按Shift+Tab复合键进行强制造词，此后的操作与前面相同。对于已自定义的词，还可以将其删除。删除的方法是，在输入词的编码且词还未上屏时，按Ctrl+回车复合键。此时，如果无重码则那个唯一的词被删除掉，如果有重码则还需要选择想删除的是哪个词。需要说明的是，系统自带的词是不能删除的。在进行了增、删词组的操作后，在关机或重新启动计算机之前，必须先将自造词库保存到磁盘中，否则关机后所作的修改就无效了。

综上所述，以提高汉字的输入速度为主要目标，在CC-DOS 2.1原始输入法的基础上，第二代汉字编码输入法发展起来，由此增加了词组的输入，重码也有所减少，并多数都能自定义词组，出现了中文标点状态。第二代汉字编码输入法非常多，除了上述几种，大陆影响较大的还有郑易里的郑码、陈爱文的表形码、肖水清的肖码、钱玉趾的未来码、萧启宏的启宏全息码等；在港台影响较大的有朱邦复的仓颉输入法、廖明德的行列输入法、陈华伟的华象中文输入法、王赞杰的大易输入法、戚桐欣的中易系统、刘重次的呒虾米中文输入法、黄金富的唯物输入法等，另外还有美籍华人饶达的饶氏笔形输入法和美国王安电脑公司开发的王安三角编码法等。[①]

第三节　计算机汉字操作系统的问世

汉字操作系统是具有汉字处理能力的操作系统。它是计算机汉化软件的核心，

---

① 戴石麟：《汉字编码输入法研究》，重庆大学2005年硕士学位论文，第12页。

是人机对话的界面，具有控制和管理计算机系统资源的功能，为用户提供汉字输入、汉字输出、汉字造字等界面，支持中文软件运行。汉字操作系统是汉字信息处理系统的基础。汉字信息处理系统设计的基本思路是把汉字处理功能增加到操作系统之中，形成具有系统资源管理和汉字信息处理能力的汉字操作系统。设计汉字操作系统有两种方案：一种是在设计操作系统时一并考虑汉字处理功能，设计出全新的汉字操作系统；另外一种方案是对成熟的西文操作系统进行改造，增加汉字处理能力，形成汉字操作系统。我国在汉字操作系统的研究和开发两个方面都做了大量的工作，中国科学院计算所唐稚松教授组织研究的XYZ一体化中文环境就是第一种方案的典型代表。设计全新的汉字操作系统能够全面地考虑汉字的特点，在系统中把汉字的特性完全地表征出来，但是这种方案工作量大，与国际已形成标准的操作系统很难做到兼容，国外开发的成熟软件无法在该系统中运行，所以这种方案在我国只是处在研究阶段，没有开发出实用产品。[1]

一、汉字操作系统的发展历程

1. DOS 系统

DOS是Diskette Operating System的缩写，意思是磁盘操作系统。从1981年到1995年的15年间，从MS-DOS1.0到MS-DOS7.1，作为微软公司在个人计算机上使用的一个操作系统载体，DOS推出了多个版本。在IBM PC兼容机市场中，DOS的地位举足轻重。其能以DOS的形式直接操纵运行管理硬盘的文件。

DOS系统是CP/M的翻版，CP/M是一个更久远的操作系统。DOS家族包括MS-DOS、PC-DOS、DR-DOS、Free-DOS、PTS-DOS、ROM-DOS、JM-OS等，以MS-DOS最为著名，Free-DOS则是最自由开放的。但这些常被简称为"DOS"的系统并没有单纯以"DOS"命名（只有一个毫无关联的二十世纪六十年代IBM大型主机操作系统以此命名）。此外，在专门讨论该机器的场合中也会简称为"DOS"（例如：AmigaDOS、AMSDOS、ANDOS、APPle DOS、Atari DOS、Commodore DOS、

---

[1] 卫红春：《汉字信息处理技术发展概论》，《微机发展》1995 年第 5 期。

CSI-DOS、ProDOS、TRS-DOS等），但这些系统和DOS可执行文件以及MS-DOS API并不兼容。

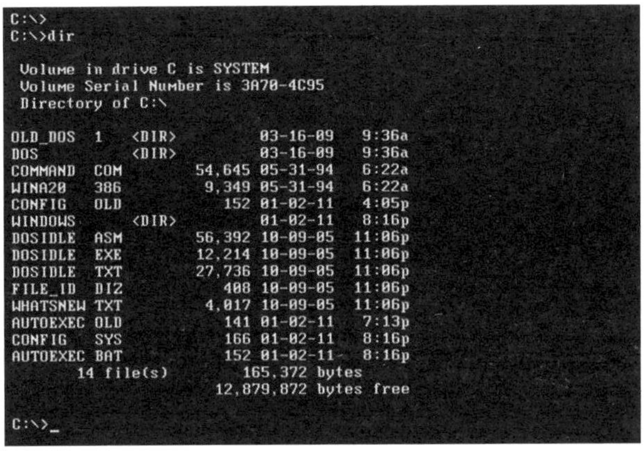

图 7-16　进入 DOS 系统

2. 汉字操作系统的雏形出现

在七十年代末期，更出现一种专门用作编辑文件的文书处理器，可看成为一种拥有特定功能的小型电脑，八十年代中后期再演化成手提方式，并可打印出汉字。在输入方式方面，由1978年9月26日东芝发售"JW-10"起，"假名汉字变换"成为主流的汉字输入法，即以日文拼音的方式，配合人工智能，输入汉字词汇。在还没有真正的中文电脑前，中国大陆部分报社依靠购入日本的电脑来处理中文新闻编发。

我国对于汉字操作系统的研发几乎与我国引入DOS系统微型计算机同时启动。第一个阶段是微型计算机的外围设备，如显示器和打印机，从字符方式向图形方式的转变过程中，逐步解决了汉字的显示、汉字的打印输出和汉字的输入三个难题。然后结合这三个基本功能构成了一个相对完整的系统。这种系统在西文操作系统（如MS-DOSPC-DOS）上运行，其基本的程序结构和巧妙的实现方法，已经形成一个比较好的框架和方法，对后来的汉字操作系统影响深远。这种汉字操作系统有早期的由电子部六所开发的CC-DOS和长城 0520系列机器上使用的GW-CCDOS。[1]这

---

① 徐力、林金明：《最是耀眼的十年——纵谈我国汉字操作系统的发展》，《电子出版》1995 年第 1 期。

个阶段的汉字操作系统对要完成的三大基本功能已经基本解决，但由于当时的计算机外设种类较少、功能简单，微型计算机上应用软件比较少且应用市场规模小，微型计算机应用的深度与广度都无法与现在相比，也无网络方面的要求。因此这个阶段的汉字操作系统对外设的适应性和对应用软件的支持程度比较低，三个基本功能的单项虽然都解决了，但还不尽如人意。比如没有好的输入方法，打印输出效果也不甚理想。汉字操作系统的界面与配置还不够灵活。

在CC-DOS刚刚出现的时候，我国在软件版权保护方面还比较薄弱，几乎是既没有保护程序的设计思想，也没有保护源程序，因此CC-DOS的源程序和精巧的程序设计思想很快被公开，效仿者其多。

3. 相对成熟的汉字操作系统

前期CC-DOS的已有技术取得突破后，我国就拥有了相对成熟的汉字操作系统。这类系统一方面对汉字输入进行了调整和扩充，一方面对汉字现实和打印输出做了调整与升级。这种汉字系统有如早期的五笔字型汉卡和纯软件的五笔字型3.0版、4.0版、4.3版等，以及"联想汉字输入法"问世后出现的联想汉卡和联想汉字操作系统。在此之后，微型计算机使用的汉字数字字库的字体种类与字形技术也有了长足发展。[1]

二、汉字操作系统与汉字显示输出

1. 实现机制

把汉字机内码转换成屏幕上的汉字字型点阵，就是汉字显示的过程。下面以CC-DOS系统为例对实现这一过程的软硬件组成进行说明。

送入CRT控制模块的是汉字机内码，字型检索程序把机内码转换成相应汉字字模在汉字库中的地址。根据此地址，从汉字库中取出汉字字模，经字模缓冲区加工处理后，形成汉字字形码，送往显示驱动程序。显示驱动程序再把汉字字形码分解后，分别送往显示存储区的偶数线扫描区和奇数线扫描区，在CRT控制器的控制

---

[1] 徐力、林金明：《最是耀眼的十年——纵谈我国汉字操作系统的发展》，《电子出版》1995 年第 1 期。

下，屏幕上显示出汉字字形。①

2. 实现方式

综上所述，汉字系统分为软汉字系统和硬汉字系统，两者在汉字显示的实现方式上是不一样的。软汉字系统的显示中，又分为"非直接写屏"和"直接写屏"两种方式。

"非直接写屏"方式即通常的屏幕显示方式，利用屏幕显示中断INTlOH，将显示器设置为图形模式，并用其相应子功能进行显示。

"直接写屏"即不通过屏幕中断INT10H，而是用传送命令将待显内容直接送至显示缓冲区进行显示，因而显示速度显著加快。

第四节　汉字信息处理技术与文字新闻

汉字信息处理技术的快速发展，在很大程度上推动了文字新闻传播事业现代化水平的快速提升。在文字新闻采编、文字新闻出版等流程中，计算机的使用开始普遍，汉字输入与输出再也不是拦路虎。1985年12月18日，新华社率先使用计算机中文发稿系统向北京地区各报、台传送新闻，每秒钟能传送30个汉字。1986年5月7日，新华社开始使用计算机编发英文新闻。1988年1月18日，北京日报社利用电脑显示技术在户外设置电脑新闻显示屏开始播发文字新闻……不仅如此，国外八十年代已经开始使用的DTP桌面出版系统也在计算机汉化技术成熟后开始引入并研发成功中文报刊出版系统。

一、采用计算机技术进行中文发稿

正如前文所述，新华社在1985年12月18日开始利用计算机技术对我国局部地区进行中文发稿，这一系统的建立也标志着汉字信息处理技术在文字新闻传播中进入到具体实践应用过程。

---

① 崔来堂：《汉字信息处理》，《电子与电脑》1994 年第 7 期。

新华社微型计算机中文发稿系统由汉字输入、校改、打印、发稿和接收等部分组成。每天发稿时，首先由编辑部门整理好稿件，送到发稿部门，由报务人员将文稿输入计算机局部网络，然后由共享打印机打出清样，经校对人员校改无误后，由发稿工作站直接向各报、台发送。当然，这些中央报、台也都配有相应的电脑接收设备，接收到讯号后经汉字打印机打印出字体清晰的稿件。

中文广播使用微型计算机发稿系统后，大大减少了稿件传输的时间，为报纸的按时出报提供了技术保证。新闻报道的时效性强，报纸必须尽快同读者见面，才可以称其为新闻报刊。作为国家通讯社的新华社，承担着向国内各报社、电台提供国内外新闻的重任，它平均每天要向中央及省、地报台发送三次新闻稿，总发稿量达到15万字。由于以前使用的模写广播技术时效性差，经常到了报社截稿时间还积压着大量的稿件没有送达。当遇到重要新闻时，报社只好"耐心"等待，延长抄收时间，但这就会耽误出报。在微型计算机中文发稿系统取代了陈旧的模写广播后，曾经要发一个上午的稿件，现在不用15分钟就能发完，新闻的时效性得到了很大程度的提升。

由新闻的定义可知，新闻是新近发生的事实的报道。因此，每个字、每个标点都不能错。过去新华社向报社、电台发送模写广播时，由于模写广播抗干扰能力差，只要遇到电气干扰，模写字就会变形，使得字迹模糊不清，进而无法保证稿件的质量。遇到气候情况恶劣时，新华社只能根据报社的要求，一遍、两遍地重复广播，以保证新闻稿件的准确性。微型计算机中文广播系统运用后，抗外界干扰的能力以及抗线路自身误差的能力都得到了很大程度的提升。根据试用期间的统计，该系统向北京地区的7个方向传送报文累计44万余字，一个误码都没有发现，达到了中文传送误码率优于千万分之一的要求。

微型计算机中文广播系统配有汉字打印机，可以打印出清晰、规整的印刷体文稿，字号可供自由选择，编辑审稿时清晰明了，而且能同步增删稿件内容。此外，凡发出的新闻稿，都可用软盘进行储存，无论何时想要查看某条稿件，只需插上软盘，一按键盘就能查阅到。

二、电脑新闻的出现

1988年1月18日，一种全新的传播媒介——"电脑新闻"进入了北京市民的文化生活。它是由北京日报电脑新闻部制作编播的。

1. 电脑新闻的版面设计

北京日报的电脑新闻显示屏高4米、宽20米，净显示面积80平方米，按计算机技术研究所的设计，最多可容纳汉字320个。 该社根据播出的内容，确定每屏新闻播出时间为1分钟。经测算，一般在1分钟内，人们在大街上较大的环境中，仰视显示屏，包括观看和略加思索，约可接受汉字100个，最终确认每条电脑新闻字数不得超过100，这样既适应了观众的视觉需求，又保证字与字之间有合适的间隔，确保了屏幕上版式的美观。[①]

在电脑新闻的版面设计上，北京日报社根据不同的新闻主题，采用了标题和内容摘要两种形式。

所谓标题式的电脑新闻，一般根据新闻具体内容排为一至三行。如国家某领导人出访或预报会议等，一般没有播发太多的内容，发电脑新闻时就排成一行，控制在20个字以内，二或三行的标题新闻，由领题、主题，主题、副题或领题、主题、副题三种形式组成，这两三行文字除了交代清楚事情的时间、地点、人物等新闻要素以外，还要对人物或事件中的闪光的思想进行提炼，做到见物见人见思想。[②]

所谓摘要式的电脑新闻，就是把新华社或报纸上刊发的新闻稿进行编辑加工，使之成为百字以内的缩写新闻，既忠实于原新闻，又高度概括了原新闻的主要内容。此类形式一般用于群众十分关心的事情，如重大事件、重要社会新闻以及与群众关系密切的各方面消息。

2. 电脑新闻的优点与不足

北京日报社每天早晨和中午播出两次电脑新闻，每次20条左右，每条新闻反复播出七八次。电脑新闻的来源主要是北京日报、北京晚报、新华社、人民日报等报

---

① 吴亚芳：《新闻家族的新秀——电脑新闻》，《新闻与写作》1990年第7期。
② 吴亚芳：《新闻家族的新秀——电脑新闻》，《新闻与写作》1990年第7期。

刊以及部分由北京日报记者亲自采写的新闻。

　　时效性强是电脑新闻最大的特点。一条编好的电脑新闻，从进入计算机制作到播出，只需五分钟。这一速度比报纸、广播电台、电视台快了许多。一般情况下，读者上午九、十点才能见到当天日报，而电脑早新闻在八点钟就可以与读者见面。在遇到一些突发事件的时候，电脑新闻快的特点就更为突出。1988年1月18日，中国西南航空公司客机在重庆失事，机上108人全部遇难。"当日上午10时许，我们收到了新华社发来的新闻稿，经请示领导，编辑新闻稿，下午1时在电脑新闻显示屏上播发了此消息，不但比全国各日报早了一天，就是与当天出版的晚报相比，与广大读者见面的时间也早了三四个小时。由于这条新闻发得早、可读性强，播出时三四百人或停步或停下自行车收看。"[1] 1988年9月18日，我国跳水运动员许艳梅在汉城奥运会上为我国夺得第一块金牌，中午11时许，中央电视台播出了比赛实况，北京日报社以此为新闻依据，立即编写电脑新闻，5分钟以后，在电脑新闻显示屏上播出了这条新闻，由于时效性强，吸引了众多读者。

　　新闻的时效性是新闻诸要素中十分重要的部分，电脑新闻以其与生俱来的自然属性，在这方面的竞争中占据了优势，从而获得了生存机遇。电脑新闻的另一大优点是可容性大。编辑播出电脑新闻所用的计算机可连续工作数小时。以北京日报社所采用的每天 12小时工作计算，一天就可以显示新闻700多条，而国内的一般报纸，一天的新闻容量不过几十条。

　　然而，作为一种新兴的数字媒介，电脑新闻有许多缺点。比如瞬间效应，一闪而过，未在固定时间到达显示屏前就无法收看。再如，由于人力有限等因素，电脑新闻的编辑记者活动范围不够大，自己采写的新闻不够多。又如由于技术等方面的原因，电脑新闻编排形式死板等问题也存在着。

三、文字新闻记者技术装备的更新

　　现代新闻竞争在一定程度上体现为技术手段，装备水平以及记者掌握技术、操

---

① 冰临：《从"电脑新闻"想开去》，《新闻记者》1988 年第 3 期。

作装备的水平之间的竞争。这种竞争在重大国际事件或是比赛时表现得尤为明显。随着现代科技的发展，这种竞争在上世纪八九十年代进入白热化阶段。

1984年的《参考消息》有这样的记载："法新社洛杉矶8月5日电 新华社派了22名记者，4名摄影记者和4名技术人员在奥运会采访和工作。在全世界报道奥运会的7000名记者中，只有中国人用手写他们的报道。"当时，只有中国人还在用传统的纸笔手写草稿，然后用打字机敲出成稿，再发回国内，时效性极差。

1985年，时逢世界少年足球锦标赛，为提高时效，我国记者采用了边看比赛边敲打字机的采写方式，但当时还无法使用中文电脑，因为新华社所购置的王安电脑只能使用英文。[1]著名体育记者杨明表示，由于英语并非母语，所以使用英文输入，始终难以与英语国家记者竞争。[2]直到九十年代初，我国几家大的报社文字记者的新闻技术与装备才进一步现代化，基本配备了可以使用汉字输入的便携式电脑。办公设备的革新给记者编辑提供了便捷的工作条件，出报的时间和质量也得到了保证。特别是在有大型国际体育赛事的时候，工作装备的先进与否，就更加重要。体育比赛多在晚间进行，更需要抢时间。有些记者认为，"使用电脑写稿，或许会促使文笔更加流畅，思路更加开阔"[3]。

工作装备的现代化对新闻的采写、编辑和传播流程的影响是非常大的。电脑的应用，在很大程度上降低了记者采访时的劳动强度。尤其是在使用具有汉字操作系统的便携式电脑后，我国文字记者生产力有了很大的提高，同时也对记者的工作方法和思维方式带来了很大的影响。过去，文字记者习惯先采访，后写稿，再传稿。如今，文字记者采访记录的过程便是写作的过程。在体育比赛中、在重要会议中……一边听一边看，并用电脑把有价值的东西记录下来，同时也就把新闻的制作过程完成了。

---

① 杨明：《如虎是否添翼——记者与装备调查》，《中国记者》1994年第12期。
② 杨明：《如虎是否添翼——记者与装备调查》，《中国记者》1994年第12期。
③ 李小菲：《体育记者的技术装备更新换代》，《中国体育报》1994年4月15日。

第五节　DTP桌面出版系统

　　桌面出版系统（desk top publishing system）简称DTP系统，是二十世纪八十年代出现的印前图文处理系统，我国是从九十年代初开始引进并发展这一技术的。桌面出版系统分为桌面出版和桌面分色两种技术。桌面出版技术与版面设计、文字编辑等技术有关，而桌面分色技术则包括电子分色、编辑图像及输出整幅彩色分色胶片的技术。该系统是光学、机械、电子和计算机等现代科学技术在印刷领域中的综合应用，其主要功能是，对需要印刷复制的文字、图形和图像信息进行各种处理，以形成印刷版面信息并制成软片原版或印版。①

　　DTP革命在美国如火如荼展开的同时，东亚地区方块字的排版发展十分缓慢。英语等单字节语言基本上能使用ASCII（美国信息交换标准码）进行书籍排版，而东亚地区中文、日语等含有大量表意文字的双字节语言在信息化处理上一直比较缓慢。由于汉字数量巨大且一个字体的体积十分庞大，当时的计算机运算能力、存储容量十分有限，而提供自由排版的各种字体类型也非常稀少，因此，在早期实际应用的字体无非"宋体"、"黑体"等普通字体。直到二十世纪九十年代初相关技术瓶颈才得到了突破。

　　我国从1970年代开始，一直采用的是进口电子分色机制作彩色出版物，不仅价格昂贵，而且需要与文字版面拼接，效率很低。王选等人认为，随着激光输出设备和彩色扫描输入设备精度的提高，电子分色机迟早会被开放式的桌面彩色出版系统所取代。于是，在王选的指导下，他的学生肖建国等人开始了基于汉字激光照排与图像版面融合出版技术的研发。1992年，北大计算机研究所成功研制方正彩色出版系统，并被《澳门日报》采用。同年1月27日，《澳门日报》在世界上首次实现彩色图片与中文合一处理和输出（如图7-17），引发了中文报业的彩色革命。随后，《科技日报》也于1992年6月1日成为大陆首家采用方正彩色出版系统的报社。

---

① 陈永常主编：《现代印刷技术》，化学工业出版社2003年版，第16页。

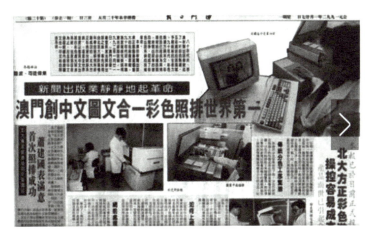

图 7-17　《澳门日报》在世界上首次实现彩色图片与中文合一处理和输出

一、DTP系统基本工作流程和主要组成

原稿信息由DTP系统的图文信息输入单元输入到图文信息处理单元进行文字排版、图形绘制、图像修正和创意以及图文组合等处理，形成页面图文信息，并将其表示成计算机页面描述语言的形式，经页面描述语言解释单元的解释，即可形成记录数据和指令用于输出。[①]最后，由图文信息输出单元记录成软片或印版，如图7-18所示。

1. 图文信息输入单元。本单元主要有文字录入、图像扫描输入、图形绘制和外部图文信息接收等几个部分。主要设备有文字输入设备、图形输入设备和图像输入设备。

---

① 陈永常主编：《现代印刷技术》，化学工业出版社 2003 年版，第 16 页。

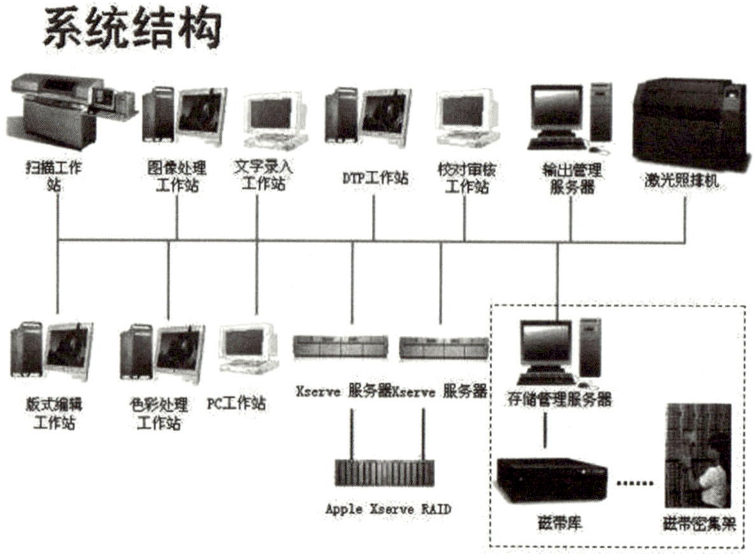

图 7-18　桌面出版系统结构图

2. 图文信息处理单元。主要包括图像修正、创意和分色以及图形处理、图文排版和组版等系统。进入DTP系统的图文信息进行的处理有：文字排版处理；图形的产生和处理；图像分色、修正和创意处理；页面内图文组合处理；多页面组版处理和产生计算机图文页面描述等。①所需的主要设备是计算机系统的硬件，包括中央处理器（CPU）、内存（RAM）、显示器、键盘、鼠标器、磁盘驱动器、只读光盘驱动器和可读写磁光盘驱动器等。

3. 页面描述语言解释单元。本单元的主要功能是把页面描述语言表示的页面信息解释成图文输出设备能够记录的信息，以便发送给图文输出单元。在DTP系统中，页面描述语言解释单元通常被称为栅格图像处理器，即所谓RIP（raster image processor）。

4. 图文信息输出单元。在该单元内，可以使用记录输出设备，如激光打印机、喷墨打印机、热蜡转移或染料升华打印机、激光照排机、印版激光照排机、印版直接成像印刷机和数字式印刷机等。简言之，本单元是将RIP送来的页面图文信息记录在纸张、软片或印版上。

---

① 陈永常主编：《现代印刷技术》，化学工业出版社 2003 年版，第 16 页。

二、桌面出版系统的特点

桌面出版系统与传统工艺相比，具有以下特点。[①]

1. 中西文混排处理能力强，同时可调用500种以上的西文和所有已装入字库的汉字；

2. 具有强大的彩色图像编辑能力，如图形变形、重叠、色彩调整和特殊效果等，完全实现所见即所得；

3. 桌面出版和彩色分色在同一系统中一次完成，属于开放性系统；

4. 系统组成灵活，接口丰富，多台工作站可同时运行，接受标准文本文件格式和各种图形文件格式；

5. 可接受传统电分机分色的电子文件，也可驱动传统电分机的胶片记录机。已有电分机的客户只需配置主机和适当软件，便可实现桌面图文组版分色，全页胶片整幅输出，形成高端联网。

结　语

汉字信息处理是一项非常重要的语言项目。汉字语言如果不能进入计算机系统，图书情报工作自动化、印刷出版现代化、办公事务自动化将无从谈起。从七十年代末到九十年代初，经过十余年的努力，汉字信息处理研究得到很大发展，汉字的计算机处理问题基本得到解决。我国汉字操作系统的开发与我国微型计算机的引入几乎是同时起步，其对微型计算机在我国的发展做出重要的贡献，为信息处理技术在我国的应用以及信息产业在我国的发展起到了极大的作用。汉字信息处理技术的研发虽然是从新闻传播事业中起步，但这一技术的快速发展促成了汉字与计算机技术实现完美的结合，在很大程度上推动了文字新闻传播事业的计算机化，为文字新闻传播进入新的发展阶段奠定了良好基础。

---

① 唐万有等编著：《印刷与制版设备》，化学工业出版社 2004 年版。

第八章
印刷技术与文字新闻传播方式改变

Chapter 8
Printing Techniques and Changes in Means of Textual News Communication

在文字新闻（主要指报纸）印制生产过程中，印刷器材与印刷设备的重要性不言而喻，它们是其印刷制成的基础，科学技术的进步使报纸印刷行业发生了巨大的变化。从二十世纪八十年代起，伴随着计算机技术与网络技术的进一步发展，计算机直接制版技术（CTP）应运而生。我国各地的报社及印刷厂在陆续告别了铅与火的印刷方式后，开始使用胶印轮转印刷机来印刷报纸。随着新技术、新工艺、新材料的应用，胶印轮转印刷机的功能越来越完善，印刷质量也有了较大的提升。随着改革开放的不断深入，报纸的舆论引导功能越来越重要。与此同时，新闻报刊固有的传播内容、传播方式也在发生着改变，新闻信息的传播更加便捷，人们获取新闻信息的渠道愈加丰富，利用文字新闻信息的手段也愈加智能。

第一节　CTP系统及其流程

CTP（Computer-to-Plate），又称计算机直接制版。该系统不经过制作软片、晒版等中间工序，直接将印前处理系统编辑、拼排好的版面信息送到计算机的RIP

中，然后RIP把电子文件发送到制版机上，在光敏或热敏版材上成像，经冲洗后就得到了印版。

一、CTP系统概述

1. 发展历史

计算机直接制版技术始于二十世纪七十年代的PostScript技术的内核下，是由点分机、照排机开始的印前自动化生产在具体硬件上的后延实现，二十世纪八十年代是CTP技术的研究阶段。进入二十世纪九十年代，CTP达到了成熟和工业化应用的程度。第一台CTP装置于1989年问世，1990年，样机在德鲁巴展览会上展出。CTP技术问世以来，创造性地改变了传统的印刷工艺，并以极快的速度占领了印刷市场。

自1990年Drupa计算机直接制版（CTP）引入商业应用以来，经历了几代技术的更新，在世界各地得到了普遍使用。[1]随着铝基银盐感光版材的广泛应用，国内商业印刷领域开始引进设备安装。北京日报报业集团1995年开始就按照CTP技术建设需要引进了大平板网点拷贝扫描仪、拼大版软件，实现了印前系统的全数字化流程。1998年5月，羊城晚报社引进了直接制版系统，成为国内第一家采用直接制版技术的报社。1998年，北大方正公司解决了CTP系统与方正维思、飞腾等排版系统的RIP相连接的接口问题后，于1999年安装内鼓式CTP用于报纸生产。2000年Drupa公司推出了报纸印刷用平台式CTP，解决了输出速度瓶颈。据美国印刷技术权威机构GATF的调查，全世界安装的CTP系统从1995年的311台增长到2006年的近30000台，CTP的应用普及以每年一倍以上的速度增长。[2] 1998年，中国印刷科学技术研究所举办了第一届中国国际电子出版暨多媒体展览会，第一次将CTP设备的主要情况介绍给国内。同年，国内由中国标准工业出版社引进第一台CTP，之后，计算机直接制版技术在国内得以迅速发展。中国报业协会印刷工作委员会在2011年度全国

---

① 苏钟：《我国报纸印刷发展概略（二）》，《印刷世界》2007年第2期。
② 谭俊峤："国际CTP设备的局势及其市场分析"，科印印刷网 http://www.keyin.cn/people/mingjiazhuanlan/200905/14-142772.shtml。

报纸印刷总印量的调查统计中对2011年报业CTP应用情况做了全面统计，共有139家报业印刷厂提供了有效数据，这139家报业印刷厂中，配有CTP设备的有116家，CTP总制版量约为918万张。[①]

CTP技术的应用和发展非常迅速，其原因主要有两点：一是突破了传统制版工艺要经过激光照排输出软片和人工拼版、晒版两个工艺过程的局限，避免了晒版过程中因印版曝光时间差异而导致的划痕、网点变异、网点不一致，避免了手工拼、晒版引起的失误和误差；二是报纸不断扩版，改黑白版为彩色版，变单面彩色为双面彩色，由此需要更高的套印精度，同时为了增强新闻的时效性，要求尽量缩短印刷时间，以延长报纸新闻截稿时间。因此，必须在较集中的时间内进行大量的版面编辑，直到完成制版，这就使得能提升报纸印刷质量，节省人工、时间、耗材的CTP技术在各个报社迅速普及。[②]

CTP系统以如此惊人的速度在用户中普及，除了有良好的制版性能和取消软片的优点外，其适用范围的扩大也是主要原因之一。目前，市场上的直接制版机可以适合大幅面及小幅面的印刷尺寸、单双色印刷和四色彩印、报纸印刷和商业印刷等多种情况的需要，所以使用起来十分灵活。

此外，CTP技术还能有效减少环境污染。由于CTP技术优化了印刷工艺，所以易于组建自动化程度较高的连续生产线。目前，国内报业竞争十分激烈，CTP系统可以为整个出版流程节约30—50分钟，在开印时间不变的情况下，新闻截稿时间就可以延长，这对增加当天新闻报道量、提高报纸的市场竞争力有着积极的作用。

---

① 苏钟：《我国报纸印刷发展概略（二）》，《印刷世界》2007年第2期。
② 冯小薇：《浅议CTP》，《中国报业》2007年第6期。

2. CTP 系统结构（如图 8-1）与工作原理

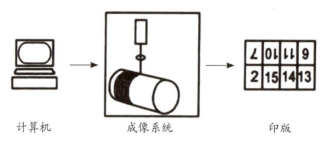

计算机　　　　　　成像系统　　　　　　印版

图 8-1　CTP 系统的构成

　　CTP系统由直接制版设备和相关软件组成，直接制版设备有脱机直接制版机和在机直接制版机两种，脱机直接制版机可以为数台印刷机供应印版，可以做到直接制版机和印刷机最大限度的使用，而在机直接制版机是印刷机和制版机混合体。[①]脱机直接制版机实际上是一台由计算机控制的激光扫描设备，它的曝光成像原理是由激光器产生的单束原始激光，经多路光学纤维或复杂的高速旋转光学裂束系统分裂成多束（通常是200—500束）极细的激光束，由声光调制器根据图像的信息特征对激光束的明暗变化加以调制，使之变成受控光束；经聚焦后，几百束微激光直接射到印版表面进行信息记录工作，光照射到的区域将发生物理或化学变化，在印版上形成图像的潜影；经显影后，计算机内的数字页面信息就准确地再现在印版上。

　　3. CTP 制版机结构与原理

　　胶印CTP制版机种类繁多，但是制版机的核心结构只有平台式、内鼓式和外鼓式。这三种结构每种都有其自身的特点。[②]

　　（1）平台式。平台式CTP制版机的载版机构结构简单，印版较容易准确地卡到相应位置（如图8-2）。[③]平台式制版机拥有较快的生产和印版装载速度，但印

---

① 胡维友：《输出设备介绍——脱机直接制版技术（CTP）》，《印刷世界》2006 年第 1 期。

② 衡量 CTP 制版机的标准较多，但核心标准主要是：1.输出幅面：输出幅面是衡量印版输出机的一个重要指标。
　　2.在标准分辨率下，50% 的网点覆盖率，使用传统的 PS 时，输出速度为 13—16 张 / 小时。当使用高感光度的印版时，输出速度为 19—23 张 / 小时甚至更高。3.装卸版的方式：主要分为手动、半自动、全自动装卸版的 CTP 制版机。

③ 代沁伶、王彩印：《CTP 制版机结构简析》，《印刷质量与标准化》2006 年第 9 期。

版上图文面积的宽度受到成像技术的限制，大部分平台式制版机用在可见光感光的CTP印版上。

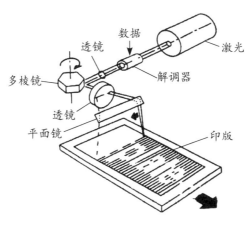

图 8-2　平台式 CTP 结构图

（2）内鼓式。内鼓式制版机的内鼓是向内凹的，和字母"C"很相像（如图8-3）。当在内鼓式制版机上制版时，对偏转棱镜的转速必须作出必要的限制，这是由于热敏CTP印版的成像材料的反应速度较慢，需要能量较高，这也就意味着制版速度将会不可避免地降低一些。[①]

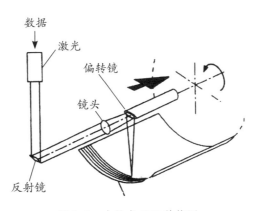

图 8-3　内鼓式 CTP 结构图

（3）外鼓式。和内鼓式相反，在外鼓式制版机系统中，印版被固定在成像鼓

---

① 代沁伶、王彩印：《CTP 制版机结构简析》，《印刷质量与标准化》2006 年第 9 期。

的外侧，随着成像鼓的旋转，带有多重激光束的激光头以平行于鼓的径向方向移动，从而完成对整个印版版面的成像（如图8-4）。[1]

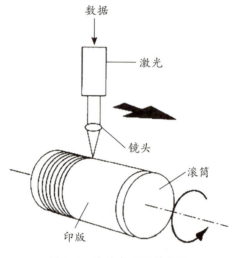

数据

激光

镜头

滚筒

印版

图 8-4　外鼓式 CTP 结构图

4. CTP 系统的技术优势

作为一种技术密集的印前设备，CTP系统是对激光照排电子排版系统的升级改造，实现了从印前到印刷控制系统的数据交换及其格式的统一，是由"模拟、模拟数字混合型"向"数字化、一体化"方向发展的工艺流程革命。[2]技术上具有无可比拟的优势，具体反映在三个方面：

第一，CTP制版具有明显的技术优势。

第二，CPT技术能够显著提高生产效率。[3]

第三，CTP直接制版具有成本优势。

---

① 代沁伶、王彩印：《CTP 制版机结构简析》，《印刷质量与标准化》2006 年第 9 期。
② 罗张钢：《计算机直接制版技术的优势》，《印刷世界》2005 年第 9 期。
③ 匡导球：《二十世纪中国出版技术变迁研究》，南京农业大学 2009 年博士学位论文，第 115 页。

二、CTP系统制版工作流程

以这一时期在国内使用较为广泛的由柯达公司生产的全胜800Ⅲ型CTP制版机（如图8-5）具体操作为例：

图 8-5　柯达公司生产的全胜 800 Ⅲ 型 CTP 制版机

文件的读取

光盘文件的复制。光盘驱动器一般为H盘，打开后，将所需制版的文件复制到服务器指定子文件夹。为防止杂乱，该子文件夹应设定为相应印件的专用文件夹。[①]计算文件也是RIP的功能，但由于照排的过程包括了这个步骤，所以要讲述一下。计算文件其实就是将电脑端发过来的PS文件解释成点阵文件，让照排机能清楚地工作，计算文件的时间视文件的输出记录精度而定。接下来通过网卡接口进行文件复制，最后检查文件并输出。

三、CTP版材

CTP版材按制版成像原理分类主要有四种类型：感光体系CTP版材、感热体系CTP版材、紫激光体系CTP版材和其他体系CTP版材。其中感光体系CTP版材包括银

---

① 殷幼芳：《CTP 系统作业标准化管理（上）》，《数码印刷》2008 年第 5 期。

盐扩散型版材、高感度树脂版材和银盐/PS版复合型版材；感热体系CTP版材包括热交联型版材、热烧蚀版材和热转移版材等。

从成像技术来分：有红外激光热敏成像，可见激光光敏成像和紫外激光成像，另外还有根本不采用激光的喷墨成像技术和采用常规紫外光源的成像技术（CTcP）等。

从版材材质来分：有金属版材和聚酯版材两种。金属版材主要指铝基版材，在美国铝版材市场的占有率达90%以上。金属版材的主要优点是耐印力高，适用范围广，具有更好的图文质量，特别适合于长版印刷。随着数字技术的迅速发展，按需印刷、短版活越来越多，使用聚酯版可使印刷厂更能满足客户的需求。如果按涂层划分，最通用的聚酯版材有：光敏树脂版和热敏版。

从版材性能上分，版材的种类就更多了，可分为光敏和热敏两大体系。光敏版材一般可分成银盐版和光聚合版两类，还可根据感光波长的不同又细分为红激光版材、绿激光版材、蓝激光版材、紫激光版材以及紫外光版材等。光敏版材有较长的发展历史，比较成熟，热敏版材后续发展较好。仅热敏版材就包括在显影前需要预热处理和不需要预热处理的版材，还有不需要后处理的热烧蚀版材、热致亲和性变化版材以及热蜡转移型版材等。

第二节　胶印设备的普遍应用

胶印技术是一种最主要的、属于间接印刷的平版印刷工艺。油墨先从印版转移到具有弹性的中间介质——橡皮布上，再转移到承印材料上。胶印对于现代印刷工业的发展具有至关重要的作用。

一、九十年代以来胶印机发展

进入二十世纪九十年代，直接制版系统（CTP）的诞生对胶印技术来说是最重要的贡献，使胶印机的工作效率和应用程度达到前所未有的水平。胶印机自动化程度更高，数字技术的应用也更加广泛。这个时期的重点可以说是在Print 91芝加哥印刷展上Presstek和海德堡联合推出的世界上第一台在机直接制版印刷机——GTO-DI，奠定了短版胶印未来的发展方向。在IPEX 98上，海德堡速霸SM 74 DI直接成像胶印机首度展出便轰动全球。在这一阶段，各大厂商推出的胶印机产品趋于成熟，开始向多色组、多功能方向发展，使多色组双面印刷、连线上光和干燥逐渐成为现实。曼·罗兰推出印刷速度达到15000张/小时的中型机 Roland 700和Roland 300及具有创新概念的大幅面单张纸胶印机Roland 900；小森率先于全球开发出小森全自动换版装置（Full-APC）；海德堡速霸SM74胶印机的全新生产线问鼎四开幅面（52 cm×74 cm）印刷市场；高宝推出首台十色（五对五）利必达印刷机；秋山首创设计开发了滚筒排列独特的高性能、高效率、高附加值的Jprint型单张纸双面印刷机；小森开发了多色双面胶印机LITHRONE40SP等。1997年，高宝推出的世界上首台完全采用无轴技术的商业轮转胶印机——Compacta215也是轮转胶印机发展的重要突破，此后无轴技术在轮转胶印机中广泛应用。

在中国，胶印是一种运用非常广泛的印刷方式，由于印刷速度快，印刷质量较为稳定，整个印刷周期短，书刊、报纸和相当一部分商业印刷都在采用胶印技术。二十世纪八十年代末期，我国印刷业彻底淘汰掉了铅印，开始全面普及胶印技术，并向"高速、优质、数字化、自动化"方向发展。1986年，北京人民机器厂试制四色胶印机成功。进入二十一世纪，国产胶印机销售业绩也大幅度增长，比如北人集团公司2001年销出1200个色组，2002年销出1400个色组，2003年销出1710个色组。[①]

加入世贸组织后，我国进口胶印机数量大幅度增长。大型报纸印刷厂常用的报纸印刷设备大多数为进口，具有国际较先进水平。其中主要有瑞士的维法（WIFAG），德国曼·罗兰（MAN·ROLAND）系列、高宝（KBA）、海德堡（HEIDELBERG），美国高斯（GOSS）系列以及日本的三菱、西研、宾田等，一些地市级别报纸印刷厂也使用国产的北人系列和上海高斯等小型机。

---

① 曲德森主编、胡福生执行主编：《中国印刷发展史图鉴（下）》，山西出版传媒集团、山西教育出版社 2013年版，第659页。

二、无轴传动胶印技术

无轴传动是二十世纪八十年代末九十年代初出现的新的传动技术。经过研发、试用和推广，到了二十世纪九十年代后期，逐步广泛应用于各类卷筒纸胶印机和部分其他印刷设备上。无轴传动技术是在开发出"组合传动理念"，以及引入交流伺服和磁通量矢量传动系统后，才真正实现的。传统印刷设备的传动是依靠固定在机器上的齿轮、轴杆等机械部件将电机的动力向各个机组传动。随着技术不断进步和报业不断发展的需要，卷筒纸轮转胶印机逐步采用了无轴传动系统。所谓无轴技术就是用交流电机驱动的（虚拟的）电子轴线取代传统、复杂的机械传动轴，也有人因此把无轴技术称为无齿轮（Gearless）传动技术（如图8-6）。这种系统的驱动和控制，使用精确的电子同步数字化智能侍服电机，依赖精确同步控制的智能侍服电机的驱动，代替迄今为止使用普遍但价格昂贵的机械齿轮箱、纵轴、万向轴以及凸轮。这样就不再需要额外附加的动力了，比如专门的齿轮箱或是设定机器的时候。[1]

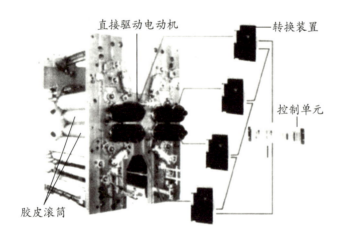

图 8-6　一个印刷色组[2]为控制单元的无轴传动

---

[1] 嵇俊：《浅析无轴印刷技术的优势》，《中国包装》2005年第5期。
[2] 印刷色组指由印版滚筒、橡皮滚筒和压印滚筒所组成能够完成印刷墨色数量的组数。如三滚筒单色胶印机一次只能完成一种墨色的印刷，即有一个印刷色组；B-B型胶印机有两个印刷色组，一次可完成两种墨色的印刷。

下面简要介绍一下无轴传动技术的优势：

1. 无轴传动印刷机是一种开放式结构

对于无轴传动印刷机来讲，模块化设计的独立驱动单元已经不需要通过主轴将动力传递给每一个单元，不需要通过高精度的齿轮箱传递力矩，不需要齿箱的润滑系统，更不会出现由于机械制造安装不准确产生的一些问题，因此就不会产生因为齿轮传动而形成的影响套印精度的因素，减少了机器运转时的噪声，提高了能耗效率，可以更好地利用空间。可以在一部分印刷单元仍在运转时，变动另一部分印刷部件的活件尺寸。[1]

2. 拥有极高的同步协调性

每个驱动单元都是光电信号的获取及传输，是通过无噪声光纤电缆来完成的，不再使用主轴及齿箱传递力矩。驱动单元张力调节辊的同步协调性的提高，为调节速度提供了很大的方便。[2]

3. 最大限度地降低成本

对于机器的制造商来说，无轴驱动机器的概念首先意味着开发、生产和运行机器成本的降低。对于使用者来说，与通过电机、主轴、齿轮传动、离合器传动的传统印刷机相比，无轴传动印刷机大大地降低了由于印刷机机械结构影响而产生的废品，从而最大限度地降低成本。[3]

4. 灵活性

无轴传动的印刷机可以对已有的设备进行扩展，在很大程度上提高了设备的实用性，此外，由于模块化的设计单元，可以对设备进行理想的组合，既降低了采购成本，又节约了资源。传动机构的减少，使得操作者更容易接近印刷机，操作、维修更加简单。[4]

5. 可提供远距离的技术支持

随着计算机网络的迭代与运用，企业与企业间的距离得以缩短，印刷机的远程

---

[1] 胡瑛、管力明、鲁聪达：《无轴印刷机结构原理》，《包装工程》2006 年第 3 期。
[2] 嵇俊：《浅析无轴印刷技术的优势》，《中国包装》2005 年第 5 期。
[3] 于泽浩：《无轴系统同步控制的研究》，东北大学 2008 年硕士学位论文，第 7 页。
[4] 嵇俊：《浅析无轴印刷技术的优势》，《中国包装》2005 年第 5 期。

诊断和技术服务成为可能，而无轴传动印刷机数字化控制系统的应用，更是将这种可能变成了现实。

三、我国报纸印刷常用胶印机产品及其特点

在众多品牌型号各异的印刷设备中，若按使用的卷筒纸幅宽分类，大体可分为两类，[①]即宽幅（1200—1680 mm）和窄幅（700—965 mm）。若按印版滚筒直径可分为单倍径和双倍径。所谓单倍径是指印版滚筒圆周相当于报纸的幅面长度；双倍径是指印版滚筒的圆周相当于两倍报纸幅面长度。若按一次可同时印刷纸卷个数分，可分为单纸卷印刷和多纸卷印刷。若按动力传动特点分，则可分为有轴传动和无轴传动。在众多的进口胶印设备中，曼·罗兰公司各种型号的胶印设备最多，其次则是高斯公司。

1. 德国曼·罗兰系列

我国目前引进了曼·罗兰公司所生产的COROMAN、CROMOMAN、UNISET、ECOMAN、GEOMAN、COLORMAN、REGIOMAN等系统设备（如图8-7）。这其中UNISET系统在我国使用最为广泛，适用于中型报纸出版印刷，该系统最大特点是印刷滚筒采用了双倍径，单幅卷筒纸，虽然滚筒转速为3万—3.75万r/h，但每小时可生产6万到7.5万份报纸。提高了生产印刷能力，同时采用了滚筒比为2：3：3的KFN80折页机，这样可生产的模式有多种选择，一个纸卷既可以生产出彩色四页对开张的报纸，又可用存页方式生产出彩色八页对开张的报纸。该系统组合最多可每

---

① 具体而言，胶印机分类主要以这几种方式分类：1.按给纸方式分类，胶印机（平版印刷机）可分为单张纸胶印机、卷筒纸胶印机。2.按纸张幅面大小分类，胶印机可分为全张胶印机、对开胶印机、四开胶印机、八开胶印机等。国际GB 788-1999规定，全张纸幅面A系列为880×1230、900×1280等，B系列为1000×1400等，俗称大度纸。此外还有787×1092的正度纸。把全张纸的长边对折即为对开，把对开纸长边对折即为四开，把四开纸长边对折即为八开。由于全张纸有A、B两种系列，故对开、四开、八开也有相应的尺寸系列。3.按印刷色数分类，平版印刷机可分为单色平版印刷机、双色平版印刷机、四色平版印刷机、五色平版印刷机及更多颜色的多色平版印刷机。4.按印刷面数分类，平版印刷机可分为单面平版印刷机和双面平版印刷机。5.按照用途不同分类，平版印刷机可分为报纸平版印刷机、书刊平版印刷机、商业用平版印刷机。6.按自动化程度分类，平版印刷机可分为半自动平版印刷机（手动输纸）、自动平版印刷机（自动输纸）及全自动平版印刷机（实现了装版、调压、套准、水墨控制、输纸、收纸、清洗均自动完成）。

小时生产7万份八十页对开张的报纸。①

图8-7　德国曼·罗兰系列

2. 美国高斯系列

我国目前引进了高斯公司所生产的Colorliner、Uniliner、Universal、Community等系列系统设备（如图8-8）。这其中Universal是我国使用高斯公司报纸印刷机较多的一种类型，该系列主要有45、50、70、75等机型。它采用积木式结构，具有生产效率高、灵活多变的组合形式等特点。组合方式有四层塔式结构、卫星型结构、6滚筒和4滚筒结构，纸卷可立式和卧式导入，可同时进行冷固和热固油墨印刷，能24小时连续生产，可每小时生产7万份对开张双面四色报纸。所有滚筒均采用坚固的不锈钢制作而成，配有耐用的轴承，橡皮布滚筒运用T型紧固装置，印版滚筒采用窄缝锁紧装置，并配有固定的定位销，保证印版定位精确。供墨系统采用连续刮墨，下摆开放式墨斗，并设有遥控调节墨区供墨量装置，供墨量用S型曲线原理设置，它会根据滚筒速度而适当微调墨斗供墨量。折页机使用2∶3∶3叼牙型，可以容纳20个卷筒纸，并可以实现多种折页裁切。印刷部分采用H型结构，可实现2+1式、4+2式、4+4式组合。该机印刷滚筒为双倍径，纸架可容纳卷筒纸幅宽为380—1020 mm，具有自动续纸功能。②

---

① PECOM 是英文 Process Electronic Control Organization Management 的简写，即电子作业流程自动管理系统。它是一个高效率的自动数字管理系统。印刷机 +PECOM 构成一个由单一源头控制的完整系统（a complete system from a single source），系统结构就像一个完整的金字塔。参考张耀五：《曼罗兰 PECOM 系统在印刷机中的应用》，《印刷工业》2009 年第 7 期。

② 张慧文等编著：《胶印 1000 问》，印刷工业出版社 2007 年版，第 235 页。

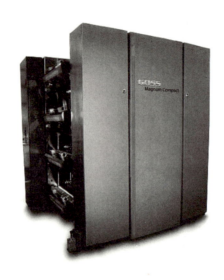

图 8-8　美国高斯印刷机

3. 瑞典桑拿系列

我国一些报纸印刷厂在二十世纪八十年代就引进过该公司设备，当时正值我国报纸印刷开始全面从铅印转到胶印的时期，引进较多的是该公司生产的 D300、D400、HV300 等型号（如图 8-9）。它们属于小型机，内置式纸架，印版三滚筒无滚枕，其小巧、轻便、灵活，精度较高，可书报两用等，适用于小批量报纸的生产。其中，D400 为无轴传动，每小时 5 万份的印刷速度，印版滚筒带有定位钉、采用喷雾式润版系统、双三角版；HV300 型最大的特点是可实现卧、立混组，充分发挥了塔式 B-B 机彩色双面印刷的灵活性，并节省滚筒。这几种机型均采用了 PPC 智能中央控制系统，自动化程度高，操作集中、方便。[①]

以上是我国引进较多的几种型号胶印机，其他诸如高宝、维法、海德堡等公司的机型也多有引进，这些机型各有特点，但也具备一定共同性：大中型机器多为积木式无轴传动结构，可自由组合，这也给要求不同的报纸印刷厂购置引进适合自用设备提供了一定的便利；小型机器印刷方便快捷，既可以印刷报纸，也可用来印刷书籍，一举多得。

---

① 张慧文等编著：《胶印 1000 问》，印刷工业出版社 2007 年版，第 235 页。

图8-9 瑞典桑拿印刷机

第三节 报纸印刷质量的控制与检测

二十世纪九十年代，随着经济社会的发展，CTP系统、胶印技术的愈发成熟，计算机分色技术的进步使柔性版印刷涉足印刷的更多领域，并且已经被一些报纸印刷企业所采纳。但是，报纸印刷往往被认为是精度要求较低的印刷方式，这就制约了报纸印刷质量的全面提升。但读者对于新闻报刊的要求不再只是简单地获取信息，他们对于报纸印刷出版质量的要求与日俱增。一份好的报纸，不再只是信息量大那么简单，清晰爽朗的文字印刷和图文编排也成了重要依凭。为了报纸印刷出版质量的提升和报纸出版生产技术水平的不断提高，全国报业协会开始着手制定报纸印刷的行业标准。在1993年，我国颁布执行了首个报纸印刷质量评比标准——GB／T14705-1993《报纸印刷品质量要求及检验方法》。国家标准的出台一则希望以此来推动新闻报刊的出版传播更加优质，带动出版印刷技术的不断追新；二则希望能够让广大读者在接收新闻信息的同时有着更加愉悦的观感。

国家新闻出版署于1995年3月20日发布《报纸质量管理标准（试行）》，同时还颁布了《报纸质量管理标准实施细则（试行）》文件。该质量标准是为了便于管理部门对报纸的日常出版质量进行考核，其可作为对报纸年检、考评的依据。

国家质量监督检验检疫总局于2003年6月公布了《新闻纸的冷固型油墨胶印》

GB/T17934.3—2003国家标准（简称国标），并确定自2003年12月1日起执行。依据上述印刷标准要求并考虑到当前各地的实际情况，中国报协印刷工作委员会制定了报纸印刷质量贯彻标准实施细则及年度质量检测办法，从2004年1月起执行。报纸印刷质量评比的主要标准根据2003年的国家标准和2004年的质量检测办法最终确定报纸质量检测主要分为图片、题字、墨色、外观四个大项。

一、报纸印刷中的常见问题

由于使用油墨印刷机进行印刷，在报纸印刷过程中，会发生很多问题，导致印刷效果不佳。

1. 油墨渗透问题导致的字迹不清、图片模糊；

2. 由于油墨干燥程度不够导致的版面蹭脏、拖脏、夹脏现象；

3. 由于纸张掉毛、掉粉、油墨粘性过大造成的拉纸毛、橡皮布堆墨现象；

4. 由于设备高速运转产生的飞墨现象；

5. 由于油墨叠印问题导致的图片发花现象；

6. 由于滚筒位移导致的印刷重影现象。

除此以外，还有各种外因会导致报纸的印刷效果出现偏差。因此在进行报纸的印刷过程中，应格外注意对报纸印刷环节的质量进行控制。

二、报纸印刷环节的质量控制

影响印刷质量的因素非常复杂，从油墨转移性能的角度看，控制好环境温湿度、润版液的使用、水墨平衡、印刷压力和水墨胶辊的调节等几个重要工艺环节的节点能有效提升印刷质量。[1]

---

[1] 扫描分色主宰着彩色图片的色彩、阶调和清晰度三项指标，所以，印刷工艺中对分色进行非常系统的研究，在提高印刷质量中起到关键的作用。随着扫描分色技术的进步，一些不能进行精密彩色印刷的印刷方式也复制出高质量的印刷品来。

1. 对油墨质量的把控 [①]

油墨质量会对报纸印刷质量产生直接影响，不仅如此，由于印刷油墨中含有的有机溶剂在干燥后会有残留，而且油墨颜料中也往往含有有毒的重金属物质，因此把控油墨质量就格外重要。

在实际的报纸印刷过程中，在水墨平衡的控制、温度湿度的影响、印刷压力、印刷速度、水、墨辊等综合因素下，都会直接造成用墨不均、飞墨等现象，所以调节油墨墨性黏性、调整印刷车间温度湿度和机器印刷速度都很必要。

2. 对纸张质量的把控

在正常印刷情况下，纸带在行进过程中相对平稳，整个纸张平面上的张力相对均匀分布，但如果纸卷本身存在问题，纸芯偏移比较严重，平衡性被削弱，就会造成断纸。另外，橡皮布老化、机器速度变化异常、纸辊过脏、操作人员不当操作也会造成断纸，降低印刷效率。

3. 对印前质量的把控

报纸成品质量的优劣，有时候也取决于印前制作的水平。

在制作报纸版式时，要注意对图像色彩、清晰度、层次、大小的调整，也要及时转换图像模式，将字体调整至合适的大小，并对组版版面套色进行修正。

第四节　文字新闻传播方式的改变

随着计算机技术应用在新闻信息传播领域的不断深入，文字新闻报刊传输版面信息技术有了较大突破。与此同时，随着经济社会的不断发展，新闻报刊事业前景愈加蓬勃，施行数十年的"邮发合一"体制已经难以满足新闻信息传播的现实需要，因此，这一时期一些报社开始在出版发行方式上进行转变。

---

① 内容参考范丽娟：《浅析报纸印刷质量的控制》，《印刷质量与标准化》2009 年第 8 期。

一、报纸版面远程传输技术的突破

1. 我国报纸远程传版的发展历程

早在二十世纪七十年代，西方国家就开发并投入使用了远程照排系统，日本在二十世纪八十年代初也推出了日文的远程照排系统。二十世纪八十年代末期开始，华光及方正系统将报纸版的汉字代码、图像压缩信息和版面描述信息通过高速数据信道发至各代印点，在当地用同样的系统还原出与原版丝毫不差的版面，然后制版印刷，这就是远程照排系统。与前述原有的报纸版面传输代印机制相比，远程照排系统具有不可比拟的优势，它不但提高了外埠报纸版面尤其是新闻照片的质量，而且减少了中间环节和操作步骤，同时可即排即发，外埠版和当地版报纸的出报时间差只有10分钟左右，大大提高了报纸新闻的时效。另外，该系统采用数字方式描述报版信息，信息压缩倍数可高达400倍，节省了信息存储处理费用和时间。[①]

激光照排系统投入日常工作后，报社的出版效益和报纸印刷质量有了很大程度的提高，但仍然不能实现真正意义上的异地同步出版。1989年，全国只有三四家中央级大报在外地设有代印点印刷，一般采用两种方式传输版面，一是航空版，将版面做成报纸纸型，然后空运到外地印刷；二是传真版，这种方式要求报社制作一份十分清晰的报样，然后送到邮局特设的传真室，输入到一台宽幅面的传真机，使用60条电话线路的带宽传真到外地邮局，然后由邮局送往代印点制版印刷。航空版速度慢，而且受飞机航班、天气等因素影响，影响地方版的出报时效；传真版虽然在时效上有所改善，但是会牺牲报纸版面精度，无法维持原版面的美观程度，再加上通信线路的干扰，传送到外地代印点的版面远低于原版质量，特别是照片的质量往往会下降到读者难以忍受的程度。1990年8月30日、31日两天，经济日报社在国内率先利用卫星线路和电话线路成功地进行了报纸版面远程传输。8月30日凌晨，经济日报社通过自设的卫星小站，将当日报纸的全部组版信息，通过印度洋上的国际通信卫星，传输至广州的代印点南方日报社。南方日报社通过卫星小站接收后，进入计算机照排系统，输出激光照排胶片，然后制版印刷，华南地区读者8月30日中

---

① 沈晓辉、张海潮、张秋实：《激光照排技术问答》，印刷工业出版社1993年版，第10—11页。

午就看到了当日的《经济日报》，这份报纸也成为我国第一张通过卫星整版远程传输在外地印刷发行的报纸。[1]

在此之后，王选等人也决定以激光照排技术为基础开发用页面描述语言传送报纸版面的创新技术。经过不懈努力，在1991年8月29日，北京大学与人民日报社合作，在北京与湖北日报社之间首次成功地进行了报纸卫星实地远传试验。到1992年底，人民日报社已通过卫星向全国22个城市传送版面。至此，全国大部分地区都能在同一天里看上《人民日报》。在当时，规模如此大的、基于页面描述语言的远程传版在中国报业中尚属第一家，在西文报业中也很少见。卫星传输技术的应用打破了报纸出版地域上的限制，大大缩短了报纸与读者的距离。这一新技术物美价廉，很快在国内推广开来。从1992年底到1993年，全国中央报纸和部分省市报纸的90个代印点，全面开通卫星传版，结束了靠传纸型和传真传版的历史，提高了报纸时效性。随后，《中国日报》成为中国第一家通过国际通信卫星传送版面到国外印刷发行的报纸。到1994年，国内大约有一百多家报社实现了异地远程传版。

2. 卫星传版系统的构成及运作

当时我国报社所采用的卫星远程排版系统多为国外PES卫星系统，下面以此为例简要介绍其构成。

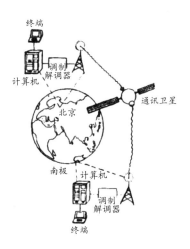

图 8-10　远程传输示意图

---

[1] 闵大洪：《我国报纸远程传版技术的新突破》，《中国记者》1992 年第 6 期。

PES卫星系统是由一个主站（Hub）和若干小站（VSATs）组成，其中VSAT是利用离地面3.6万公里同步轨道上的通信卫星传递数据信号的。与传统卫星通信系统相比，其最大特点是远端设备的天线口径可以很小（1.2 m—1.8 m），这样它就可以很方便地安装在数据所在地。它的室内单元只有一台计算机微机大小，维修护理也相对简单，这也使得许多数据通信用户有可能不依赖现有地面公共网而利用VSAT建立自己的专用数据网。[①]特别是小型主站的出现使用户有可能建立自己的卫星主站，比如人民日报社。

由于小站天线口径太小，发送功率也低，难以在两个小站之间建立直达链路。通信实际上是在主站和小站之间进行。收发方均通过网上的通讯机或通讯服务器和卫星系统发生联系。发方的通讯机从网上取出要发送的版面信息并通过电缆送往主站。如果主站是邮电或其他部门的公用主站，则通讯机和主站之间要经过微波通信或高速地面线路设施将信息传到主站。收方小站天线一般建在照排机房的屋顶上，户外单元与室内单元的电缆最长可达160米，因而室内单元就可以放在机房内直接与局域网络上的通讯机相连。

传送版面时发方通讯机从网上取出要发的版面信息传到主站，由主站通过高速（64 kbps）信道向所有印点的小站广播，小站收到信息后由通讯机检查记录错包情况，通过低速的回传信道（2400—9600 bps）将错包情况通知发方。发方收到出错信息后再次用广播方式发送信息，不过这次只要发送各印点发来的出错包的并集，信息量比第一次广播要小得多，这一过程一直重复到各站全部接收正确为止。由于卫星信道本身误码率很低，这一过程的收发是很快的，甚至经常不需要重发。所以总的传送时间基本上是一次传送时间。

二、报纸发行传播方式的改变

1. 从"邮发合一"到"自办发行"

自二十世纪八十年代初开始，随着计划经济逐步向商品经济靠拢，新闻报刊运

---

① 宋再生：《报纸版面传输与卫星通信》，《中国航天》1991 年第 8 期。

营所需的纸张、印刷设备、服务价格渐渐开始由市场决定。中国的报刊社一直被视作事业单位，由国家财政拨款支持运转。此时开始尝试企业化经营，允许其将经营收入用来改善员工福利，这在很大程度上提高了报社以广告拓展为突破口，进而扩大整体经营规模来获取更高效益的积极性。

　　然而1979年国家对报刊社的企业经营松绑，也仅止于广告经营，例如《天津日报》1979年刊登了"文革"后我国内地报刊的第一条广告。中国报刊发行市场直到1985年之前，依然处在邮局统发的管制之下。在改革开放初期，作为大型国有垄断专营机构的中国邮政，不仅自身管理运营成本高涨，而且其在产业运营上并没有体现出对提高资源配置效率和提升产业效益的优势，反而大大增加了报刊发行行业的运营成本。在这种局面下，报刊发行的行业调整迫在眉睫。

　　《洛阳日报》在1985年1月1日成为第一家尝试突破"邮发合一"体制的报社。该报在当年就取得了发行费率降低至18%，同时发行量增长10%的不错成绩。《洛阳日报》自办发行的成功，在报刊发行行业引起了热烈的反响，1985年后，其他省市的地市报纷纷效仿这种自办发行的模式，1988年甚至扩大到了以《天津日报》为肇始的省委机关报群体。到2000年前后，全国自办发行的报纸已有800多家，其中地、市以上党报有260家，占党报总数的70%。伴随着远距离传版技术、互联网技术的投入使用，自办发行的报纸发行量在激烈的市场竞争中保持着稳定增长的趋势。

图 8-11　自办发行奖励

2. 报纸发行传播方式改变促进发行部门技术革新

自办发行的推行使得报纸的生产设备机械化、智能化程度在发展中迅速提高，交通运输设备不断改造升级，运输能力也逐渐提升。一些经济较好省份的大报纷纷斥巨资引进高新技术，推动新闻报刊事业发展。如《广州日报》在九十年代末期耗资10亿元引进具有世界先进水平的印刷生产线，建成亚洲最大的印务中心和自动发报纸的系统，使出报时间提前到早上6点，保证了在版面不断增加的情况下，报纸照样能够如期摆上报摊和送入订户家中。广州的三家报业集团都不惜数百万元利用租用卫星专线传版到全国各地的分印点，保证了自办发行在省外的顺利实施。[①]

（1）报社引进报刊发行综合业务管理系统。此时，含有高科技的现代化技术设备逐渐普及，大规模开发应用发行软件，远程传版技术、互联网技术也被广泛采用。《青岛日报》在九十年代中后期率先引进了报刊发行综合业务管理系统，该社新闻报纸发行效率大幅提升。下面以新桥信息技术有限公司在九十年代中后期开发的报刊发行综合业务管理系统3.15系统进行介绍。

该系统的体系结构为客户机/服务器方式，远程用户可通过有线、无线或卫星线路实现与该系统网络的连接，系统可兼容多种硬件平台，跨越Windows NT、UNIX网络操作系统，支持SQL Server、TRIP等大型数据库，是一个完全开放的系统。

该系统包括十大模块：［1］系统维护管理模块。系统维护管理模块是对报刊发行网络信息的数字化过程，包括分发点、投递路段、投递员和零售摊点。该模块生成的数据为整个系统的自动处理和检索提供基础。［2］报刊发行管理模块。在报刊发行管理模块中提供了报刊征订、报刊零售、投递管理、报刊分发、资料检索和邮件的业务处理控制过程。该管理模块使用系统维护中的分发点、路段、投递员、报刊投递划分和零售摊点等相关数据，简化了报刊发行的业务处理过程，提高了工作效率。[②]［3］征订退报管理模块。征订户可能因为各种原因提出退订要求，系统可以根据具体发行部门的业务实现"先申请后退报"、"先退报后报告"和

① 罗雄：《报纸自办发行初探》，暨南大学2000年硕士学位论文，第17页。
② 陈传军、许鸿滨：《报刊发行综合业务管理系统3.15系统介绍》，《中国传媒科技》1998年第5期。

"跨区、市办理退订业务"的退报处理方式。[4]远程资料检索管理模块。为了适应跨区、市订阅和退报业务工作的需要,系统为发行工作人员提供远程资料检索功能模块。该系统利用公用电话网、通过远程接入方式实现远程资料检索的处理过程。[5]报刊出印数量的确定和查阅管理模块。报刊出印数量是发行主管部门与印刷厂之间日常工作的主要内容、系统利用公用电话网实现了高效、可靠的远程数据传输。[6]发行管理统计管理模块。发行管理统计模块提供给相关业务部门及主管领导进行数据统计处理。包括发行基本信息、发行数据资料统计、日常发行数据统计、征订工作统计、征订资料检索、零售资料检索和邮件监控。[7]指定日期征订管理模块。针对特殊类型的订户,系统可以按照间断时间管理征订数据,并自动生成相应的投递信息。[8]退报回复管理模块。在按照"先申请后退报"的退报处理方式下,系统实时监控各发行基层单位的退报申请,提示业务主管部门应及时给予退报恢复信息,提高退报处理效率。[9]随报赠阅管理模块。在市场经济的条件下,报社可能通过相应的促销手段扩大报刊的发行量,从而进一步加强报刊的影响力。系统将根据用户的设置自动确定随报赠阅的订户类型,并进行个别调整。[10]数据自动调度与处理管理模块。数据自动调度与处理管理模块负责各个工作站之间数据传递。[1]

（2）邮政部门积极建立发行数据网。与此同时,一些省份的邮政部门也相继采取相应技术手段,尤其是利用网络技术,建立发行网络,扩大发行渠道。如江苏省南京市在上世纪九十年代中期就建立起了一套较为完善的发行数据网络。该发行网的技术方案,在系统分析和系统设计中使用软件工程的结构化分析和结构化设计方法,规范数据结构和数据格式。要求系统的所有业务处理必须符合邮电部的业务处理规范,用户界面良好,操作简便,适应性强,功能扩展性好,设置多种安全措施,有丰富的查询能力和极强的容错、纠错能力,对用户输入的每项数据及时进行合法性判断,确保数据正确性,能够根据工作的需要方便地扩充工作站。下面简要介绍一下该发行数据网络系统的功能。[2]

---

① 陈传军、许鸿滨:《报刊发行综合业务管理系统 3.15 系统介绍》,《中国传媒科技》1998 年第 5 期。
② 周文洁:《南京市报刊发行数据网的组建》,《江苏通信》1995 年第 6 期。

［1］支局报刊发行系统。报刊发行的所有数据来源于支局。支局系统是整个报刊发行网络的基础，分为前台收订和后台处理两大部分。前台收订完成报刊收订（包括窗口收订、大宗收订）；后台对前台收订的数据进行处理，主要包括整破要数、投递改卡、续订单管理等。

［2］零售公司报刊发行系统。对全市零售报刊进行管理，分为邮发和特发两部分，市局为零售的邮发部分要数。

［3］外报分发处理系统。对订销的新闻报刊进行分发，改革传统分发，取消作为发单依据的分发单，将分发数据直接显示在格口上方的数码管上。

［4］订销汇总要数系统。分为报纸和杂志两部分，分别对来自支局的要数进行汇总，包括整订、破订、零售整订、零售破订。

［5］发报刊制签制单系统。接收省发行局传送来的各省订单数据，进行汇总，生成给报刊印制单位，按路段和份数排序后打印出报刊标签，根据路向、车次生成发往各地路单。

［6］会计结算、统计系统。自动从订销和发报刊系统中采集相关数据，进行一系列数据处理，计算发报刊收入，生成与报社、订销局的结算单和各种统计报表，打印台账，对报刊款和流转额进行管理。

［7］综合管理系统。查询全市报刊发行情况，准确地提供业务管理中的各种信息，并以此作为预测、决策的依据。

该发行网采用远程工作站方式，将异地计算机通过南京市邮政局网桥登录到南京市邮政局中心服务器，这样就可通过RS232接口（距离较远可用调制解调器）采用简单的文件传送方式传送数据文件。该发行网同时利用NOVELL网的通讯方式，简单易行，不再需要另外的通信软件，最主要的是能够作到无人值守，而且数据传输时对其他站点的使用无影响。不像一般利用调制解调器传输时必须双方先接通电话，再由接收方发接收信号，发送方在收到信号后才能开始发送。

三、文字新闻自动标引系统的实现

自动标引与计算机情报检索、应用语言学和人工智能的研究密切相关。自动标引系统是情报检索系统的一个子系统。自动标引过程与人工标引过程相似，也要经过主题分析、查词表和将自然语言转换为情报检索语言的若干阶段。自动标引的特点是标引速度快，标引的前后一致性好，在随机存储介质容量允许、软件检索功能具备的情况下，可以实现文摘甚至全文的无人工标引自动检索。自1980年起，我国对汉语自动标引和分词进行了实验研究，科技文献自动分词初步达到了实用水平。九十年代中期，《人民日报》在新闻信息自动标引系统方面取得突破，这也为文字新闻更好地为人们所传播和利用提供便利。

A11……

A111……

图 8-12　自动标引分级库示例

根据汉语的特点和新闻报道的实际，《人民日报》自动标引系统着重在文本预处理、分词处理、组配关键词、同义替换，加权统计、主题归类、筛选标引词技术上进行设计，进而解决自动标引。具体系统构成如下：

1. 文本预处理

《人民日报》新闻报道都有一定的标准规范。系统在一定的控制机制下利用这些规则提取出文献的外部特征。该系统对《人民日报》新闻文献的外部特征提取的准确率大于99％，可以提取的外部特征包括日期、版次、作者、标题等。

2. 分词处理

这是自动标引的基础。目前汉语自动分词的目的有两种，一种是用于文献的自动标引，一种是用于自然语言理解的研究。后者的分词技术功能比前者要求高，一是要有相当高的准确率，二是能解决歧义词语的切分问题，还要进行语言和语义分析等。用于自动标引的分词允许一定的误差，重点是从文献中切出实义词，但要求分词速度快。该系统采用的是正向最长匹配分词方法，重点通过中心词驱动规则和启发式算法识别人名、地名、缩略语和新词。其基本思想是：既要尽量保留有用的信息，以便后继处理，又要尽可能地消除由交集型歧义所产生的与主题无关的词。这就是自动标引系统对分词技术的特性要求。

3. 组配关键词

这一过程的主要任务是将分词过程中得到的基本词素进行组配，从而产生部分新的关键词，使隐含主题显性化。该系统运用的原则是，对题内和句内基本词素允许有序组合，允许题间和句间进行无序组合。

4. 同义替换

新闻报道中同一个词在不同场景中发生借喻或转义，同一个概念编辑记者又喜欢用不同的词来表述，词与词之间存在的同义、近义和相关关系需要控制和规范。系统建立的关键词同义词典、国名、组织机构、缩略词典，对标引词进行了替换和规范，有利于隐含概念和提高检索效率。

5. 加权处理

如何给可能用作标引词的词赋予权值，对标引质量有至关重要的影响。该系统采用的加权方法是根据词在文献中出现的位置、标记、频率、长度、词类以及构词方式对词进行加权。通过这一过程将生成按权值大小排序的关键词序列。

6. 主题归类

该系统以《人民日报新闻资料分类表》和《新闻主题词表》为标准对新闻文献进行主题归类。基本原则是"大类优先，同级按权"。遇到多个分类词时，需按在标题和正文中出现的位置和次数的权值排列。

7. 筛选标引词

根据文献的标引深度，按候选标引词的权值大小来确定标引词的个数。为了避免标引不足或标引冗余，该系统是根据每篇文献的标题字数、正文长度以及体裁形式来选择合适的标引深度。①

---

① 辛秉胜：《人民日报新闻文献自动标引系统的设计与实现》，《中国传媒科技》1997 年第 3 期。

结　语

本章主要讲述了在激光照排技术得到广泛应用，计算机技术进一步发展之后，CTP系统的出现快速提升了新闻报纸制版速度、简化了工作过程、提升了工作效率。在此基础之上，胶印技术得到了更好的发挥和提升，随着国内报社开始普遍使用无轴传动系统的胶印机，我国报业发展进入了一个新的阶段。

与此同时，制版技术和印刷技术的提升，在国家标准的监督之下，也为读者接收新闻信息之时带来了更好的观感，读者也从单纯接收新闻信息逐步进入更愉悦地接收新闻信息。"邮发合一"体制的打破，给报社带来了新的发展，也加大了报社通过加强技术革新手段进一步提升自身实力的追逐脚步。远程传版技术的突破、新闻自动标引系统的实现，不仅更好地推动了新闻信息传播，也为新闻信息被更好地利用提供了更大的空间。

第九章
文字新闻编校技术的应用与发展

Chapter 9
Application and Development of Modification Technologies in Textual Journalism

　　从文字新闻媒体诞生以来，通讯员沿袭多年的写稿、投稿，是通过手写、邮寄的方式来采编处理新闻稿。这种方式的最大弱点是时效比较差，一般需要三五天才能将稿件寄达编辑部，有时花费的时间甚至更长，十天半月也说不定。从二十世纪七十年代末八十年代初开始，报纸在印刷出版技术方面实现了两次大的革命。第一次技术革命，主要是在报纸排版工艺上，淘汰了铅字排版技术，"告别了铅与火，迎来了光和电"，实现了激光照排。第二次技术革命则是以编辑部为核心的新闻综合网络处理系统的启用，即"告别纸和笔，实现网络化"，用先进的计算机通信手段、信息处理技术、多媒体技术装备报业。

　　现代传输手段（计算机通信）的出现和报业的第二次技术革命，直接影响到通讯员写稿、投稿方式的改变。在电脑上写稿，然后通过电子邮件将稿件直接发到编辑手里，逐渐成为通讯员普遍采用的写稿、投稿方式。这一写稿、投稿方式，是从二十一世纪初开始的，它的好处主要有两点：一是及时，随写、随投、随到，写好、发出电子邮件以后，当即就可以达到编辑手中；二是便于编辑部及时处理，不用再打字、录入，直接就可以发排处理。

随着信息技术的日益普及，人们在日常生活、学习当中经常使用字处理软件，加工处理各种文本信息。不同文本的表现形式有不同的加工表达特点，所以，我们必须根据信息的特点，选取适合的文本加工工具来处理文本信息。1983年1月1日，微软发布Word For Dos 1.0，这是一个里程碑式的计算机软件。其技术非常领先，Word从开发之初就是为图形界面设计的，是第一套可在屏幕上显示粗体、斜体，还能显示特殊符号的文字处理软件。支持鼠标和激光打印机，而且Word的使用界面和Multiplan保持一致。西蒙尼计划出品的Multi系列产品，原本还有MultiFile，MultiChart等，但市场部觉得名字太长，建议将全部产品改用微软命名，这是极好的提议，促使了微软标志显示在每一套软件上。伴随着这一系列办公软件的出现，文字新闻编辑工作也逐渐告别了传统的"纸和笔"。与此同时，传统的文字校对也因为计算机技术的不断革新，推出了智能化的校对软件，但与编辑不同，传统的校对技术仍然在文字新闻传播过程中扮演着重要的角色。

第一节　告别"纸和笔"

汉字电子激光照排系统和计算机排版系统的应用使中国报业彻底挣脱了落后技术工艺的束缚，拉开了出版行业技术升级的序幕。报纸的出版，从稿件的传输起，直至印出报纸，共有20多道工序，计算机排版只是其中一部分。印刷输出的问题得到解决后，报纸生产过程中的前端问题开始凸显，如何提高编审流程的效率，缩短出报时间，实现编审人员的协同工作，成为采编系统实现网络化的内生动力。编辑从依靠纸与笔到借助计算机系统进行稿件的编写、修改、校正、审批乃至组版，开启了告别"纸和笔"的新一轮技术革命。

一、采编环节的计算机应用

二十世纪以来，欧美发达国家依靠强劲的科技实力，在研制计算机编辑激光照排系统方面处于领先地位。美国、英国、德国、日本等发达国家竞相推出不断改进的系统，使其性能越来越完善、操作越来越简单、全过程自动化程度越来越高。日本经济新闻社的ANNECSⅢ型在1985年便实现了从文稿输入到计数捆包的报纸制作过程自动化。

在中国，报纸出版采用计算机是从印刷厂的排字和拼版工艺开始的，但编辑部的工作方式仍然是在纸上写稿、改稿，在版样纸上计算字数、画版。由于版面编排使用了激光照排，所以排版用到的稿件和图片都需要进行数字化处理之后才能使用计算机编排。但传统的方式是记者、编辑在稿纸上手写稿件并在稿纸上修改稿件，最后再由专人负责录入计算机中。这就使得报纸采编时效性的瓶颈不再出现在出版阶段，而转到了稿件编写阶段。

与此同时，计算机及网络技术已经得到了逐步普及。因此借助计算机编写稿件，成为解决这一问题相对高效和成本较低的方法，它一方面剔除了录入环节，另一方面降低了稿件录入可能产生的错误。[1]在当时的一些学者看来，计算机新闻采编系统的优势十分明显[2]：一是写稿时乱涂乱划给记者和编辑带来的影响消失了，抄稿时浪费的时间和精力得以节省。文稿变得整齐和规范。二是稿件在网上流转时是即时的，编辑编稿、部主任审稿、总编室汇稿、总编辑签发稿，可在上道工序完成时立即进行，省去了稿件在各道工序的流转时间。各工序对稿件的改动都有清晰的记录，责任十分明确。三是手写稿件的录入、校对、上版改样过程不复存在，避免了在这一过程中出现的技术差错，稿件的质量有了很大的提高。[3]稿件校对人员的数量还可以减少，真正做到减人增效。四是有几张子报的报社可以共享媒体资

---

① 在新闻采编系统中，所有的稿件都以数字化形式存储在系统中。记者的稿件一般通过软盘存储或直接通过网络传回数字化新闻稿；社外来稿在审定后由打字员或编辑输入稿件库；新闻图片在签发后一般通过扫描仪输入计算机，部分驻外记者用数码相机直接通过网络传回数字图片；通讯社稿件和驻外记者传回的稿件随时可从专门的稿件库中调出。编辑通过排版系统对各类数字化稿件进行编选，再通过网络传至部主任二审、总编辑终审。一般报社的采编网络都与新华社的资料库和部分国外的资料系统联网，有的还连接了其他报纸电子版等方面的数据。在编辑稿件的过程中，相关人员可以通过网络中的资料库、本报社资料库或光盘资料等随时进行快速检索，或核对事实，或增补背景资料。参见马涛：《中国报业数字化30年》，中国传媒大学出版社2014年版。
② 中国社会科学院新闻与传播研究所：《中国新闻年鉴1998》，中国新闻年鉴1999年版，第181页。
③ 电子排版是采用电子计算机、激光照排系统编排版面的技术。二十世纪末，我国报纸已经全部采用电子排版。目前，国内常见的排版软件有方正飞腾、华光超捷、PageMaker、QuarkXPress、Adobe Indesign等交互式排版系统。飞腾是一个通用的彩色排版软件，不但用于报纸的排版，还用于杂志、广告、宣传册等各种印刷品的排版。飞腾软件在1995年正式推出，2001年已推出4.0版本。2007年8月又推出飞腾创艺5.0版。在飞腾创艺5.0中可直接生成可阅读的PDF文件，或者直接生成JPG版面效果图片，直接传给报社领导，达到及时审阅的目的。

源，只要在报社网上的稿件和照片，都可以随意调用。

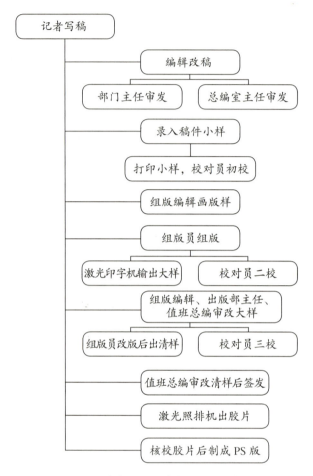

图 9-1　传统新闻采编出版流程示意图

二、报社新闻采编系统的推广

新闻采编网络系统（以下简称"新闻采编系统"），就是利用计算机技术、互联网技术、数据库管理技术以及电子通信技术，实现新闻稿件和新闻图片从采写、修改、传输、编辑、审定、签发，到稿件的跟踪、检索、查询、异地传输等多项管理过程的"无纸化"处理，做到采编流程的自动化与网络化。

新闻采编系统的应用普及实现了新闻稿件采编流程的网络化管理。从1992年开始，一些技术力量较强、经济实力较强且率先实现并完成激光照排技术工艺的报社与国内相关计算机公司开始了编辑部门直接采用计算机作业的试验，并结合具体需求研发计算机采访编辑系统。

例如，《青岛晚报》社在当时几十人的编辑队伍中开始使用初型的新闻编辑系统，尽管当时的软硬件环境还很不完善，但是文稿的编辑流程已经形成。经过两年多的开发和实践，到了1994年，有些报社基本上完成了第一代编辑系统应用软件的开发。这一系统的内容包括：记者和编辑全部采用计算机写稿、改稿；群众来稿及特约稿件等工作程序全部在网络系统内流动；原本体现在纸上的编辑、主任编辑直到主管总编的删、改、定，全部体现在计算机上，并保留每层工作的痕迹，限定工作权限，保证编辑工作的安全。该系统与数据库联网，可以直接查阅或者选取有关材料，调入见报稿内。该系统还包括了各版的分工、转版以及与广告的配合等。①

1994年，方正文韬新闻采编系统②在《深圳晚报》中得到了应用（如图9-2），实现了深圳晚报社采编流程的计算机化，报社从此告别了"纸和笔"的手写时代。时任报社副总编辑的王田良回忆说，创办伊始，报社编委会就提出要在全国报界率先实现采编全程电脑化的目标，要求每一位编辑、记者，从写稿、编稿到组版，都要彻底告别纸和笔。中科院院士王选后来把此举称为中文报纸的"世界第一"。他说："《深圳晚报》的实践，意义非常大。它标志着中国报业告别纸和笔的开始，代表了今后报业发展方向。"③随后数十家报社用网络系统装备自己，增添技术实力，其中的大手笔如光明日报社。该社于1995年9月22日正式开通方正综合新闻业

---

① 汤代禄、孙晓滨："报纸采编流程变革中的技术身影"，http：//news. xinhuanet. com/new-media/2008-06/02/content_8299220. htm。

② 文韬新闻采编系统是北大方正集团公司继电子出版系统后推出的又一大型计算机网络应用系统。此系统主要供报社、杂志社编辑部门使用，使记者、编辑、编辑部主任、总编辑在电脑上完成写稿、改稿、组版、校对、传送、签发的全过程，并能对稿件进行多项统计管理工作。为报社、杂志社等提供一个完整的采编管理流程，全面实现采编过程的网络化和自动化，使编辑部工作"告别笔和纸"，减少工作环节，提高工作效率，缩短出报时间，加强新闻的时效性。北大方正凭借多年服务于新闻出版行业的经验和对报社业务的深入了解，准确把握当今世界新闻技术的发展方向，率先推出了基于标准 B/S 技术的第四代新闻采编系统；同时，将新闻采编系统与组版等其他子系统高度集成和一体化管理，为报业用户提供了一个以 Intranet/Internet 为平台、以第四代采编系统为枢纽、以版面流程为核心、以 XML/PDF 为基础的数字化与跨媒体解决方案，将报业"告别纸和笔"的第二次技术革命推进到一个崭新的高度。

③ 周满："新闻事业照亮人生——记深圳报业集团原总编辑兼深圳特区报总编辑王田良"，http：//jsnews.zjol.com.cn/jsxww/system/2016/12/06/020919905.shtml。

务网，该网连接了170多台微机，其规模为国内报社之最。在1200平方米的采编中心，每人一台电脑工作桌，实施无纸笔文字处理。经过几年的开发普及，至2000年，全国各主要报纸已经普遍采用新闻采编系统，编辑记者放下纸和笔，操作计算机，这一过程被称为中国报业出版的第二次革命。

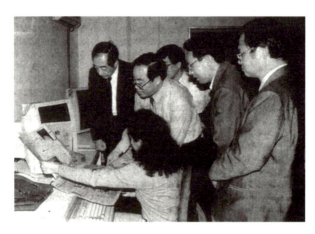

图 9-2　1992 年，香港部分报社社长在《深圳晚报》电脑房考察新闻采编系统

第二节　Office文字编辑软件的应用及发展

Office（全称：Microsoft Office），是一套由微软公司为Microsoft Windows和APPle Macintosh操作系统开发的办公软件。同其他办公应用程序一样，它包括联合的服务器和基于互联网的服务。Office软件出现于二十世纪九十年代早期，其最初是一个推广名称，指一些曾单独发售的软件的合集。最初的Office版本包含Word、Excel和Powerpoint。另外一个专业版包含Microsoft Access。 Microsoft Outlook当时尚未问世。随着时间的推移，Office应用程序逐渐整合，共享一些特性，例如拼写和语法检查、OLE数据整合和微软Microsoft VBA（Visual Basic for APPlications）脚本语言。

一、常用组件

每一代的Microsoft office都有一个以上的版本，每个版本都根据使用者的实际需求，应用了不同的组件。

1. Word

Microsoft Word是文字处理软件（如图9-3）。它被认为是Office的主要程序。它在文字处理软件市场上具有统治地位。其私有的DOC格式被尊为一个行业的标准。Word也适合某些版本的Microsoft Works。它的主要竞争者是OpenOffice.org Writer、Star Office、Corel Word Perfect和APPle Pages。Microsoft Word还可以轻松建构各类网页，实现其他软件难以完成的网页效果，但缺陷是它构造的WEB网页CSS代码繁多。

图 9-3　Word

2. Excel

Microsoft Excel是电子数据表程序〔进行数字和预算运算的软件程序〕（如图9-4）。同Microsoft Word一样，它在办公软件市场上也占据统治地位。与最初占据市场优势的Lotus 1-2-3相比，它是个竞争者。但Microsoft Excel凭借出色的市场竞争力，最终成为实际应用标准。它适配于Windows和Macintosh 平台。它的主要竞争者是OpenOffice.org Calc、StarOffice和Corel Quattro Pro。

图 9-4　Excel

3. Outlook

Microsoft Outlook——请不要同微软的另外一款产品Outlook Express相混淆——是个人信息管理程序和电子邮件通信软件（如图9-5）。它在Office 97版接任Microsoft Mail。其包括一个电子邮件客户端、日历、任务管理者和地址本。电子邮件程序的主要竞争者是Mozilla Thunderbird（Mozilla）和Eudora。个人信息管理程序的主要竞争者是Mozilla和Lotus Organizer。它仅适配于Windows平台；一个版本也被包括在大多数Pocket PC里。它在Macintosh里对应的程序是Microsoft Entourage。

图 9-5　Outlook

4. Access

Microsoft Office Access是由微软发布的关联式数据库管理系统。它结合了Microsoft Jet Database Engine和图形用户界面两项特点，是 Microsoft Office 2007 的成员之一（如图9-6）。

Access能够存取 Access/Jet、Microsoft SQL Server、Oracle，或者任何 ODBC 兼容数据库内的资料。虽然它支援部分面向对象（OO）技术，但是未能成为一种完整的面向对象开发工具。

图 9-6　Access

5. PowerPoint

Microsoft PowerPoint使用户可以快速创建极具感染力的动态演示文稿，同时集成工作流和方法以轻松共享信息（如图9-7）。

图 9-7　PowerPoint

6. Outlook Express

Microsoft Outlook Express，简称为OE，是微软公司出品的一款电子邮件客户端，也是一个基于NNTP协议的Usenet客户端（如图9-8）。微软将这个软件与操作系统以及Internet Explorer网页浏览器相捆绑。同时，对于苹果公司"经典"版的麦金塔电脑提供该软件的免费下载版本（该软件不提供给新版本的Mac OS X操作系统，在OS X上微软对应的软件是Microsoft Entourage，Microsoft Entourage是专门商用软件Microsoft Office套装的一部分）。

图 9-8　Outlook Express

7. Project

Microsoft Project（或MSP）是由微软开发销售的专案管理软件程序（如图

9-9）。该设计软件的目的在于协助专案经理为任务分配资源、跟踪进度、管理预算、发展计划和分析工作量。初版微软Project发布于1995年，为微软Project for Windows 95。其后版本分别发布于1998年、2000年、2003年和2006年。

图 9-9　Microsoft Project

8. Publisher

Microsoft Office Publisher是微软公司发行的桌面出版应用软件（如图9-10）。人们普遍认为它是一款入门级的桌面出版应用软件，它的页面元素控制功能比Microsoft Word更强大，但比起更专业的页面布局软件，如Adobe公司的InDesign以及Quark公司的QuarkXPress来说，还有所不足。

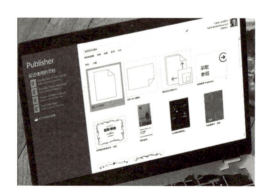

图 9-10　Microsoft Office Publisher

9. Visio

Microsoft Visio是Windows操作系统下的流程图和矢量绘图软件，它属于Microsoft

Office软件（如图9-11）。2000年在微软公司收购同名公司后成为微软公司的产品。它的竞争者是Adobe Illustrator、CorelDraw和Macromedia FreeHand。

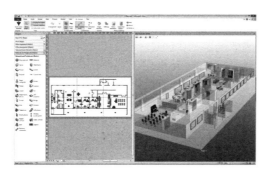

图 9-11　Microsoft Visio

10. OneNote

Microsoft OneNote是Office2003中的新程序。它有助用户捕获、组织和调用便携式计算机、台式计算机或 Tablet PC 上的便笺（如图9-12）。它为用户提供存储所有便笺的位置，并允许用户自由处理。OneNote 2003还帮助用户以多种方式捕获、组织和使用各类信息。

图 9-12　Microsoft OneNote

11. SharePoint Designer

Microsoft SharePoint Designer 2007是Frontpage 2003的下一个版本，但这个版本并非Frontpage 2003的简单改进版，而是一种全新的Web2.0产品，用于基于 SharePoint 技术创建和自定义 Microsoft SharePoint网站并生成启用工作流的应用程序（如图9-13）。Office SharePoint Designer 2007 提供了多种专业工具，用户可以利用这些工具在 SharePoint 平台上生成交互解决方案、设计自定义 SharePoint 网站以及使用报告和托管权限维护网站性能，且无须编写代码即可完成。

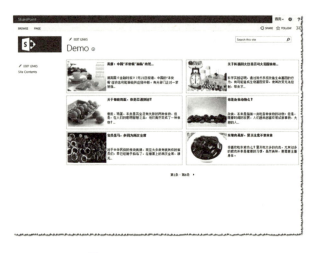

图 9-13　SharePoint Designer

二、Word发展史

在上述这些产品之中，利用于文字新闻编辑以及日常工作的主要是word、excel等软件。其中word应该是使用率最高的软件，本节将着重探寻其发展历史。

随着计算机技术的发展，文字信息处理技术也产生了重大变革，用计算机打字、编辑文稿、排版印刷、管理文档，是新型文字处理技术应用的具体工作场景。优秀的文字处理软件能使用户便捷地在计算机上编辑、修改文章。最早较有影响的是MicroPro公司在1979年研制的WordStar（文字之星，简称WS），它很快成了畅销的软件，风行于八十年代。汉化的WS在我国非常流行。1989年香港金山电脑公司推出的WPS（Word Processing System），是完全针对汉字处理重新开发的，与WS相比，其优点主要表现在：字体格式丰富、控制灵活、表格制作方便、下拉菜单便捷、模拟显示使用有效。它在当时我国的软件市场独占鳌头，但仍不能处理图文并茂的文件。WPS97及以后的产品，吸取了Word软件的优点，功能、操作方式与Word相似，成为国产字处理软件的杰出代表。1982年，微软公司开始了字处理软件的市场争夺，比尔·盖茨将微软开发的这款字处理软件命名为MS Word。1983年，MS Word正式推出，人们第一次看到Word使用了一个叫"鼠标"的东西，复杂的键盘操作变成了鼠标"轻轻一点"。Word还展示了所谓"所见即所得"的新概念，能在屏幕上显示粗体字、底划线和上下角标，能驱动激光打印机印出与书刊印刷质量媲美的文章，这一切造成强烈的轰动效应。随着1989年Windows的推出并获得巨大成功，微软的字处理软件Word成了文字处理软件销售市场的主导产品。早期的字处理软件是以文字为主，而现代的字处理软件则可以集文字、表格、图形、图像、声音于一体。

为MS-DOS计算机开发的Word第一代于1983年底发行，但是在软件市场的销售业绩并不佳，落后于WordPerfect等竞争产品。尽管如此，在Macintosh系统中，Word在1985年发布后仍然赢得了广泛的用户认同，特别是相比于两年以后第二次发布的Word 3.01 for Macintosh（Word 3.00 由于有严重的Bug，所以很快就下架了）。与其他Mac软件一样，Word for Mac是一个名副其实的（所见即所得）编辑器。

由于MS-DOS是一个字符界面系统，Word for DOS是为IBMPC 研发的第一个文本编辑器，在编辑的时候屏幕上直接显示的是"黑体"、"斜体"等字体标识符，而不是"所见即所得"。其他的DOS文本编辑器，如WordStar和WordPerfect等，在屏幕显示时使用的是简单文本显示加上标识代码，或者加以颜色区别。

但是，和大多数DOS软件一样，为了执行特定的功能，程序都有自己特殊的，而且往往是复杂的命令组需要用户去记忆。（比如在Word for DOS中，保存文件需要依次执行Escape-T-S），而大部分秘书们已经知道如何使用 WordPerfect，公司就不大愿意再更换为对手产品，何况对手产品并没有更多吸引人的新优点。

第一个Windows版本的Word以500美元的价格发售于1989年。在Windows 3.0发行后的一年，销售开始提升，（Word 1.0与Windows 3.0 的协作比先前版本更好）。制作Windows版WordPerfect的失败已是一次公认的、致命的错误。然而，Word 2.0版本却作为市场主流而稳固发展起来。

Word在苹果电脑市场上缺乏强有力的竞争对手，尽管有像Nisus Writer这样的程序提供"不连续的选择"这类特色功能，这些功能直到Office XP中的Word 2002才被添加。另外，一些用户抱怨Word没有在1987年的3.01版与1991年的5.0版之间实行总的检查。相对于它的易用性和功能特色来说，苹果机的Word 5.1是一个主流的文字处理器。但是1994年发布的苹果电脑6.0版受到了普遍的差评。这是Word第一个基于Windows和Macs之间的通用代码的版本。许多用户抱怨它运行速度慢、界面简陋及占用过多内存。最后，Windows版本也计入6.0在内以协调跨越不同平台的产品命名（尽管事实上最早的Windows版本为Word 2.0）。

Word更新的版本拥有比文字处理更多的功能。绘图工具可进行简单的桌面出版操作，并增设了Collaboration、文件校对、多语言支持以及其他功能。

Word 97有着和更晚的版本Word 2000相同的主操作界面。这是第一个增加了Office 助手的版本，"大眼夹"（可以更换）是一个在所有Office程序中存在的动画形象。这是对早先推出的Microsoft Bob概念的接替形象。

Macintosh版本的Word 98有不少新增的功能，与Macintosh Office 98一同发售。文件的兼容性达到与Office 97相同的水平，并使得Word在Mac上成为一种与Windows上对应的商业替代品。不过从此Mac上的Word（以及 Excel）有被宏病毒破坏的可能，导致可能出现绝无仅有的跨平台病毒情况。Windows 版本只集成在日语/韩语版本的Microsoft Office 97中来替代Word 97，不能单独发售。

对于大多数用户来说，Word 2000（以及其他的Office 2000组件）一个显著的变化就是增加了多重剪贴板，可以保存多次复制/剪切的内容。另一个显著的变化是，在Word 97中经常"不请自来"干扰用户的Office 助手，变得更少出现了。

Word 2001集成在 Macintosh Office 中。该版本是在 2000年十月份发布的。而且也有单独发行的版本。Mac版本的Word X在2001年发布。它也是第一个本地支持（并且需要）Mac OS X的版本。

Word 2002在2001年连同Office XP 一并发售。这个版本与Word 2000功能版本差不多，仅仅增加了"任务窗格"功能，能更快地提供大量以往在对话框中出现的信息和功能。其中，一项重要的广告策略是移除了 Office 助手以支持新的帮助系统，尽管它只是在默认情况下被禁用了。2003版的Office中包括Word，微软公司为了强调Office 套装的统一性而选择更名，"Microsoft Word"正式成名。2004年5月在Mac上发行新的版本。微软还发布了补丁程序来消除这个版本几年来著名的宏漏洞。尽管苹果推出了公开源代码程序NeoOffice，但Word仍然是Macintosh上最受欢迎的文字处理程序。

2007年发行的Word中出现许多更新内容，包括焕然一新的界面、新的支持XML的文件格式、集成的公式编辑器和书目管理。此外，还新增了XML数据包，经过对象模型和文件格式可以得到的，被称作自定义的XML——这可以利用在同一个新的、被称作连接控制工具结构文档的特性的关联之中。它也有只针对带有焦点的对象的有特殊功能的内容标签，还有一些其他特性如Live Preview（通过它可以在不做出任何永久变化的情况下查看文件）、迷你工具栏、超级工具提示、快速访问工具栏SmartArt等。

Word 2007使用的是docx新文件格式。Windows系统的Word 2000—2003用户可以安装一个名为"Microsoft Office兼容包"的免费插件，从而可以自由打开、编辑和保存新的Word 2007文件。此外，Word 2007还可以以存储doc格式在Word 97—2003使用。Word 2007是Microsoft Office 2007系统的一部分，是继 Word 2003之后的又一新版本。这一版有很多改变，包括支持新的基于XML文件格式以及再次重新设计的界面。

三、WPS中文文字处理软件的发展历程

WPS（如图9-14）中文文字处理软件，是中国软件业的骄傲。自1989年问世以来，WPS就以其操作简便、功能齐全、实用方便等优点备受广大用户的青睐。

图 9-14　WPS 新旧 LOGO

1989年9月，WPS（Word Processing System）1.0版（Super.cc-dos 4.03）问世，

该软件率先采用窗口和菜单方式，能完成四窗口全屏幕文字编辑；支持宋体、仿宋、黑体、楷体四种点阵字体，最高点阵达到480×480点，而且能自动适应显示器，支持模拟打印和所有24针打印机，一时间风靡中国大江南北，拥有上百万套流传量和数以千万计的用户，这使得WPS和它的开发者求伯君在短时间里，几乎达到了家喻户晓的程度。WPS不仅被各大高校作为教材使用，而且在社会上的各种电脑培训中也占有相当大的比重。

1990年9月，WPS 2.0版（SPDOS 5.00）问世。它在1.0版基础上增加了彩色界面和十种西文比例字体，支持鼠标和激光打印机。1991年5月，WPS 2.1版问世，它在2.0版基础上增加了繁体字显示。1991年10月，WPS 2.2F版（SPDOS 5.2F）问世，它在2.1版基础上增加了繁体字打印输出。此版本套装在希望汉字系统UCDOS 3.X及以后的版本中。

1992年5月，WPS 3.0F版（SPDOS 6.0F，此版本也被称为WPS 6.0F版）问世，它在2.2F版基础上采用了PostScript曲线汉字技术，使汉字最大输出可达720×720点，能够支持宋体、仿宋、黑体、楷体、标宋、魏碑、隶书、行楷等八种曲线汉字和十种西文字体，支持600dpi的激光打印机。此时，以WPS为核心的方正SUPER汉卡销量达20万套。WPS创下了汉卡销售量全国第一、软件普及率第一的惊人业绩。该版本还增加了造字功能、五笔字型用户自定义词组功能、电子卡片与电子表格功能、供自学的教学程序及金山DOS命令编辑器。考虑到与北大方正排版系统的兼容，用WPS6.0F排版可直接在照排机上发排。

1993年8月，WPS NT（new technology，新技术）1.0版（SPDOS NT 1.0）问世，它采用立体式窗口和对话框，支持多达21种曲线汉字和50多种西文字体，模拟显示以页为单位，表格功能大大加强，并支持表格斜线。在以往纯文字处理的基础上，又增添了图文排版系统SPT、电子词典、自造字系统SCW、文档管理系统SPDMS、数据库制表系统SPDPS等功能。

1994年11月，盘古组件问世。盘古组件是金山公司经过两年多的努力，开发出的中国第一套真正实用的Windows应用软件包。盘古组件由金山皓月、WPS For Windows字处理系统、双城电子表格、双向英汉词典等应用软件组成，共13张3英寸软盘。WPS For Windows不仅全面继承了DOS下WPS在文字处理方面的独特建树，而且还充分利用了Windows的内存管理、窗口功能等方面的优势。具有简洁、明快的用户界面，功能强大的编辑器，丰富多彩的字体修饰和打印控制，全新的模拟显示和良好的兼容性，并可进行图文排版。

1997年9月24日，新一代字处理软件WPS 97问世。它全面兼容Word的各个版本，并兼容DOS下的WPS各个版本及CCED。WPS 97一经推出便受到各界用户的广泛欢迎和一致称赞。它凭借功能齐全、操作简便等优点在中文字处理领域独占鳌头，备受用户欢迎，成为中文字处理软件的典范之作，并荣获"97年度十佳国产软件"的称号。WPS 97的推出，是1997年计算机界的一件极具轰动性的事件。它的出现，其意义远远超过软件本身，从它身上，更多地体现出一个民族古老优秀的文化、不屈不挠的奋斗精神和自尊自强的民族品质。[①]

第三节　校对技术的历史及发展

现代校对是由古代校雠演变而来的。从古代校雠到现代校对，经历了两千八百多年的演变，演变的动力是出版生产力的发展，现代校对是出版生产现代化的产物。我国校书活动，有文字可考的，可以上溯到周宣王时代，距今2800多年。[②]《国语》记载："昔正考父校商之名颂十二篇于周太师。"正考父是西周宋国的大夫。宋是商后裔的封国，民间保存有商代祭祀活动配曲的歌辞，这种歌辞就叫作"颂"。正考父搜集到十二篇商代的名颂，恐有讹误，便请朝廷掌管礼乐、精通音律的太师帮助校正。这是我国历史上已知的最早的校书活动。[③]正考父之后，最著名的校书家是正考父的七世孙孔子。为了传道授业的需要，孔子办学，编校了被后世尊为"六经"的《诗》、《书》、《易》、《礼》、《乐》、《春秋》。编即选编，校即订正，那时编校是合一的。

"校"的含义有两说：其一，校，本义"木囚"，即木制的刑具桎和枷。桎和枷都是两片对合囚人的，借其"对合"义表示对古籍的比勘订正。其二，校，本

---

① 华源中科辅龙编著：《WPS Office 案例培训教程》，清华大学出版社 2002 年版，第 2 页。
② 陈勇：《校对溯源——浅谈编辑校对工作的历史》，《出版参考》2015 年第 5 期。
③ 潘树广：《有关"校对"的若干史料——兼论校对、校雠、校勘之异同》，《出版史料》2001 年第 1 期。

义"门闩"，后作"榷"的假借字，表示推敲、订正。两说的共同点是，"校"用于校书活动，含义是"比勘订正"。春秋之后，经历了五百年的战乱。秦始皇统一中国后，又推行"焚书坑儒"，烧毁大量书籍。楚霸王打进咸阳，火烧秦宫廷，宫廷藏书也被烧毁。先秦的古籍连遭浩劫，汉朝建立后面临文化断绝的危机。朝廷用了一百多年的时间，从民间搜集残存古籍，搜集上来的古籍虽然不少，但都残缺不全。到汉成帝河平三年（公元前26年），刘向奉命校正整理这些残缺古籍。刘向校书，有别于孔子校书，需"备众本，辨异同，订脱误，删复重，准经义，究得失，述疑似，存别义，辨章学术、考镜源流"。只用"校"（比勘订正）涵盖不了如此繁复的内容，所以创造了"校雠"这个新概念，用"雠"表示"比勘订正"，同时赋予"校"新的功能，也即校其上下的谬误。这样，校书就有了两种功能：比勘订正和通读纠谬。[1]

隋唐以后，古籍出版程序变化如下：

校勘与校对成了两道工序，出现了最早的定稿后的校对，编校开始分工。

到了宋朝，随着活字印刷术的发明，校对成了排版后的独立工序，编校进一步分工。

再至近代，铅活字排版和机器印刷术的引进，催生了近代出版企业，编校从此分离，产生了编辑专业和校对专业。校对成为编辑工作完成之后、图书印制之前的一道重要工序，成了图书出版系统工程的一个重要环节。我国最早的出版企业商务印书馆，在建立伊始就设置了校对部门，独立承担编辑后的校对任务。[2]

校对概念的演变并不单纯仅是名称的变更，而是因出版生产力的发展而引起生产关系的变更。现代校对的特征是分离于编辑工作，成为编辑后的一道独立工序，是现代化出版生产的产物，也是历史的进步。

---

① 周奇：《校对的基本理论与实践》，《出版科学》2003 年第 3 期。
② 胡亚琼：《字字凝历史 句句重千钧——从志书出版前的校对工作谈起》，《新疆地方志》2002 年第 3 期。

一、现代校对的功能

出版物本身不过是一种物质载体，其价值在于承载的文字内容，即思想文化信息。而出版物承载内容的功能，是通过文字符号来实现的。南朝刘勰说："心既托声于言，言亦寄形于字。"清代学者戴震说得更明白："经所以载道、所以明道者，词也；所以明词者，字也。学者由字以通其词，由词以通其道。"[①]所以，字、词、标点符号使用的准确无误，直接关系着图书价值的实现。

出版物当然是作者的创作成果，是编辑创造性劳动的结晶，但是，如果没有校对的创造性参与，就不可能准确无误地转换为印刷文本，从而具备出版条件。如果出版物存在错误与疏漏，其承载的信息就会失真，而失真的信息是没有传播和传承价值的，甚至会产生很多负面影响。所以列宁曾指出："最重要的出版条件是：保证校对得很好。做不到这一点，根本用不着出版。"南宋诗人陆游认为"错本散满天下，更误学者，不如不刻之为愈也"[②]。

出版物质量保障体系有两道防线：第一道防线由编辑把守，编辑以作者原创作品为对象，以审读加工为手段，改正原稿差错，提高作品的质量；第二道防线由校对把守，校对以编辑发排文本（通称原稿）和依据原稿排版打印的样张（通称校样）为对象，通过对校改正排版的错漏，保证原稿不错不漏地转换为印刷文本，再进行通读检查，发现并改正原稿差错，从而为出版物的出版创造条件。从出版程序来说，校对是出版物质量保障体系的最后防线，编辑工作的疏漏，由校对来弥补和完善，校对工作的失检，则无可挽回地成了出版物的差错，乃至使作者创作和编辑工作前功尽弃。所以，鲁迅说："校对和创作的责任是一样重大的。"[③]从本质上讲，校对是编辑工作的补充和完善。它是出版生产流程中的独立工序，处在编辑工作完成后、印制生产开机前的特殊环节，其作用是将文字错误和其他疏漏消灭在出版物出版之前，补充并完善编辑工作，从而保证出版物的传播价值和传承价值，因而是重要的出版环节。

---

① 潘树广：《有关"校对"的若干史料——兼论校对、校雠、校勘之异同》，《出版史料》2001 年第 1 期。
② 潘树广：《有关"校对"的若干史料——兼论校对、校雠、校勘之异同》，《出版史料》2001 年第 1 期。
③ 萧世民：《校对符号源流考略》，《南昌大学学报（社会科学版）》1996 年第 2 期。

现代校对活动的过程，是校对主体生理、心理的转换过程，是信息流通和处理过程，是校对主体创造性的思维过程，是校对主体自始至终处在主导地位，按照出版要求精心改造客体的过程，是为作者和编辑的劳动成果创造出版条件的过程。[①]

在出版过程中，编辑和校对有着不同的分工，但强调分工的同时，还应提倡合作。编辑常常在纷繁复杂的文字中遨游，重点是审阅原稿的思想内涵、出版价值，评析稿件的科学性、艺术性和文字水平等多方面是否达到了出版水平。稿件决定出版后，还要对原稿进行修改、补充、调整结构、文字润色等编辑加工，以及批注字体字号、画版式等技术处理。稿件几经增删修改，作者和编辑对一些细枝末节难免顾此失彼，有所失漏。所以，校对人员对编辑工作中的笔误和疏漏之处，应尽量加以订正和补遗。[②]

校对主要是消灭排版中出现的文字、标点符号、页码、注解、图、表、字体、字号等差错以及格式是否统一等，无所不包，甚至人名是否统一，引文是否正确，也要有所顾及。要做到面面俱到、字字俱到、点点俱到，检查全书有无"疵点"和"纰漏"，发现错误和疑问，及时提请编辑解决，才能保证即将出版的作品无瑕疵。

现代校对的基本对象是校样，任务是把校样上的差错消灭在图书付印之前，使之具有出版的基本资格，从而实现图书的传播价值和传承价值。因此，校样上的错误类型、出错原因就必然成为研究校对功能的切入点，只有这样，我们才能明确校对的功能，找到消灭差错的有效方法。

校样上的差错有如下两大类：

1. 排版（包括改版）过程发生的错漏；

2. 从原稿复制过来的错误。

排版、改版过程发生的错漏，是由疏忽或操作失误等原因造成的，是"无心之误"。解决此类问题最有效的方法是将校样同原稿逐字逐句比照，发现了差异，就依据原稿改错补漏。在这个校对过程中，原稿是判断正误的标准，也是改错补漏的

---

① 周奇：《校对理论研究七年》，《出版科学》2002 年第 A1 期。
② 做任何事都应有个原则，编辑校对工作的原则就是"对原稿负责"，即是"忠实于原稿"。没有这一条，编辑和校对的责任混淆不清，将无法保证出版物的质量。

依据。这种以原稿为依据、以对照为特征的校对功能叫作"校异同"。

而从原稿复制过来的错误产生的原因分析，大致可分为五种情况：

其一，作者出现写作错误，但编辑认同；

其二，作者转引的内容存在错漏，编辑在加工时未与原著核对；

其三，作者误读引文导致释义不准确或发挥不恰当；

其四，古籍校订者妄改，改不误为误；

其五，编辑加工时错改，同改不误为误。

前四种发生在创作或校订过程中，属于作者、校订者的写作错误；最后一种发生在加工过程中，属于编辑写作错误。它们具有的共同特点是，写作主体（作者或校订者或编者）以误为正、以非为是，也就是"有心之误"。这类错误复制到校样上，跟原稿没有差异，比照的方法无效，必须通过是非判断才能发现。"校是非"即是这种以是非判断辨误改错为特征的功能。

由于校对对象存在两类错误，校对活动必须同时发挥两种功能，才能将校样上的一切差错消灭在图书付印之前。因此，我们可以得出这样一个结论，也即校对的功能有二，分别是校异同和校是非。

对于"校异同"，出版界没有异议，但是，对于"校是非"，出版界的认识不一致。曾经有一位校对员，写了一篇几万字的论文，引经据典，得出的结论是校对的功能只有一项，就是"校异同"。曾经有出版界的权威人物对"校是非"进行了质疑，认为要求校对员校是非，那还要编辑干什么？他们得出这样的结论，根本原因是他们对校对的对象和任务缺乏全面的认识。

"校异同"与"校是非"这两个概念，是从古代校雠学中引用的。古籍经历代传抄翻刻，出现众多版本，多数已失去原著本来面目。由于很难找到原著，后代校订者只能搜集各种版本，从中挑选一种比较接近原著的版本充当"底本"，而将其他版本作为"别本"，然后将"别本"与"底本"比照，发现了差异，则"择善而从之"。这样做的目的，是"复归其正"，即恢复或接近原著本来面目，所以校雠学家称作"正底本"。做到了"正底本"，还不一定就是"善本"（没有错讹或错讹极少），因为底本（原著）本身还可能存在错讹，只有通读检查发现疑点，再进行是非判断，从而改正错讹，所以校雠学家称之为"断是非"。清代校雠大家段玉裁总结古代校雠历史经验，也用"校异同"和"校是非"来表述"正底本"和"断是非"这两种功能。[①]

何谓校异同？段玉裁定义：照本改字，不讹不漏。现代校对的"照本改字"，就是依据原稿改正校样上的错漏。

何谓校是非？段玉裁定义：定本子之是非。现代校对的 "本子之定非"，就是原稿上的错误。段玉裁认为：校书之难，非照本改字，不讹不漏之难也；定其是非之难。他明确指出，"不正底本（校异同）则多诬古人（原著作者），不断是非（校是非）则惑来者（后代读书人）"。校样上的两类差错，出错的原因各不相同，需要采用不同的方法才能有效地消灭差错。所以说，两种功能缺一不可。

二、现代校对两种功能的消长

校对的两种功能缺一不可，但它们在校对活动中的意义和作用并不是一成不变的，其变化的决定因素还是校对对象的状况，即校样上的差错类型及出错原因的变化，而这种变化正是出版生产力发展的反映。

综上所述，先秦时代校书是"比勘篇籍文字异同而求其正"，目的是"使学者知其所归"，"校异同"是校书的基本功能。上文也曾提到，到了西汉，经历几百年战乱之后，先秦的大量古籍毁于战火，幸存下来的已经残缺不全，错乱相糅。奉命主持校书的学者刘向认为，仅仅"比勘文字"是不够的，还需做大量的查考、判断、审订工作。因此，由他创造了"校雠"这个词来表述校书的两种功能。[②]

现代校对可以分为两个时期：

1.铅排时期；

2.电子排版时期。

由于这两个时期写作、编辑和排版方式的变化，校对的两种功能也发生着相应的变化。在铅排时期，作者交给出版社的是纸介质书稿，编辑审读加工定稿后，

---

① 周奇：《论校是非》，《编辑之友》2011 年第 1 期。
② 周奇：《校对的基本理论与实践》，《出版科学》2003 年第 3 期。

先发给印刷厂拣字拼版，打出校样后连同原稿一并返还出版社，进入校对工序。拣字拼版容易发生错漏，通常差错率高达20/10000以上，因而校对的首要任务是将校样与原稿逐字逐句对照，依据原稿改正校样上的错漏。这个时期的校对工作，强调"对原稿负责"，保证原稿一字不差地转换为印刷文本。据此，国家出版事业管理局制定的《出版社工作暂行条例》规定："校对工作应对原稿负责，消灭一切排版上的错误。发现原稿有错漏和不妥之处，应及时提交编辑部门解决。"在当时的条件下，排版错漏是校样上的主要差错，是影响图书质量的主要问题，因此要求校对"对原稿负责"，校对的主要功能是"校异同"，"校是非"只是校对的辅助功能。到了电子排版时期，计算机技术应用于写作、编辑和排版，使校对的对象发生了质的变化，导致校对两大功能此消彼长。

首先，校对对象由纸介质书稿变为电子介质书稿，电子书稿无须重新拣字拼版，因而不再存在由于拣字拼版而造成的排版错漏。其次，编辑加工方式也发生了变化，通常在打印稿上做文字加工，类似过去在校样上的修改。再次，排版方式也发生了变化，排版人员只须将电子书稿打开，根据编辑在打印稿上的修改，进行改错补漏，然后按照版式设计要求进行版式转换。版式转换后打印出来的校样，在很大程度上将传统的原稿和校样"合二而一"了。校样与编辑发排文本之间，除了编辑修改的部分外，两者并无二致，因而只须核对编辑修改的部分，其功能类似传统"二校"前的"核红"。如果编辑加工很少，校样和原稿就几乎没有差别了。校对主体阅读校样，实际上是进行"无原稿"校对。[①]

电子文稿的校样，将传统的原稿和校样"合二而一"了，也将录入差错和写作差错合二而一了，因而校样上可能存在五类差错：

1. 作者录入差错；

2. 作者写作错误；

3. 编辑错改；

4. 排版人员修改电子书稿时的错改、漏改；

5. 版式转换过程可能发生的内容丢失和错乱。

---

① 周奇：《校对的基本理论与实践》，《出版科学》2003 年第 3 期。

这五类差错中的（1）（2）（3）类差错，均系"有心之误"，以是非形式隐藏在校样的字里行间，用对照的方法发现不了，校对主体必须通过是非判断才能发现差错。这样一来，"对原稿负责"就失去了原本的意义。校对的两大功能也发生了此消彼长的变化："校是非"上升为校对的主要功能，"校异同"则降为辅助功能。当然，校对功能的这种变化是相对而言的，有些书稿如文件汇编、政策法规、教科书等，原稿一般不会存在错误，也不会存在编辑加工错误，校对工作的重点是防范版式转换发生的错乱，所以要求"对原稿负责"，保证不错不漏、完整无缺。但就一般书稿而言，从二校开始就要以通读检查的方式进行校对。校对主体如果固守"对原稿负责"的传统理念，就意味着校对实际上只做"核红"工作，排除改版错漏和版式转换可能发生的错乱，保证编辑对电子书稿的修改不错不漏，而对电子书稿本身存在的差错不负责任。[1]

现代校雠家陈垣早就指出："校异同"是"机械法，优点是不掺己见，缺点是不负责任"。[2]"校异同"的这种弊端在书稿电子化后尤为突出。有些校对员拿到校样，只用"核红"的方法，核对编辑修改部分的内容，而不去认真通读检查，这往往会造成大面积出错。这是典型的不负责任的表现。

第四节　现代文字新闻校对的方法和技术

一、现代校对的方法及流程

对校法、本校法、他校法、理校法是现代校对中的四种基本的校对方法，这是由现代史学家陈垣所提出的，[3]原本是古籍校勘的基本方法，但同样适用于报刊、图书的校对。

---

[1] 周奇：《校对理论研究七年》，《出版科学》2002年第A1期。
[2] 周奇：《校对理论研究七年》，《出版科学》2002年第A1期。
[3] 潘树广：《有关"校对"的若干史料——兼论校对、校雠、校勘之异同》，《出版史料》2001年第1期。
　　陈垣："对校者，即以同书之祖本与别本对读"，"其主旨在校异同，不校是非"；"本校者，以本书前后互证，而抉摘其异同，则知其中之谬误"；"他校者，以他书校本书"；"所谓理校者，遇无古本据，或数本互异，而无所适从之时，则须用此法"。

对校法即将校样和原稿进行比照，发现不同的地方，依据原稿改正过来，主要的功能是校异同，确保校样与原稿的一致，从而做到对作者负责。对校法容易发现排版人员录排的错误，还原真实的原稿。使用对校法时，重点应放在对字形的辨别上，关注每个字符的一笔一画。

本校法即将文稿内容前后比较，发现表述不一致的地方。通过辨析、改正，实现校是非功能，如前后矛盾、文注矛盾、文表矛盾、文图矛盾等，都可以通过本校法找出来。文稿中，相同或相近内容经常可以见到表述不一致的情况，如外国人名、数量表述、机构名称表述等。本校法查错准确，使用时，关键是要通过前后互证来抓矛盾并改正。

他校法即发现原稿中可能有误的地方，通过查找相关资料，如工具书、国家标准以及其他相关规范等，小心求证，改正错误。所以，校对人员对校对工作常用的工具书及国家标准要相对熟悉。

理校法即发现书稿中可能有误的地方时，凭借自身的知识储备和判断能力，进行分析、推理，从而作出是非判断的方法。这种方法对校对人员的综合素质要求很高，没有宽广的知识面和扎实的语言文字功底是难以运用的。

整个校对过程，除特殊情况外，一般经过初校、二校、三校和核红（亦称对红）四个校次。书刊校样经过三个校次送请编辑解决遗留问题后签字付印。付印样如有改动，还必须核红一次。如果改动较大，或质量要求较高的书，也可适当增加校次。

1.初校的责任

初校必须依照原稿在校样上逐字逐句地校对，把文字、符号和图表上的错误基本消除。

（1）版面规格：根据发排单和版式样，检查校样的版心大小是否正确，每行字数、每面行数、正文字体字号有没有排错；

（2）格式：毛校是不管格式的，如题目占几行、排法是否一致、另面排、另页排等，在一校时逐个解决；其他如页码、目录、图、表的排法都应按照版式设计要求，力求完美统一，并填好目录页码；

（3）字体字号；

（4）文字和标点；

（5）索引、扉页、书眉。

2.二校的责任

二校的重点需要放在全书体例和版面格式等方面。同时，再次检查改正初校漏校的各种错误，如标题位置、各章节安排等。

3.三校的责任

三校应对照原稿，查看初校、二校有无漏校之处，注意力要覆盖全部校样，包括封面、目录、版本记录、零件和附录在内。由于三校是通体校对的最后一次，所以校对人员应运用自己的相关知识和工作经验，发现并纠正原稿中的文字差错与知识性差错，并保证全书各组成部分的统一性与准确性，切忌有所缺漏。

4.核红

核红又叫对红，即核对校次改动的字符是否已改正和有无错改。核红看似轻易，实则是技术性很强的工作。技术要领如下：第一步，核对上校次改动的内容；第二步，如果发现应改而未改的字符，就要检查上下左右相邻字符有无错改，以防邻行邻位混淆；第三步，比对红样与清样四周字符显示有无胀缩，如有，就要对相关行及其上下行逐字细查，找出胀缩原因并改正。

具体流程如下：

人工初校+技术整理→誊样→退厂改样→核红→人工二校→人工三校→人工责校整理+过黑马软件→退厂改样→清样核红→印刷。

二、现代校对的具体操作技术

目前在校对工作中采用的校对技术有五种：点校技术、平行点校技术、折校技术、读校技术和通读技术。除了读校技术以外，其他几种技术的使用较为普遍。

1.点校技术

点校技术如图9-15所示。将原稿放在左边，校样放在右边。校对时，左手点原稿，默读原稿上的语句，可以词语或句子为单位，视句子的长短而定；然后默读校样，右手执笔随目光移动，逐字逐句点校，发现有错立即改正。其优点是，校对人员可以自由支配速度，遇到难以辨别的字词或勾画较乱之处，放慢速度，稍作停顿，有助于发现错漏。其缺点是，原稿和校样左右放置，间距较大，头部需要不停地左右摆动，容易身心疲劳，影响校对速度；此外，左边读一句，右边对照一句，有时记不住原稿句子的全部文字，容易漏校。[①]

图 9-15　点校技术

2. 平行点校技术

平行点校技术如图9-16所示。其是在点校技术基础上发展而来的。校对时，将原稿折叠起来，一般每页可折成五六折，每折四五行文字，然后左手夹持，放于校样上方，使原稿与校样平行，逐字逐句默读原稿，然后比照校样，发现错误时立即修改。其优点在于头部无须左右摆动，节省体力，减缓劳动强度，提高校对速度。

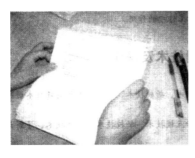

图 9-16　平行点校技术

3. 折校技术

折校技术如图9-17所示。将校样放在正前的桌子上，用两手的食指、中指、拇

---

① 叶奕主编：《报纸编辑与制作实务》，世界图书出版公司 2012 年版，第 78 页。

指拿着原稿，从第一行起，逐行折起紧贴校样上相应的文字，同时两手的食指轻轻压在原稿的折缝上，然后从左到右缓缓移动原稿，使原稿与校样上相同的字符紧贴在一起，上下对照，捕捉校样上的错漏。如果原稿改动较大，为了看清原稿上的改动，也可将校样进行折叠，置于原稿上方。其优点是，原稿与校样紧贴，相应字符集中在一个视点上，校对时头部无须摆动，可以减轻劳动强度；将原稿与校样紧贴在一起，两者的异同一目了然，容易捕捉错漏；手脑眼并用，有利于注意力集中，加快校对速度。

图 9-17　折校技术

4. 读校技术

读校技术需要两名校对人员同时进行。一人读原稿，一人看校样。读原稿的人每字、每句、每个标点都要读清楚，速度要均匀，语调要符合文意，同音、易错及生僻字等要加以说明，排版格式（如另行、下页、标题等）也要读出。看校样的人要全神贯注，对每一个字、每一个标点都要听清楚、看明白；对读稿人的说明，也要能迅速反应，看是否与校样上的一致。读校技术采用较少，比较适宜于政治理论著作和重要文件的校对，报刊编印过程中使用得较少。

5. 通读技术

在没有原稿可以比照的情况下，只能通过通读技术找出书稿中的差错了。使用通读技术时，要注意思维必须高度集中，认真阅读每个字、每句话、每个标点，可以以词为单位阅读整句，如"我们是学生"，应视为"我们"、"是"、"学生"三个部分。阅读时，要思考字词是否有误、标点是否正确、语句是否完整等，有疑问时，需要立刻查找资料，解决问题。通读技术在整个校对流程中应用广泛，每一次校对在核红后，均需校对人员使用通读技术，消灭是非方面的差错。

上述五种是相对传统但至今仍然使用的校对技术。一般而言，传统校对是编辑工作中最没有创造性但工作量最大又至关重要的环节。[①]但自从编辑流程普遍计算机化后，用来辅助校对的软件不断更新。例如北大方正的文字校对系统、黑马校对软件等，中文校对软件虽然还没有像计算机英文校对软件那样尽善尽美，但在实践中已经能够在相当程度上减少手工劳动。国内开发的校对软件也在功能不断完善的过程中，2000年初，黑马公司推出了"黑马编校2000全能版"。该版本最大的特点是可以校对并全真显示方正、华光排版系统的大样文件，又能嵌入Word中进行校对，查错范围非常广泛，查错准确率也极高。经过十几年的发展，黑马软件也随着技术的不断成熟推陈出新，最新版的黑马软件可以说代表了中文校对软件目前发展的最高水平。

与此同时，在校对工作中，发现文字和版式上的错误之后，校对者需要在校样上标出应改正的文字和各种更改符号，作为改正的依据，这些特殊符号叫作"校对符号"。校对符号是用来标明校样上的错误和如何更改的记号，是编辑、校对、排版三者共同交流使用的标准语言。校对人员应该在校样上使用国家标准《校对符号及其用法》（GB/T 14706–1993）所规定的规范校对符号，以准确传递信息，方便编辑人员核正和改样人员改正。[②]具体实例如表9–1所示。

---

① 肖东发、方厚枢主编：《中国编辑出版史》，北方联合出版传媒股份有限公司 & 辽海出版社 2013 年版，第 340 页。
② 对于排版者必须能够看懂、理解符号的意义，按照这些校对符号所表示的意图进行版面编辑和改版，如果看不懂这些符号，那就无法进行改版工作，这是从事计算机排版工作应当具备的基本知识。

表9–1　常用校对符号一览表

符号作用	符号形态	示例	符号在文中和页边用法示例	说　明
改正	（校对符号）	提高出版物质量（提）	提高出版物质量	改正的字符较多，圈起来有困难的范围，必须用线在页边画过清画出；坏、污字也用改正符号画出
删除	（校对符号）	提高出版物质质量	提高出版物质量	
增补	（校对符号）	必须搞好校工作（对）	必须搞好校对工作	增补的字符较多，圈起来有困难时，可用线在页边画清增补的范围
换损	（校对符号 ×）	坏字和模糊字要调换 ×	坏字和模糊字要调换	
改正上下角	（校对符号）	$16=4_2$ H_2SO_4 尼古拉·费辛 $0.25+0.25=05$	$16=4^2$ H_2SO_4 尼古拉·费辛 $0.25+0.25=0.5$	
转正	（校对符号）	你的做法真不对	你的做法真不对	
对调	（校对符号）	认真经验总结	认真总结经验	
转移	（校对符号）	校对工作，提高出版物质量要重视	要重视校对工作，提高出版物质量	用于相邻的字词，用于隔开的字词
接排	（校对符号）	要重视校对工作，提高出版物质量	要重视校对工作，提高出版物质量	

（续表）

符号作用	符号形态	示例	符号在正文中和页边用法示例	说明
另起段		完成了任务。明年……	完成了任务。 明年……	
上下移	或	序号 001　名称 ×××　数量 5	序号　名称　数量 01　×××　5	字符上移到缺口左右水平线处 字符下移到前箭头所指的短线处
左右移	或	要重视校对工作，提高出版物质量	要重视校对工作，提高出版物质量	字符左移到箭头所指的短线处，字符左移到缺口上下垂直线处
排齐		必须提高印刷质量，缩短印刷周期	必须提高印刷质量，缩短印刷周期	
排阶梯型		RH_2	RH_2	
正图				符号横线表示水平位置，竖线表示垂直位置，箭头表示上方
加大空距		一、校对程序 二、校对胶印读物，影印书书刊的注意事项	一、校对程序 校对胶印读物，影印书刊的注意事项	表示适当加大空距

（续表）

符号作用	符号形态	示例	符号在文中和页边用法示例	说　明
减小空距	（符号）	一、校对程序 校对胶印读物、影印 书刊的注意事项	一、校对程序 校对胶印读物、影印书 刊的注意事项	表示适当减少空距，横式文字画在字头和行头之间
空1字距 空1/2字距 空1/3字距 空1/4字距	（符号）	第一章 校对职责和方法	第一章 校对职责和方法	多个空距相同的，可用引线连出，只标一个符号
分开	Y	Goodmorning	Good morning	用于外文
保留	△	认真搞好校对工作	认真搞好校对工作	除在原删除的字符下画"△"外，并在原删除符号上画两竖线
代替	○=	机器是由许多零件组成，有的零件是铸出来的，有的零件是锻出来的，有的零件是……○=零	机器是由许多零件组成，有的零件是铸出来的，有的零件是锻出来的，有的零件是……	同页内，要改正许多相同的字符，用此代号，要在页边注明：○=零
说明	˳˳˳	第一章 校对的职责 改斜体	第一章 校对的职责	说明或指令性文字不要圈起来，在其字下画圈，表示不作为改正的文字

结　语

与传统媒介技术相比，这些新技术更加符合人类在信息消费方面的动机和愿望，能够更好地满足人类对新闻资讯的需求，因而深得公众的喜爱。因此，面对新技术的出现，媒体组织和从业人员应该有更多的理性思考，用发展的眼光和从新闻专业、媒体效果和受众需求等角度决定对新技术的采纳和应用。新技术能够帮助媒体更好地在第一时间和第一地点将准确、可靠的新闻资讯送到公众的手里，有助于媒体更好地分析和了解受众使用媒体的心理活动和行为。但是，技术公司在推出新技术时很少考虑媒体的需求。因此，媒体应该不忘自己的目的和使命，根据构建自身核心竞争力的需求采纳新技术，从而做到更好地满足受众的需求，提高新闻报道的质量，更好地展现新闻和更好地体现新闻的价值观。[①]

从技术角度看，九十年代告别"纸和笔"，固然不是一种完全意义上的电子编辑，只能算作传统新闻编辑向电子网络化新闻编辑过渡的形式，编辑编稿、画版、校对仍然依托纸和笔，但与铅排时代相比有了明显进步：编辑与组版员合作，在计算机上可以直接阅读、调整、修改文稿和版面，大大减少了稿件往返交接的次数，提高了新闻时效。当代信息技术的飞速发展，推动了我国新闻出版业实现以"光与电"取代"铅与火"的技术革命，在数字化的道路上不断取得光辉成就。

[①] 孙志刚：《让技术为未来的新闻传播所用》，《中国新闻出版广电报》2016 年 2 月 2 日。

第十章
移动互联技术与文字新闻传播

Chapter 10
Mobile Internetworking Technologies and Textual News Communication

随着互联网技术的快速更新换代，由新闻机构主导信息传播环境已不再是常态。手机报在此时随机出现，接踵而至的是各种移动客户端逐渐成为大众"收、传"信息的重要平台。这些社会化媒体的出现，导致信息内容以远超过摩尔定律的速度疯狂增长。然而，即便是在今天，信息推送、检索、过滤技术已经发展到了一定水平，很多时候大量的冗余信息还是会把我们淹没，它们或是与我们查找的信息严重同质化或是毫无关联，强行出现在生活中的各个方面。对于喜欢阅读各类信息的人而言，海量信息未尝不是一件幸事，但对于不喜欢信息爆炸的阅读者来说，如何从中精准地找到适合自己的优质信息，确实是一个令人头疼的问题。近年来，一些国内移动新闻媒介制造商表示，社会即将进入"人即媒介"的时代，内容的生产者、再生产者和消费者应当进行三位一体的融合发展，为内容消费和传播生产出新的价值。

第一节　手机报的出现及发展

世纪之交，一场以计算机信息技术为核心的数字化浪潮席卷全球，以数字技术为基础的网络传播把以往独立的单一传播转变为综合传播，从而改变了媒介生态环境和媒介形态的边界，使以往相差甚远的信息业、通信业、大众传媒业等不断汇流，呈现出媒体融合的大趋势。同时，在数字平台上，各种媒体形态不断创新、交融，新型媒体以惊人的速度不断涌现。①数字化浪潮和媒体融合趋势的不断升级为手机报的诞生提供了宏观的外部环境。此外，随着手机制造技术的不断升级，手机已从当初单纯的通信交流工具变成极具个性化的多媒体工具，先是短信功能，接着是彩信功能，后是上网等一系列吸引人的新潮功能，这些新功能的植入为手机报（如图10-1）的诞生奠定了良好的科技基础。

图 10-1　手机报

手机报是依托手机终端，由报社、移动通信商和网络运营商合作建立的新闻信息平台，用户可通过手机接收当天的新闻，因而手机报又被称作"拇指媒体"或"影子媒体"。它的实质是电信增值业务与传统媒体新闻业务相结合的产物。具体

---

① 李宗诚：《手机报在我国兴起的原因与发展历程》，《新闻爱好者》2010 年第 4 期。

来说，手机报是将传统媒体的新闻内容通过无线技术平台发送到手机上，从而在手机上开发发送短信新闻、彩图、动漫和WAP（上网浏览）等功能。2003年，江苏移动和联通两个平台同时开通了《扬子晚报》手机版。自当天起，江苏省内开通GPRS功能的移动手机用户和联通CDMA手机用户通过手机就可以订阅收看《扬子晚报》当天的新闻。2004年，《中国妇女报》推出全国第一家"手机报"——《中国妇女报—彩信版》，实现手机用户与报纸媒介的真正互动。此后一年内，全国各省市报业纷纷进行手机报试水。手机报数量开始成倍迅速增长，极大程度上丰富了人们日常生活中新闻信息的供给。2005年后，报业经营渐显疲态，为弥补传统媒体的不足，增大与新媒体竞争的砝码，各报业集团纷纷出手。2006年春，创办手机报再现高峰。2007年，手机报发行获得重大进展，《浙江日报》、《广州日报》等报社创办的手机报付费用户突破15万，报社的经济收益开始提高。

一、手机报的传播方式

手机报作为浏览新闻信息的新渠道，定有其特殊的传播方式服务用户。由于手机报是通过移动通信网络，以短信、彩信的形式发送到用户手机上，或者用户通过WAP登录相关新闻网站阅览相关报纸的新闻，因而，手机报的主要传播方式有短信、彩信及WAP三种方式。

1. 短信式手机报

短信式手机报可通过短信触发点播或短信定制（如图10-2）。这是比较早期的传播方式（由于后期彩信手机终端的广泛应用，短信手机报逐渐淡出了用户的视野）。

2. 彩信式手机报

电信运营商将新闻以彩信的方式发送到手机终端上，用户可以离线观看。这就为用户浏览信息提供了方便（如图10-3）。

图 10-2 短信式手机报

图 10-3 彩信式手机报

3.WAP 方式手机报

用户既可以选择在WAP的"手机报刊"专设频道在线阅读，也可以通过WAP PUSH链接选择订阅下载。与彩信式手机报相比，WAP版的手机报不仅阅读起来方便，操作自由度也更高。不过WAP方式需要更多的技术支持和手机终端支持（如图10-4）。

图 10-4 WAP方式手机报

二、手机报的优势及特点

作为电信增值业务与传统媒体相结合的产物，手机报相对于报纸、电视、广播以及网络新闻有其自身独特的优势。由于我国手机用户的基数大、手机报的便捷以及技术的不断完善等优势的不断凸显，手机报相对于其他媒介的优势显而易见。

1. 与传统报纸出版相比

依托报社等传统媒体生存的手机报，相较于其传统产品报纸具有时效性强、传播范围广、成本低廉以及互动性强等特点。

（1）时效性强。所谓新闻，就是新近发生的最有价值的事实的报道。而报纸刊登的产品一般为昨日的新闻，因此从时效性上严格来说，有些滞后。或者说，它是过时新闻。而手机报作为新闻获取的新渠道，可以随时编辑，随时发出。从时效性上看，更令人叹为观止的是，记者只要在新闻现场写好新闻便可及时编辑发出；更有甚者，每一位新闻现场的受众，只要他们具有新闻敏感和意识，均可成为一名手机新闻"记者"，手机报的时效性由此可见一斑。

（2）传播范围广。对于报纸的渠道发行，手机报的信号传输显得异常迅猛。据资料显示，随着移动通信网络的不断延伸，现如今我国移动网络覆盖率接近100%，[①]可谓移动网络触手可及。因而，手机报的传播范围宽广就不言而喻了。

（3）价格低廉。以2010年的物价为例，当时《安徽手机报》订阅5元/月，《新安晚报》订阅5角/份，一个月拿30天算，手机报只需5元；而报纸需花费15元，就算年订优惠价3角/份，用户每月也要花费9元钱，远比手机报花费得要多。看报纸花费多，主要是因为报纸生产的各环节都需要花费。其实，如此价格发行还要得益于广告的收入，如果报纸没有广告收益的支持，报纸的价格可想而知。通过以上的简单分析，不难发现手机报的价格要比历史悠久的报纸便宜得多。

（4）互动性强。相对于报纸来言，用户和手机报编辑间通过短信进行有效互动又是其一大亮点。通过互动，用户可以及时地对热点新闻线索进行跟踪，有利于

---

① 杨金光："手机报的产生及发展趋势"，http://www.hljnews.cn/fou_baoye/2009-12/03/content_150978.htm，2009-12-03。

用户及时了解最新的新闻信息，同时也为编辑及时了解和发布用户喜爱的新闻提供了线索。这一点是报纸所无法比拟的。为了充分发挥手机报互动性强的优势，一些手机报更是别出心裁地开通了"看天下文章，品世间百态"这类独具特色的互动版块，从而更好地激活用户的互动热情，提升手机报的互动性。

2. 与电视、广播新闻相比

面对传统强势媒体电视、广播，手机报具有便捷、选择和保存性好、互动性强以及内容延伸性好等优势。

（1）便捷。手机是人们日常随身携带的通信交流工具，用其浏览新闻时可以躺在床上、坐在车里，可以在一切想要阅读新闻的地方及时浏览；而广播、电视则不可随时收听收看，特别是电视需耗费一定的时间和精力，同时还会受到时空的限制。在制作方面，手机报则更加简单、方便，极大提高了新闻的时效性。

（2）选择和保存性好。手机报主要采用彩信收发的方式，用户可以离线适时浏览，不用担心新闻的过时不候。同时，用户也可以选择适合自己的手机报内容进行订阅，以便浏览到喜爱的新闻；而电视、广播新闻则不可如此，这类媒体播报的新闻一般会定时、定量，栏目化播出，一般观众只要错过时间就很难再收听收看到，而且会根据栏目和新闻的要求进行播出，用户只能单边地接受，不能很好地自主选择。

（3）内容延伸性好。手机报一般会留有相关新闻内容的链接，通过移动网络，用户在浏览重大热点新闻时，点击链接可以更加全面、详细地了解这类新闻的全部内容，方便用户客观、公正、全面地了解到这一事实背后的真相。

三、手机报的瓶颈

由于在内容、技术以及盈利模式等方面的不成熟，手机报发展到一定程度必将遇到自身的瓶颈。要解决瓶颈问题，就需要手机报进一步完善自身，形成自己作为"第五媒体"完全独立的形象，使自身在各个方面更加全面，才能进一步与其他媒体一决高下，拥有属于自己的一席之地。

1. 内容的"克隆"

由于缺乏健全的采编体系和独立的运营管理模式，以及依托传统媒体提供信息资源的限制，手机报的内容近乎传统媒体内容的"克隆"。在媒体行业"内容为王"的口号和人们极力追求个性、新颖内容的趋势下，手机报的这种传统媒体信息内容二次"克隆"再传播的模式在未来必将为用户所厌恶。手机报内容的短板，必将影响手机报未来的生存和发展。

2. 技术的滞后性

手机报在新闻信息传递的过程中，可能会出现传送速率低下、连接不稳定等一些影响用户体验的问题。另一方面，手机这个接收终端在设计和性能上存在的缺陷也将制约手机报的发展。一般手机屏幕能够显示彩信的字数在100个汉字左右，以一般的手机报来说，它一般传送的字数在5000字以上。这表明，用户如想浏览完手机报的内容，至少需要翻50个页面，同时由于手机屏幕上的字通常不是较小，许多用户对此感到厌烦，没有耐心阅读下去。长此以往，势必影响用户继续订阅手机报的热情，继而影响手机报进一步的生存和发展。

3. 盈利模式"困乏"

盈利是每个企业的生存之道，媒体作为事业单位，企业化生存，自然也逃脱不了"柴米油盐贵"的生存法则，因而，媒体也需要在不断的服务中获取利益以生存。换句话说，没有健全的"维生机制"，媒体将很难长久地生存下去。而当时的手机报盈利模式基本是以用户订阅为主，由移动服务商和传统媒体进行分蛋糕，很难像传统媒体这样通过广告来获取更大的利益。同时，随着手机报各方面的不断升级，需要支出的费用将会不断增加。获利渠道的单一，势必会影响运营商的获利。长此下去，运营商对手机报这种新媒体、新业务的热情会不断消退，进而影响手机报的发展，因而手机报盈利模式的升级和多样化可谓未来生存的法宝。

四、手机报选稿标准与编稿细则①

有别于传统媒体和网络新媒体，读者接收到手机报后，只能以从上至下的顺序阅读，这就对手机报可读性要求很高；同时，手机报是以彩信方式发送至手机，发送后内容无法更改，这就要求手机报内容准确。此外，基于手机终端显示屏的限制，为避免视觉疲劳，手机报的每一条都必须精短，这就对手机报的选稿有一些要求。

1. 选稿标准

稿件内容必须真实、准确，严禁捏造新闻，尽可能使用第一消息源，确保时间和事件的准确无误。新闻内容不得违背国家法律、党和国家的基本方针政策；不得违背国界、政治、军事、外交、统战、宗教、民族、保密等重大问题的有关规定；不得涉及对党和国家领导人、省级领导人的评价和负面报道；不得涉嫌宣扬淫秽色情、封建迷信、荒诞无稽等内容；不得违反其他相关宣传纪律。

具体的选稿标准包括：

（1）重要：当地近期发生的重要时政新闻、经济新闻，及本地发生的重大事件。

（2）实用：关乎民生的一些信息、政策以及互动咨询等。

（3）便民：为民众提供招工就业等方面的资讯。

（4）刺激：在不降低手机报品位的情况下，可选择有趣、新奇、刺激的新闻，主要指社会新闻。

2. 标题制作

（1）将新闻五要素（时间、地点、人物、事件、原因）中最主要的部分提炼出来，放入标题里。

（2）尽量精简标题，使读者阅读方便。原标题中要点过多时可选择最重要、最具亮点的，标题字数最长不超过15字，以10—12字为宜。

（3）新闻标题内容应在正文中体现，确保文题相符。

---

① 综合参考 2005 年至 2008 年《楚天都市报》手机报、《楚天金报》手机报等媒体手机报技术规范守则。

（4）口语化，尽量使用老百姓明了易懂的语言概括新闻标题。

3. 内容制作

（1）新闻写短，每条稿件以不超过150字为宜。用最少的语言概括最多的、最重要的新闻事实。稿件须具备新闻基本要素（人物、时间、地点、事件、原因），重点突出，忌空洞无物。

（2）重要新闻如稿件字数较多，要进行分段、空行处理，以减少读者的视觉疲劳。每日手机报此类分段稿件不超2条。

（3）保证新闻内容正确。新闻中出现的数据、路名、人名，必须仔细检查，减少错别字、多字、少字等现象。

（4）每期所传稿件尽量保持1—2篇新闻配图，图片须与来稿紧密相连，并配有详细图片说明。

（5）内容设置也可灵活掌握，除较为固定的栏目外，如遇重大事件，可采用专题等。

4. 文字处理

（1）彩信文字内容中尽量少使用奇怪特殊的符号，需要使用符号时须确认该符号是否能在任何品牌的手机上正常显示。

（2）一条精编稿总长不超过150字为宜。所有汉字一律使用简体汉字，不可使用繁体字。某些词汇只能用英文表达时才使用英文。

（3）标点符号的使用规范：除一些无法正常在某些手机上显示的符号外，在服务内容里使用的标点符号一律使用中文全角的标点符号。数字和英文一律用半角。外国人名中的中圆点一律改为英文半角的减号"–"。"——"破折号改为"--"。注意有无手机端无法显示的标点和汉字。例如联通电信版的彩信中，"囧"字是无法显示的。

5. 图片处理

新闻类图片质量无特殊要求，完整含有新闻事件要素即可。上传的图片格式为JPG，图片大小规定在800×600像素之内。

第二节　移动信息聚合平台的发展

二十一世纪，信息聚合成为移动互联的发展趋势，许多APP厂商纷纷在信息聚合推送上下功夫。2015年下半年，国内外陆续上线的一系列移动信息聚合平台也逐渐体现出对这一理念的延伸——这些产品不但降低了推荐者门槛，也再次扩充了推荐内容渠道及形式，为"反碎片化"时代的内容消费者们带来更丰富、更鲜活、更适合自我兴趣的内容。[①]根据一些消费者的实际使用心得，这些用户众多的移动信息聚合平台也确实带来了一些其他移动新闻客户端所没有的新元素。

一、优质内容推送：人工挑选vs机器分类

新闻类移动端聚合平台向用户推送优质内容，基本上都是采取内部人工挑选和机器分类推送两种形式：内部人工挑选主要是通过该新闻产品的专业编辑人员对热门信息进行挑选，这一方法是传统的新闻编辑方式，能够过滤无用信息，但效率较低且人工成本高，如搜狐新闻、网易新闻等；机器分类推送主要是从用户的浏览记录里提取数据，基于数据向用户推送相关联的内容，如今日头条、一点资讯等。

2016年1月15日，在珠海未来媒体峰会上，当时我国用户量最多的新闻类移动端聚合平台——今日头条[②]（如图10-5）的CEO张一鸣作了题为《我眼中的未来媒体》的演讲，在他看来，媒体人把内容输送到算法推荐平台将是未来媒体发展的大势所趋。换言之，机器分类引擎技术将会成为日后人们选择优质内容推送的最佳手段，而这也是今日头条在创业之初以全部团队中没有编辑而引以为傲的移动新闻类产品所追求的媒介趋势。就目前市场上移动新闻端发展的情形来看，很多主流产品考虑了人工成本和执行效率等方面后，也确实是采用了贝叶斯分类等算法运用机器

[①] 无双："知乎发布新 APP'读读日报'与知乎日报并行"，新浪网 http://tech.sina.com.cn/i/2015-09-24/doc-ifxifmki9487426.shtml，2015-9-24。

[②] 今日头条是北京字节跳动科技有限公司开发的一款基于数据挖掘的推荐引擎产品，为用户推荐信息，提供连接人与信息的服务的产品。由张一鸣于 2012 年 3 月创建，2012 年 8 月发布第一个版本。今日头条通过算法解读微博、QQ 等社交账号登录的使用者的兴趣，进行精准的阅读内容推荐。

分类推送信息。今日头条类的移动APP主要是基于个性化推荐引擎技术，根据每位用户的爱好、定位等多个维度推送个性化定制内容，用户可通过微信、微博、QQ账号或注册客户端账号登录今日头条。头条客户端会根据其阅读行为、社交操作、地理定位、职业范围、年龄层次等挖掘出用户所需，推荐内容不仅包括狭义上的新闻信息，还包括影视、音乐、购物、游戏等资讯。通过社交行为分析，5秒钟可以计算出用户兴趣范围，再通过用户行为分析，用户每次动作后的10秒内即可更新用户模型。与此同时，APP还能够对每条信息提取几十个到几百个高维特征，并进行降维、相似计算、聚类等计算去除重复信息，对信息进行机器分类、摘要抽取、LDA主题分析、信息质量识别等处理。

图 10-5 今日头条

从社会心理学来看，机器分类和许多受众一样，都是沉沦于"本我"的困境之中，很多时候是本我的欲望在驱动着人们去浏览一条标题吸睛的新闻报道。然而，本我并不是人性，人性是对本我的自省与超越。仅仅只是因为曾经浏览过的记录而被机器分类误判为这是自己的喜好，由此反复涌现而来的这类资讯就会让这些"被误读"的用户产生厌恶心理。但是，这个一直被广大阅读者所质疑、诟病的问题并没有在这些运用机器分类的产品及迭代更新版本上得到有效的改进。虽然受众可以将不喜欢的内容在该移动端主页面上取消掉，从而减少此类信息的推送，但总的来说，目前的机器分类只能算作一种简单的线性思维：即算法只能够计算我们所需信息的异同关系，机械地问询喜欢或不喜欢、需要或不需要，而无法（或者说难以）计算诸如主从关系、相对关系等更加高级、复杂的关系。

　　机器分类能否进行更好的信息筛选，除了取决于是否拥有强大的数学思维这一点外，还在于算法是否具备对人性的深入洞察与理解。非线性思维更接近人性，只有如此才能更加贴近人类的真实个性与想法。用浏览信息记录去寻找用户兴趣，实质上是将它所推算出的"兴趣"看作一个已成形之物。但是众所周知，人类在进行信息阅读时的关注点并非固定不变，即使我们在阅览信息时，重点是放在自己最感兴趣的方面，同时也或许会想要知道其他方面：好比一个阅读者喜欢关于篮球的信息，但他或许会在足球巨星梅西的新闻发生之时看看与其相关的足球类优质内容。机器分类推送时，其所运行的分类聚合算法只是把自己视为一个置身事外的观察者，认为自己并不在阅读这一事件之中。但实质上，算法已经参与了阅读者人性的构建，只是采取了"人以群分、物以类聚"这种较为消极的方式，使每个阅读者更多地沉沦在自己的兴趣框架之中。这样一来，就会造成一种新的危险，按照信息熵算法理论所言，假使算法只以旁观者身份进行信息分类聚合排序，不增加彼此互动、不培养信息熵，那么在经过足够的分类统计之后，一切结果都将归零。[1]信息熵理论中，熵意味着信息，熵的减少同时也意味着信息的减少。当信息熵为零，不再有变动，对机器分类或许可以算作减轻负担的好消息，但对人类获取新鲜消息来说就绝不是一件好事了。

　　或许是出于对机器分类推荐过于机械、延伸性不足的顾虑，以知乎网的读读日报为代表的移动新闻产品则使用了相较其他产品所不同的人工筛选模式。在知乎[2]（如图10-6）社区上，作为知乎创始人之一的黄继新强调："读读日报是我们的一次努力，为了节省内容筛选成本，减少无用信息干扰，捍卫你的'不知情权'。我们期待看到的结果是：今天对你有价值的内容，只需要打开读读日报就能看到了。"[3]从读读日报的使用情况来看，人工推荐优质内容的优势在于，每一个创办

---

① 赵翔：《数据挖掘中决策树分类算法的研究》，江苏科技大学2005年硕士学位论文，第48页。

② 知乎是一个真实的网络问答社区，社区氛围友好与理性，连接各行各业的精英。用户分享着彼此的专业知识、经验和见解，为中文互联网源源不断地提供高质量的信息。准确地讲，知乎更像一个论坛：用户围绕着某一感兴趣的话题进行相关的讨论，同时可以关注兴趣一致的人。对于概念性的解释，网络百科几乎涵盖了你所有的疑问；但是对于发散思维的整合，是知乎的一大特色。2017年11月8日，知乎入选时代影响力·中国商业案例TOP30。

③ 黄继新："除了知情权，人也应该拥有不知情权"，知乎网 https://www.zhihu.com/question/35987345，2015-11-19。

日报的用户都对内容有着一定的鉴别与分析能力，能够在实际的日报编辑中，使用户的自我知识与经验认知得到很好的发挥。总体而言，读读日报这类客户端的出发点是希望用户能够利用自己的经验与见解将合适的内容进行推荐，从而与合适的读者连接起来，以此来满足人们"希望有人（尤其是专业人士）推荐好的内容来进行阅读"这一普遍需求，这实质上也与知乎网本体所推崇的理念有异曲同工之妙。因此，尽管机器智慧的未来还有无限可能，但就目前的发展程度而言，人工筛选相对于机械化的机器分类来说，或许更能满足当下用户群体的个性化需求，也更具人文关怀的温度。

图 10-6　知乎

二、UGC+PGC：大众与专业的高度结合

在这个UGC（User Generated Content，即用户生成内容）大行其道的Web2.0时代，类似于澎湃新闻这样的移动新闻APP既效仿西方前辈Digg（掘客）[1]（如图10-7）将编辑与推荐信息内容的权力众包，"在这些产品中，可以让非常多淹没在人海中的优秀的人，成为各自领域内容的筛选者。你只要依照自己的兴趣，关注你信任的主编和日报，就能获取好看的、对你有价值的内容。主编们会帮你汇集整

---

① 2004 年 10 月，美国人凯文·罗斯创办了 digg 网站，是第一个掘客网站。它的独特在于它没有职业网站编辑，编辑全部取决于用户。即用户认为这篇文章不错，那么 dig 一下，当 dig 数达到一定程度，该文章就会出现在首页或者其他页面上。

个互联网上的好内容，推荐给你，不再需要你再费心找寻。"①但是，它又像网易新闻、腾讯新闻、南方周末等传统新闻媒体移动端一样，有着庞大的记者和编辑队伍，原创内容也是其核心竞争力。若以美国的Digg作为UGC模式的最好范例来看，澎湃新闻类移动新闻APP则更类似于UGC与PGC（Professional Generated Content，即专业生产内容）相结合的模式。

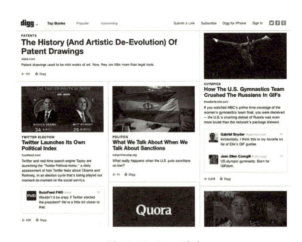

图 10-7　Digg 网站

　　澎湃新闻（如图10-8）是在国家建设"新型主流媒体"的呼吁下诞出的杰出新闻媒体代表，获得政府在政治和经济上的双重扶持，并从而能够充分利用自身优势运营信息内容。此外，澎湃新闻鼓励较为专业的核心用户与热衷阅读的普通用户进行积极的良性互动。以澎湃新闻客户端为例，PGC就是由那些各领域专业人士（他们也是澎湃新闻客户端的核心用户）所做出的专业性极强的长文回复，主要起到保持内容深度，更好地树立品牌并创造价值的作用；而UGC不仅包括那些亮眼、令人鼓掌叫好、纷纷点击浏览的"神回复"和精彩段子，更主要的是可以拓宽内容广度，以此贡献流量和参与度（扩大普通用户群基数），二者缺一不可。因此，澎湃新闻的内容运营者和内部管理团队所需要做的，就是不断改进产品以吸引和激励用户使用并生产内容，然后从中挖掘有潜力的核心用户，为他们提供更好的展示机

①　黄继新："除了知情权，人也应该拥有不知情权"，知乎网 https：//www.zhihu.com/question/35987345，2015-11-19。

会，通过他们所创造的内容信息吸引相关方向的其他人的关注，由此不断循环往复。基于在澎湃新闻网运营上的成果，该团队致力于占领移动信息聚合平台领域，并最终开发了澎湃新闻客户端。从吸引大众用户方面来看，该客户端积极引入目前互联网上比较热门的应用设置，吸取各方长处，致力于打造精品栏目：如栏目"译中国"大量翻译经济学人、华盛顿邮报、BBC等外媒关于中国的文章，此灵感来源于译言网站；栏目"投融会"是各种创业故事的介绍，这一灵感来自36kr、快鲤鱼等IT媒体；栏目"花边数据"则应用了国外媒体很流行的Infographic，并且用多帧GIF图来显示，节省了用户流量，又达到了简单视频的效果，这些都是传统纸媒所缺乏的，也是从互联网的信息世界里所得到的灵感。除了澎湃原创内容，网友的评论和问答内容也通过产品功能得以展现：对于评论内容和问答栏目的答案，网友们可以点"赞"来支持，获得"赞"较多的回答还可以连同问题变为"热问答"。"热问答"既会出现在文章内页中，也会在网站首页和APP中右侧区域中显示，这一设计受大家一致好评。

图 10-8　澎湃新闻

　　Yahoo的News Digest、Circa、知乎的读读日报等软件与澎湃新闻客户端这类产品PGC在传播模式上略有不同，澎湃新闻客户端的PGC是直接由专业人士在澎湃新闻网的网站上生成内容，而Yahoo的News Digest、Circa、知乎的读读日报等软件的PGC则是由专业人员或团队依托自办日报传播自我生成内容，是一种相对间接的生产与传播方式。例如，由FT中文网官方所创办的《FT深度解读》日报，就是利用自身FT中文网平台生成的内容，再通过读读日报平台推介该内容，进行传播。此外，在推荐优质内容方面，读读日报中"发现"一栏下有两个版块："热门日报"和"热门文章"。前者推荐官方认证用户生产的日报，后者则是帮助那些正处于起步阶段却不乏优质内容的新用户提高曝光量。通过这样一个良性的优质内容推荐曝光循环机制，能够促进读读日报激励官方认证用户和普通用户不断生产、传播更加优质的内容。但像读读日报、ZAKER、Circa等移动互联的模式则更能让每个用户都具有成为UGC的能力，门槛较低。这些移动端可以合内容转发和收藏为一体，用户在转发优质内容进入信息传播环节的同时，就完成了对优质内容的保存，因而可以让用户拥有更多参与传播的动力，从而也使用户人数及用户分层更加稳定与协调。这样的搬运和推荐不再依靠机器分类，而是依靠更加精准的人工判断筛选，并且这种模式相较于算法推荐而言能够加强产品的互动性，用户不仅是信息的接收者，也开始成为信息的传播者，直接参与到整个信息流通的过程中。

但从现实发展来看，移动信息聚合平台上的优质内容的推选，关键还是要"依靠那些懂的人、了解的人来推荐"[①]。由此看来，在发展到一定阶段后，这一类产品最理想和核心的主编人群，应该还是在特定领域内有一定专业知识储备的人，并且有能力通过个人或团队的力量，把内容范围延伸到各个垂直领域和长尾市场之中。

三、告别碎片化：发展沉浸式体验

说到移动新闻客户端，"碎片化"很容易蹦入现今人们的脑海。用户使用场景碎片化、Android应用生态碎片化、移动资讯内容碎片化……一点资讯、今日头条、网易新闻客户端等诸多主流资讯应用的内容普遍打造了碎片化的场景，大都是重视程度热度大于深度、面广保量大于精选保质的轻量级资讯，随之而来的是前面已经提到的信息过量问题，兴趣引擎、人工筛选等诸多方案正是为了解决这一问题而诞生。碎片化场景有两层阐释：一是人们在诸多零散的场景里无法集中精力系统地做事，比如等公交到来时、在约定地点等待时，都是较为零散的时间点；二是人

---

① 张钰靖："知乎发布'读读日报'让每个用户都成主编"，腾讯网 http://digi.tech.qq.com/a/20150924/062088.htm，2015-9-24。

们本来集中的时间逐渐被科技产品所支配，变得零碎，生活也因此被碎片化了。过去人们大多是在碎片化的时间里使用移动终端，于是很多移动信息客户端就将主要业务思维放在占据绝大多数用户的碎片化场景上。

但是从这一时期的发展来看，智能移动设备已经不再满足于霸占用户的碎片化场景，而是希望用户几乎每时每刻都放不下自己，甚至是睡觉都最好有可穿戴设备（如智能手表）随身相伴。在现代，智能手机已经成为满足绝大多数用户基本需求的首选设备，其所承载的软件应用也正进入"沉浸式"。假使说过去在移动客户端上的阅读体验更像是读报，未来或许会成为一本可以让用户深度阅读的杂志。杂志发行频率低，但每期信息量更大，并且都是更深度、精华的内容。人们可以在通勤时、早餐时，利用闲散时间轻松地看完一份报纸，但要想阅读最新的《国家地理》恐怕需要一段更为集中的时间。移动信息聚合平台之所以会越来越像杂志，正是被如前所述的趋势所影响："碎片化"已不再是移动互联网的关键标签，人们既需要获取碎片化的资讯，又需要深度的资讯内容。Kindle电子书、知乎日报等垂直应用的内容虽然是深度内容，却并不是资讯。接下来的移动资讯应用将更加杂志化。

针对这一状况，新浪新闻客户端在2015年下半年上线了一款产品——"新浪精读"，这一产品就是朝着精细化、深耕内容的方向改变。精读的理念很简单：1. 专门为头部热点话题制作精华内容，如诗人汪国真去世的专题内容，在《缅怀：诗人汪国真去世享年59岁》的"精读"板块中，读者可以完整地了解这位诗人的生前故事，这个报道除了有丰富的文字作品，还在专题中放入视频内容、诗人生前图片资料与作品链接、相关生前媒体报道、新浪微博相关评论等；2. 通过精挑细选，减少用户到处寻找交叉关联内容的成本；3. 多种形式的内容整合体现在产品上，文字报道、图片集、视频素材、网址列表、微博内容、关联页面等在手机上呈现为卡片的方式，既直观又简洁。"精读"沿袭了门户时代新浪"专题"的模式，针对热点事件做丰富的精深内容，让用户系统了解事件的来龙去脉和相关扩展信息。从纸媒到PC端再到移动互联网，仍要兼具热度、深度、广度、精度、准确这些特性才可满足用户需求。新浪新闻客户端正在尝试改变组织内容方式与产品交互的形式，进而给用户提供"沉浸式"的阅读体验，就像杂志一样。

四、包罗万象：全网资源皆可推荐

以知乎读读日报为例，知乎所推出的第一款移动信息客户端子产品——"知乎日报"中的推荐内容主要取材于知乎网本体中那些较为热门的优质长篇回答，在其上线至今，知乎团队发现人们对移动内容消费有需求，并且需求逐步提升，越来越多的人愿意花费大量时间在手机上，对内容的多样化要求也越来越高。读读日报作为知乎旗下的子产品，知乎网的优质内容以及知乎日报上那些经过该报专业编辑筛选、完善的优质内容均可为其所用。除此之外，读读日报与其他同类产品（尤其是知乎日报）的最大不同在于，它能够跨平台转载任何类型的信息，比如在优酷网上看到了一个不错的原创视频、在凤凰网上看到了一篇新闻报道、在网易云音乐上听到了一首好歌……这些不同平台、不同类型的资源全部都可以在读读日报上进行编辑、推荐，这也打破了平台与平台之间的阻隔，真正让优质的内容能够相对自由地流动、传播。

由于当下各类移动信息聚合平台产品自身并不生产新闻，只是对新闻进行传播分发，因此版权纠纷是这一类移动新闻客户端经常遇到的问题。例如2014年6月，多家媒体因为版权问题对今日头条发起声势浩大的诉讼，2015年11月也有一些媒体发动对一点资讯进行版权诉讼。为了避免版权纠纷，读读日报采取的是默认打开原始网页进行加载，自己不从中截留原网站流量，并且也不对转推信息进行再编辑发布。这样一来，便可规避因为版权问题而造成的不必要纠纷，也可以让用户放心大胆地进行链接推荐。

取消平台隔阂进行推荐的关键，在于能够使读读日报不受太多限制地将媒体与自媒体乃至更多平台上的信息聚合到一个自身平台上进行整理、分发。由于读读日报（如图10-9）所呈现的是"用户—日报—文章"三个维度，每个人都可以创建多份日报，日报的主题和内容完全由用户个人决定，在每份日报下，可以附上任意一个链接作为推荐的内容，这样的组合就使得读读日报里的内容风格千变万化，充满各种可能和想象：以2015年11月13日的巴黎恐怖袭击事件为例，一周之内微博上的相关信息量惊人，相关新闻、短讯总计达到了十二亿四千多万条，而微信上关于此事的信息亦是刷爆朋友圈……传统媒体网站更是开辟专栏或专题对此事进行关注，一时之间，关于巴黎恐怖袭击事件的各类信息如潮水般涌来。以个人的力量要从这海量信息中筛选出不同面向的优质内容，无疑是大海捞针。今日头条、一点资讯、读读日报等不同移动信息平台分别依靠自己的筛选方式和自身信息来源网络进行信息分发，以今日头条为例，它上面关于此事件能够搜索到的阅读量在1万人以上的相关信息大概在150条左右，而一点资讯则有200余条，但读读日报上则有近400条，这其中就包括来自国内外各方的短讯消息、长篇通讯、论述笔谈、视频直击、实景图片等多渠道、多类型的优质内容。这一数据上的差异也充分显示出了读读日报在信息来源以及依托用户群体进行信息搜集时的优势。全网资源的使用不仅拓宽了读读日报信息来源的广度，也为其推选更加优质的内容提供了更多的可能。

图 10-9　读读日报

第三节　移动互联技术与新闻采编

移动采编是指新闻记者不限时间空间进行采编和发稿，可以增强新闻新鲜性。记者可以在任何能使用手机的地点直接现场完成稿件，行动更自由，方式也更灵活。新闻的时效性是新闻采访的生命。新闻的及时准确和快速报道是每一位新闻工作者不懈追求的目标。随着互联网技术的发展，采编工作进入信息时代，但是由于发稿必须在具备互联网和PC终端的场所才能完成，这使许多记者由于缺乏相应的设备和环境，无法及时将新闻传送回电台或报社，极大影响了新闻的时效性。

移动采编又称移动新闻采编，是一种高科技移动采编系统，它包括移动终端、后台处理平台以及相应的网络安全机制。截至今日，移动采编已经历了三代更迭。

第一代移动新闻采编访问技术以短讯为基础，存在许多严重的缺陷，其中最严重的问题是缺乏实时性，查询请求无法即刻得到回复。此外，由于短讯信息长度有限，一些查询无法得到完整的答案。这些问题令用户无法忍受，也导致了一些早期使用该系统的部门纷纷要求对系统进行升级和改造。

第二代移动采编系统基于WAP技术，手机主要通过浏览器来访问WAP网页，进行信息查询，部分解决了第一代移动访问技术的问题。第二代移动访问技术的缺陷主要在于WAP网页访问的交互能力极差，会限制移动新闻采编系统使用上的灵活和方便。此外，由于WAP使用的加密认证的WTLS协议必须在WAP网关上终止建立的安全通道，所以对于安全性要求极为严格的政务系统来说，WAP网页访问的安全隐患也是一个严重的问题。这些问题也使得第二代技术达不到用户的要求。

新一代的移动采编系统采用了基于SOA架构的Webservice和移动VPN技术相结合的第三代移动访问技术，有效提升了系统的安全性和交互能力。该系统融合了3G移动技术、身份认证、数据库同步、VPN、智能移动终端及Webservice等多种计算机网络、移动通讯、信息处理这些当时前沿的技术，以无线通讯技术和专用网络为依托，为在一线工作的记者和新闻采编人员提供了一种跨业务数据库、跨空间限制的现代化移动采编办公机制。"移动采编系统"就是为这一目标服务的新一代无线信息产品，可以广泛运用于报社、广播、电视台等媒体的新闻采编实时工作。移动采编软件采用了先进的自适应结构，可以快速适应用户的数据环境，具有现场零编程、使用方便安全、部署快、响应迅速等优点，是新一代移动采编系统的典型代表。该系统支持GPRS、CDMA、Edge以及所有制式的3G网络。

一、移动采编系统产品概述

移动新闻采编软件除了支持常用的新闻采集、编辑、审稿、签发等移动新闻采编通用功能，还支持待办事项、待阅内容、电子邮件、移动信息录入、移动审批、信息查询、日程管理、联系人管理、系统管理等常用的移动办公功能。用户可以根据自己的需要任选功能模块组合。

1. 多媒体现场采集

手机客户端采用富文本编辑控件，可以即刻调用摄像头和麦克风，获得现场各种媒介信息，可以让图片、音频、视频等多媒体信息直接插入稿件，快速编写多媒体稿件（如图10-10）。

图 10-10　多媒体现场采集

2. 快讯稿件

快讯相比于普通稿件来说，更加注重消息的时效性，当遇到紧急状况、突发事件时，通过单次点击即可迅速将需要即时采集的文字、录音、影像等信息发布出去。（如图10-11）。

图 10-11　快讯稿件

3. 本地稿库

本地稿库用于存储未上传稿件，也支持查阅上传成功的稿件，并可以浏览其上传的流程进度信息。

4. 采访任务

记者可以通过该模块直接浏览所下达的采访任务详细信息。

5. 新闻线索

记者可以通过该模块查阅新闻采集系统中有权限浏览的所有新闻线索信息，还可以对线索进行抢占操作（如图10-12）。

6. 新闻选题

记者可以通过该模块查阅自己在新闻采集系统中保存的选题信息，也可以通过手机直接提交新的选题信息（如图10-13）。

图 10-12　新闻线索　　　　　　　图 10-13　新闻选题

7. 平台检索

记者可以通过该模块查阅采集系统中有权限浏览的所有稿件信息。

8. 百度搜索

为了便于写稿和查阅相关背景资料，系统内置百度搜索栏，可以进行关键词检索。

9. 系统设置

用于设置移动采编接口服务的公网IP地址和系统登录账号信息。

10.采集系统选稿

编辑在新闻采集系统中可以直接打开移动采编投稿的主分类，浏览相关稿件、图片、音视频信息，浏览界面支持列表与图册等方式（如图10-14）。

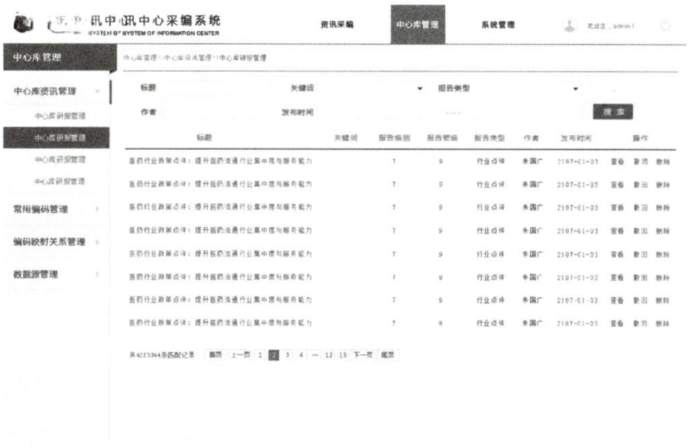

图10-14　采集系统选稿

编辑选择适合的稿件后，可以点"选用"按钮将其复制到采编预稿库，也可以直接点"上栏"、"签发"按钮，将稿件直接签发到版面，进入组版环节。也可以点"网站选用"将其复制到待编库。

二、移动采编系统功能及特点简述

以目前各媒体较常采用的移动采编系统软件为例：

1.移动终端的接入

智能手机、PAD等移动设备承载新闻采编程序，使新闻编辑工作在事发现场就得到报道，最快速度掌握第一手资料。

2.原有系统结合

根据用户原有系统特点、数据结构、组成架构，该系统通过数据库接入、适配接入、接口接入等方式进行系统耦合，以及稿件处理环节上的特点和习惯，采编可以为用户提供可定制的稿件库和稿件流程，在采编业务管理模式上适应报社的规定，既适用于编采合一，又适合编采分离的模式。

3. 直观的部门组织结构设置

系统组织结构可以建构在报社实体部门结构的基础之上，也可以根据实际生产的需要，按照部门负责的栏目和版面权限，开发一套部门—栏目—版面的逻辑结构，这样系统使用起来会更加方便、直观、灵活。

4. 完整灵活的权限设置

要实现真正的文责自负，对于报社的日常工作来说，权限管理尤为关键。针对这点，该系统对权限进行了细分，包括外电权限、栏目权限、菜单权限、稿库权限四大类，这四大类下有若干个小类，涵盖了报社日常生产的各个方面。同时为了方便设置权限，结合日常工作中若干人员权限一样的情况，系统采用按组别设置的方式。

5. 多身份、分时段的用户管理

在实际生产过程中，经常存在一个用户需要多个身份，每个身份的权限又有所区别的情况，针对此点，该系统对用户提供了多身份的支持，同时系统支持可以限制不同身份的使用时段，以保证系统的安全。

6. 系统的安全保证

整个系统的安全性可以由系统的备份与恢复功能来保证。可以将系统配置信息存储到一个安全目录下，在重建系统时，只需要通过恢复功能将其恢复到系统中即可，免除了以往的繁琐工作，也使整个系统更加安全稳定地运转。

7. 直观的用户监控

系统提供了直观的用户监控模块，以便具有相应权限的人员（如社领导或管理人员）可以添加、删除用户，对编辑用户进行在线监控，必要时便于取消其上网资格。

8. 远程办公和家庭办公

采编应能够满足家庭的远程办公需求，记者和编辑可以通过电话线接入报社的网络系统，在权限许可范围内写稿、改稿、处理邮件等。

外出采访记者可通过手提电脑、数码相机和调制解调器直接将文字稿件、影像内容传送回报社，系统会定时处理邮箱，将稿件直接入网，同时可以直接处理自己的采访任务，实现远程办公。

9. 实现报社各部门的协同生产

报社整体信息化系统的核心平台是采编系统，可以无缝连接其他业务系统，包括组版系统、世纪RIP照排系统、资料检索系统、图片管理等，这些系统共同构成了报社全程数字化生产的信息系统，为报社提供协同生产的平台。

10. 预留见报资料自动存入接口

采编系统中的文字、图片和版面在报纸出版后，可以进行自动归档。资料可以转储到检索系统数据库中供编辑记者查询，也可以发布到电子新闻网站上。

除此之外，采编过程中所产生的各种记录，包括稿件的修改记录、流程记录、稿件图文之间的各种关联记录等，也都被保留下来，当事后发现错误需要查阅这些处理信息时，可以方便地通过资料检索系统查询到，提高信息的再利用率。

原先新闻人员必须在具备互联网和PC设备的场所才能进行信息传送，移动采编的使用解决了这种麻烦，使记者可以在任何能使用手机的现场直接完稿，行动更机动，方式更灵活。此外，现场的新闻采集和组稿也有利于第一手资料不会被淹没遗失在二次编辑时。

由于手机每日携带，且信号覆盖广泛，几乎可以在任何时候不受拘束地发送信息，因此在遇到突发事件时，可以方便迅速地同步报道，避免了时间、地点、设备、交通等各种制约。并且系统软件的特性也使得在移动端进行新闻采编和发稿管理显得更为统一和规范。

三、几种APP的模式的比较

通过百度大数据调查发现，近年来主流资讯APP的模式主要有三种：第一类是为适应移动化趋势，门户网站所衍生出的移动客户端产品；第二类是推荐型新闻客户端，直接将内容推送到用户界面首页；第三类是结合了推荐引擎和搜索引擎的兴趣门户，更注重达成用户的长尾价值阅读。正是这三类资讯APP，在用户手机中打响了碎片化的"争夺战"，不过若想在这个市场"掘金"、获得稳定受众，必须满足用户的真正需求。

下面根据目前用户对此类客户端产品的使用需求，分别从界面、内容、频道、搜索、交互等五个方面对网易新闻、今日头条、一点资讯三款有代表性的APP进行比较。

1. 软件主界面

网易新闻客户端（如图10-15）作为传统新闻门户的衍生品，在界面设计上具有浓重的新闻门户风格。主页面横插各个频道的入口，下方呈现四张焦点图，可以通过手指滑动进行切换。焦点图的下方为新闻内容，通过下拉刷新，与网易PC端门户颇为相似。

点击主界面左上方便可进入内容交互页面，其中的新闻与首页贯通，其余交互选项包括订阅、图片、视频、跟帖、电台；主界面右上方是一个服务交互的页面，含有社交媒体的接口，能够通过网易通行证、QQ、微博账号登录，此外还能够让用户参与最新最热的活动，获得游戏礼包、查询天气等。两个界面中的很多元素，特别是图片、视频、跟帖、推广的内容，很大程度上表现出对传统门户包含元素的迁移。

图 10-15　网易新闻客户端主要界面

下方是今日头条的主界面（如图10-16），与网易新闻客户端相比，只是少了焦点图的设置，新闻内容同样可以通过下拉的方式刷新。主界面左上角可以进入服务交互功能，通过绑定社交媒体账号进行登录，同时设置了阅读内容收藏、内容离线下载、参与活动等交互行为。主界面右上角为动态展示页，内容为用户对新闻的评论，登录后可以关注通过该社交媒体登陆的达人或好友的评论内容，达成交互。

图 10-16　今日头条主要界面

一点资讯的主界面（如图10-17至10-19）同样取消了传统门户移动端的焦点图，首页采用国际流行的新闻信息流形式，通过用户的下拉进行内容更新。首页左上方为内容及服务交互的入口，集合了内容管理及一些服务选项，用户可以对内容进行轻松操作；在首页右上方的"发现"栏，还可以进行搜索操作，如果推荐频道无法满足用户需求，用户可以主动去搜索相关关键词进行订阅，更完整达成用户阅读兴趣。同时一点资讯为了满足用户个性化内容需求，还通过卡片形式方便用户阅读。

2. 软件信息内容

资讯阅读类APP的内容很多都是"同源"的，内容都源于门户网站、纸媒等。不过从另一方面来说，在众多同源内容里，不同资讯APP让用户看到的内容就各不相同了。

网易新闻客户端的主要内容是对其PC端门户网站内容的搬运，其PC端拥有丰富的视频内容，同样迁移到了APP上供用户观看。

今日头条呈现的是内容的集合，并追求新闻的时效性，第一时间将重大新闻事件推送给用户，表现出"头条"二字的根本意义。

图 10-17　一点资讯社交账号登录后主页面　　10-18　一点资讯首页信息流新闻卡片

图 10-19　一点资讯两个主要的交互界面

基于对用户兴趣的关注和挖掘，一点资讯首先绑定用户的社交账号以建立用户的初步兴趣模型，通过综合分析用户的性别、年龄、所在城市、婚姻状况、收入、职业等身份"密码"，以及社交网络上的内容和交互行为，如原创微博、评论、转发、分享等数据进行建模，解析用户的兴趣方向。如微博用户的关注内容侧重体育、健身领域，绑定账户后即可收到相关内容的推荐。"发现"按钮则让用户根据个人爱好，可以自主搜索同时订阅喜欢的内容和频道，从而真正做到获取用户的个性化信息。

同时，一点资讯也有独立的热点新闻频道，完全满足有这类需求的用户。相较来说，一点资讯在内容的丰富性和满足个性化需求上的优势更明显。

3. 频道设置

网易新闻客户端以频道的形式将其传统PC端门户的内容进行划分，在APP内提供给用户。客户端共设置了25个频道，用户可以在此阅读PC端的优质内容，特别是能够展现门户实力的原创内容。（如图10-20）

图 10-20　网易新闻客户端的频道设置

今日头条在频道管理页面（如图10-21）先期共设置了44个频道，通过对频道的拖拽手势，可以选择关注至多24个频道，关注的频道入口展现在首页最上方。设置关注频道后，今日头条就会按照时间倒叙在每个频道下方将最新的资讯展现在用户眼前。

图 10-21　今日头条的频道设置

一点资讯的频道设置（如图10-22）在几个客户端中最为丰富，目前共建立了超过100个的兴趣频道，如此海量的基于用户长尾关注的频道库，与一点资讯长期持续在内容上的积累和深耕紧密关联。这些兴趣频道可以满足不同用户多样的长尾阅读兴趣，精细到如太极拳、围棋、飞行棋等不同细分领域的内容，若还不能满足用户需求，用户可以直接搜索关键词，创建专属自己的兴趣频道，以后同类新闻就会直接推荐到个人。

图 10-22　一点资讯的频道设置

4. 软件中的信息搜索

这三款APP都具备搜索功能，但功能和效果各不相同。

下方图片是网易新闻客户端的搜索入口（如图10-23），从主页面的服务交互页面进入就可以看到，以"APEC"作为关键词测试搜索功能，从测试结果看，网易新闻客户端的搜索结果是按照时间的倒叙，将其PC端的相关资讯提取出来，以新闻文字链入口的形式将资讯提供给用户的，没有留出图片的显示位置。

图 10-23　网易新闻客户端的搜索功能

今日头条的搜索入口从主页面正上方进入，以"二战"为例进行搜索，与网易新闻客户端类似，今日头条也将相关资讯以新闻文字链入口的形式提供给用户，但同时匹配内容完全基于关键词，在理解关键词字义及内容抓取能力上稍显不足。

一点资讯的搜索功能（如图10-24）可以说是三款APP产品中体验感最特别的，用户从当时主页面正上方的"发现"入口进入后，便可以搜索感兴趣的频道或关键词。分别以"APEC"、"二战"为例进行搜索，总结一点资讯搜索功能的几个亮点：

（1）搜索的颗粒更细、理解字义的功能更强，比如搜索"APEC"，一点资讯同时也给出"世界贸易组织"、"联合国"、"上海合作组织"等内容的推荐；搜索"二战"，也会有"世界近代史"、"希特勒"等相关推荐，这是由于在搜索引擎中融合了推荐引擎的结果所致。如果一个用户搜索"二战"，机器会智能分析此用户可能也关注希特勒或者世界近代史，并通过算法更精准地匹配出结果。与此同时，用户主动的搜索表达，也有助于进一步加深对用户兴趣的理解和细化，进而不断调整优化，更加符合用户需求。

（2）搜索的结果会综合考虑文章的热门程度、时效性及相关性等多种维度，并会结合阅读喜好进行个性化排序，让用户在第一时间注意到他最关注的资讯内容。同时，一点资讯已经建立了APEC的频道，直接点击右上角的"+订阅"进行订阅，即可轻松获取相关内容。

（3）不同于其他两款产品，一点资讯搜索展示页面留出了图例的显示位置，图文结合的展现形式使用户的感官体验更加丰富，减少阅读枯燥感。

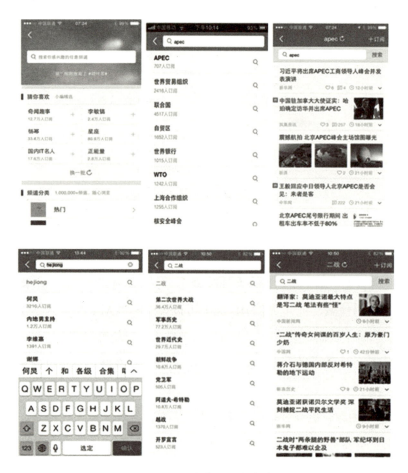

图 10-24　一点资讯的搜索功能

5. 各软件中的用户交互

网易新闻客户端的用户交互包括
最基本的阅读资讯、浏览图片、观看
视频、订阅频道、搜索、跟帖等方式
（如图10-25），这些都基于其PC端的
海量内容。此外，PC端丰富的可互动
内容也增加了产品使用度，如参加有奖
活动、商城购物、彩票交易等。跟帖是
网易新闻客户端非常大的特色，这里有
令人捧腹或深思的"神评论"，成为
内容传播的一个源泉。如此看来，网

图 10-25　网易新闻客户端的部分交互模式

易新闻客户端就是传统PC门户移动化的自适应，交互与PC端差别不大。

今日头条的用户交互形式包括资讯点击阅读、社交媒体账号登录、推荐、评论
等方式（如图10-26），由于其产品定位注重新闻时效性，很多的交互产生的效果
都是按照资讯时间倒叙展现资讯内容，即便是通过社交媒体登陆，也是对重点关注
内容的时效性推送，展现头条的最大特征。

图 10-26　今日头条的交互模式

一点资讯的交互包括社交媒体账号登录、点击阅读、频道订阅、搜索、分享评论反馈等方面（如图10-27），从其资讯的提供来看，其用户交互凝聚了智能化的分析，在其用户兴趣图谱构建中举足轻重。如用户关注生活、家务领域，机器便通过阅读、搜索、订阅等行为，使这方面的内容成为产品端推荐的重点；同时，如果是一位刚刚怀孕的女性，由于之前并不关注孕期相关内容，也可直接通过搜索"孕期"等关键词进行订阅，生产后可以取消"孕期"频道，或者续定"宝宝"的相关信息。机器通过用户的持续使用及交互行为进一步学习和了解用户的兴趣，从而进行更精准地推荐内容，给到用户最想看到的内容，这种智能化的交互模式，无疑能为用户带来更方便碎片化的移动阅读。

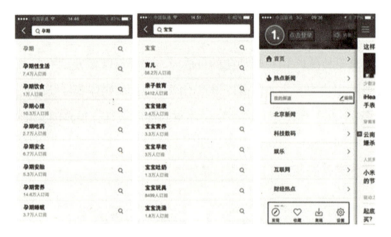

图 10-27　一点资讯的部分交互模式

网易新闻客户端基于自身内容的极大丰富，代表着传统PC端门户适应移动化浪潮的普遍形式，通过内容吸引用户，用户可以在碎片化场景阅读源于网易PC端优势频道的高价值内容，同时表达意见方便，这两点是用户选择它的主要原因。

一点资讯结合了搜索引擎和推荐引擎的双重优势，因此能深入挖掘用户的兴趣长尾，打造集"搜索+推荐"于一体的全新的阅读模式。对于用户来讲，在这里除了能够实现自身对兴趣阅读内容的掌控，还能带来阅读范围的拓展，代表了资讯阅读平台的一大发展趋势。

结 语

雅虎公司移动应用开发负责人阿琼·塞西曾经在网上撰写过一篇题为"The Three Phases of Consumer Products"的文章，在文中他用三个关键词汇指出了网络消费产品所要经历的三个阶段：用户想用（Want）、用户需要（Need）、产品功用（Utility）。[①]"用户想用"阶段是产品解决了一个新问题使得用户想用，这一阶段其实就是发掘、传播和收藏优质信息的过程；"用户需要"阶段是用户已经很难离开这个产品，对其产生了依赖感；"产品功用"阶段是这一产品已经无处不在，成为其他产品的内在功能了，例如现在人们习惯将其他信息平台上看到的内容分享到"微博"、"微信"等平台上。从长远来看，移动时代的文字新闻传播产品，作为当下乃至未来最主要的优质信息分发传播消费产品，一方面要提升用户交互体验，例如加强读者评论部分，这些评论对于读者而言是另一种形式的内容，本身也是宝贵的二次创作内容；另一方面，坚持发布优质内容或许才是其进行信息传播时，能够最大化信息价值与产品价值的方式。

[①] Arjun Sethi，"Three Phases of Consumer Products，"http: //medium.com/backchannel/lessons-learned-growing-consumer-products-550fc04c63c2，2015-3-26.

第十一章
传播技术进步的启示与思考

Chapter 11
Inspiration from and Reflection Upon the Progress of Communication Technologies

有别于以往稳定、可控制和预期的环境，新媒体环境生态圈的形成，在传播科技快速进步中，以动态、汇流的数码发展建构出新的媒体生态。分众媒体因此有机会突破传统主流媒体所设定的庞大且牢固的框架，以小额资本、较少人力和众多免费网络应用软体，发声让全世界听见。

第一节　文字新闻传播的新"速度"

麦克卢汉（如图11-1）指出，电子媒介对现存社会形式的冲击中，最主要的因素是速度与断裂，速度（speed）也强化了形式与结构的问题。

图 11-1　麦克卢汉 [1]

　　"速度"是新闻产业从不忽视的议题。电视台从一天数次报道新闻，到成立24小时新闻网，更将新闻现场以"即时"的速度传送到所有观众的眼前；在网络时代，网络新闻、社群网络、各种社交平台连接广度无远弗届，每个人随时随地都可以立即收、发各种新闻事件。大众对于24小时与世界所有讯息接轨，已经习以为常。

　　近几年来，平面媒体被卷入"速度"的战争，国内外各大报纸开始全面要求记者在新闻现场必须马上发出不拘长短的即时新闻，还必须时时掌握社群网络如微博、微信等平台上的名人讯息或是网络媒体的消息，以求"更快"发出更多的即时新闻。即时新闻的产生，正是报纸被"加速"（speeding）渗透的象征。现在，平面新闻记者已经不能像过往那样用一整天的时间，悠闲地进行新闻过滤求证、采访写作的工作，而是像电视新闻记者一样，到达现场马上打开电脑记录，不断将所见所闻所知立即传送回报社以便公布在电子报网站或是微博等平台之上，透过网络的即时性，摆脱平面媒体"第二天见报"的时效性缺点，展现速度与效率，但同时平面新闻记者也陷入"有空快发稿"但"没时间思考"的处境。

　　罗森博格和费德曼对新闻产制端的建议是，记者们无论如何，都应坚守"正确

---

① 马歇尔·麦克卢汉（Marshall McLuhan，1911—1980），加拿大文学批评家、传播学者。

的报导"此一底线。^①一则事件也许可以不知道前因后果，可以闲聊猜测，但不可以给出错误的讯息。

过去传统新闻学在产制与阅听众间划下一个明确的界线，新闻内容是由可预期的循环模式和常规生产，但线上新闻走全然不同的新闻生产流程与内容形式，相较传统媒体与网络新闻，网络上的故事"从未完全离开"，即使在出版后也可以持续地作业、回顾或增加内容，这种永不冻结的截稿时间，加速了新闻被出版（与更正）的速度。^②当前新媒体的支持者因此认为，网络解除了新闻守门人的角色，讯息快速公布的当下，即使出错，可以靠不断地更新改正错误，出现最接近真实的新闻。

但新闻产业的专业与社会声望，来自行业伦理的约束和新闻工作者的专业。如今因为加速的要求，时常可见缺乏思考与求证所产生的错误，对记者与新闻产业本身专业理念和过去被"赋权"（第四权、更高的可信度、较好的声望）的地位，又形成负面冲击。^③本节将从科技加速的理论出发，导引到社会生活节奏加快、引起社会结构的流动性，对媒体消费形态的改变对新闻产业的影响，在加速下产生的现象。

一、速度与时间对传统媒体的影响

都市景象与社会结构迅速转变是现代化的开始，而科技的发展与渗透，让社会与生活中的"即时性"成为值得关注的项目。

谈及速度，要先讨论"时间"。时间议题与资本主义的发展紧密连结，社会的加速，在资本主义的劳动者心目中，是效率提升、工作倍增。汤普森指出随着工业化的扩张，以时计酬的普遍，让社会的时间工作纪律，内化至劳动者价值体系，塑

---

① Gans，H. J，*Democracy and the news*，*Oxford*，UK：Oxford University Press，2003，P.79.

② Evetts，J，"The sociological analysis of professionalism：Occupational change in the modern world，"*International Sociology*，2003，18（2），pp. 395–415.

③ 王正鹏：《报纸突围——数字时代传统媒体变身记》，中山大学出版社 2010 年版，第 43 页。

造了当代生活形态，时间纪律内化成为现代人的时间韵律与生活方式。①

时间的标准化以及加速的时间经验，与现代性特质密切连结。安东尼·吉登斯（如图11-2）将现代社会的时空关系称为"时空疏离"（Time-space distanciation），过去时间和空间是不可分割的，现代社会的时间则脱离社会、具有自成一格的计算方式。他认为电子通信科技形成密集网络，更加彻底改变人的生活，形成"高度现代性"的特色。简言之，对安东尼·吉登斯而言，透过科技与制度，使远距离的社会事件和社会关系与地方性场景交织，人与人之间的社会关系，打破了时空限制，逐渐伸展到远方。②

图11-2　安东尼·吉登斯③

另一位研究全球化的学者大卫·哈维（如图11-3）则以"时空压缩"（time-space compression）来解释全球化，资本主义的发展具有在生活步伐方面加速的特征，同时克服了空间上的各种障碍，空间收缩成了"地球村"，资本家为了缩短货物运输、买卖的时间，因此透过快速运输工具，例如早年的汽车、火车、轮船，以及现在的飞机，加上生产技术的革命，时间和空间获得了实质的压缩，全球每一个角落，每一个人类，都成了一体。哈维提出"时空压缩"的主要特征，借助卫星

---

① 转引自 Virilio, P, *Open sky*, New York, NY: Verso.1997, pp.32-46.
② Giddens, A, The *consequences of modernity*, Polity, London, UK: Cambridge, 1990, pp. 23-35.
③ 安东尼·吉登斯（Anthony Giddens, 1938—　），英国社会学家。

通讯与交通成本降低，决策立即传送得更远、更广，这种弹性和行动力使得跨国分工成为可能，影响性深入人们的日常生活，他认为"电子通讯使整个空间像是'地球村'，整个地球像是经济与生态互相依赖的'太空船'……时区缩短至只剩当下……我们因而必须学习对应当代时间与空间世界压倒性地压缩"[1]

图 11-3　大卫·哈维[2]

　　法国文化理论学者保罗·维希留可能是第一位直接以"速度"进行社会现象研究的学者，他将速度分为三个层面，分别是自然速度、相对速度以及绝对速度。在绝对速度阶段，人们进入了一个全新的速度概念，通过网络、手机等产品，人类的沟通几乎没有空间的隔阂，因为速度带来的即时性消除了时间问题，更不存在需要时间去克服的空间问题，人们站在原地，已经可以如临现场地参与所有远端的活动和得知讯息。他认为，人类不拥有速度，人类就是速度，人类更被加速科技殖民。在即时性电子媒介所主导的当代，此一时间落差在即时性压缩真实空间并促成全球化趋势的同时，不仅风险的规模更为扩大，也可能更为迅速。[3]

　　人们的生活模式因为科技的进步更加快速，改变了整个社会与产业的结构。保罗·维希留的速度理论，影响了波兰社会学者齐格蒙特·鲍曼（如图11-4），

---

① Harvey，D，*The conditions of postmodernity: An enquiry into the origins of cultural change*，Oxford，UK：Blackwell.1989，pp.12-34.

② 大卫·哈维（David Harvey，1935—　）当代西方新马克思主义代表人物。

③ Virilio，P，*Open sky*，New York，NY：Verso，1997，pp.102-107.

他在《液态现代性》一书提出"液态现代性"的观念，他用固态的现代性与流动、液态的概念代替了他早期使用的"后现代性和现代性"一词，以固体和流体之间的对比，来说明当前人们所面对的"现代性"已和过去的现代性经验不同。试图以解放、个性、时空、工作和共同体这五个概念来理解当前的社会状况。固体、坚固的现代性是以空间的占有为主，此一阶段以先前的工业革命和资本主义体制发展为代表。而当前的现代性，则是流动的，变化多端的。特别在经过全球化的冲击、资本主义的竞争，人们不管是感受到的和实际上的状况，每天都体验着"不确定的生活"①。

图 11-4　齐格蒙特·鲍曼 ②

齐格蒙特·鲍曼认为，是科技推动时间和空间的变化，改变了人类的生活，让现代性从沉重的、固态的，向轻快的、液态的现代性转变；从暗沉的资本主义过渡到清亮的资本主义。体现在空间和时间中，时空关系变动是流动性的、不定的和动态的，不再是预先注定的和静态性的。社会在由固态现代性过渡至液态现代性过

---

① ［英］齐格蒙特·鲍曼：《流动的时代》，谷蕾、武媛媛译，江苏人民出版社 2012 年版，第 109—122 页。
② 齐格蒙特·鲍曼（Zygmunt Bauman，1925 — 2017），他于 1925 年出生在波兰西部波兹南一个贫苦的犹太家庭。1939 年，"二战"爆发，鲍曼全家逃往苏联。澳大利亚社会学家、国际性社会理论杂志 *sis Eleven* 的主编贝尔哈兹（Peter Beilharz）说，鲍曼是"当今用英文写作的最伟大的社会学家"（Beilharz，2001：1）；当代走红的英国社会学家吉登斯（Anthony Giddens）也说，"对我而言，鲍曼是一个后现代性的理论家。他用非凡的才华和创造力，提出了一个任何人都必须认真对待的立场"（See Bauman，1995：back cover）。鉴于其对社会学与社会理论研究方面的卓越贡献，鲍曼于 1990 年被授予雅马尔费奖（Amalfi Prize），并于 1998 年被授予阿多尔诺奖（Theodor W. Adorno Prize）。

程中具有"时空关系转变"、"资本与劳动力分离"、"生产者社会转向消费者社会"及"权力运作方式改变"等特质。

以液态现代性的变动与轻灵特质观看媒体产业，在网络科技发展以前，具备自我主张、带着守门人角色的新闻记者，以其专业意识及新闻产业的特殊文化，抵抗商业的入侵或影响，新闻记者描述社会的方式是不断地报道快速变化的社会，提供人们所需要的讯息、了解社会的力量，记者通常以专业选择"硬"新闻，制造既存力量和既有的机制，随着媒体选择支持政治、财经精英的态度与行为，新闻产业渐渐失去了对日常居民生活的接触和理解。

在网络科技兴起后，加速的节奏和科技工具的进步，让新闻媒体从生产讯息的支配者，变成大量向社会各阶层取材的依赖者。齐格蒙特·鲍曼的"生产者社会向消费者社会的转变"，用以解释当前的新闻产制环境格外贴切：生产者（新闻产业及专业记者）占主导地位，支配并发表可信的、客观的、被筛选后的新闻，由于技术的限制造成产品（新闻）的有限性，消费者（读者）必须依靠现有的产品种类。但在液态的现代性中，读者选择弹性变大，甚至本身就是生产新闻者，新闻产业反而必须"向读者转化"。

齐格蒙特·鲍曼认为，液态的现代性社会，让社会主流意识变成"可以接受批判"，让出部分主权、部分妥协，换取长期生存的空间。他举出路边旅馆的概念，从执着于制度的现代性体验，转化成为以解放为终极目标，当"对批判的接受"变成像旅馆主人愿意接受客人的抱怨，改变、调整部分经营模式，社会改变就从消费者模式的批判（consumer-style critique），取代了生产者模式的批判（producer-style critique）。[1]齐格蒙特·鲍曼的液态现代性概念，解释了社会结构朝向不稳定、持续变动的方向进行。而科技推动"加速"现象日渐明显，让液态社会更趋向速度竞赛、劳资分离、消费者社会以及对轻盈流动与弹性的追求。当前的科技进展核心是追求速度，掌握当今社会文化特性的关键，也是速度。

新闻的"快"并非新鲜事，从字面上来说，新闻价值原本就在于透过争取时间、分秒必争，将"新"讯息迅速传递到读者手中。但受到传播科技的进步的影

---

[1]［英］齐格蒙特·鲍曼：《流动的时代》，谷蕾、武媛媛译，江苏人民出版社 2012 年版，第 124—145 页。

响，所有媒体都必须"加速"，更因为技术的进步，让资讯无所不在。维利奥针对持续的科技革命指出，二十世纪以来传播与媒介科技不断革新，不但让"出发"的概念成为多余，并带动了"资讯的普遍化抵达"，媒体的关键概念在于"象征输入与输出，取代从前人们或物体透过空间延伸等传统散步而移动的相关行为"，从这些观察中，保罗·维希留点出了接近性（proximity）的本质，从空间转换为时间方面的现象，"即时性的即时"宰制了媒体。①

从文艺复兴、工业革命到资讯时代的网际网络，人类希望突破自身在地理上的限制，追求更即时、更快速的生活。以电脑与网络的技术演进来看，从大型主机到桌上型电脑，再到个人电脑、笔记型电脑，乃至今天的平板电脑、手机已经可以取代电脑的大部分工作，还加上通讯的功能；上网的速率从铜线到光纤，摆脱有线的控制成为无线的生活，资讯科技本身就是一个社会朝"加速"发展的见证。

呼应保罗·维希留理念的，是德国批判研究学者罗萨·布鲁诺－佐弗雷。他从时间社会学的视角出发，指出整个现代化的发展就表现在社会时间结构的"加速"。加速不是单纯的物理性质，而是来自现代社会"提升时间密度"观念，指现代化过程中，社会时间结构从根本改变，这种速度并不是"存在社会当中的某种速度"，而是"社会的加速"，也即是社会本身的性质。罗萨认为，速度虽然是社会本身的特质，但它在不同的社会范畴当中会有不同的运作形式与效用，他提出三种社会加速的面向，分别是科技加速、社会变迁的加速和生活步调的加速。

第一种是科技加速。科技加速的影响在于重建时空关系，并可以从中至少再区分出三种不同类型及其分别的影响：第一，运输技术的加速改变了人与空间的关系；第二，传播加速改变了人们之间的社会关系；第三，生产加速改变了人与物之间的关系。

第二种是社会变迁的加速。不断变动的社会情境影响人们对于未来的判断，导致人们感到更加茫然惶恐，快速变迁的社会情境中充满不确定性的"偶然意识"，已经成为基本的日常生活意识。

第三种是生活步调的加速。生活步调的加速可以表现为可客观观察到的行为。

---

① Virilio, P, *Open sky*, New York, NY: Verso, 1997, p.44.

通过测量与比较，人们可以了解当代社会中生活步调如何被加快了速度。罗萨认为，加速科技促使了生活步调与社会变迁的加速，但这三个因素也彼此影响，因为加速的社会变迁和生活步调，人们在紧迫的时间内，要不断面对新事物的到来，更加依赖可以提升速度的科技，这三种加速可说相互影响。①

从吉登斯、哈维、鲍曼对于现代性、后现代性、液态现代性特质的描述来看，传播科技所带来的时间经验，是现代化社会主要核心理念之一。传播科技的改进，包括电话、信件被手机、电子邮件取代，不但提供更快、更矩阵（一次可以发给多人）联系、细部协调等功能，在科技与社会共同演化的过程中，新的工作标准、需求也一起衍生。但经济因素以外，罗萨认为，西方社会因科技带动的加速现象不应只有经济因素，还有文化与结构面向：文化面向指的是现代社会的文化价值，在生活中，科技带来生活步调的加速；结构面向上，社会结构的更替更加快速，科技刺激了社会变迁。

从加速的角度看当代传播产业的变化，更可看见当代人们受"速度"的影响，"加速"的生活。当代资本社会讲求效率与分秒必争，要求记者随时能反映社会结构与资本运作的变化，任何事物都显得流动、快速、零碎，人们必须不断地掌握讯息，作为下一步决策的依据。资讯与通讯产品功能开始整合成"资通讯产品"，由固定形式（市内电话、个人电脑）变成流动而可携带，媒介科技轻易地家居化、个人化，更使个人对日常媒介的接收方式变得断裂，集体收看、收听的习惯逐渐消逝，转为网络上个人自取的世界资讯资源。电话、网络压缩了时间和空间特质，以新兴世代（数字原生代）来说，透过媒介的社交属性更快速地接触社会，透过网络联络虚拟的朋友，在社群网络上依赖朋友传递的讯息更快得到社会资讯。

① Rosa，H，"Social acceleration: Ethical and political consequences of adesynchronized high-speed society，"*Constellations*，2003，10（1），pp. 3-33. 其后，他又在 2013 年深化了自己的理论，出版了 *Social acceleration: A new theory of modernity*，New York，NY: Columbia University Press.

二、先推送、再验证的新闻界

新媒体科技的进步，例如卫星、光纤、无线网络技术的改进，加上新闻产业全面数字化、透过网络传送，媒体更狂热于所谓"快速线上新闻"。展现在新闻文本的呈现，是快、短、肤浅的事实更新，也较少新闻分析，重点在于"最新的新闻"，无视其重要性，虽然正确还是新闻的第一要件，但"速度"已经是传统平面新闻逐渐兴起的趋势，平面媒体认为，快速的新闻，有助于抓住读者的眼球，带来流量和网络广告，借以补足平面营收不断下降的趋势。[①]感知到用户对于资讯的速度要求，几乎所有的媒体在Web1.0时代进入数字化后，又要马上跟进科技的变迁与提升。在新闻组织与新闻记者的产制过程都进入Web 2.0的互动化时代后，接着又加紧跟上Web3.0主张的行动化，让新闻消费者在任何时间、任何地方，都能够接触到各种资讯，"数字优先"是全球印刷媒体转型的第一口号，透过跨平台的装置，讯息要更快速地让消费者知道，并且导引成为流量与转载，在传统平面产品营收剧烈下滑之际，争取数字读者，业者深信要点就在一个"快"字。

2015年，南方都市报在微信平台大动作进行官方账号的布局，南方都市报在微信上有6个相关账号，但其中的五个是在2015年第三季新增，是南方都市报透过文字（微博、自身移动APP）以外（如图11-5至11-7），再利用图片社群为主的微信作为分众管理、经营社群网络的策略。南方都市报大动作拥抱数字之路，主因与全球所有传统媒体遇到的问题一样：年轻的千禧世代读者更愿意透过网络与社群网络去阅读自己（或朋友）喜爱的新闻，他们舍弃了教条式的传统媒体报道方式。传统媒体必须转向数字化，争取读者的注目与实际阅读的流量。南方都市报从2011年推出数字版订阅制度后，订阅人数初期大幅增加，到了2013年第四季时，已经呈现20%的稳定成长。但网络广告与订阅营收的数字，还远远不能弥补南方都市报在平面印刷部分下滑的订阅率与广告收益，故而南方都市报势必要更积极地拓展数字收入。数字原生新媒体在网络上大量出现，商业跨足新闻产业成立新闻网站，轻灵弹性的作业，都使得传统媒体疲于应付。所有新闻机构、新闻记者不会否认"快"

[①] 王正鹏：《报纸突围——数字时代传统媒体变身记》，中山大学出版社2010年版，第22页。

是新闻产品的生命，但科技进步改变的传播科技，造成新闻形态以及传送平台的变化，改变记者的作业常规。速度重新形塑人们的互动模式，更让新闻组织、新闻记者的作业时间加速，从南方都市报的"数字优先"策略，可见一斑。

图 11-5　《南方都市报》微博平台

图 11-6　《南方都市报》移动客户端界面　图 11-7　《南方都市报》微信公众号二维码

速度让不同形式的媒体界限模糊，但在加速趋势下传递的各种新闻和讯息，可能产生比过去严重的问题。在过去技术受限的时代，电视、广播比起印刷媒体更加速度导向，以技术的优势，利用突发新闻（breaking news）或即时连线新闻（live news）抓住注意时效的阅听众。但英国学者刘易斯针对英国的24小时电视新闻进行研究，发现科技进步无助于加强独立的新闻报道或是报道更多重要的"事件"，相反的，电视台为了让频道保持收视率，频频推出"突发新闻"争取观众。[①]过去突发新闻多是独家或是不可预期的特殊事件报道，但后来变成只要是记者马上取得的新闻，迅速传回电视台，经过简单编辑就成为"突发新闻"，变成一种"令人喘不过气的例行公事报导"（breathless routine），一种"全部都是重点"的报道方式。突发新闻的价值在于新奇、戏剧、不可预期或是刺激，但在时间的压力下，许多不符合突发新闻价值的新闻之所以存在，是因为即时转播报道可以让它变成"实际的感觉"，而非因为其内容特殊性，知会读者特殊重要新闻的功能消失，只是纯粹的"最新的新闻"，用以证明即时性，而非媒体善尽告知大众讯息的责任。

在重大新闻呈现时，"速度"有其优点、展现媒体优势。但因求快速所产生的问题，让媒体频频打脸自家新闻。为了争取时效、发布更多讯息，不分电子或平面记者，遇到新闻事件无不以追求第一、消息多元为优先，甚至对媒体来说，现在所谓的新闻就是当下发生的事情，不管是否要查证。最为典型的例子就是台湾的复兴航空失事事件。2015年2月4日上午，台湾的复兴航空班机失事，起飞后不久就坠入台北市区的基隆河，所有媒体大量出动，找寻专家、学者、业者，发出数百条的即时新闻，完全不等官方机构公布任何对话或是飞航资料，大赞机师是"拉起机头免于撞上陆地的英雄"，但根据后来公布黑盒子的对话纪录才发现是机师收错油门，导致飞机失速坠机，"英雄一秒变狗熊"，重打了所有吹捧机师的媒体一巴掌。从失事到飞安会发布黑盒子对话，仅仅两天时间，但媒体已经无法等待。

新科技影响所及，不但是没完没了的即时、突发，对平面媒体记者来说，持有能上网的电脑和手机，也意味着不断有新的讯息进入、新的消息发生，在新闻产制面向上，传统新闻流程每24小时更新一次，已经叫作快速新闻，变成了每分钟更新的新闻，记者必须学会跨媒体的技巧（可能一个人要摄影、采访写稿、发稿、回应问题……）取材上有不同以往的新闻标准，这种连续性的新闻循环（continuous

① Andreessen，M，（2014）．"The future of the news business: A monumental Twitter stream all in one place，"http://a16z.com/2014/02/25/future-of-news-business/

news cycle），让记者必须采纳来自各方的新闻讯息，不断更新，新闻编写过程透明化，让大众更能亲眼看见新闻各阶段的发展。好处是，从田野中搜集第一手资讯，追踪故事的发展，可以增加新闻真实性。

过去新闻机构生产新闻，机构分为作业生产的后台与刊登新闻的前台。新闻记者收集、处理讯息，经过组织审查，在（对读者是封闭的）后台产制新闻，再将可当责、有可信度的新闻在前台推出。但在网络时代的作业状况，讯息随时出现，记者随时采访写作，收集与处理讯息不分截稿与否，而新闻的产制与呈现则是随时在变动。科技改变前台、后台的表现，对过去被"赋权"的新闻记者来说，是潜在威胁。传统"说实话"的新闻理念，主张的内容由专家制造，当讯息被展现在大众前时，不包含非确定性、谎言或是误导资讯，否则就代表着内部流程缺陷，违背信任与权威。但快速的网络、不断更新的新闻讯息，将隐藏的新闻流程公之于世，也可能带来部分对说故事的失控，同一事件出现不同的、冲突的两种角度，可能带来混淆困惑，让外界对新闻记者讲真话的角色产生怀疑，影响新闻专业的权威。这种情况一天发生几次，有可能赔上新闻机构的信任以及连带而来的权威；但矛盾的是，用户对即时性高度欣赏，有时愿意用速度换取正确，不担心还要查证并且可能产生错误，导致数字时代的新闻网站首页，充斥着草稿讯息流。[①]

过去的截稿压力，转换为没有截稿时间或时时都可截稿，加上速度的要求，使得新闻无法增加更多议题讨论和交叉检查，必须更大程度地使用公众意见，也减少了专家的参与（需要时间找专家、听意见）。科技创新使得新闻产制的速度上增加了不必要的"加速"，却降低新闻品质。社群网络的用户大量地将自己所阅读的新闻内容放上网络，社群网络密切与急于掌握数字用户的传统媒体合作，瞬间成为新兴的社群网络，在这类平台上，新闻与采访讯息交互出现，记者密切掌握一些名人的动态，不分重要与否，都马上刊登。社群网络改变记者与读者的关系，因为读者可以立即回应记者与其他读者，随着群众外包社群出现，例如百度百科，一般网民也能共同生产内容，大大改变了网民的内容参与；过去新闻记者被赋予的守门角

---

① Fisher, M.（2014），"Who cares if it's true? Modern-day newsrooms reconsider their values，" *Columbia Journalism Review*，http：//www.cjr.org/cover_story/who_cares_if_its_true.php

色，为大众过滤讯息的重要性，在社群网络的时代中，他们反而变成"导盲犬"的角色，重要性大减。[①]不过也有反对者认为，记者仍具有专业性角色，可以为新闻加值，能作出判断、分析与诠释。但最核心的讨论仍集中于新闻价值，有些研究担心新闻的精确性与客观性的问题，在社群网络上找寻报道资料，使得内容呈现多样性，且消息来源变得丰富，但追求速度可能削弱传统的新闻价值，例如检验讯息的精确性与客观报道，形成"微博优先、求证其次"。当然，在讲求速度的时代，对新闻产业并非全无坏处，至少网络新闻的错误可以即时更正，避免了传统平面媒体在当天的错误必须等到第二天才能更正的时效延误问题。

从液态现代性角度来看，习惯于一种变动状态，包括权力地位转换与工作形式改变，是必须接受的常态。过去记者依循组织内部的要求与专业的原则，过滤讯息、产制新闻，如今大量讯息出现，都需要跟进，让记者步调被打乱，成为众多讯息、新闻中的一环，权力被削弱。新闻媒体原本以作为正确、客观的消息来源而获得专业的认同，如今却因为要快速发出配合组织要求的即时新闻或更多网络新闻，当即完成组织要求的新闻格式，也重写了新闻的专业。

即时新闻是国内媒体产业试图以速度争取流量"回归"的策略。但强调快速，也产生了各种问题，除了错误几乎是不可避免的状况外，很多学者已经注意到了各种现象，包括从新闻事件发生到写成报道间的时间缩短、无暇查证，导致新闻品质的下降；对新闻的注意力转为符合短期的需求，只要满足组织要求，也强调短期间发生的事情，对于逐步发生的事件则没有注意力；新闻从记者到编辑到出手给读者的滚动时间更快，缺乏专家的知识或是专业的认可；或以来得及取得的讯息为主，增加了记者工作的密度和压力，却缩短了采访的时间；也让记者写稿越发"精简"，电视新闻时间缩短，而文字新闻内容也更加精简。

速度优先的结果，让有些访问因为缺乏时间而不经调查就刊出；而采用社群网络名人动态的新闻，往往缺乏前后文的脉络，记者不可能是每方面的专家，时间压力更使得记者必须经常取用手边简单可得的资讯。特别是一些特定对象持续在微

---

① Fisher，M.（2014），"Who cares if it's true? Modern-day newsrooms reconsider their values，" *Columbia Journalism Review*，http://www.cjr.org/cover_story/who_cares_if_its_true.php

博、微信更新内容，成为媒体要求记者密切注意并马上处理的讯息来源，甚至不用与当事人重复确认，认为只要是"当事人写了就算"。在写作的时候，也呈现一种"以时间顺序叙事"的状况，不在意传统的倒金字塔型写作，陈述故事的方式以"写完现状"为优先，不需要注重论述的文笔，新闻报道太长，反而还会被视为花太久时间去创作，从而贻误先机。

第二节　分众媒体的兴起与勃发

当传统媒体受到传播科技飞速发展所引发的重大冲击，新媒体却乘势而起。正如提出"We Media"概念的鲍曼和威利斯所言，新闻传播的黄金年代正在展开，但是这个新闻传播并不是过去人们所认知的新闻传播。[1]媒体未来学家曾预言，到2121年，50%的新闻将由读者自行生产，而传统媒体已不得不逐步接受和实践这一新形式，科技赋权已启动了公民记者投入公共领域的关怀。明尼苏达大学教授吉特利也指出，博客的演变过程与传统新闻报道很不相同。[2]传统新闻记者被训练与要求须重视新闻报道的公正客观，可是博客的报道内容并未将公正客观放在首位，反而认为应该充分表达书写者的主观意见，避免被资本市场机制、组织官僚运作或政治意识形态所左右，以致无法说出自己主观真实的意见，这当然和传统媒体的表达方式大相径庭。另一方面，网络时代公民的资讯接近性已经和传统记者近似，尤其在一个高度教育化的时代，不少公民的某些专业领域甚至凌驾于传统记者之上。时势所趋，传统媒体的影响力正在下滑，公民记者则透过网站串联、动员、监督、守望，将具有高度新闻价值的内容，透过影音上传，让全世界都能看到，这些都是传统媒体所不及之处。

随着时代的变迁，独立媒体较为关注读者（消费者）的动态需求，以强化灵活

① Bowman，S. & Willis，C.J.D. Lasica（ed），'Introduction to participatory journalism，'in *We Media: How audiences are shaping the future of news and information*，The Media Center at the American Press Institute，2003，p.3.

② Adams，N，"The Ideal Speech Situation，"in *Habermas and Theology*，Cambridge，New York: Cambridge University Press，2006，p.12.

度与市场竞争力，因此其创办人和组织背景有时刻意淡化旗帜鲜明的意识形态。独立媒体同时具备去官僚层级的组织文化，使决策较趋扁平化、灵活化，再结合创办人的专业能力和多元化的新闻叙事能力，创造出自身网络媒体的特性。例如网络科技优势的开创性与实验性，搭载当今大数据运算和云端工作术，过滤出读者有兴趣的内容，掌握特定的群众喜好，以最快速的数码发行方式，将讯息立即发送和连结到用户的行动接收载体上。另一方面，独立媒体以网络跨时空的特性，针对特定影响层面的公共议题进行深度调查报道，展现媲美主流媒体的新闻编采和议题设定能力。在科技时代成长茁壮的分众媒体，除了遇上开放资料风潮和传播科技的成长，得以发展出图表式数据新闻的新形式之外，更擅于利用群众外包方式，让读者群体参与互动，并进行持续的对话，一起进行资讯生产与再生产的过程。群众外包是网际网络所带来的新的生产组织形式，最早是由知名的《连线》杂志记者杰夫·霍威于2006年发明的一个专业术语，专门用来描述一种新的商业模式，这个平台的理念源于集结众人智慧，发挥群体智能。此外，独立媒体的作业方式呈现多元化现象，以往新闻从业人员基本上都是围绕着中心化运作的新闻编辑室运作，新闻编辑和记者具有十足的权威性和崇高的地位，但现在分众媒体的组织形式和结构有所改变，呈现小而美的多元化运作，从业人员也从编辑室单一中心化的运作，变成包括科技人、新闻人、美术编辑、行销企划等去中心化多元体系的建立。其中，每一个新闻产制作业环节都同样重要，因此当一个新闻讯息出现，所有的组织成员必须立刻一起动员在"大编辑平台"上作业，以针对不同媒体特性设计合适的内容和管道，各司其职地迅速发送到读者手中。

在专业人才方面，相对于独立媒体，主流媒体面对严厉竞争的生存危机，必须进行组织缩编、规模骤减，使得大量专业媒体人才不得已出走。随资讯传播科技应运而生的独立媒体亦有其缺点，其人才虽普遍具有科技DNA却新闻专业有所不足，但也可乘机接收从主流媒体流失的人才，成为新闻人继续发挥专才的地方，而独立媒体也借机强化组织自身的新闻专业性。[1]这些无论是自愿或被迫出走的新闻人，

---

① Romano，A.（Ed.），*International journalism and democracy：Civic engagement models from around the world*，New York：Routledge，2010，p.173.

借此掌握数码机会，开创新的新闻媒体职涯可行性。除了加入已有的独立媒体之外，有些新闻人也选择自行数码创业，或是在网络上开设自己的社群媒体或博客，得以去除组织的诸多约束。数码时代新闻人得到更大的空间和自由，以迎合读者对新闻的无止境需求，所改变的只是接收的传播载体和方式而已。[1]

这一股主流媒体出走潮，意外促成分众媒体的专业成长与壮大，强化公民意识，提供公民平台，鼓励人们从关怀自身成长的社区做起，进一步促进公共对话与民主发展。独立媒体借由原来在主流媒体任职多年的新闻人工作经验，知己知彼，反而成为两者相互竞合最佳的桥梁。当主流媒体人力与资源不断缩减，直接冲击到地方性与全球性的专业，促使这些领域的人才流向分众媒体，同时附带原来主流媒体所具有品牌传播和忠实读者的优势，补强独立媒体专业不足的缺失。另一方面，借由原有主流媒体的网络资源连结，独立媒体也可接触到原来不具交集与重叠性的读者，形成一个全新的网络。

如此的全新网络建构了新的新闻模式平台，以往新闻出现管道只在新闻媒体上，但网络时代的新闻已不再局限于固定的新闻媒体，而是以动态的方式出现在多元流动的空间。今天读者接收新闻除了通过传统媒体之外，亦以社群媒体、各种新闻汇整器和新闻平台为管道。新闻接收载体也从固定位置的接收，变成无所不在的行动接收。例如一点资讯（如图11-8、11-9）是2015年百度团队所创立的新闻和娱乐一体的社交化网站，注册后用户可以将保存或原创的图片或材料以帖文的形式在网站上发行，之后其他用户可以对帖文内容进行投票，结果将被用来排名并决定其在首页或子页的位置。另一个新闻汇整器——即刻是一个经过策划和整理的媒体，首先筛选国内外各大媒体的新闻，再分门别类归到不同主题中，使用者可以自行订阅感兴趣的主题，而且几乎每则新闻都会配上图片，界面清晰美观。另外，分众媒体在资本市场的机会，取决于对资讯传播科技趋零边际效益的把握，借此迅速扩展市场经济规模，朝全球化方向发展。以往传统媒体花费长期大量的时间、经济、技术成本和人力资源等才能达成的目标，在数码时代，即可

① Anderson，C.W.（2013），"ESP Exploratory Workshop on Mapping the digital news ecosystem：Professiona；journalism，new producers and active audiences in the digital public shphere，" Retrieved from http：//www.cwanderson.org/wp-content/uploads/2013/04/EcosystemGenealogy.pdf.

压缩时空限制而迅速达成。

图 11-8　一点资讯 LOGO

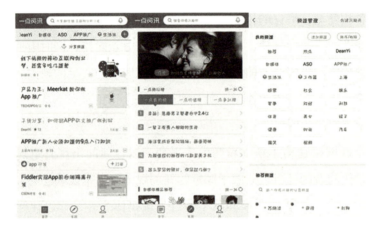

图 11-9　一点资讯 APP 界面

自媒体发展使得读者接收讯息的习惯改变，新闻资讯的来源不再依赖传统媒体供应，而是随着自身兴趣习惯，在社群媒体上自行产制或从社群内的"好友"分享"偶遇"的新闻资讯。根据近年相关研究报告，在社群媒体上，尤其是行动载体的手机上获取资讯的比例增高，但依照各国或城市的政治、文化等因素仍有不同。现在国内社群媒体主要使用族群仍以微信领先群伦，而微博使用者教育水准较高，在微信上普遍以娱乐目的取向，其次是资讯搜寻，新闻需求并不高。2014年几位学者分别在上海、香港、台北进行三个城市大学生的手机使用动机和手机新闻使用行为的比较研究，发现在约3500位大学生的调查中显示，三地使用手机最重要的动机均是"联系亲友"，其次为"娱乐与休闲"与"意见分享与讨论"，而较弱的动机则一致落在"新闻与资讯"。[①]根据另一项关于跨国跨文化的手机使用模式研究，发现在瑞典浏览新闻是手机上网的最主要活动，其次是搜寻资讯和接收电子邮件。可见分众媒体，尤其是社群媒体，已成为现在快速流失读者的主流媒体新闻推播的重要平台。这也呼应了现在年轻读者习惯在手机上收看新闻的趋势，由好友或主流媒体在社群媒体上推播，增加行动类社群媒体读者"刚好偶遇"看到的机会。

分众媒体的发展已开始遇到困境，一方面，作为网络主要消费族群的年轻群体对新闻未必热衷，造成该等媒体长期生存的隐忧；另一方面，分众媒体经济基础不稳，营利模式未臻成熟。一般而言，独立媒体或自媒体缺乏像主流媒体一样庞大的经济资本和文化资本，即使近年来许多原主流媒体、基金会或是具雄厚资金的企业或个人，纷纷投入独立媒体或大众媒体的经营，但在网络免费经济的概念下，分众媒体希望从中获利的希望通常不大，因为网络新闻的收费营利模式尚未成熟，且之前可以遵循的案例很少，经营的风险期较高，影响独媒稳定的成长。[②]另外，一般独立媒体因为处在经济和文化资本短缺的市场，所以必须面临与新成立的独立媒体相互竞逐市场，以及开发与少数主流媒体合作的庞大经济压力。

分众媒体的另一个可能的问题是工具化倾向，由于多半是全新的模式，分众媒体必须做许多市场尝试，以各种可能的方式吸引读者的眼球来关注新闻。当新闻产制强调透明与开放，分享的群众外包被视为理所当然时，记者或媒体极易陷入工具化，丧失自我批判思考的能力。数码时代的新闻虽然趋向娱乐性，但其之所以有别于综艺性质，主要仍在于新闻的正确与真实性。分众媒体虽然弹性多元，甚至可以邀读者参与对话，量身定做推播其感兴趣的新闻内容，但受困于市场压力和速度追求所产生的危机，可能影响新闻专业真实客观与事实核查这些最珍贵的品质。分众媒体常为人诟病的一点，即是新闻的内容失真，对事实核查的把关不够严谨，导致新闻品质日益低落，以及大众丧失对独立媒体的信任。所以水可以载舟，也可以覆舟，独立媒体在市场和速度的压力下，开始思考如何利用网络科技和社群媒体的

① "2014 腾讯移动媒体使用报告"，http: //mp.weixin.qq.com/s?__biz=MzA4MjMwODUwNQ%3D%3D&mid=201511550&idx=1&sn=03e0afdc6663c3e5c503b4ed8befd9a4#rd。

② Singer, J. B, "The metro wide web: Changes in newspapers' gatekeeping role online," *Journalism and Mass Communication Quarterly*, 78（1）, 2010.

优势，参考BBC发展出来的新闻事实核查手册程序，以不偏不倚的方式反映各种不同的观点。例如，这几年在国内迅速蹿红的社群化资讯网站——cnBeta（如图11-10），于2015年1月发布了新闻编辑标准和伦理指南，以期为新生代的媒体建立一套新的标准，并提供给员工和读者参考。档案内容方针适用于cnBeta所有的编辑工作，并对其网站中的相关项目中的员工提供内容和帮助，使其做出合情合理的选择，生产出有智慧、有担当、有情怀、有趣味、有深度的故事。其中包括讯息与事实、调查研究、引用与匿名、通讯稿、插入内容、禁止抄袭等六种确保可靠的新闻来源；更新、删除、正文、显示内容和图片的五种校对方式，以及有关指控、补偿被访者、请客、采访、假名、图表内容、自拍、激进主义、政治性演讲、索取审查的物品、公开已提供的材料、赠礼、公费旅游、利益冲突的公开等14条合乎法律的伦理规则；严格区分广告和社论内容；记者、作家和编辑均完全独立于广告营销人员和客户；最后是处理与企业相关的采编与经营分离等五个面向，包括广告活动、广告商和编辑的观点、动画电影公司、投资人的交叉合作。cnBeta鼓励编辑人员与负责视频、技术或者资料的人员进行合作，但是编辑人员不能参与任何一家广告公司的内容的编辑，不论是视频或者是文本的形式。[1]

图 11-10　cnBeta 界面

新媒体在快速窜起后，体认到资讯传播科技虽然孕育了新媒体成长茂盛的土壤，但真正吸引用户忠诚度的关键，还是在于新闻的内容品质。在cnBeta发布新闻

---

① "关于我们"，http://www.cnbeta.com/top10.htm。

编辑标准和伦理指南之际，搜狐新闻网为树立网络新闻专业规范，也公开了搜狐新闻中心115名员工历时三年，超过10万字上千案例的集体共创，并且计划根据实际员工和用户的意见，每年更新再版。这些网络媒体的新闻生成，虽然植根于新媒体快速、分享及匿名等特性，但在冲出市场规模、稳定经营模式之后，也纷纷开始进行市场区隔，试图在最为人诟病的新闻专业伦理上进行改革，以追求数量与质量的发展。由此可见，非主流新闻媒体在竞争激烈、瞬息万变的市场，在达到一定的经济规模之后，其真正再向上提升突破的关键，反而是开始回归曾被主流媒体视为最珍贵的新闻专业价值，达到主流与分众媒体互相学习、交流分享和协作共创的融合境界。

资讯传播科技松动了传统新闻媒体固有的生产与传播之间的关系，同时也透过持续动态、有机解构的过程，建构起新的可能性和链接，呈现出现实世界与虚拟世界之间的权力消长，且牵引出隐性社群的联结关系。事实上，主流新闻媒体与非主流新闻媒体的发展，并非绝对的二元对立，两个群体之间包含了类似拆解与堆积木的循环生态。[1]当主流新闻媒体被解构的同时，他者（非主流新闻媒体）正接力持续建构中，大众媒体的另类媒体（或称之独立媒体）获得新的养分，得以融入、渗透主流领域，模糊其边界，并重新建构新的媒体生态圈，犹如用来形容人类传播历史的部落化社会时代（口语传播）经过非部落化社会时代（文字与印刷传播），再进阶至再部落化时代（广播与电视媒介），最终抵达现今网络及个人化媒介的新部落化社会时代。网络之所以重要，并非仅仅它创造了美丽新世界，网络更是一个旧世界秩序更深度的延伸，除开创了人类新的视野之外，更赋予过去多重面貌，因而与现在产生连结的意义，最终回归人类演化历史的深刻层面。

当今媒体与读者的互动模式同时兼具集体性与个体性，形成一个无法忽视个体意识所形成的多数利益时代。如同在台北文化馆所进行的一场电子艺术的展览主题，策展作品强调："什么是人类与电脑之间的关系？开放原始码是不是可持续运作创意社群的方式？我们要如何找到在这之中人工与有机体的分界线？社群网络的集体参与，使得网络世界呈现有机性和共生繁衍的特性。"人类原始的部落化社会

---

[1] Schudson，M，*Why Democracies need an Unlovable Press*，Cambridge: Polity，2013，p. 43.

在数码科技时代，获得前所未有的财富或创意的机会，然而，其成功并非因为庞大的网络或是实体组织规模的大小，而是因为科技赋予了参与分享和连结的机会，提供各种免费服务的交换。因此，在这种新媒体经济形式的资本主义里，竞争的因子并未消失或减缓，而是转换成其他的脉络，网络其实反映了现代社会中各种不同的重要层面。近年来，全球政府与民间的开放资料风潮，恰好促使大数据与公共领域的强化。网际网络提供人们大量的公共资讯和新闻以使用，这些公共资讯正是沃尔特·李普曼（如图11-11）口中所谓的"政治观测站"（political observatories），当新闻记者能更加善用科学方法和工具去检验所有事物时，则向更正确与公开的调查性公共新闻报道之路迈进。

图 11-11　沃尔特·李普曼①

现在普及的数码化资料库、开放原始码运动，为所有的公民提供了以往无法想象，得以跨越时空储存的集体记忆资料库，可以自行决定在任何时间或任何地点进行检验、参考、查证、综合与储存的动作。如同微博、微信、知乎等各式社群网站，一方面经常被视为通过文字、图片、影音或照片等各种讯息所呈现的共同观点和经验空间，另外一方面也自然形成集体记忆的文字与视听档案资料库。社群媒体

---

① 沃尔特·李普曼（Walter Lippmann，1889—1974）美国新闻评论家和作家。

作为一个资讯平台和时刻不断累积的资料库结合，形成无限连结的数据建构。这种镶嵌在连结文化中的平台与社会网络形成一种结构力量，在人们生活习惯于环绕着社群媒体时，以一种无意识的方式逐渐渗透进人们的日常生活，使得记忆同时也是科技发展的副产品。如今，集体记忆已是随时存在并动态地产生于数码实践之中。

　　然而，"集体记忆"或"集体遗产"在相当程度上是受到电脑程序编码与机构协定所影响之结果，当社群媒体成为传播平台之后，便形成了所谓的"网络化记忆"（networked memory）。绝大部分的网络内容和文化，并非许多参与的个体有意识的共创，身在数码世界无意识接收与行动的人们，通常会专注在科技框架下提供的"可行动空间"当中尽情创作，反而忽略了科技制约在其中扮演的关键角色。科技提供人们追求更方便、更美好生活的方式，但要让集体式的网络化记忆产生真正的意义，网络用户必须成为具有"主体能动性"的个体，数码媒体素养成为达成的重要途径。今日富含科技性的分众媒体，尤其是社群媒体，大量储存人们"网络化的记忆"，形塑出有别于以往的资讯内容和表现类型，成为新的资讯记录形式。这个集体的记忆编码形式受到网络技术的影响，自然在个人或其他读者接收该资讯时，也会产生不同的解码诠释。如此，连带地使得社群媒体或自媒体上的讯息流通与新闻产制创造出新的媒体生态圈。

第三节　大众媒体的主流化转变

　　报纸是全球各社会长期以来获取资讯的重要来源，读报成为人们日常生活的一部分，也是公民社会化的重要工具。报纸作为一种确认正常生活得以持续的象征，必然也影响了它的内容与结构。鲍辛格将读报描述成一种集体过程，而非独立的个别过程，这种集体过程发生在与家人、朋友、同事在一起的生活脉络中。报纸内容成为人们交谈的素材与互动的主题。随着时间的推移，经由社群媒体的普及，人们对纸媒的关切，从阅读新闻以得知世界正常运作的较大观照，逐渐演变为确认个人世界正常运转的"小确幸"[①]。读者这种从读报（印刷）到上网（数码）吸收资讯

---

① 日本作家村上春树赋予"小确幸"相当普及的定义，它是形容我们在生活中常经历美好却微不足道的事物时的一种幸福感。

的行为变迁与传播载体的转换，日渐远离传统主流媒体强调的大众媒体，渐渐走入"小报"风格。从前英国小报编辑习惯以"非大众报纸"（un-popular press）描述所谓的主流质报（大报），因为这些质报多半将其读者预设成中产阶级、受教育程度高且对公共事务感兴趣的中年男性，所以并非为真正的大众所编辑设想的报纸；相对而言，占据主流位置的大报则视小报为象征着沉沦谷底的新闻业。两相比较，无论从销售量、版面大小、新闻价值、讲述模式、语言（文字和视觉）、读者群与售价等，质报和小报均呈现迥异的再现策略。

斯巴克斯认为，从人们确认世界正常运作的公共议题来看，大众报纸即指涉小报，意指为从大众角度出发，关心一般人关切身边大小事的特质，其处理公共议题时，融入了直接感和整体感，直接诉诸个人经验以展现诠释的直接性。[1]个人观感成了诠释架构，在这个架构里，社会秩序一目了然，"个人"取代"政治"成为解释人类行为的依据。在日常运作的权力结构中，斯巴克斯认为，这种在探讨日常生活议题时过度强调个人化的现象，使小报读者无法清楚识别社会整体权力关系的结构。新闻的真实再现过于个人化时，将使读者难以确定他们可以用什么方式来抗拒这些权力关系。约翰·费斯克（如图11-12）则不认同新闻的产制是从生活底层视角所反映的观照，反而更多是由官方主导的国家政策角度出发，从而培养出这种将国家倡导知识奉为真理的读者，亦即由上而下的"信任主体"（believing subject）关系的确立。相对于主流官方报纸的信任主体，非主流的小报目标正是打倒信任主体，以防被体制收编，保持其独立性。在报业发展史上，被视为几乎等同于官方纸媒的主流报纸，透过其所谓客观性的诉求，将其对真实所下的定义正当化；相对地，出身民间基层的小报则力求颠覆这种合理性，抗拒主流价值。

---

① Sparks，C，"Introduction：The panic over tabloid news，" In C. Sparks & J.Tulloch （Eds.），*Tabloid tales: Global debates over media standards*，Lanham，MA：Rowman & Littlefield Publishers，Inc，2000，pp.23-40.

图 11-12 约翰·费斯克 [1]

传统小报的报道风格和意识形态或可视为当今社群媒体的前身。小报以充满资讯和娱乐性的语言来谈论新闻议题，提供读者一个娱乐、消费主义和轻松愉悦的世界，并以像朋友一般的轻松语气标示发生的新闻事件，让影响深远的公共思维转变成容易理解的个人报道。小报的特色即是明显将政治与公众生活去政治化，并且将所有的事都转化成个人议题、个性与选择。社群媒体里的数码叙事则是文字、图像、影音等媒体形式的总和，同时透过多种媒体叙事、非线性方式进行，使得社群媒体具有参与性的分享意涵。社群媒体分享的内容正如传统的小报一般，以去政治化的故事叙事形式、娱乐化为主的八卦资讯分享和强调个人化的媒体形态呈现。

在Web 2.0时代，使用者产制内容（UGC）和社群媒体或自媒体的新闻呈现多了高度的科技成分，使新闻资讯打破时空疆界，可以随时进行开放、分享、参与、对话、连结、生产与再生产的循环和无限扩大的过程。前述斯巴克斯认为个体无法识别所处的权力结构，以致缺乏对抗的能力情况将有所翻转，因为在网络世界，当具有主体能动性的无数个体的"我"参与串联时，便会产生连锁反应的"集体效应"，在极短时间之内对向来稳定或封闭的政治与社会文化权力结构造成冲击，近年来全球风起云涌的革命运动中都可以见到社群媒体扮演重要的角色。[2]同时，社群媒体的无所不在，在社会中的各阶层、生活中的每一层面都具有高度渗透性，尤其年轻人更是主要使用族群，因而编织出许多密麻交错的人际网络，借由不断的串

---

① 费斯克（John Fiske）著名传播符号学家、文化研究学者。

② Sparks, C., & Tulloch, J, *Tabloid tales: Global debates over media standards*, Lanham, Md.: Rowman & Littlefield, 2000, p.75.

连转发与分享以扩大社群媒体的影响力。而由微博、微信、Line、易信等社交媒体平台共创，兼具生产与消费资讯的分众媒体，正好给暮气沉沉的传统新闻业提供新的机遇，开创了"一个新闻随时在发生的环境"。（如图11–13）

图 11–13　内容生态圈的形成

麦克马努斯于1990年提出市场导向的新闻学概念，标示出"小报式主流化"的趋势。（如图11–14）有些学者也开始从"小报化"方向来探讨新闻媒体为市场所牵制的现象。综观这些新兴的分众媒体，虽然都是搭载传播科技发展而出现。但从国内外的发展来看，仍有不同的发展属性。在国内的分众媒体，除了自媒体之外，较被认可的新闻专业者，多以独立媒体或大众媒体自居。其特色是，一开始理想性较强，刻意与偏向市场机制的主流媒体有所区隔。

图 11–14　"小报化"的典型——微博

　　另有学者从独立媒体的演进探讨其"小而独立"的利基，以探求独立媒体在既没钱也没人的条件下，何以以小击大，屡屡以小兵姿态打败资源、形态、历史都远远超前的主流媒体。事实上，独立媒体的"小"，在不同时代具有不同的意义，在前大众传播时代，因资源和市场需求，"小"谓之常态；在大众传播时代，"小"则是对抗政商利益，推动社会改革的坚持；但在进入快速多变的网络时代之后，"小"是可临机应变、成本低廉的独立媒体，如微网志、微博、微信、Line。社群网站如知乎，影音网站如优酷、土豆等，照片网站如Instagram等，此时以网络时空无限制为基础的"小"则成为利基。

　　以国内独立媒体为例，其主要特质包括财务自主、议题专注与目标公义。财务自主是因为公众捐款或产品销售，使独立记者得以维持个人基本生活与采访开销，无须受制于政商压力，例如"上下游新闻市集"即采用这一模式；其次是议题专注，国内目前的独立记者多具深厚的主流媒体工作背景，脱离"大媒体"之后，可以在自己专长的"小媒体"上深耕发挥，摆脱主流新闻媒体以机构为中心的采访陈规，按照自己的兴趣和步骤，专注于社会公义等特定议题，深入调查报道。独立媒体解构了传统的组织常规，反而取得自我经营的好成绩。追求目标公义则是独立媒体的另一特质。各国因政经文化发展的历史差异，使得成长于主流之外的独立媒体、另类媒体或大众媒体，都有其各自对应的历史轨迹与脉络。

　　分众媒体的"小报式主流化"可以国内的zealer、上下游新闻市集等为例。zealer是科技新闻资讯平台，主要针对各种新兴的科技资讯和产品进行测评。上下游新闻市集（如图11-15）则是由台湾曾多次获得国际奖项，曾任职《联合报》、《天下杂志》的资深新闻记者汪文豪和冯小非共同创办，其主要特色是以自身专长的新闻和市集为主轴。上下游首先建立一个关注农业、食物与环境议题的网站，聘请专职记者进行专题报导，同时也邀请各界作者，在此园地发表包含食物、耕作、农地保存、食育教育、绿能生活的文章，借此交换更多元的讯息，朝新闻专业化方向发展。其经济收入来源呈现多元化，在拒绝任何业配进入后，以推广理念和开发小农商品的市集进行商品销售，主动进行农产品开发，提供给消费者健康的在地食物，也让农村的经济更活泼。除自行开发产品，市集也是小农产品的供应平台，让大家认识更多本土的自然好产品。"上下游"在成立之后几乎连年获得台湾地区新闻类大奖。

图 11-15　上下游新闻市集界面

结　语

　　观诸近年来全球分众媒体的发展，呈现蓬勃兴盛景象，有日趋主流化的趋势。虽然所谓主流与非主流之间界限未必泾渭分明，但分众媒体大抵以新闻聚合网站、专业独立媒体和大众媒体等方式呈现，以作为与传统媒体之区隔。其中新闻聚合网站以读读日报为例，在短短一两年时间里，内容风靡社交网络，并发展成为一个营利的内容网站。类似的媒体如雨后春笋般产生，这些独立媒体纷纷建立新闻平台来发挥影响力，吸引庞大的浏览人数；相对的，拥有庞大资源的主流媒体反而渐成弱势。但进一步观察，根据实际发展状况看来，主流媒体仍然有与独立媒体并存的生存空间，分众媒体虽然拜科技之赐得以兴起，但主流媒体长期以来培养的因内部组织营运困难和外部新媒体的吸引而出走的专业人才，才是真正激发分众媒体脱离新闻不够专业、只谈琐碎小事的聒絮，迈向真正融合两者优点的关键所在。

本卷结语
Conclusion

新闻出版是一个包含新闻信息采集（访）、制作（写作、排版）、复制（印刷）和传播（出版发行）等环节的总过程。在新闻出版的过程中，无论信息采集还是版面编排抑或印刷和发行，都要依赖于一定的物质基础和技术手段。在新闻出版的每一个环节当中，都包含有技术及其使用的因素。毫不夸张地说，一部新闻事业史，即是一部新闻出版技术史，是新闻出版技术演变和更替的全过程。美国学者彼得·德鲁克（Peter Drucker）曾指出人类社会变迁的阶段，从口语时代到文字时代，再至印刷时代、工业时代，最后走至电子时代、数字时代，每一次变革的间隔时间愈来愈短。[1]从新闻出版过程中的印刷出版技术来看，由数字技术引发的资讯洪流，已在短短十数年间颠覆了新闻出版行业的软硬件，改变了人与信息、人与技术间的互动关系。我国新闻出版行业发展过程中遭逢这一新旧技术交替的巨变，正可以为这样的互动关系提供最佳的注脚。

一

顾名思义，文字新闻主要是指新闻报刊类媒介。新中国成立初期，我国各项事业百废待兴，新闻出版业也不例外。当时国内的印刷设备、造纸设备等新闻出版过程中的重要物质基础极其薄弱，相关技术工人也屈指可数，例如当时国内会制作铅字字模的工人仅有二十余人，全国的印刷从业人员也只有318人。[2]知一点

---

[1] ［美］彼得·德鲁克：《后资本主义社会》，傅振焜译，东方出版社 2009 年版，第 2 页。
[2] 王德茂：《中国印刷及设备器材工业 60 年》，《印刷工业》2009 年第 9 期。

或可窥全貌，仅从印刷从业人员的总数，即可推断当时我国新闻出版所面临的诸多技术困境。在二十世纪六七十年代初期，随着国家"一五"、"二五"等计划的逐步实施，新闻出版业的硬件基础有了较大改观，铸字机、印刷机、折页机等印前、印后设备都能自产，而照相排版等技术也开始运用。但总体来看，在纸媒铅活字印刷时期，装、拆铅字版是报纸印刷出版过程中最为繁琐的工序。当时前一批报纸印完后，就必须为下一批报纸准备铅字，此前排好的铅字必须重新拆下，进行清洗，然后再按照字形、字号分门别类地放回字架，准备之后的排字印刷。[1]不仅耗费人力，而且由于铅的有毒性，对环境亦有污染。

自二十世纪七十年代后期以来，随着由北京大学王选教授所领衔的中文信息处理技术团队获得重大突破，我国的新闻出版事业由此进入了一个蓬勃发展的时期。改革开放之后，伴随国家实力的整体提升，新闻出版业也得到了较快发展。报纸编排以及印刷科技飞速进步，已使用近一世纪的铅字活版印刷技术失去竞争力，终于不敌计算机排版市场需求的冲击，业务量如江河日下，迅速萎缩，我国新闻媒体纷纷告别铅字排版印刷。到了上世纪九十年代中后期，计算机几乎完全融入新闻采编、印发等流程之中，像CTP（计算机直接制版）、卫星传版、电子中文打字机、五笔/拼音输入法等新的设备、新的技术纷纷出现，这时的纸媒文字传播达到了高峰，新的技术和设备不仅带来了新闻的时效性，更让读者感受到了纸媒精心排版的艺术性。

进入新世纪，随着网络技术和移动通信技术的不断发展，传统的平面纸媒不断受到网络媒体和新兴的移动媒体冲击，新闻出版的载体发生了很大变化，读者也经历着从以纸媒阅读为主到以计算机阅读为主再到以手机阅读为主的变化过程。伴随着这样的变化，新闻出版从业人员以及采编印发技术也发生了较大改变。例如，移动新闻APP的出现让传统纸媒中的印刷流程变为多余，而那些新闻印刷的从业人员地位更是尴尬……时至今日，数字化技术飞速发展，手机用户与日俱增，平面纸媒在移动APP的冲击下，难以展现昔日光芒。

---

[1] 王灿、傅益东：《中国当代文字新闻出版技术史研究》，《编辑之友》2016年第8期。

二

新闻出版技术有一种与其他科技大为不同的独特性，就是其产品具有浓厚的文化与人文色彩，没有一项技术像它这样与人关系密切，深刻地影响人类文明，甚至承载起传播信息与知识、文明和道德的重担。技术与社会相互形塑的力量将新闻出版推上了数字化舞台，新闻传播从平面纸媒出版到移动APP出版，出版的面貌大不同前，似乎开始模糊了人与技术之间的关系。

实际上从二十世纪以来，人类就开始反思技术与人性的关系，最受各领域研究学者争论的技术决定论，引起不少批判与修正。因为大家开始探索诸如"对社会产生重要影响的技术如何形塑？""是什么因素促进了技术的发展？"等各式问题，逐渐走向技术与社会互动形塑的观点。通过对不同观点的探究，逐渐揭露技术发展的过程是由许多社会因素交互缠绕、共同发展的结果，尤其表现在技术创新的内容与过程上。从前文所简述的中国当代文字新闻出版技术的发展史中，若切入出版技术走向数字化的角度来看，重新检视技术价值的体现过程、人与技术的协调关系，可以发现出版技术的发展因应外在因素，不仅转变迅速，且具强烈的社会价值意识。

首先从新闻排版的技术演进来看。在新闻排版计算机化前，纸媒印刷作业方式是图文分开处理，自从计算机技术突飞猛进后，才有了图文整合的概念与技术，短短数年内，以往繁琐的出版作业流程，借由计算机输出/入设备整合在一起。图文分开是活版印刷的作业方式，由铸字机铸造出所有的文字，变成铅活字去排版，图片另外处理；而计算机突破了文字版与图版的障碍，通过敲打键盘、使用鼠标，文字图片唾手可得，铅字变成计算机字，简言之就是排版技术改变了。深究一层应该说是科技产生了新的排版工具，但技术的本质并未变，只是技术发展模式转入了下一个技术轨道。

再从新闻出版字型开发的演进阶段来看。雕刻版的字型，开启了木活字技术，进而提供成为造模种字的概念；铅活字修整后再变成电镀铜模的种字；光学技术的精确复制，如照相打字也不离铅活字的笔画基础；计算机字型、移动APP的字码开发初期也要靠照相字或铅活字的样式来编订。活字制造基于书写文字基础，计算机造字则来自铸造活字的经验。新方法来自原有创造物的启发，一脉相承。若说铸字机是活版时代的造字工具，则从雕刻字、木字、泥字、铸模机械与电镀槽，到铅活字的铸字机与铜模、照相打字机与感光纸，一直到数字出版的计算机与键盘，又何尝不是一个脉络相关的技术发展历程？造字技术若论本质，不管是铅字还是计算机字，都包含人的运思过程，仍是人造物。二者使用目的还是一样，技术的二元性并未改变，只是技术在社会形塑过程中进行选择调节机制的结果，最后是通过科技的发展丰富了它的内涵。

海德格尔（Martin Heidegger）认为技术是人本质的延伸，勾画着人与社会的关系；马克思主义也认为，技术是自然界的社会化，人与人的区别在于社会化的关系。[1]所以任何技术形态的发展皆可视为一种社会行为（活动），受到社会系统及其构成要素的影响，同时形塑出该技术发展的社会价值。有学者认为技术的社会形成就是技术发展的外部因素，集中表现在对技术开发活动的选择、调节和支持等三个方面。[2]社会选择作用与物种进化类似，只有能满足社会需求，功能强、效率高、操作简便等特点的技术形态，才能得到开发应用。社会调节指社会对技术发展的方向、速度、规模等方面的塑造作用。技术发展实质上是对社会需求的响应。社会对技术发展的支持作用则表现于经济、资讯、设备、教育等系统，在某种程度上甚至决定了技术的开发进程。

以汉字激光照排系统的研发为例。二十世纪七十年代初期的中国，计算机仍高不可攀，除了突破各种客观条件的限制，还必须解决一个巨大的技术难关——汉字进入和输出计算机，也就是汉字的信息处理问题。因为汉字是一种表意文字，字库庞大、结构复杂、笔画众多，很难像西方字母文字那样进入计算机进行信息处理。当时国外大多数西文和日文打印系统采用点阵字库，而在精密照排领域，字形的黑白段描述方法最为流行，但是这种方案也存在着致命的问题，除压缩率低外，打印出的文字不易变倍，也不易产生各种变形字。北京大学教授王选在调研了国际技术发展方向后于1976年做出决策：跨过日本流行的第二代光学机械式照排系统、欧美

---

① 宫敬才：《马克思劳动人道主义视野中的科学技术观》，《北京师范大学学报（社会科学版）》2009年第1期。
② 刘大椿：《科学哲学技术导论》，中国人民大学出版社2005年版，第72页。

流行的第三代阴极射线管式照排系统，直接研制国外尚无商品的第四代激光照排系统，采取了跨越式发展的技术路线。①

在研究汉字的过程中，汉字字形信息量大的问题成为主要难关。王选等技术攻关人员通过不断试验，最终选择使用世界首创的"轮廓加参数的数学方法描述汉字字形"的信息压缩技术。直到1975年5月，"全电子照排系统"的初步设计方案终于完成。同年9月，王选等人的高倍率字形信息压缩技术、字形的高速还原技术进一步成熟，并通过软件在计算机中模拟出"人"字的第一撇——这是汉字信息处理技术的重大突破。利用"轮廓描述方法"描述汉字笔画特征，能使字形信息量压缩约500倍，达到当时世界最高水平；用"参数描述方法"（即提示信息）控制字形变倍和变形时敏感部位的质量，可以保证字形变大变小时的质量。这一方法解决了汉字字形信息计算机存储的技术难关。把汉字信息压缩后存储进计算机，还必须将其快速还原和输出。当时小型计算机运算速度很慢，如果用软件实现压缩信息还原，一秒钟只能还原一个汉字。1979年，王选提出了适合硬件实现的、失真最小的高速还原汉字字形算法，并通过编写微程序予以实现，使还原速度达到每秒250个字。后来又设计出一种加速字形复原的超大规模专用芯片，实现了高速和高保真的汉字字形复原和变倍、变形，使复原速度上升到每秒710个字，达到当时汉字输出的世界最快速度。②1986年5月，杭州通信设备厂研制出大报版激光照排机，该机是为整个"计算机—激光汉字编辑排版系统"配套的输出设备，它与整个系统配套后，编辑人员只要将文字图像信息及编排的信号从电子计算机终端输入，经过打大样校对后，就可以在该机内把信息还原成文字及图形再进行感光照排，输出逼真清晰的底片，即可提供制版印刷。照排对开报纸一个版的文字和图像，只需要五分钟，完成每天报纸四个版的照排任务只要二十分钟左右。③

上面的例子可印证技术的发展与社会需求的互动关系，然而从技术的选用角度来看，并不是所有技术的发明都能被社会接受。今日的新发明可解决旧技术产生的困扰，但新技术也会引发其他社会问题，日后仍须提出新技术来解决，形成技术

---

① 王光荣：《当代毕升》，《光明日报》2002 年 2 月 1 日。
② 王选：《艰难的起步——激光照排系统研制回忆之一》，《中国计算机报》1994 年 8 月 9 日。
③ 齐众：《我国第一台大报版激光照排机研制成功》，《今日科技》1986 年第 7 期。

与社会交互缠绕的现象。在新闻出版技术的发展历程中，不仅是一连串新技术解决旧技术的过程，还夹杂许多社会意识与知识阶级的问题，从铸字机开始的造字技术演化实为最好例证。新闻出版不仅要求信息的及时和准确，作为一种提供给读者的可视性读物，还需要具有一定的审美。因此，字体的印刷和选择尤为重要。从新中国成立初期到1960年前后，我国先后改组充实了上海铸字机厂。新组建了咸阳铸字机厂。两厂生产的自动铸字机，在当时基本满足国内报业印刷的需求。到了二十世纪七十年代中期，咸阳铸字机械厂先后试制出半自动铸排机和外文自动铸排机，使铸字、拣字、排版等作业一次完成，填补了国内机械排字的空白。[①]但这一时期，所有的铅活字都是由排字员以手工排版，这一批人也因此成为新的"技术新贵"。时至今日，任何人只要有一台计算机，通过键盘的敲击，几乎可以即时造出所有想要的文字，包括书写样式的字体。铸字机的造字角色已随活版印刷的没落而由计算机键盘所取代，计算机技术也由此开始了其在荧幕上"铸字"的历史。这一脉相传的技术脉络改变了人类书写的方式甚至社会习性，比如字体的规范化；而机器造字的数字化进程，让一般人也可进行专业行列，从而创造出技术社会的最大价值。

三

技术的演变是通过技术活动的基本要素展现出来的，技术的主体当然是人类本身，再者是技术方法与技术产品。而技术起源的前提是人类自觉有缺陷，因此必须制造工具并进行技术活动，按自己的需要去改造自然。可以说，技术是一种策略，人通过技术从而保持竞争优势，换言之，技术是人的本质力量的显现。而人类早期技术的特点是依靠长期实践经验的累积，"手脑一体"，所以只能靠身教传承，这种特征在数字化前的新闻出版业作为劳力密集的旧产业时更是明显。总而言之，早期技术还不能超越人的肢体和感官能力的范围，正如美国学者爱德华·特纳所指出

[①] 陕西省地方志编纂委员会编：《陕西省志·科学技术志》，中国科学技术出版社1995年版，第322页。

的那样——"工匠的工具和农家的器具不过是使用者脑子和躯体的延伸"①。但是科技发达后，现代技术中匠人的社会角色由工程师所取代，技术高于人的意志，技术的内在形塑产生变化，以印刷数字化的例子而言，可以从两方面来观察：

首先，"垄断者"的换位：从人工技术到高新技术。在新闻报纸制版印刷方面，长久以来都是依靠有经验的技术人员，不论在相机分色、过网、修色阶段，或是印刷墨槽和墨键的调节等环节皆是以脑判断、手工调整的方式来工作；数字化扫描机出现后，旋钮调节的方式被数字化控制所替代。而且，二者之间最大差别在于数字化技术可以修订结果，设定内部程式自动更正，不像老式旋钮，要由技术人员先调试旋钮，才能看结果，一直到正确数值才可停下来，这时可帮助工作的就不是技术而是经验了。

另外一个相当依赖手工的是报刊的印刷装订，在工资低廉、有大量人力可运用的时代，装订流程沿袭传统"师徒关系"口耳相传的经验法则，配合实地操作的封闭式训练教导，这种依赖手工的模式若是代表一种"高技术性"，也就反映其中蕴藏着"垄断"的不合理框架，品质无法突破。但是报刊印刷数字化之后，业界为应对竞争压力，引进自动化量产且高性能的机组设备（如报纸自动装订机等），逐步取代了过去依赖经验而人力不足的部分，纯人工技术性时代也被高精密科技吞食。随着数字化的进步，印刷机的操作技术依赖经验的成份渐降低，依赖高科技的成分增加，人的经验价值不再成为资本，技术生产成为唯一价值。但是各式新科技推陈出新，令人目不暇接，进而不断进行着海德格尔所言的"耗尽和替代"②的过程，让从业者为求效益，不断追逐投资新科技产品，成为"机器的奴隶"。技术价值物质化的结果，反而呈现出一种被高新科技所"垄断"的现象。

其次，技术转移突破传统师徒相传的封闭性与缓慢性。在传统纸媒出版时代，像铅活字印刷这种重要技术的决定因素是人，操作只要依循因长期劳作而形成的经验规则与诀窍即可，所以知识与技能的传递主要靠师徒或亲属关系，以口语及实作的形式进行传递，传播范围和速度极为有限，形成技术的封闭性和发展的缓慢性。

---

① ［美］爱德华·特纳：《技术的报复》，徐俊培等译，上海科技教育出版社 1999 年版，第 3 页。
② 海德格尔认为，现代技术物品经过规划的加速过时可经由 Ge-stell（集置）的特性加以阐明，"耗尽和替代"是现代技术展现的基本特征之一。

而且这种长期实践经验的累积，无法提升为普遍知识与理论化，具有中国古代技术人与技能一体化特点。[①]新闻出版技术进入数字化时代后，高科技仪器的标准化程序取代师徒相传的隐性知识，突破时间和地域限制，技术可以自由传播，技术经验的养成不再是师徒制的一辈子学习，成为人人皆可接触的专业技术。但是技术的快速转移也相应地产生了一些影响：首先，数字化使学习经验技术的时间变短，相应的，数字技术的更新步调比传统快速，淘汰率更高，不进则退，必须花更多时间跟进新技术。其次，数字化的工作方式，增加了人的疏离感，缺乏传统纸媒出版时代的人与人之间的互动关系，例如铸字排版技术，每个过程皆有人的参与；数字化出版过程则一切看数据，不再需要人的手感，等等。

四

以前一个新闻出版从业人员，一辈子只需要有一种专长，就可以一生从事同一种行业；但是现在一个新闻出版从业人员，倘若只具有一种知识已然是远远不足，例如新型印刷机上附有计算机油墨控制系统、版面扫描等装置，必须对计算机有所了解才可操控自如。有时同一操作系统其设计更因各种厂牌而不同，必须不断深入认识要使用何种设计才可改善产品品质，所以技术人员更需要具备研究发展能力，找出生产上的困难或症结，谋求解决途径，将现有生产设备及生产方式发挥技术机能的最大功效，所以一味只是投资新设备，并不足以跨越数字化的鸿沟。这也是很多新闻出版纸媒在迅速转型中，往往因人力技术的断层，纷纷退场的原因。这也说明了新闻出版技术数字化后，生产力跃升，提高了物质层次，但是忽略技术的现实层次，技术与人并未同步发展的后果。

由于数字化的改变，传统的新闻出版业要从劳力密集的技术阶层进入全自动生产时代，却发现从传统的"黑手出版"跨越到高科技生产的鸿沟后，人依然是技术价值的核心，开发人的价值才能凸显技术的价值。毫不夸张地说，技术的价值本质上就是人的价值。技术价值不仅要使人获得物质财富，还要达到精神自由，免除

---

① 许良：《技术哲学》，复旦大学出版社2004年版，第146页。

于单调繁琐的工作。从这一要求出发，要实现技术的价值必须以人为本，不断调节人与环境的各种关系，所以新闻出版行业的核心问题就在技术价值与人的价值协调问题。这就带出新闻出版业对人才培育向来存在的两个问题：一是相关专业学校对技术及人才培育的设备不足，学生缺乏实务经验，进入社会后无法立即胜任技术工作；二是职训练观念付诸阙如。数字化时代日新月异，"一年一小变、三年一大变"，技术人员若不时常接触新鲜知识，很快就会追赶不上工作需求。新闻出版业从技术人员的师徒制到使用计算机等高科技仪器的专业人员，长期以来并未解决人才断层的问题，因为业界往往采取的是"挖角"的方法，不肯投注经费和时间主动培育自己的技术人员，却不惜耗费巨资购买机器设备，常常陷入"科技和物质"的樊篱之中。

这些现象反映出新闻出版业中被称为"黑手技术"的印刷人员的社会地位问题，数字化将这些技术人员从"黑手"变成了"技师"、"工程师"，社会地位似乎提升一阶，由于技术的转移所产生社会经济的效益，间接肯定了技术人员的价值。借由高科技的外衣提升了职业自尊，却没有从人的本质力量去理解技术的价值。这种失衡的技术价值观，是传统产业长期以来在技术活动中，缺乏展现本质力量所普遍衍生的社会现象。从另一个角度反观人对技术的掌握，发现技术发展阶段中，旧技术不断寻求转型出口，却展现出技术生命的坚韧力。新闻出版数字化后的活版印刷逐渐没落，铅字变为计算机字，受到最大冲击的就是那些生产铸字机的铸字厂。因为铸字机是投注大量资金的生产工具，新闻出版数字化以后，价值转眼一落千丈，变成废铁。有些雕刻铜模的铸字厂，试图延续印刷的需要，除进行各种合金铅字的设计和制造，亦有从事转型突破铅活字困境的各种新产品的开发，例如生产食品业、邮局标示日期用的铅字；有些则将铸型改装，把铸字机转变为拉链齿轨的铸造，或是铸造钓具所需的"铅锤"；更有相关文化创意产业者，专接订单，生产具有复古怀旧风格的字模供爱好者或相关博物馆收藏，等等。虽然在上世纪九十年代初期在与新技术的竞争中逐渐败退，但展现出了一种旧的技术应变现实的弹性与活力。

从上述技术哲学的各项思考面向来看，新技术取代旧技术的发展过程中，人的价值隐然浮现。旧有技术的掌控因素在人，数字化后，通过技术转移，突破技艺封闭性，从而提高技术的价值；旧技术借数字化在社会价值形塑中不断转型，以寻求技术生命价值，仍离不开人的思考和操作过程；人为技术"垄断"成为高科技"垄断"后，却更加凸显技术价值的核心以人为本，只有"人"——才是技术垄断的真正原因。

法国学者雅克·埃吕尔（Jacques Ellul）认为，人在技术社会中要保持主体身份，需要两个条件：人能够给予技术方向及定位，并且能够控制它。但他悲观地认为迄今为止，人两个条件都不能做到。[①]德国学者汉斯·约纳斯也认为需要借由计算机维持运转的世界不再是对自然的补充、模仿、改进和转变，而是对人类本性的改变，当自动化将人从过去的工作位置驱逐下来时，人本身即面临退化的危机。[②]但从我国当代新闻出版技术数字化的发展关系来看，人的价值与技术的价值协调关系隐然可现，特别是旧的技术在寻求转型出口的背后，与人的操控无法分离。这说明人虽然将工作让给了自动化，但数字化的发展正可证明"人之所以为人"的价值，或许无需太过悲观。

五

新闻出版技术迈入数字化阶段后，计算机成为普遍化的生产工具，促使跨行业与专业知识纷纷结合，人与技术的关系产生微妙质变，造成传统纸媒旧有的从业者极大的不安全感。这种不安全感来自传统纸媒逐渐与计算机通信结合一体后，不再是信息传播的主角，因为传播科技数字化的发达，使得每个人都可通过不同媒体自由选择资讯，以前那种单向接收的优势已然不再。现如今，传播媒体小众化和多样性的趋势，促使新闻出版技术发展出提供更多具个人化产品的能力。

如果说，早期对新闻出版的需求是为满足社会的信息和知识传播，那么在数字化之后，人类的需求逐渐多元化、精致化，新闻出版的面向转趋复杂，早已超越纸张墨水的限制。在社会强力的形塑之下，新闻出版技术不断求新求变以因应各种变

---

① 狄仁昆、曹观法：《雅克·埃吕尔的技术哲学》，《国外社会科学》2002年第4期。
② 刘科：《汉斯·约纳斯的技术恐惧观及其现代启示》，《河南师范大学学报（哲学社会科学版）》2011年第2期。

化和需求，所以高科技成了最受重视的香饽饽，传统技术只能黯然引退，以往那种"老师傅式"的工作方式也成为高效率的障碍。从单一技术角度来看，新闻出版数字化的发展似乎带给人更多的自由与选择，但是从整个技术系统来看，技术发展带来的是全盘控制与更少的选择。新闻出版行业竞相投资各类高科技机器设备、竞相争抢访问流量的结果，无可避免地落入雅克·埃吕尔对现代技术自动化与单一性的批评，各家新闻出版行业的数字化产品品质差异不大，失去活版印刷时代各家应有的手工技术特色和人文色彩，人的价值隐没在新技术中，技术价值反而无法彰显。而新闻出版业为提高竞争力，以符合高科技设备的工作能量，必须争取更多业绩，拉平投资成本比，将数字化所结余的流程效益，全数投入移动产品阅读量的竞赛之中。人在技术滚轮中拉扯的力量愈来愈大，到达某一个极致后，在技术与社会互动之下，或许将再度推进入另一个技术发展的新阶段。

图例索引
Illustrations

第六章

第七章

第十章

参考文献
Bibliography

一、中文著作类

毕群：《成舍我与重庆世界日报》，新闻研究资料编辑室编《世界日报兴衰史》，重庆出版社1982年版。

包天笑：《钏影楼回忆录续编》，山西古籍出版社1999年版。

陈昌凤：《中国新闻传播史：媒介社会学的视角》，北京大学出版社2007年版。

曹世瑛：《总揽〈大公报〉全局的新闻巨子胡政之》，载文昊编《他们是怎样办报的》，中国文史出版社2005年版。

曹正文、张国瀛：《旧上海报刊史话》，华东师范大学出版社1991年版。

曹聚仁著，曹雷、曹宪镛编：《上海春秋》，上海三联书店2007年版。

曹聚仁：《上海春秋》，上海三联书店2007年版。

陈虹主编：《现代印刷机械原理与设计》，中国轻工业出版社2007年版。

丛中笑：《王选：中国第二次印刷技术革命的引领者》，《光辉印迹——新中国60周年印刷业发展历程》，印刷工业出版社2009年版。

陈一凡、胡宣华：《汉字键盘输入技术与理论基础》，清华大学出版社1994年版。

北京语言学院语言教学研究所：《现代汉语频率词典》，北京语言学院出版社1986年版。

答恕之：《谈谈我办的四份报和武汉旧新闻界》，《武汉文史资料 第7辑》，武汉文史资料编辑部1982年版。

范慕韩主编：《中国印刷近代史（初稿）》，印刷工业出版社1995年版。

方汉奇：《中国近代报刊史》，山西教育出版社1981年版。

房宇园、严芝芳：《我所知道的〈东南日报〉的兴衰》，载文昊编《他们是怎样办报的》，中国文史出版社2005年版。

贾树枚主编：《上海新闻志》，上海社会科学院出版社2000年版。

范慕韩主编：《中国印刷大全（1994）》，浙江科学技术出版社1994年版。

戈公振：《中国报学史》，上海书店1928年版。

戈公振：《新闻学撮要》，商务印书馆1929年版。

戈公振：《中国报学史》，上海书店出版社2013年版。

高更生：《现行汉字规范问题》，商务印书馆2002年版。

贺圣鼐、赖彦于编：《近代印刷术》，台湾商务印书馆1975年版。

胡岳华等主编：《矿物浮选》，中南大学出版社2014年版。

交通史编纂委员会：《交通史·电政编（第2册）》，上海民智书局1936年版。

季道时：《刘仰乾与北京的第一家晚报》，载文昊编《他们是怎样办报的》，中国文史出版社2005年版。

贾树枚主编，《上海新闻志》编纂委员会编：《上海新闻志》，上海社会科学院出版社2000年版。

梁由之：《百年五牛图》，广西师范大学出版社2008年版。

李彬：《全球新闻传播史（公元1500—2000年）》，清华大学出版社2009年版。

李彬：《中国新闻社会史》，清华大学出版社2008年版。

陆费逵：《普通教育当采用俗体字》，《陆费逵文选》，中华书局2011年版。

刘大椿：《科学哲学技术导论》，中国人民大学出版社2005年版。

刘哲民编：《近现代出版新闻法规汇编》，学林出版社1992年版。

罗湘、陈隽：《鲁迅小说杂文散文全集 下》，广西民族出版社1995年版。

宓伽：《新闻采访学》，大东书局1949年版。

马光仁主编：《上海新闻史》，复旦大学出版社1996年版。

马光仁：《上海新闻史 1850—1949》，复旦大学出版社1996年版。

潘光华主编，刘渝、白家旺副主编：《印刷设备》，中国轻工业出版社

2015年版。

钱玄同：《钱玄同文集 第一卷》，中国人民大学出版社1999年版。

曲德森主编、胡福生执行主编：《中国印刷发展史图鉴 下》，山西出版传媒集团&山西教育出版社2013年版。

宋原放、李白坚：《中国出版史》，中国书籍出版社1991年版。

沈忠康：《中国印刷战略转型探析》，文化发展出版社2015年版。

沈晓辉、张海潮、张秋实：《激光照排技术问答》，印刷工业出版社1993年版。

陕西省地方志编纂委员会编：《陕西省志·科学技术志》，中国科学技术出版社1995年版。

上海社会科学院经济研究所主编：《中国近代造纸工业史》，上海社会科学院出版社1989年版。

陶菊隐：《记者生活三十年——亲历民国重大事件》，中华书局2005年版。

汤修慧：《"因报而生，为报而死"的一代报人邵飘萍》，载文昊编《他们是怎样办报的》，中国文史出版社2005年版。

王韬：《瞍园文录外编》，辽宁人民出版社1994年版。

汪松年：《"三巨头"接手〈大公报〉，"哼哈二将"经营有道》，载文昊编《他们是怎样办报的》，中国文史出版社2005年版。

吴范寰：《成舍我其人与北京〈世界日报〉》，载文昊编《他们是怎样办报的》，中国文史出版社2005年版。

王国清、李斌等：《新闻知识荟萃》，华中工学院出版社1987年版。

王新命：《新闻圈里四十年》，海天出版社1957年版。

汪则之：《解放前屯溪的新闻界》，《武汉文史资料 第15辑》，武汉文史资料编辑部1983年版。

王均主编：《当代中国的文字改革》，当代中国出版社1995年版。

王正鹏：《报纸突围——数字时代传统媒体变身记》，中山大学出版社2010年版。

徐铸成：《徐铸成回忆录》，生活·读书·新知三联书店1998年版。

徐铸成：《邵力子与〈民国日报〉》，载文昊编《他们是怎样办报的》，中国文史出版社2005年版。

徐新吾、黄汉民主编：《上海近代工业史》，上海社会科学院出版社1998年版。

徐志放：《平印照相制版》，上海出版印刷公司职业大学1981年版。

徐祖哲：《信息跨越》，光明日报出版社2002年版。

许良：《技术哲学》，复旦大学出版社2004年版。

于翠玲：《印刷文化的传播轨迹》，中国传媒大学出版社2015年版。

姚芳藻：《在敌人心脏地区办报——陈翰伯在〈联合晚报〉》，高崧、胡邦秀编《报人出版家陈翰伯》，人民日报出版社1990年版。

《油墨制造工艺》编写组：《油墨制造工艺》，中国轻工业出版社1993年版。

叶奕主编：《报纸编辑与制作实务》，世界图书出版公司2012年版。

肖东发、方厚枢主编：《中国编辑出版史》，北方联合出版传媒股份有限公司&辽海出版社2013年版。

邮电史编辑室：《中国近代邮电史》，人民邮电出版社1984年版。

张树栋、庞多益、郑如斯：《简明中华印刷通史》，广西师范大学出版社2004年版。

张常人：《成舍我创办上海〈立报〉的前前后后》，载文昊编《他们是怎样办报的》，中国文史出版社2005年版。

周伟主编，高振强选编：《历史草稿——头条新闻中的事实真相》，光明日报出版社2003年版。

周孝庵：《最新实验新闻学》，时事新报馆1930年版。

朱新轩、王顺义、陈敬全编：《见证历史 见证奇迹：上海科学技术发展史上的百项第一》，上海科学技术出版社2015年版。

潘若清：《解放前兰州的三家官办报纸》，《甘肃文史资料选辑 第6辑》，甘肃人民出版社1979年版。

张宪文、方庆秋等主编：《中华民国史大辞典》，江苏古籍出版社2001年版。

郑林曦：《论语说文》，商务印书馆1983年版。

张树栋、庞多益、郑如斯等：《中华印刷通史》，财团法人印刷传播与才文教基金会2004年版。

张树栋、庞多益、郑如斯等：《中华印刷通史》，印刷工业出版社1999年版。

周震编著：《印刷油墨》，化学工业出版社2000年版。

张劲夫：《我国印刷技术的第二次革命》，潘国彦主编《中国出版年鉴（2003）》，中国出版年鉴社2003年版。

周冰洋、刘植婷、姚世全：《常用汉字编码字典》，宇航出版社1990年版。

《WPS Office案例培训教程》，清华大学出版社2002年版。

二、翻译著作类

［美］爱德华·特纳：《技术的报复》，徐俊培等译，上海科技教育出版社1999年版。

［美］彼得·德鲁克：《后资本主义社会》，傅振焜译，东方出版社2009年版。

［英］鲍曼：《流动的时代》，谷蕾、武媛媛译，江苏人民出版社2012年版。

［德］卡尔·马克思、恩格斯：《马克思恩格斯选集（第3卷）》，人民出版社1972年版。

［德］卡尔·马克思：《资本论》第一卷，人民出版社2004年版。

［美］柯伟林：《德国与中华民国》，陈谦平等译，江苏人民出版社2006年版。

［英］李约瑟：《李约瑟文录》，李约瑟文献中心等译，王钱国忠编，浙江文艺出版社2004年版。

［加］罗伯特·洛根：《字母表效应：拼音文字与西方文明》，何道宽译，复旦大学出版社2012年版。

［加］马歇尔·麦克卢汉：《理解媒介——论人的延伸》，何道宽译，译林出版社2011年版。

［美］沃尔特·福克斯：《新闻写作——报刊记者指南》，李彬译，新华出版社1999年版。

［美］詹明信：《晚期资本主义的文化逻辑》，生活·读书·新知三联书店1997年版。

三、西文著作类

Adams，N，'The Ideal Speech Situation，' in *Habermas and Theology*，Cambridge，New York: Cambridge University Press，2006.

Bowman，S. & Willis，C.J.D. Lasica（ed），'Introduction to participatory journalism，' in *We Media: How audiences are shaping the future of news and information*，The Media Center at the American Press Institute，2003.

Evetts，J，"The sociological analysis of professionalism: Occupational change in the modern world，" *International Sociology*，2003.

Giddens，A，*The consequences of modernity*，Polity，London，UK: Cambridge，1990.

Gans，H. J，*Democracy and the news*，Oxford，UK: Oxford University Press，2003.

Harvey，D.，*The conditions of postmodernity: An enquiry into the origins of cultural change*，Oxford，UK: Blackwell，1989.

Michael Schudson，*The Power of the News*，Boston: Harvazd University Press，1996.

Rosa，H，*Social acceleration: Ethical and political consequences of adesynchronized high-speed society*，Constellations，2003.

Rosa，H，*Social acceleration: A new theory of modernity*，New York，NY: Columbia University Press，2013.

Romano，A，*International journalism and democracy: Civic engagement models from around the world*，New York: Routledge，2010.

Sparks，C，"The panic over tabloid news，" In C. Sparks & J.Tulloch（Eds.），Tabloid tales，*Global debates over media standards*，Lanham，MA: Rowman & Littlefield Publishers Inc，2000.

Sparks，C.，& Tulloch，J.，*Tabloid tales: Global debates over media standards*，Lanham，Md.: Rowman & Littlefield，2000.

Schudson，M，*Why Democracies need an Unlovable Press*，Cambridge: Polity，2013.

Virilio，P，*Open sky*，New York，NY: Verso，1997.

四、史料档案类

上海档案馆：《申报各种调查统计表&有关申报社长、经理、主任简历》（1946年），档案号：Q430-1-11。

上海档案馆：《上海市报馆商业同业公会、常务理事会议、理事会议、会员大会记录》（1947），档案号：Q430-1-23。

上海档案馆：《上海市报馆商业同业公会临时会员大会记录及通知、有关申报所订之各种制度》（1947）档案号：Q430-1-24。

上海档案馆：《上海市报馆同业公会的通知、理监事名单及理监事联席会议记录和白报纸限额分配情形等》（1947），档案号：Q430-1-25。

上海档案馆：《上海市新闻处纸张节约档》（1947），档案号：Q431-361。

上海档案馆：《上海各报动态、各报负责人及编辑采访名单、申报驻外人员通讯录》（1948），档案号：Q430-1-13。

上海档案馆：《〈立报〉的历史及其移交经过》（1949），档案号：Q431-1-105-8。

上海档案馆：《上海律师会承办委托人力报案由：与梅清漪损害赔偿》（1949），档案号：Q190-1-4419。

张静庐辑注：《中国近代出版史料·初编》（卷四），上海上杂出版社1953年版。

《中国报刊发行史料》编辑组：《邮电部部长朱学范在全国发行工作会议开幕式上的报告（摘要）》，《中国报刊发行史料》，光明日报出版社1987年版。

五、学术期刊、论文类（论文集）

《十年来之申时电讯社》，《申时电讯社创立十周年纪念特刊》1934年第7期。

冰临：《从"电脑新闻"想开去》，《新闻记者》1988年第3期。

陈昌凤：《电传新闻对中美新闻叙事结构的影响——1870—1920年代〈申报〉与〈纽约时报〉的叙事结构比较》，《国际新闻界》2009年第1期。

陈昌凤：《论电报的运用对中国式新闻叙事与新闻专业化的影响》，《新闻春秋（第九辑）——第三次地方新闻史志研讨会论文集》，复旦大学出版社2009年版。

陈莫章：《商标拼音使用错误的实例考察——以山东省为例》，《中国语文》2001年第3期。

陈勇：《校对溯源——浅谈编辑校对工作的历史》，《出版参考》2015年第5期。

崔来堂：《汉字信息处理》，《电子与电脑》1994年第7期。

单波：《"倒金字塔结构"源起之谜》，《新闻知识》1994年第9期。

狄仁昆、曹观法：《雅克·埃吕尔的技术哲学》，《国外社会科学》2002年第4期。

窦鑫磊：《方正激光照排创新之路》，《科技成果纵横》2005年第3期。

冯志伟：《汉语拼音运动的历史回顾》，《术语标准化与信息技术》2004年第4期。

戈公振：《报纸与电信》，《电信》1930年第2期。

宫敬才：《马克思劳动人道主义视野中的科学技术观》，《北京师范大学学报·社会科学版》2009年第1期。

郭光华：《媒介即讯息：报纸新闻文体演变回顾》，《湖南师范大学学报·社会科学版》2001年第3期。

郭振国：《对亚硫酸盐法制浆的几点看法》，《纸和造纸》1988年第3期。

韩晶：《晚清中国电报局研究》，上海师范大学2010年博士学位论文。

韩晓良：《印机行业发展60年》，《印刷工业》2009年第9期。

侯如意：《黑龙江青年运动历史编年：1919年5月—1949年9月》，1989年。

胡健中：《浙赣铁路与杭州新闻事业》，《浙江商务》1936年第5期。

胡绍华：《废纸脱墨技术试验与生产流程选择》，《西南造纸》1992年第4期。

胡维友：《输出设备介绍——脱机直接制版技术（CTP）》，《印刷世界》2006年第1期。

胡亚琼：《字字凝历史 句句重千钧——从志书出版前的校对工作谈起》，《新疆地方志》2002年第3期。

江立金：《废纸脱墨生产线试产成功》，《中国造纸》1991年第6期。

金摩云：《新闻与电讯》，《申时电讯社创立十周年纪念特刊》1934年第7期。

柯成恩：《报纸印刷质量的评价和检测》，《印刷世界》2007年第4期。

匡导球：《二十世纪中国出版技术变迁研究》，南京农业大学2009年博士学位论文。

李克丽：《拼音输入法在珠三角中小学生中的运用调查》，《中国语文现代化学会通讯》2004年第9期。

李庆林：《试论传播技术对文化形态的影响——从文字到网络》，《社会科学论坛》2008年第10期。

李文瑾：《中国近现代电报发展情况》，《新闻世界》2009年第6期。

李宗诚：《手机报在我国兴起的原因与发展历程》，《新闻爱好者》2010年第4期。

刘斐、张虹倩：《陈望道新式标点思想与体系创制——纪念大众语运动80周年》，《编辑学刊》2014年第5期。

刘江船：《新民主主义革命时期中国共产党新闻管理思想研究》，苏州大学2006年硕士学位论文。

刘科：《汉斯·约纳斯的技术恐惧观及其现代启示》，《河南师范大学学报·哲学社会科学版》，2011年第2期。

刘可璋：《浅谈书籍版式设计中的技术规定性》，《科技与出版》2010年第3期。

刘磊：《电报与中国近代报业》，《传媒》2002年第7期。

刘惕生：《激光照排技术和激光照排胶片》，《影像技术》2004年第2期。

刘英钦：《1896—1919年我国报纸文体变革研究》，河南大学2008年硕士学位论文。

柳和城：《张元济指导改进排字架的几件史料》，《出版史料》2010年第1期。

柳英绿、关黑拽：《汉语拼音化运动的历史进程与现实困境》，《吉林大学学报·社会科学版》2014年第2期。

陆费逵：《六十年来中国之出版业与印刷业》，《申报月刊》1932年第1卷第1号。

罗常培：《汉语拼音方案的历史渊源》，《文字改革》1958年第1期。

罗张钢：《计算机直接制版技术的优势》，《印刷世界》2005年第9期。

马光仁：《武汉国民政府时期的武汉新闻界》，《新闻大学》1989年第1期。

闵大洪：《我国报纸远程传版技术的新突破》，《中国记者》1992年第6期。

闵大洪：《中国报业数字化的进程与前瞻》，《传媒》2006年第2期。

潘树广：《有关"校对"的若干史料——兼论校对、校雠、校勘之异同》，《出版史料》2001年第1期。

齐福斌等：《印刷多色、高效化和印后多样、自动化促进我国印刷设备大发展》，《印刷工业》2008年第7期。

齐众：《我国第一台大报版激光照排机研制成功》，《今日科技》1986年第7期。

钱玄同：《致独秀》，《新青年》1917年第3卷第3期。

秦林舒：《最近二十五年来中国电信建设之发展》，《交通职工月报》1948年第7—8期。

舒宗侨：《〈立报〉采访生活回忆》，《新闻记者》1987年第3期。

宋再生：《报纸版面传输与卫星通信》，《中国航天》1991年第8期。

苏钟：《我国报纸印刷发展概略（一）》，《印刷世界》2007年第1期。

坦顿：《倒金字塔结构和信息控制》，《美国新闻学月刊》1993年第8期。

汪永明：《看国内激光照排技术的前景》，《印刷杂志》2005年第11期。

王伯鲁：《技术史视野中的马克思思想基础解析》，《教学与研究》2013年第6期。

王灿、傅益东：《中国当代文字新闻出版技术史研究》，《编辑之友》2016年第8期。

王德茂：《中国印刷及设备器材工业60年》，《印刷工业》2009年第9期。

王家瑞：《中国邮政的发行业务》，《中国邮政》1988年第2期。

王润泽：《技术、制度与新闻的互动——民初通讯技术的现代化与新闻业的发展》，《国际新闻界》2007年第11期。

王汶成：《传播技术的进步与艺术生产的变迁》，《山东大学学报（哲学社会科学版）》，2012年第11期。

王选、吕之敏、陈竹梅、汤玉海、向阳：《高分辨率汉字字形的放大和缩小技术》，《计算机学报》1984年第6期。

王益：《建议多压缩一些空白》，《新闻出版报》1991年11月4日。

王咏梅：《胡政之创办"国闻通信社"》，《国际新闻界》2008年第5期。

王云五：《中国的印刷》，《文化建设月刊》1935年第1卷第1期。

卫聚贤：《中国印刷史》，《印刷通讯》1944年第2期。

沃尔特·福克斯：《新闻导语的演进》，广陵译，《国际新闻界》1998年第2期。

吴宝丰：《新闻与电报之关系》，《申时电讯社创立十周年纪念特刊》1934年第7期。

吴廷俊：《〈报人张季鸾先生传〉史实考订》，《新闻与传播研究》1994年第2期。

吴廷俊、韦路：《传播技术的演进模式及其与社会的互动关系》，《河南社会科学》2008年第1期。

吴亚芳：《新闻家族的新秀——电脑新闻》，《新闻与写作》1990年第7期。

夏天俊：《改革开放以来的报纸印刷业》，《中国报业》2008年第11期。

萧世民：《校对符号源流考略》，《南昌大学学报·社会科学版》1996年第2期。

辛乘胜：《人民日报新闻文献自动标引系统的设计与实现》，《中国传媒科技》1997年第3期。

徐伟：《民国初年知名记者研究》，华中师范大学2011年硕士学位论文。

许必华：《通讯社的产生和它的使命》，《中国记者》1994年第4期。

颜任光：《中国电政之今昔》，《申时电讯社创立十周年纪念特刊》1934年第7期。

燕文、陈立刚：《激光照排及制版工艺过程简介》，《影像技术》2001年第3期。

杨伯钧：《我国新闻纸业的六十年》，《中华纸业》2009年第15期。

杨明：《如虎是否添翼——记者与装备调查》，《中国记者》1994年第12期。

杨应雏：《如何印刷大量的杂志》，《科学画报》1937年第4卷第22期。

俞士汶、朱学锋、郭锐：《现代汉语语法电子词典的概要与设计》，《第三届中文信息处理国际会议论文集》，1992年。

袁继成、刘继增、毛磊：《武汉国民政府时期的新闻事业》，《历史教学》1987年第4期。

岳德茂：《我国印刷版材60年变迁》，《印刷技术》2009年第21期。

詹怀宇：《废纸脱墨原理与工艺》，《造纸科学与技术》1999年第4期。

张净、周苑西：《废纸的脱墨》，《现代化工》1989年第1期。

张孝存、王梅：《从"邱氏鼠药案"想到"五笔字型"编码》，《语文与信息》1995年第4期。

赵翔：《数据挖掘中决策树分类算法的研究》，江苏科技大学2005年硕士学位论文。

赵占元：《国防与新闻事业统制刍议》，《汗血月刊》1936年第6期。

正轮：《期望于印刷业同仁》，《益友汇报》1940年第13卷第2期。

郑德金：《中国通讯社百年历史回顾》，《中国记者》1994年第12期。

郑瑞梅：《新闻与电报编辑》，《青年界》1934年第4期。

中国印刷及设备器材工业协会报纸专业委员会：《改革开放以来的报纸印刷》，《印刷工业》2008年第7期。

钟超群：《广东新闻事业中之电讯》，《申时电讯社创立十周年纪念特刊》1934年第7期。

周程：《"死亡之谷"何以能被跨越？——汉字激光照排系统的产业化进程研究》，《自然辩证法通讯》2010年第2期。

周奇：《校对理论研究七年》，《出版科学》2002年第A1期。

周文洁：《南京市报刊发行数据网的组建》，《江苏通信》1995年第6期。

朱家骅：《新闻事业与交通》，《申时电讯社创立十周年纪念特刊》1934年第7期。

朱悦进：《激光照排与版面编辑》，《新闻战线》1991年第4期。

六、报纸杂志类

《常熟申报分馆严更生君大鉴》，《立报》1936年8月1日。

刁治炳：《怎样拍发新闻电报》，《申报》1947年10月14日。

东方白：《汉字进入计算机之二——"当代毕昇"王永民》，《语言文字报》2009年9月15日。

《国内电报发报字数次数》，《交通部统计年报》1930年。

《国内电报营业通则》，《法令周刊》1935年第34期。

贺圣鼐：《中国印刷术沿革史略》，《东方杂志》1928年第25卷第18号。

禾木：《社区居委会聘请老师为居民上课》，《法制晚报》2007年1月19日。

《交通部民国十八年三月份工作报告》，《北京专电》，《大公报》1913年10月8日。

《津日军否认示威行动》，《申报》1935年6月1日。

李常旭：《印刷术与社会》，《西北实业周刊》1946年第22期。

了了：《答谢读者》，《立报》1936年3月23日。

《60年教育纪事：开启汉字的简化时代》，《中国教育报》2009年09月17日。

李小菲：《体育记者的技术装备更新换代》，《中国体育报》1994年4月15日。

盼兮：《报人报语（十一）》，《社会日报》1936年10月27日。

迁时：《立报内部小纠纷》，《福尔摩斯》1936年5月2日。

商务印书馆：《印刷法大意》，《实业杂志》1912年第2期。

《声明》，《申报》1892年8月7日。

《商家何苦用外国新闻纸》，《晨报》1919年7月1日。

孙宝传、王豹臣：《一场伟大的技术革命——"748工程"二十周年纪念》，《中国计算机报》1994年9月13日。

王选：《艰难的起步——激光照排系统研制回忆之一》，《中国计算机报》1994年8月9日。

王选：《计算机——激光汉字编辑排版系统简介》，《计算机学报》1981年第2期。

王选：《激光照排技术回顾》，《中国计算机报》1991年2月3日。

王光荣：《当代毕升》，《光明日报》2002年2月1日。

《修正新闻电报章程（十九年二月八日部令公布）》，《交通公报》1930年第119期。

阎奉璋：《作发行工作者的话》，《立报》1936年9月20日。

郑瑞梅：《新闻与电报编辑》，《青年界》1934年第4期。

赵君豪：《上海报业三十年》，《中央日报》1957年3月12日。

中央通讯社编辑部编：《编辑通讯》第291号，1948年1月7日。

周恩来：《当前文字改革的任务》，《人民日报》1958年1月13日。

七、网站文章类

Aallwit："从古人汉字书写的自上而下，自右而左说起"，http://blog.sina.com.cn/s/blog_3fde8e320100h6fq.html。

Arjun Sethi："Three Phases of Consumer Products"，zhttp://medium.com/backchannel/lessons–learned–growing–consumer–products–550fc04c63c2.

Andreessen，M.（2014）："The future of the news business: A monumental Twitter stream all in one place." http://a16z.com/2014/02/25/future–of–news–business/.

Anderson，C.W.（2013）："ESP Exploratory Workshop on Mapping the digital news ecosystem: Professiona; journalism，new producers and active audiences in the digital public shphere." Retrieved from http://www.cwanderson.org/wp–content/uploads/2013/04/EcosystemGenealogy. pdf.

"标点符号的历史及起源"，http://xh.5156edu.com/page/z1880m3791j20119.html。

北京大学计算机科学技术研究所："发展历程"，http://www.icst.pku.edu.cn/node/content_63.htm。

陈伟："汉语拼音50年——从历史谜题到文化强势的变迁"，中国经济网http://www.ce.cn/culture/history/200801/23/t20080123_14332262_2.shtml。

豆瓣网："近现代中国'从左往右'的书写顺序是何时确立的"，https://www.

douban.com/note/138378255/。

Fisher，M.（2014）："Who cares if it's true? Modern-day newsrooms reconsider their values. Columbia Journalism Review." http://www.cjr.org/cover_story/who_cares_if_its_true.php.

黄继新："除了知情权，人也应该拥有不知情权"，知乎网https://www.zhihu.com/question/35987345。

科印网："'数'说我国CTP版与PS版的十年变迁"，http://www.keyin.cn/news/sczc/201409/02-1079108.shtml。

卢文斌："《人民日报》在1956年1月1日 由竖排版改为横排版"，http://media.people.com.cn/GB/22114/159487/159655/9562145.html。

马平："中国工业文明——新中国是一个崭新的文明，历史只有62年"，http://blog.sina.com.cn/s/blog_b014daf301018owh.html。

彭兰："我国报业通过激光照排技术开始数字化进程的发展概况"，http://www.diodelaser.com.cn/a/gongsijujiao/hotpoint/2012/1128/3796.html。

Singer，J. B. The metro wide web: Changes in newspapers' gatekeeping role online. Journalism and Mass Communication Quarterly，78（1），2010. http://www.cnbeta.com/top10.htm。

《天津日报》社："忆天津日报出版革新 悼汉字激光照排创始人王选"，http://news.enorth.com.cn/system/2006/02/16/001234933.shtml。

谭俊峤："国际CTP设备的局势及其市场分析"，科印印刷网http://www.keyin.cn/people/mingjiazhuanlan/200905/14-142772.shtml。

汤代禄、孙晓滨："报纸采编流程变革中的技术身影"，http://news. xinhuanet. Com/new-media/2008-06 /02/content_8299220. htm。

（2014）腾讯移动媒体使用报http://mp.weixin.qq.com/s?__biz=MzA4MjMwODUwNQ%3D%3D&mid=201511550&idx=1&sn=03e0afdc6663c3e5c503b4ed8befd9a4#rd。

"文字改革"，http://fanwen.bdfqy.com/show/M9GFwQ8AFolGHzh6.html。

无双："知乎发布新APP'读读日报'与知乎日报并行"，http://tech.sina.com.cn/i/2015-09-24/doc-ifxifmki9487426.shtml。

新华网:"王选简历",http://news.xinhuanet.com/ziliao/2003-03/13/content_776723.htm。

杨金光:"手机报的产生及发展趋势",http://www.hljnews.cn/fou_baoye/2009-12/03/content_150978.htm,2009-12-03。

张树栋、庞多益、郑如斯:"中华印刷通史",http://www.cgan.net/book/books/print/g-history/gb_12/13_1.htm。

中国科普博览网站印刷博物馆栏目:"近代印刷技术的传入及应用",http://www.kepu.net.cn/gb/civilization/printing/evolve/evl751.html。

"中文报纸版面编排流变述略",http://news.xinhuanet.com/newmedia/2009-02/23/content_10876227.htm。

中国语言文字网:"新时期的语言文字工作",http://www.china-language.gov.cn/58/2007_6_14/1_58_294_0_1181799109535.html。

中国网:"新中国汉字简化过程详细揭秘",http://www.china.com.cn/book/txt/2008-06/06/content_15663055.htm。

周满:"新闻事业照亮人生——记深圳报业集团原总编辑兼深圳特区报总编辑王田良",http://jsnews.zjol.com.cn/jsxww/system/2016/12/06/020919905.shtml。

张钰靖:"知乎发布'读读日报'让每个用户都成主编",腾讯网http://digi.tech.qq.com/a/20150924/062088.htm。

后记
Postscript

　　新闻传播技术的发展历史，不仅是人类浩瀚文明的组成部分，更是人类信息传播历史长河中的璀璨明珠。本卷的撰写遵循国家社科基金重大项目"中国新闻传播技术史"的研究主旨和项目学术委员会审定的写作框架，旨在将散落的文字技术发展线索串珠成链，以经纬纵横之势贯通信息传播技术史。

　　由于文字传播技术的分类较为复杂细琐，本卷在撰写中参阅和使用了大量前人的研究成果，可以说，没有这些文字技术的专门研究成果和实践经验总结，也就不会有本卷的内容呈现。在此，向为文字传播技术做出贡献和积极努力的前辈们，致上我们最诚挚的敬意！

　　本卷所撰写的内容，从立项的研究框架到最后成书内容，历经多次修改，反复研讨，前后长达十年之久，而传播技术的更迭速度日新月异，作为对彼时技术发展的记录过程，本书亦尽量保留历史原貌、"重构"使用文字技术的生态环境。也正因为如此，编辑为本卷做了极为细致的编辑考订、技术勘误等繁重而耗时的工作，在此，我们表达由衷的感谢。

　　在信息化的新时代，各种传播技术的发展迅速，作为技术史研究者，我们能做的就是记录下这一发展过程，尽绵薄之力在历史沧海中撷珍取慧。

　　由于作者的才疏学浅，本卷一定存有许多错误和不足之处，真诚希望得到方家和广大读者的批评指正，以利在今后的修订和再版时得到改正。

作　者

2023年5月20日

图书在版编目（CIP）数据

中国新闻传播技术史.文字卷/韩丛耀主编；韩雪，
王灿，李兰编著.—南京：南京大学出版社，2024.3
ISBN 978-7-305-26933-2

Ⅰ.①中… Ⅱ.①韩… ②韩… ③王… ④李… Ⅲ.
①新闻事业史—研究—中国 Ⅳ.①G219.29

中国国家版本馆CIP数据核字（2023）第074902号

出版发行　南京大学出版社
社　　址　南京市汉口路22号　　邮编 210093

ZHONGGUO XINWEN CHUANBO JISHU SHI WENZI JUAN
书　　名　中国新闻传播技术史·文字卷
主　　编　韩丛耀
编　　著　韩　雪　王　灿　李　兰
责任编辑　郭艳娟

照　　排　南京紫藤制版印务中心
印　　刷　南京新世纪联盟印务有限公司
开　　本　787 mm×1092 mm　1/16开　　印张27　　字数436千
版　　次　2024年3月第1版
印　　次　2024年3月第1次印刷
ISBN　978-7-305-26933-2
定　　价　198.00元

网　　址　http://www.njupco.com
官方微博　http://weibo.com/njupco
官方微信　njupress
销售咨询　（025）83594756